Matemáticas y gráficos con Python

Matemáticas y gráficos con Python

José Luis Prieto Morlanés

La ley prohíbe
fotocopiar este libro

Matemáticas y gráficos con Python
Thema: UM Programación Informática
Bisac: COM051000
© José Luis Prieto Morlanés
© De la edición: Ra-Ma 2024

Editado por:
RA-MA Editorial
Calle Jarama, 3A, Polígono Industrial Igarsa
28860 PARACUELLOS DE JARAMA, Madrid
Teléfono: 91 658 42 80
Fax: 91 662 81 39
Correo electrónico: *info@grupoeditorialrama.com*
Internet: *www.ra-ma.es* y *www.ra-ma.com*
ISBN impreso: 978-84-1018-169-4
ISBN ePub: 978-84-10181-67-0
Depósito legal: M-7801-2024
Maquetación: Antonio García Tomé
Diseño de portada: Antonio García Tomé
Filmación e impresión: Safekat
Impreso en España en mayo de 2024

A mi mujer y mis hijos

ÍNDICE

ACERCA DEL AUTOR

JOSÉ LUIS PRIETO MORLANÉS

Licenciado en Informática por la Universidad Politécnica de Madrid. Ha pasado por diversos centros de formación (Microsoft, Ericsson y Nokia) como alumno y como profesor.

Trabajó en Ericsson Information Systems (Linköping - Suecia) y Nokia Data (Helsinki), como responsable de soporte de sistemas, participando en uno de los departamentos de I+D de Nokia Data. A lo largo de los años ha usado multitud de lenguajes de programación, Cobol, Ensamblador, Fortran, Algol, Basic, Visual Basic, C, Visual C, C#, JavaScript y Python, siendo este último el que más le ha cautivado.

INTRODUCCIÓN

Este libro está centrado en los módulos de Python relacionados con el uso de las matemáticas en la programación, acompañado con ejemplos sencillos y operativos que cubren las distintas funcionalidades que ofrecen para la realización de cálculos numéricos.

HISTORIA

Python es un lenguaje de programación creado por Guido van Rossum a principios de los años 90. La historia del desarrollo de Python se ha mantenido siempre en la línea del Software Libre y de Código Abierto (incluso antes de que existiera este término), por lo que la práctica totalidad de sus numerosas librerías de cálculo científico son libres y gratuitas también. Python ha asimilado otros lenguajes, como el Fortran, que ha sido durante muchos años la referencia de leguaje de programación matemático, integrando sus bibliotecas, adaptándolas a la sintaxis y legibilidad propias de Python.

La primera idea de Python surge en 1982 mientras Guido Van Rossum trabajaba en CWI (Centrum Wiskunde & Informatica, Centro de Matemáticas y Ciencias de la Computación) en Ámsterdam, Holanda, en el equipo de desarrollo del lenguaje ABC. Resulta curioso que el Algol 68 también se desarrolló en el CWI. En 1989 comienza el desarrollo de Python, en los primeros meses de 1990 ya estaba disponible una primera versión operativa. El 20 de febrero de 1991 se lanza la primera versión de Python, la v0.9.0. La versión 2.0 se lanzó en 2000, era ya una versión mucho más madura. En diciembre de 2008 se lanzó la versión 3.0.

El libro está orientado a Python 3.x.

A LOS USUARIOS DEL LIBRO

Este libro no es un curso de Python ni de programación. Se requiere una cierta experiencia en programación y conocimiento del lenguaje Python para hacer uso de los módulos matemáticos aquí expuestos.

Siempre he pensado que la mejor manera de aprender un lenguaje de programación es como aprender a andar, hay que hacerlo con la práctica, así que los ejemplos no están solo para ver como se acumulan las sentencias una tras otra, si no que hay que copiarlos en el sistema de desarrollo y ejecutarlos, y seguirlos paso a paso para ver su funcionamiento. Eso contesta más cómos y porqués que cualquier explicación teórica, por buena que sea.

ORGANIZACIÓN DEL LIBRO

El libro está estructurado en tres partes. La primera, denominada Matemáticas I, incluye los módulos matemáticos generales de Python *math* y *cmath* para números reales y complejos; los módulos *decimal* y *fractions* para el uso de decimales tal y como nos los han enseñado en el colegio y fracciones; siguen los módulos para el uso de números aleatorios *random* y *secrets*; cerrando con el módulo de estadísticas *statistics*.

La segunda parte, bajo el epígrafe de Gráficos, cubre la capacidad de Python de presentar la información numérica mediante gráficos con el módulo *matplotlib*. Somos seres visuales, y el mostrar un gran volumen de datos numéricos de una forma gráfica siempre ayuda a comunicar lo que esos números contienen, favoreciendo además su comprensión.

La tercera parte, con el título de Matemáticas II, se centra en uno de los módulos matemáticos avanzados de Python, *numpy*, que facilita el almacenamiento y manipulación de grandes cantidades de información de una manera eficiente

REQUISITOS

Para poder ejecutar los ejemplos del curso se necesita instalar el intérprete de Python 3. Es posible *descargar una copia (https://www.python.org/downloads/)* desde la Organización Python. La versión operativa para Windows en el momento de escribir estas líneas es la Python 3.11. Basta seguir las instrucciones de instalación que van apareciendo.

El paquete de instalación proporciona un entorno de desarrollo denominado IDLE (*Integrated Development and Learning Environment*) Entorno de Aprendizaje y

Desarrollo Integrado, en donde se podrán ejecutar los ejemplos y lanzarse a otras pruebas y desarrollos más avanzados. Una vez arrancado tiene la siguiente apariencia:

```
IDLE Shell 3.11.2                                               —   □   ×
File  Edit  Shell  Debug  Options  Window  Help
    Python 3.11.2 (tags/v3.11.2:878ead1, Feb  7 2023, 16:38:35) [MSC v.1934 64 bit
    (AMD64)] on win32
    Type "help", "copyright", "credits" or "license()" for more information.
>>> |



                                                                  Ln: 3  Col: 0
```

IDLE 3.11.2

El IDLE de Python es un editor e intérprete elemental que permite editar y ejecutar programas en Python, además, al ser un entorno interactivo se pueden ejecutar instrucciones sueltas de Python. El editor ofrece un resaltado en color de las palabras clave del lenguaje:

- Las palabras reservadas de Python se muestran en color naranja.
- Las cadenas de texto se muestran en verde.
- Las funciones se muestran en púrpura.
- Los resultados de las órdenes se visualizan en azul.
- Los mensajes de error se muestran en rojo.

Todos los ejemplos del curso han sido probados con el IDLE de Python 3.11.

CONVENCIONES

Se han establecido las siguientes convenciones en la documentación del curso.

La sintaxis del lenguaje se presenta mediante un sombreado gris, indicando entre corchetes angulares <> los elementos que no pertenecen al lenguaje, de la forma:

```
def <nombre_función>(<parámetros>):
    <sentencias>
```

Donde el literal **def**, los paréntesis y los dos puntos finales son los únicos elementos del lenguaje en sí.

Los ejemplos se presentarán como se pueden ver y ejecutar en el IDLE, con el símbolo indicador (*prompt*) de Python >>>, tal y como aparece en el intérprete de Python. Las líneas sin el indicador pertenecen a un bloque de código o son la salida de la ejecución del guión, como ocurre en el IDLE.

```
1.  >>> print("Hola, Mundo")
2.      Hola, Mundo
3.  >>> if 5>2:
4.      print(True)
5.      True
```

Todos los ejemplos aparecen como se ve en el IDLE de Python.

El resultado de la ejecución se muestra también a continuación del código, de la misma forma que se vería al ejecutarlo.

```
Datos cargados en la matriz
[[1 2 3]
 [4 5 6]]
```

Recordar que hay muchas formas de codificar un algoritmo, unas claras y otras confusas. La comunidad de Python emplea el término *Pythonic* para referirse al código que sigue un cierto estilo y las convenciones descritas en Guía de estilo *PEP 8 -- Style Guide for Python Code (https://www.python.org/dev/peps/pep-0008/)* con sugerencias sobre cómo escribir un código fuente legible y normalizado. o establecidas por la práctica. Ser *pythonista* se va aprendiendo. El buen código se acaba por reconocer.

Los scripts llevan una marca en la parte superior con el nombre del fichero que se puede descargar desde la web de RA-MA.

matplotlib_00_1_valoresX.py
```
1.  import matplotlib.pyplot as plt
2.
3.
4.  # relación de valores a visualizar
5.  valores = [1, 1, 2, 3, 5, 8, 13, 24]
6.
7.  # dibujar los valores
8.  plt.plot(valores)
9.  # mostrar el gráfico
10. plt.show()
```

Cuando se lista el contenido de un fichero, este se muestra en una caja con una cabecera con el nombre del fichero.

El contenido del fichero **datos_00.csv** es:

```
datos_00.csv

1, 2, 3
11, 22, 33
111, 222, 333
```

En cualquier caso, lo último de lo último siempre se encontrará en la *documentación oficial de Python (https://docs.python.org/3/).*

1

MATEMÁTICAS

1.1 INTRODUCCIÓN

El cálculo numérico o computación numérica (*numerical computing*) es la rama de las matemáticas encargada de diseñar algoritmos para la solución de problemas en análisis numérico.

El análisis numérico se utiliza para resolver problemas tanto de ciencia como de ingeniería, además de en muchos otros campos. Pocos programas se salvan de contener algún cálculo matemático que complete una tarea en un algoritmo. Desde simples operaciones aritméticas, en las que intervienen los números reales, hasta otras que requieran el uso de números complejos o de funciones trigonométricas.

Aunque Python tiene varios tipos de datos estructurados, en la práctica no son nada adecuados para el cálculo numérico. Además, es importante tener en cuenta el rendimiento de los algoritmos tanto en lo que respecta a la velocidad como al uso de los datos.

Python es un lenguaje de propósito general que puede emplearse sin hacer uso de ningún módulo numérico especial, pero que no podría utilizarse para el análisis de datos, la estadística o el aprendizaje automático, sin la aportación de módulos numéricos específicos. En general, para la ciencia de datos (*Data Science*), que precisa de la preparación de los datos, su manipulación, clasificación y análisis para extraer la información que contienen y representarla para facilitar su comprensión.

Python, junto con sus módulos *NumPy*, *SciPy*, *Pandas* y *Matplotlib*, se encuentra entre los mejores sistemas de programación numérica. Y a un coste cero.

1.1.1 Aritmética de punto flotante

Los ordenadores solo pueden almacenar de forma nativa números enteros, por lo que se hace necesaria alguna forma de representación de los números decimales. Esta representación no es perfectamente precisa, así, la mayoría de las veces 0.1 + 0.2 no es 0.3. Podemos verlo sobre el IDLE de Python:

```
1.  >>> print(.1 + .2)
2.      0.30000000000000004
3.  >>> .1 + .1 + .1 == .3
4.      False
5.  >>> print(.1 + .1 + .1)
6.      0.30000000000000004
```

Esto se debe a que la mayoría de las fracciones decimales, en un sistema en base 10, solo pueden representarse exactamente cuándo utilizan un factor primo de la base.

Los factores primos de 10 son 2 y 5, así que 1/2, 1/4, 1/5, 1/8 y 1/10 pueden expresarse correctamente porque todos los denominadores utilizan factores primos de 10. En cambio, 1/3, 1/6, 1/7 y 1/9 tienen decimales que se repiten, secuencias periódicas, porque sus denominadores utilizan un factor primo de 3 o 7.

Como los números reales (en informática también los denominamos de punto flotante) en la computadora se representan en fracciones en base 2 (binario), y el único factor primo es 2, solo se pueden expresar exactamente las fracciones cuyo denominador tiene 2 como factor primo, 1/2, 1/4 y 1/8, mientras que 1/5 o 1/10 tienen decimales repetidos.

Como consecuencia de esto 0,1 y 0,2 (1/10 y 1/5), aunque son decimales exactos en un sistema de base 10, no lo son en el sistema de base 2 que utiliza la computadora. E, igualmente, la conversión de números decimales de base 2 a una representación en base 10 nos proporciona aproximaciones, pero no el valor exacto.

Dado que los números reales constituyen un conjunto que no está acotado ni superior ni inferiormente (es infinitamente denso, entre dos números reales siempre hay un número real) y que no es posible representarlo en la memoria del computador que es limitada y no puede almacenar números con una precisión infinita, terminan apareciendo errores de redondeo en los números en punto flotante, y cuando realizamos una secuencia de cálculos con un error de redondeo debido a una representación inexacta los errores se terminan acumulando y magnificando en el resultado final.

De todas formas los errores en las operaciones de punto flotante en casi todas las máquinas están en el orden de 1/2**53. Suficiente para la mayoría de los casos en que empleemos operaciones con decimales.

En el computador, los números reales se representan mediante un formato denominado de punto flotante que utiliza solo un número finito de dígitos, siguiendo la notación científica, mediante una mantisa M y un exponente E, representados con un punto explícito, siempre entre el primer y el segundo dígito.

Este formato fue establecido por el IEEE (*Institute of Electrical and Electronics Engineers* - Instituto de Ingenieros Eléctricos y Electrónicos) en 1985, el estándar **IEEE 754**.

El formato de punto flotante permite representar números de órdenes de magnitud dispares limitado por la longitud del exponente. Proporcionando la misma precisión relativa para todos los órdenes limitado por la longitud de la mantisa.

Para precisión simple emplea 32 bits:

- 1 bit para el signo (0 positivo, 1 negativo)
- 8 bits para el exponente (la característica)
- 23 bits para la parte fraccionaria (la mantisa)

Para precisión doble emplea 64 bits:

- 1 bit para el signo (0 positivo, 1 negativo)
- 11 bits para el exponente (la característica)
- 52 bits para la parte fraccionaria (la mantisa)

Casi todas las plataformas de Python hacen uso de la doble precisión según la norma IEEE754 - 64 bits.

```
1. >>> import sys
2. >>> sys.float_info
3. sys.float_info(max=1.7976931348623157e+308, max_exp=1024, max_10_exp=308,
   min=2.22507
```

En Python, los números que son mayores que el mayor número representable en coma flotante producen un desbordamiento, al que se le asigna el valor de infinito. Los números que son más pequeños que el menor número producen un desbordamiento negativo, al que se asigna el valor de 0.

Python dispone de diferentes módulos para los casos en que precisemos de una representación decimal exacta, como es el módulo *decimal*, para aplicaciones de alta precisión. También el módulo *fractions*, que implementa aritmética basada en números racionales. O el paquete *SciPy*, para operaciones matemáticas y estadísticas con mayores precisiones.

Sirva esto como una breve explicación del porqué existen diferentes módulos para el manejo de números reales, decimales o fracciones en Python.

1.1.2 Módulos matemáticos

El uso de Python puro, sin ningún módulo numérico, no podría utilizarse para las tareas numéricas que ofrecen paquetes como Matlab o lenguajes como R. Sin embargo, el uso de los diferentes módulos que ofrece Python para el análisis numérico lo sitúa al mismo nivel o por delante de otros paquetes. Con la ventaja añadida de que es completamente gratis.

Python dispone de los módulos:

▼ *Math.* Para las funciones matemáticas comunes con números reales

▼ *Cmath.* Para trabajar con números complejos

▼ *Decimal.* Para trabajar con números decimales.

▼ *Fractions.* Para realizar operaciones con fracciones.

▼ *Numpy.* Proporciona estructuras de datos básicas, implementando arrays y matrices multidimensionales, con las funciones para crear y manipular estas estructuras de datos.

▼ *SciPy.* Módulo científico que hace uso de las estructuras de datos proporcionadas por NumPy, completando sus funciones estadísticas.

▼ *Matplotlib.* Para visualizaciones y gráficos de los módulos numéricos previos.

▼ *Pandas.* Construido sobre los módulos anteriores ofrece estructuras de datos y operaciones para manipular tablas numéricas y series temporales.

▼ *Random.* Para la generación de números pseudoaleatorios.

▼ *Secrets.* Generador de números pseudoaleatorios criptográficamente fuertes.

▼ *Statistics.* Para realizar cálculos estadísticos sobre datos numéricos.

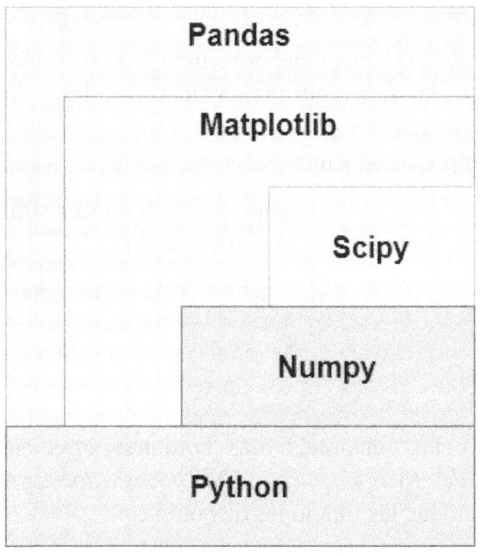

Relación gráfica entre los módulos matemáticos de Python

2

MÓDULOS MATEMÁTICOS GENERALES

A partir de aquí recorreremos los módulos matemáticos incluidos en la distribución general de Python: *math, cmath, decimal* y *fractions.*

El primero proporciona funciones hiperbólicas, trigonométricas y logarítmicas para números reales, mientras que el segundo trabaja con números complejos. El tercero admite representaciones exactas de números decimales utilizando aritmética de precisión arbitraria, mientras que el último ofrece soporte para aritmética de números racionales.

2.1 MÓDULO MATH

El módulo *math*, empaquetado en la distribución estándar desde el origen de Python, facilita el acceso a las funciones matemáticas usuales definidas por el estándar C, para operar con números reales y por extensión a números enteros, mientras que para trabajar con números complejos debemos hacer uso del módulo *cmath.*

El módulo *math* consiste, por tanto, en una envoltura simple alrededor de las funciones de la biblioteca de matemáticas de la plataforma C.

Para poder usar los métodos del módulo *math* debemos empezar importando el módulo.

```
1.   import math
```

Vamos a ver las funciones más comunes ofrecidas por este módulo. En la *documentación de Python para math (https://docs.python.org/3/library/math.html)* podéis encontrar todas las funciones disponibles.

2.1.1 Constantes matemáticas

El módulo *math* de Python ofrece una serie de constantes predefinidas que facilitan su uso y proporcionan consistencia en todo el código.

Constante	Descripción
math.*e*	La constante de Euler (2.7182...).
math.*inf*	Un infinito positivo en coma flotante.
math.*nan*	El valor NaN (*Not a Number* – No es un número) en coma flotante.
math.*pi*	La constante PI (3.1415...).
math.*tau*	La constante tau (6.2831...).

2.1.2 Funciones matemáticas

Disponemos de un amplio conjunto de funciones aritméticas, logarítmicas y trigonométricas en *math*.

A menos que se mencione explícitamente todos los valores devueltos por las funciones son en coma flotante (*float*).

Funciones	Descripción
math.*acos*(x)	Devuelve el arcocoseno de **x**, en radianes. El resultado está entre 0 y pi.
math.*acosh*(x)	Devuelve el coseno hiperbólico inverso de **x**.
math.*asin*(x)	Devuelve el arcoseno de **x**, en radianes. El resultado está entre -pi/2 y pi/2
math.*asinh*(x)	Devuelve el seno hiperbólico inverso de **x**.
math.*atan*(x)	Devuelve el arcotangente de **x**, en radianes. El resultado está entre -pi/2 y pi/2.
math.*atan2*(x, y)	Devuelve **atan(y / x)**, en radianes. El resultado está entre -pi y pi.
math.*atanh*(x)	Devuelve la tangente hiperbólica inversa de **x**.
math.*ceil*(x)	Devuelve el valor superior de un número, el menor entero mayor o igual que **x**.
math.*comb*(n, k)	Devuelve el número de **k** elementos de entre **n** elementos sin repetición ni orden. Evalúa **n! / (k! * (n - k)!)** cuando k <= n y se evalúa a cero cuando k > n. Genera un error *TypeError* si alguno de los argumentos no es un número entero. Genera un error *ValueError* si alguno de los argumentos es negativo.

math.*copysign*(x, y)	Devuelve un número en punto flotante con la magnitud (valor absoluto) de **x** pero con el signo de **y**. En las plataformas que soportan ceros con signo, copysign(1.0, -0.0) devuelve -1.0.
math.*cos*(x)	Devuelve el coseno de **x** radianes.
math.*cosh*(x)	Devuelve el coseno hiperbólico de **x**.
math.*degrees*(x)	Convierte el ángulo **x** de radianes a grados.
math.*dist*(p, q)	Devuelve la distancia euclidiana entre dos puntos **p** y **q**, cada uno dado como una secuencia (o iterable) de coordenadas. Los dos puntos deben tener la misma dimensión. Equivale aproximadamente a: **sqrt(sum((px - qx) ** 2.0 for px, qx in zip(p, q)))**
math.*erf*(x)	Devuelve la función de error de **x**.
math.*erfc*(x)	Devuelve la función de error complementaria de **x**: **1.0 - erf(x)** Se utiliza para valores grandes de **x** en los que una sustracción de uno causaría una pérdida de precisión.
math.*exp*(x)	Devuelve e elevado a la potencia de **x**. Es más preciso que **math.e ** x** o **pow(math.e, x)**.
math.*expm1*(x)	Devuelve e elevado a la potencia de **x − 1**. Para valores pequeños de **x**, la sustracción en **exp(x) - 1** puede resultar en una pérdida de precisión; esta funciónproporciona una manera de calcularlo con total precisión.
math.*fabs*(x)	Devuelve el valor absoluto de **x**.
math.*factorial*(x)	Devuelve el factorial de un entero **x**. Lanza un *ValueError* si **x** no es entero o es un valor negativo.
math.*floor*(x)	Devuelve el mayor entero menor o igual que **x**.
math.*fmod*(x, y)	Devuelve el resto de **x/y**. La expresión de Python **x%y** puede no devolver el mismo resultado.
math.*frexp*(x)	Devuelve la mantisa y el exponente de **x** como el par **(m, e)**, donde m es un número en punto flotante y e es un entero tal que **x == m * 2**e**. Si x es cero, devuelve (0.0, 0).
math.*fsum*(iterable)	Devuelve una suma exacta en coma flotante de los valores del iterable. Evita la pérdida de precisión mediante la realización de múltiples sumas parciales intermedias.
math.*gamma*(x)	Devuelve la función Gamma en **x**.
math.*gcd*(*integers)	Devuelve el máximo común divisor de los argumentos enteros especificados. Si todos los argumentos son cero, el valor devuelto es 0. Sin argumentos devuelve 0.

math.*hypot*(*coordinates)	Devuelve la norma euclidiana: **sqrt(sum(x**2 for x in coordinates))** Es la longitud del vector desde el origen hasta el punto dado por las coordenadas. Para un punto bidimensional (x, y), esto equivale a calcular la hipotenusa de un triángulo rectángulo utilizando el teorema de Pitágoras: **sqrt(x*x + y*y)**
math.*isclose*(a, b, *, rel_tol=1e-09, abs_tol=0.0)	Devuelve *True* si los valores **a** y **b** están cerca el uno del otro y *False* en caso contrario. El hecho de que dos valores se consideren cercanos se determina según las tolerancias absoluta y relativa dadas. **rel_tol** es la tolerancia relativa. Es la máxima diferencia permitida entre a y b, en relación con el valor absoluto mayor de a o b. **abs_tol** es la tolerancia absoluta mínima. Útil para comparaciones cercanas a cero. Debe ser al menos cero. Si no hay errores, el resultado será: **abs(a-b) <= max(rel_tol * max(abs(a), abs(b)), abs_tol)**
math.*isfinite*(x)	Devuelve *True* si **x** no es un infinito ni un *NaN*, y *False* en caso contrario. 0.0 se considera finito.
math.*isinf*(x)	Devuelve *True* si **x** es un infinito positivo o negativo, y *False* en caso contrario.
math.*isnan*(x)	Devuelve *True* si **x** es un *NaN*, y *False* en caso contrario.
math.*isqrt*(n)	Devuelve la raíz cuadrada entera del entero no negativo **n**. Es equivalente al mayor entero a tal que **a**a <= n**.
math.*lcm*(*integers)	Devuelve el mínimo común múltiplo de los argumentos enteros especificados. Si todos los argumentos son distintos de cero, el valor devuelto es el menor número entero positivo que es múltiplo de todos los argumentos. Si alguno de los argumentos es cero, el valor devuelto es 0. Sin argumentos devuelve 1.
math.*ldexp*(x, i)	Devuelve **x * (2**i)**. Corresponde a la inversa de la función *frexp*().
math.*lgamma*(x)	Devuelve el logaritmo natural del valor absoluto de la función Gamma en **x**.
math.*log*(x [, base])	Devuelve el logaritmo natural de **x** (en base e). Con dos argumentos, devuelve el logaritmo de **x** en la **base** dada, calculado como: **log(x)/log(base)**
math.*log10*(x)	Devuelve el logaritmo en base 10 de **x**. Suele ser más preciso que **log(x, 10)**.
math.*log1p*(x)	Devuelve el logaritmo natural de **1+x** (en base e). El resultado se calcula de forma más precisa para x próximo a cero.

math.*log2*(x)	Devuelve el logaritmo en base 2 de **x**. Suele ser más preciso que **log(x, 2)**.
math.*modf*(x)	Devuelve las partes fraccionaria y entera de **x**. Ambos resultados llevan el signo de x y son en punto flotante.
math.*nextafter*(x, y)	Devuelve el siguiente valor de punto flotante después de **x** hacia **y**. Si x es igual a y, devuelve y.
math.*perm*(n, k=None)	Devuelve el número de formas de elegir **k** elementos de entre los **n** elementos sin repetición y con orden. Se evalúa a **n! / (n - k)!** cuando k <= n y se evalúa a cero cuando k > n. Si no se especifica k o es *None*, entonces k por defecto es n y la función devuelve n! Lanza un *TypeError* si alguno de los argumentos no es un número entero. Lanza un *ValueError* si alguno de los argumentos es negativo.
math.*pow*(x, y)	Devuelve el valor de **x** a la potencia de **y**. Convierte ambos argumentos al tipo de coma flotante.
math.*prod*(iterable, *, start=1)	Devuelve el producto de todos los elementos del iterable. El valor inicial **start** del producto es 1 por defecto. Si el iterable está vacío, devuelve el valor inicial.
math.*radians*(x)	Convierte el valor **x** de grados a radianes.
math.*remainder*(x, y)	Devuelve el resto de **x** con respecto a **y** al estilo IEEE 754. Para x finito e y finito no nulo, es la diferencia **x - n*y**, donde n es el entero más cercano al valor exacto del cociente **x/y**. Si x/y está exactamente entre dos enteros consecutivos, se utiliza el entero par más cercano para n. El resto **r = remainder (x, y)**, por tanto siempre satisface **abs(r) <= 0.5 * abs(y)**.
math.*sin*(x)	Devuelve el seno de **x** radianes.
math.*sinh*(x)	Devuelve el seno hiperbólico de **x**.
math.*sqrt*(x)	Devuelve la raíz cuadrada de **x**. Lanza un *ValueError* cuando x es un valor negativo.
math.*tan*(x)	Devuelve la tangente de **x** radianes.
math.*tanh*(x)	Devuelve la tangente hiperbólica de **x**.
math.*trunc*(x)	Devuelve **x** con la parte fraccionaria eliminada, dejando la parte entera. Es equivalente a *floor*() para x positivo, y a *ceil*() para x negativo.

2.1.3 Uso del módulo math

A continuación vamos a ver unos ejemplos del uso de las funciones matemáticas del módulo *math*.

Manejaremos las constantes matemáticas, así como funciones aritméticas, exponenciales y logarítmicas, además de funciones trigonométricas e hiperbólicas y terminaremos con un apartado de funciones especiales.

2.1.3.1 CONSTANTES

Las principales constantes matemáticas en el módulo *math* de Python son:

▸ **Pi**. El cociente entre la circunferencia y el diámetro de un círculo.

▸ **Tau**. La relación entre la circunferencia y el radio de un círculo, con un valor igual a 2*PI.

▸ El **número de Euler**. La base del logaritmo natural. Se emplea para calcular las tasas de crecimiento de la población a lo largo del tiempo o de desintegración radiactiva.

▸ **Infinito**. Un concepto matemático que representa algo que no tiene límites y no puede definirse con un número. Lo emplearemos en algoritmos cuando se tenga que comparar un valor con un máximo o mínimo absoluto.

▸ **NaN**. Es un concepto informático creado para referenciar un valor que no es numérico. Indica que una variable que debería ser numérica contiene un dato que no representa un número.

math_01_constantes.py

```
1.   import math
2.
3.
4.   #constante pi
5.   print('Constante Pi')
6.   print('PI:', math.pi)
7.
8.   radio = 5                       # Longitud radio
9.   longitud = 2 * math.pi * radio  # perímetro circunferencia
10.  area = math.pi * radio * radio  # área circunferencia
11.  print(f'Radio: {radio}, Perímetro: {longitud:.8}, Área: {area:.8}')
12.
13.  # constante tau
14.  print('\nConstante Tau')
15.  print('TAU:', math.tau)
16.
17.  longitud = math.tau * radio     # perímetro circunferencia
18.  print(f'Radio: {radio}, Perímetro: {longitud:.8}')
19.
20.  # constante de Euler
21.  print('\nConstante e')
22.  print('EULER:', math.e)
23.
```

```
24.   # infinito
25.   print('\nInfinito')
26.   print('+Infinito:', math.inf)
27.   print('-Infinito:', -math.inf)
28.   print('Infinito:', float("inf"))
29.   x = 1.7976931348623157e+308   # valor máximo de un float
30.   print(f'{x} > math.inf:', x > math.inf)
31.   print(f'{x} > -math.inf:', x > -math.inf)
32.
33.   # valor no numérico
34.   print('\nValor no numérico')
35.   print('NaN:', math.nan)
36.   print('NaN:', float("nan"))
```

En el resultado del guión vemos los valores de PI, TAU y EULER, así como la representación de los valores infinito, tanto positivo como negativo, y el valor no-numérico.

Calculamos el valor de la circunferencia con PI y con TAU y el área con PI.

Y comparamos el valor máximo de un número en coma flotante en Python con infinito positivo y negativo.

```
Constante Pi
PI: 3.141592653589793
Radio: 5, Perímetro: 31.415927, Área: 78.539816

Constante Tau
TAU: 6.283185307179586
Radio: 5, Perímetro: 31.415927

Constante e
EULER: 2.718281828459045

Infinito
+Infinito: inf
-Infinito: -inf
Infinito: inf
1.7976931348623157e+308 > math.inf: false
1.7976931348623157e+308 > -math.inf: true

Valor no numérico
NaN: nan
NaN: nan
```

2.1.3.2 FUNCIONES ARITMÉTICAS

Para obtener valores enteros de un número en punto flotante disponemos de funciones que truncan *trunc*() el número decimal o nos devuelven el techo *ceil*() o el suelo *floor*() del número.

Las operaciones en coma flotante son propensas a errores a lo largo de sucesivos cálculos, debido a la representación numérica en la computadora. En Python disponemos de la función *isclose*(), que establece una tolerancia en las comparaciones con lo que podemos minimizar los errores. La comparación es equivalente a:

```
abs(a-b) <= max(rel_tol * max(abs(a), abs(b)), abs_tol)
```

La diferencia entre los valores debe ser menor o igual a la tolerancia relativa (por defecto 1e-09) multiplicada por el mayor valor absoluto de los valores. La tolerancia absoluta es la diferencia máxima para considerarlo cercano independientemente de la magnitud de los valores de entrada (por defecto 0.0).

La función *isclose*() devuelve *True* si dos números están dentro de la tolerancia establecida, en caso contrario devuelve *False*.

También, podemos minimizar errores en operaciones repetitivas mediante el uso de *fsum*(), que realiza múltiples sumas parciales y es más precisa que la función integrada *sum*().

Python dispone del operador porcentaje (%) para calcular el módulo de la división, que funciona bien con enteros, pero puede perder precisión con números reales. La función *fmod*() nos soluciona este inconveniente.

Los cálculos del máximo común divisor *gcd*() y mínimo común múltiplo *lcm*(), este último desde la versión de Python 3.9, nos ofrecen los resultados correspondientes para la serie de valores que proporcionemos a las funciones.

El factorial de un número con *factorial*() y el cálculo de la función gamma con *gamma*(), que extiende el concepto de factorial a los números reales, también están contemplados en el módulo *math*.

math_02_aritmetica.py

```
1.  import math
2.
3.
4.  # conversión a enteros
5.  print('Conversión a enteros')
6.  print('Valor entero trunca techo suelo')
7.  TEST = [-5.3, -1.5, -0.2, 0.2, 1.5, 5.3]
8.  for x in TEST:
9.  i = int(x)
```

```
10.   t = math.trunc(x)
11.   c = math.ceil(x)
12.   f = math.floor(x)
13.   print(f'{x:>+5.2f}  {i:>6d}  {t:>6d}  {c:>6d} {f:>6d}')
14.
15.   # compración de números
16.   print('\nComparación isclose(5.999, 6)')
17.   print('Comparación sin tolerancia:', math.isclose(5.999, 6))
18.   print('Comparación tolerancia relativa:', math.isclose(5.999, 6, rel_tol=0.1))
19.   print('\nComparación isclose(1, 1.00001)')
20.   print('Comparación sin tolerancia:', math.isclose(1, 1.00001))
21.   print('Comparación tolerancia absoluta:', math.isclose(1, 1.00001, abs_tol=1e-4))
22.
23.   # minimizar errores en operaciones repetitivas
24.   print('\nMinimizar errores en suma')
25.   TEST = [.1] * 10
26.   print('Valores:', TEST)
27.   n = sum(TEST)
28.   print(f'Con sum: {n}')
29.   m = math.fsum(TEST)
30.   print(f'Con fsum: {m}')
31.
32.   # módulo de la división (ojo con el signo)
33.   print('\nMódulo de la división')
34.   TEST = [(5, 2), (5, -2), (-5, 2)]
35.   print(f'{"x":>4s}  {"y":>4s}{"%":>7s} {"fmod":>7s}')
36.   for x, y in TEST:
37.   modulo = x % y
38.   fmodulo = math.fmod(x, y)
39.   print(f'{x:4.1f}  {y:4.1f}  {modulo:5.2f} {fmodulo:5.2f}')
40.
41.   # máximo común divisor
42.   mcd = math.gcd(10,125)
43.   print(f'\nMCD(10,125): {mcd}')
44.   # mínimo común múltiplo
45.   mcm = math.lcm(10,125)
46.   print(f'MCM(10,125): {mcm}')
47.
48.   # factorial
49.   print('\nFactorial')
50.   for i in range(6):
51.   print(f'{i}! :', math.factorial(i))
52.
53.   # gamma y lgamma
54.   print(f'\nValor{"gamma":>22s}{"lgamma":>22s}{"logaritmo":>22s}')
55.   for i in range(1, 6):
56.   x = i * 1.1
57.   g = math.gamma(x)
58.   lg = math.lgamma(x)
```

```
59.  logg = math.log(math.gamma(x))
60.  print(f'{x:>5.2f}  {g:>20.17f}  {lg:>20.17f}  {logg:>20.17f}')
61.
62.  # partes fraccionaria y entera
63.  print(f'\nValor{" ":22s}Partes fraccionaria y entera')
64.  for i in range(7):
65.  x = i / 3.0
66.  print(f'{i}/3 :{x:>20.17f} ', math.modf(x))
```

A continuación, en los resultados obtenidos de la ejecución del guión, vemos los distintos valores de la conversión a enteros con las funciones de truncamiento, techo y suelo. Las comparaciones con *isclose*(). Y el resultado de una suma repetitiva con una precisión mayor cuando usamos *fsum*().

Debemos prestar atención al uso de *fmod*() para calcular el módulo de la división, ya que cambia el signo del resultado, como podemos observar.

Seguimos con los cálculos de máximo común divisor y mínimo común múltiplo. El factorial y la función gamma. Y por último la representación de las partes fraccionaria y entera de diversos números.

```
Conversión a enteros
    Valor  entero  trunca   techo   suelo
    -5.30      -5      -5      -5      -6
    -1.50      -1      -1      -1      -2
    -0.20       0       0       0      -1
    +0.20       0       0       1       0
    +1.50       1       1       2       1
    +5.30       5       5       6       5

Comparación isclose(5.999, 6) Comparación sin tolerancia: false Comparación to-
lerancia relativa: true

Comparación isclose(1, 1.00001) Comparación sin tolerancia: false Comparación
tolerancia absoluta: true

Minimizar errores en suma
Valores: [0.1, 0.1, 0.1, 0.1, 0.1, 0.1, 0.1, 0.1, 0.1,0.1]
Con sum: 0.9999999999999999
Con fsum: 1.0

Módulo de la división
      x       y       %    fmod
    5.0     2.0    1.00    1.00
    5.0    -2.0   -1.00    1.00
   -5.0     2.0    1.00   -1.00
```

```
MCD(10,125):5
MCM(10,125):250

Factorial
0! :1
1! :1
2! :2
3! :6
4! :24
5! :120
```

Valor	gamma	lgamma	logaritmo
1.10	0.95135076986687295	-0.04987244125984036	-0.04987244125983997
2.20	1.10180249087971260	0.09694746679063826	0.09694746679063866
3.30	2.68343738195576886	0.98709857789473476	0.98709857789473465
4.40	10.13610185115513396	2.31610349142485727	2.31610349142485727
5.50	52.34277778455351893	3.95781396761871651	3.95781396761871607

```
Valor                    Partes fraccionaria y entera
0/3 : 0.00000000000000000  (0.0, 0.0)
1/3 : 0.33333333333333331  (0.3333333333333333, 0.0)
2/3 : 0.66666666666666663  (0.6666666666666666, 0.0)
3/3 : 1.00000000000000000  (0.0, 1.0)
4/3 : 1.33333333333333326  (0.33333333333333326, 1.0)
5/3 : 1.66666666666666674  (0.6666666666666667, 1.0)
6/3 : 2.00000000000000000  (0.0, 2.0)
```

2.1.3.3 FUNCIONES EXPONENCIALES Y LOGARÍTMICAS

En Python las potencias de un número se pueden calcular con el operador doble asterisco (**), la función integrada *pow*() o la función del módulo *math* del mismo nombre, *math.pow*(), que convierte los argumentos a tipo *float* antes de realizar el cálculo. Aunque los tres métodos hacen lo mismo, existen diferencias en cuanto a la implementación que se reflejan en los tiempos de ejecución, donde *math.pow*() es más rápida que los otros métodos. Sin embargo, no es posible calcular raíces cuadradas de números negativos con *math*, ya que esto requiere el uso de números complejos.

Si el exponente de la potencia es inferior a 1, *pow*() calcula la raíz correspondiente.

El exponente natural de un número lo calculamos en *math* con la función *exp*(). También podemos calcularlo haciendo uso del operador (**) o de la función integrada *pow*(), pero al igual que comentábamos más arriba, la función *math.exp*() es más rápida que cualquiera de los otros métodos.

El logaritmo es la función inversa a la exponenciación. El logaritmo en base b de un número real positivo n, es el exponente x al que hay que elevar b para obtener n.

```
n = b ** x
```

Los logaritmos de números menores que 1 producen resultados negativos.

A causa de los errores de redondeo en coma flotante, el valor producido por *log*(x, base) tiene una precisión limitada. Es recomendable emplear *log10*() o *log2*(), para logaritmos en bases 10 o 2, que proporcionan valores con mayor precisión.

Igualmente *log1p*() es más preciso para valores muy cercanos a cero que *log*(1+x).

math_03_exp_log.py

```python
1.   import math
2.
3.
4.   TEST = [(3, 2), (4, 0), (16, 1), (9, 0.5)]
5.
6.   # exponenciación
7.   print('Potencias')
8.   print(f'{"x":>5s} {"y":>5s}{"**":>7s} {"pow":>7s}')
9.   for x, y in TEST:
10.  xy = x ** y
11.  xypow = math.pow(x, y)
12.  print(f'{x:5.2f}**{y:4.2f} {xy:6.3f}  {xy:6.3f}')
13.
14.  print('\nPotencias de e')
15.  print(f'{"x":>5s} {"exp":>8s} {"pow":>8s} {"expm1":>8s} {"exp - 1":>8s}')
16.  for x in range(1, 6):
17.  ex = math.exp(x)
18.  expw = math.pow(math.e, x)
19.  exp1 = math.expm1(x)
20.  expsub = math.exp(x) - 1
21.  print(f'{x:5.3f}  {ex:7.3f}  {expw:7.3f}  {exp1:7.3f}  {expsub:7.3f}')
22.
23.  # raíces
24.  print('\nRaíces')
25.  print(f'{"x":>5s} {"sqrt":>6s} {"pow":>6s}')
26.  for x, _ in TEST:
27.  y = math.sqrt(x)
28.  z = math.pow(x, 0.5)
29.  print(f'{x:5.2f} {y:6.3f} {z:6.3f}')
30.
31.
32.  # logaritmos
33.  print('\nLogaritmos')
34.  print(f'{"x":>5s} {"log":>6s} {"log1p":>6s} {"log 2":>6s} {"log2":>6s} ',
```

```
35.   f'{"log 10":>6s} {"log10":>6s}')
36.   for i in range(1, 6):
37.   lge = math.log(i)
38.   lg1p = math.log1p(i)
39.   lg2 = math.log(i, 2)
40.   log2 = math.log2(i)
41.   lg10 = math.log(i, 10)
42.   log10 = math.log10(i)
43.   print(f'{i:5.3f} {lge:5.3f} {lg1p:5.3f} ',
44.   f'{lg2:5.3f} {log2:5.3f} ',
45.   f'{lg10:5.3f} {log10:5.3f}')
46.
47.   # Logaritmos de números cercanos a cero
48.   print('\nLogaritmos de números cercanos a 0')
49.   print('log(0.0000025)       ', math.log(0.0000025))
50.   print('log1p(0.0000025)     ', math.log1p(0.0000025))
51.   print('log(1.0000025)       ', math.log(1.0000025))
52.   print('log(0.0000000025)   ', math.log(0.0000000025))
53.   print('log1p(0.0000000025)', math.log1p(0.0000000025))
54.   print('log(1.0000000025)   ', math.log(1.0000000025))
```

En el resultado del guión vemos los diversos valores obtenidos del cálculo de potencias, raíces y logaritmos.

```
Potencias
     x      y       **      pow
  3.00**2.00   9.000   9.000
  4.00**0.00   1.000   1.000
 16.00**1.00  16.000  16.000
  9.00**0.50   3.000   3.000


Potencias de e
     x       exp      pow     expm1   exp - 1
  1.000    2.718    2.718    1.718    1.718
  2.000    7.389    7.389    6.389    6.389
  3.000   20.086   20.086   19.086   19.086
  4.000   54.598   54.598   53.598   53.598
  5.000  148.413  148.413  147.413  147.413


Raíces
     x     sqrt     pow
  3.00    1.732   1.732
  4.00    2.000   2.000
 16.00    4.000   4.000
  9.00    3.000   3.000
```

```
Logaritmos
        x      log   log1p    log2    log2  log 10   log10
    1.000    0.000   0.693   0.000   0.000   0.000   0.000
    2.000    0.693   1.099   1.000   1.000   0.301   0.301
    3.000    1.099   1.386   1.585   1.585   0.477   0.477
    4.000    1.386   1.609   2.000   2.000   0.602   0.602
    5.000    1.609   1.792   2.322   2.322   0.699   0.699

Logaritmos de números cercanos a 0
log(0.0000025)              -12.89921982609012
log1p(0.0000025)           2.4999968750052084e-06
log(1.0000025)             2.4999968749105643e-06
log(0.0000000025)          -19.806975105072254
log1p(0.0000000025)        2.499999996875e-09
log(1.0000000025)          2.4999999816813227e-09
```

2.1.3.4 FUNCIONES TRIGONOMÉTRICAS E HIPERBÓLICAS

La trigonometría es una rama de las matemáticas dedicada al estudio de la relación entre los lados y ángulos de un triángulo rectángulo y una circunferencia.

- El **seno** es la razón entre el cateto opuesto al ángulo y la hipotenusa.

- El **coseno** es la razón entre el cateto adyacente o contiguo al ángulo y la hipotenusa.

- La **tangente** es la razón entre el cateto opuesto al ángulo y el cateto adyacente.

- La **cosecante** es la razón inversa de seno.

- La **secante** es la razón inversa de coseno.

- La **cotangente** es la razón inversa de la tangente.

Las funciones hiperbólicas son análogas a las funciones trigonométricas ordinarias, pero definidas utilizando la hipérbola en lugar del círculo.

Todas las funciones trigonométricas en el módulo *math* reciben los ángulos expresados en **radianes**, por lo que empezaremos viendo las funciones trigonométricas con las conversiones grados-radianes-grados.

El módulo *math* dispone de la función *hypot*() para calcular la longitud de la hipotenusa dados los catetos del triangulo rectángulo.

Antes de Python 3.8, la función *sqrt*() se empleaba para encontrar la hipotenusa de un triángulo rectángulo:

```
sqrt(x*x + y*y)
```

A partir de Python 3.8, este método se utiliza también para calcular la norma euclidiana. Para los casos de n dimensiones donde las coordenadas se proporcionan de la forma (x1, x2, x3, ..., xn), la longitud euclidiana desde el origen se calcula de la forma:

```
sqrt(x1*x1 + x2*x2 + x3*x3 +....+ xn*xn)
```

A partir de Python 3.8 podemos calcular la distancia euclidiana entre dos puntos con la función *dist*(), que recibe los puntos como un iterable de coordenadas. Veremos el cálculo con la función *hypot*() y con *dist*().

math_04_trigonometria.py

```
1.   import math
2.
3.
4.   # conversión grados en radianes
5.   # radianes = grados * PI / 180
6.   print('Grados a radianes')
7.   print(f'{"grados":>5s}{"radianes":>9s}{"grados":>8s}')
8.   for grados in range(0, 361, 30):
9.       radianes = math.radians(grados)
10.      grados2 = math.degrees(radianes)
11.      print(f'{grados:4d}  {radianes:7.5f}  {grados2:3.0f}')
12.
13.  # valores en el primer cuadrante
14.  print('\nTrigonometría')
15.  print(f'{"grados":>5s}{"radianes":>9s}',
16.        f'{"seno":>8s} {"coseno":>8s}  {"tangente":>8s}')
17.  for grados in [0, 30, 45, 60, 90]:
18.      radianes = math.radians(grados)
19.      seno = math.sin(radianes)
20.      coseno = math.cos(radianes)
21.
22.      if grados == 90:
23.          tangente = math.inf
24.      else:
25.          tangente = math.tan(radianes)
26.      print(f'{grados:4d}  {radianes:7.5f} ',
27.            f'{seno:7.5f}  {coseno:7.5f}  {tangente:7.5f}')
28.
29.  # funciones trigonométricas inversas
30.  print('\nFunciones trigonométricas inversas')
31.  print(f'{"radianes":>5s}',
32.        f'{"arcoseno":>8s} {"arcocoseno":>8s} {"arcotangente":>8s}')
33.  for radianes in [0., .25, .5, .75, 1.]:
34.      aseno = math.asin(radianes)
35.      acoseno = math.acos(radianes)
36.      atangente = math.atan(radianes)
37.      print(f' {radianes:7.5f} ',
38.            f'{aseno:7.5f} {acoseno:7.5f} {atangente:7.5f}')
```

```
39.
40.   # funciones hiperbólicas
41.   print('\nFunciones hiperbólicas')
42.   print(f'{"grados":>5s}{"radianes":>9s}',
43.         f'{"senoh":>8s} {"cosenoh":>8s}  {"tangenteh":>8s}')
44.   for grados in [0, 30, 45, 60, 90]:
45.       radianes = math.radians(grados)
46.       senoh = math.sinh(radianes)
47.       cosenoh = math.cosh(radianes)
48.       tangenteh = math.tanh(radianes)
49.       print(f'{grados:4d}  {radianes:7.5f} ',
50.             f'{senoh:7.5f}  {cosenoh:7.5f}  {tangenteh:7.5f}')
51.
52.   # cálculo hipotenusa
53.   print('\nCálculo de la hipotenusa')
54.   TEST = [(1, 1), (3, 4), (math.pi/4, math.pi/4)]
55.   print(f'{"x":>5s} {"y":>5s} {"hipotenusa":>12s}')
56.   for x, y in TEST:
57.       h = math.hypot(x, y)
58.       print(f'{x:5.3f} {y:5.3f} {h:7.5f}')
59.
60.   # distancia entre dos puntos
61.   print('\nCálculo de la distancia entre dos puntos')
62.   TEST = [((0, 0), (3, 4)), ((0, 3), (4, 0)),
63.           ((-3, -4), (0, 0)), ((1, 1), (0, 0))]
64.   print(f'{"punto1":>8s}  {"punto2":>8s}{"hypot":>9s}{"dist":>9s}')
65.   for (x1, y1), (x2, y2) in TEST:
66.       x = x1 - x2
67.       y = y1 - y2
68.       h = math.hypot(x, y)
69.       d = math.dist((x1, y1), (x2, y2))
70.       print(f'({x1:3d},{y1:3d}) ({x2:3d},{y2:3d}) {h:7.5f}  {d:7.5f}')
```

Vemos a continuación los resultados de la ejecución del guión.

```
Grados a radianes
grados  radianes  grados
     0   0.00000       0
    30   0.52360      30
    60   1.04720      60
    90   1.57080      90
   120   2.09440     120
   150   2.61799     150
   180   3.14159     180
   210   3.66519     210
   240   4.18879     240
   270   4.71239     270
   300   5.23599     300
   330   5.75959     330
   360   6.28319     360
```

Trigonometría

grados	radianes	seno	coseno	tangente
0	0.00000	0.00000	1.00000	0.00000
30	0.52360	0.50000	0.86603	0.57735
45	0.78540	0.70711	0.70711	1.00000
60	1.04720	0.86603	0.50000	1.73205
90	1.57080	1.00000	0.00000	inf

Funciones trigonométricas inversas

radianes	arcoseno	arcocoseno	arcotangente
0.00000	0.00000	1.57080	0.00000
0.25000	0.25268	1.31812	0.24498
0.50000	0.52360	1.04720	0.46365
0.75000	0.84806	0.72273	0.64350
1.00000	1.57080	0.00000	0.78540

Funciones hiperbólicas

grados	radianes	senoh	cosenoh	tangenteh
0	0.00000	0.00000	1.00000	0.00000
30	0.52360	0.54785	1.14024	0.48047
45	0.78540	0.86867	1.32461	0.65579
60	1.04720	1.24937	1.60029	0.78071
90	1.57080	2.30130	2.50918	0.91715

Cálculo de la hipotenusa

x	y	hipotenusa
1.000	1.000	1.41421
3.000	4.000	5.00000
0.785	0.785	1.11072

Cálculo de la distancia entre dos puntos

punto1	punto2	hypot	dist
(0,0)	(3,4)	5.00000	5.00000
(0,3)	(4,0)	5.00000	5.00000
(-3,-4)	(0,0)	5.00000	5.00000
(1,1)	(0,0)	1.41421	1.41421

2.1.3.5 FUNCIONES ESPECIALES

El módulo *math* ofrece las funciones para cálculo combinatorio *comb*(), que devuelve el número de maneras de elegir elementos sin repetición de un conjunto sin un orden particular, y *perm*(), que devuelve el número de maneras de elegir elementos sin repetición y con un orden.

Podemos obtener la raíz cuadrada entera de un número con *isqrt*(). Y calcular el producto de todos los elementos de un iterable con *prod*().

La función de error *erf*() puede utilizarse para calcular funciones estadísticas tradicionales como la **distribución normal acumulativa**:

```
1.  def phi(x):
2.      return (1.0 + erf(x / sqrt(2.0))) / 2.0
```

O la **función de error complementaria** *erfc*(x), que devuelve **1.0 - erf(x)** y que para valores grandes ofrece resultados más precisos.

math_05_especiales.py

```
1.   import math
2.
3.
4.   # combinatoria
5.   print('Combinatoria')
6.   n = 10
7.   k = 2
8.   combinaciones = math.comb(n, k)
9.   permutaciones = math.perm(n, k)
10.  print(f'Elementos {n} tomados de a {k}')
11.  print('Combinaciones:', combinaciones)
12.  print('Permutaciones:', permutaciones)
13.
14.  # raíz cuadrada entera
15.  print('\nRaíz cuadrada entera')
16.  print(f'{"x":>3s}{"isqrt":>7s}{"sqrt":>8s}')
17.  for x in range(25, 110, 25):
18.  i = math.isqrt(x)
19.  f = math.sqrt(x)
20.  print(f'{x:3d}  {i:3d}   {f:8.5f}')
21.
22.  # producto de un iterable
23.  print('\nProducto')
24.  TEST = [.5, 2, 3, 4, 5]
25.  producto = math.prod(TEST)
26.  print('Valores:', TEST)
27.  print('Producto:', producto)
28.
29.  # función de error
30.  print('\nFunción de error')
31.  print(f'{"x":>5s} {"erf":>9s}{"erfc":>10s}')
32.  for x in range(-2, 3):
33.  errf = math.erf(x)
34.  errfc = math.erfc(x)
35.  print(f'{x:5.2f}  {errf:8.5f}  {errfc:8.5f}')
```

En el resultado del script vemos las combinaciones y permutaciones de 10 elementos tomados de dos en dos.

La diferencia entre valores de raíces cuadradas enteras y raíces cuadradas decimales. El valor de la multiplicación de una lista de números reales y enteros. Y el cálculo de la función de error y la complementaria para una serie de valores positivos y negativos.

```
Combinatoria
Elementos 10 tomados de a 2
Combinaciones: 45
Permutaciones: 90

Raíz cuadrada entera
     x    isqrt       sqrt
    25        5     5.00000
    50        7     7.07107
    75        8     8.66025
   100       10    10.00000


Producto
Valores: [0.5, 2, 3, 4, 5]
Producto: 60.0

Función de error
     x        erf        erfc
 -2.00   -0.99532     1.99532
 -1.00   -0.84270     1.84270
  0.00    0.00000     1.00000
  1.00    0.84270     0.15730
  2.00    0.99532     0.00468
```

2.2 MÓDULO CMATH

El módulo *math* de Python se complementa con el módulo *cmath*, que proporciona funciones para tareas matemáticas con números complejos.

Un número imaginario o complejo se representa como la suma de un número real y un número imaginario de la forma **a + bi**, donde **a** es el número real y **bi** es el número imaginario, siendo **i** la raíz cuadrada de -1.

Los números complejos o imaginarios tienen su uso en muchas aplicaciones relacionadas con las matemáticas y Python proporciona herramientas útiles para manejarlos y manipularlos.

Las funciones de este módulo aceptan números enteros, en coma flotante y complejos. Todas las funciones de *cmath* siempre devuelven un número complejo, incluso si el valor de retorno se puede expresar como un número real, en cuyo caso el número complejo tiene una parte imaginaria de cero.

El motivo de que existan dos módulos distintos es evidente, cuando se utilizan únicamente números reales se desea ver errores sí se intenta calcular la raíz cuadrada de un número negativo, porque realmente es imposible. Por el contrario, cuando se utilizan números complejos dicha tarea resulta natural.

Para usar los métodos del módulo *cmath* debemos empezar importando el módulo.

```
1. import cmath
```

Vamos a ver las funciones más comunes ofrecidas por este módulo. En la *documentación de Python para cmath (https://docs.python.org/3/library/cmath.html)* podéis encontrar todas las funciones disponibles.

2.2.1 Constantes matemáticas

El módulo *cmath* de Python ofrece una serie de constantes predefinidas, que facilitan su uso y proporcionan consistencia en todo el código.

Constante	Descripción
cmath.*e*	La constante de Euler (2.7182...) en coma flotante.
cmath.*inf*	Devuelve un infinito positivo en coma flotante. Equivale a **float('inf')**.
cmath.*infj*	Número complejo con parte real cero y parte imaginaria infinita positiva. Equivale a **complex(0.0, float('inf'))**.
cmath.*nan*	El valor NaN (*Not a Number* – No es un número) en coma flotante.
cmath.*nanj*	Número complejo con parte real cero y parte imaginaria NaN. Equivale a **complex(0.0, float('nan'))**.
cmath.*pi*	La constante PI (3.1415...) en coma flotante.
cmath.*tau*	La constante tau (6.2831...) en coma flotante.

2.2.2 Funciones matemáticas

El módulo *cmath* ofrece las siguientes funciones.

Funciones	Descripción
cmath.*acos*(x)	Devuelve el arcocoseno de un número complejo.
cmath.*acosh*(x)	Devuelve el coseno hiperbólico inverso de un número complejo.
cmath.*asin*(x)	Devuelve el arcoseno de un número complejo.
cmath.*asinh*(x)	Devuelve el seno hiperbólico inverso de un número complejo.
cmath.*atan*(x)	Devuelve la arcotangente de un número complejo.
cmath.*atanh*(x)	Devuelve la tangente hiperbólica inversa de un número complejo.
cmath.*cos*(x)	Devuelve el coseno de un número complejo.
cmath.*cosh*(x)	Devuelve el coseno hiperbólico de un número complejo.
cmath.*exp*(x)	Devuelve e elevado a la potencia de un número complejo.
cmath.*isclose*(a, b, *, rel_tol=1e-09, abs_tol=0.0)	Devuelve *True* si los valores complejos **a** y **b** están cerca el uno del otro y *False* en caso contrario. El hecho de que dos valores se consideren cercanos se determina según las tolerancias absoluta y relativa dadas. **rel_tol** es la tolerancia relativa - es la máxima diferencia permitida entre a y b, en relación con el valor absoluto mayor de a o b. **abs_tol** es la tolerancia absoluta mínima - útil para comparaciones cercanas a cero. **abs_tol** debe ser al menos cero. Si no hay errores, el resultado será: **abs(a-b) <= max(rel_tol * max(abs(a), abs(b)), abs_tol)**
cmath.*isfinite*(x)	Devuelve *True* si el valor complejo **x** no es un infinito ni un NaN, y *False* en caso contrario.
cmath.*isinf*(x)	Devuelve *True* si el valor complejo **x** es un infinito positivo o negativo, y *False* en caso contrario.
cmath.*isnan*(x)	Devuelve *True* si el valor complejo **x** es un NaN, y *False* en caso contrario.
cmath.*log*(x [, base])	Devuelve el logaritmo natural del número complejo **x** (en base e). Con dos argumentos, devuelve el logaritmo de **x** en la **base** dada.
cmath.*log10*(x)	Devuelve el logaritmo en base 10 del número complejo **x**. Suele ser más preciso que log(x, 10).
cmath.*phase*(x)	Devuelve la fase del número complejo **x**.
cmath.*polar*(x)	Devuelve el número complejo **x** en forma de coordenadas polares. Devuelve una tupla de módulo y fase.

cmath.*rect*(x)	Devuelve las coordenadas polares **x** a la forma rectangular del número complejo. Crea un número complejo con fase y módulo. Este método equivale a: **r * (math.cos(phi) + math.sin(phi)*1j)**. El radio r es la longitud del vector, y phi (ángulo de fase) es el ángulo formado con el eje real.
cmath.*sin*(x)	Devuelve el seno de un número complejo.
cmath.*sinh*(x)	Devuelve el seno hiperbólico de un número complejo.
cmath.*sqrt*(x)	Devuelve la raíz cuadrada de un número complejo.
cmath.*tan*(x)	Devuelve la tangente de un número complejo.
cmath.*tanh*(x)	Devuelve la tangente hiperbólica de un número complejo.

2.2.3 Uso del módulo cmath

A continuación vamos a ver unos ejemplos del uso de funciones matemáticas del módulo *cmath*.

2.2.3.1 CREACIÓN DE NÚMEROS COMPLEJOS

En matemáticas, la unidad imaginaria se suele denotar con **i**, en Python se utiliza **j**, como en física, para denotar los números imaginarios.

Python también proporciona la función incorporada *complex*() que permite crear números complejos.

El módulo de un número complejo es el número real positivo que mide su tamaño y generaliza el valor absoluto de un número real. Se puede acceder a la parte real y la imaginaria mediante los atributos *real* e *imag* respectivamente.

Podemos emplear los operadores matemáticos básicos: suma, resta, multiplicación y división (+, -, *, /) con los números complejos.

cmath_01_creacion.py

```
1.   import cmath
2.
3.
4.   # creación de números complejos y sus partes
5.   print('Creación por asignación')
6.   z = 1 + 2j
7.   print('Número complejo:', z)          # número complejo
8.   print('Parte real:', z.real)          # atributo real
9.   print('Parte imaginaria:', z.imag)    # atributo imaginario
10.
11.  print('Creación con la clase complex')
12.  y = complex(3, 4)
```

```
13.   print('Número complejo:', y)
14.   print('Parte real:', y.real)
15.   print('Parte imaginaria:', y.imag)
16.
17.   # operaciones básicas
18.   print('\nOperaciones matemáticas')
19.   print(f'z: {z}, y: {y}')
20.   suma = z + y
21.   resta = z - y
22.   multiplicacion = z * y
23.   division = z / y
24.   print('Suma x+y:', suma)
25.   print('Resta z-y:', resta)
26.   print('Multiplicación z*y:', multiplicacion)
27.   print('División z/y:', division)
```

Vemos a continuación el resultado de la ejecución del guión.

```
Creación por asignación
Número complejo: (1+2j)
Parte real: 1.0
Parte imaginaria: 2.0
Creación con la clase complex
Número complejo: (3+4j)
Parte real: 3.0
Parte imaginaria: 4.0

Operaciones matemáticas
z: (1+2j), y: (3+4j)
Suma x+y: (4+6j)
Resta z-y: (-2-2j)
Multiplicación z*y: (-5+10j)
División z/y: (0.44+0.08j)
```

2.2.3.2 COORDENADAS

Un número complejo se almacena internamente usando coordenadas rectangulares o cartesianas. Así, un número complejo z se representa como z = a + bj, donde a representa la parte real y b la parte imaginaria.

Otra forma de describir un número complejo es mediante coordenadas polares, donde el número complejo z se define mediante una tupla del módulo r y el ángulo de fase phi. El módulo r es la distancia de z al origen, mientras que la fase phi es el ángulo contrario a las agujas del reloj, medido en radianes, desde el eje x positivo al segmento de línea que une el origen con z. La conversión a polar se realiza mediante la función *polar*(), que devuelve un par(r, phi).

El rango de fase va de –**cmath.pi** a +**cmath.pi**. El signo del resultado es el mismo que el de **z.imag**.

El módulo se puede obtener utilizando la función incorporada *abs*() y la fase usando la función *cmath.phase*(), que toma un número complejo como entrada y devuelve un número de punto flotante que representa la fase del número complejo. Es equivalente a:

```
fase = cmath.phase(z) = math.atan2(z.imag, z.real)
```

Podemos utilizar la función *cmath.rect*() para convertir un número complejo en forma polar a forma rectangular pasando el módulo r y la fase phi como argumentos.

Equivale a

```
r * (math.cos(phi) + math.sin(phi) * 1j)
```

Veamos un ejemplo.

cmath_02_coordenadas.py

```
1.   import cmath
2.
3.
4.   # creación de un número complejo
5.   z = 1 + 2j
6.   print('Número complejo:', z)
7.
8.   # módulo
9.   r = abs(z)
10.  print('Módulo:', r)
11.  # fase
12.  phi = cmath.phase(z)
13.  print('Fase:', phi)
14.
15.  # coordenadas polares
16.  polar = cmath.polar(z)
17.  print('\nCoordenadas polares:', polar)
18.
19.  # formato rectangular
20.  rectangular = cmath.rect(r, phi)
21.  print('\nRectangular:', rectangular)
```

El resultado del script es:

```
Número complejo: (1+2j)
Módulo: 2.23606797749979
Fase: 1.1071487177940904

Coordenadas polares: (2.23606797749979, 1.1071487177940904)

Rectangular: (1.0000000000000002+2j)
```

2.3 MÓDULO DECIMAL

Python dispone de números de punto flotante basados en los tipos *float* y *double* de C. Sin embargo, los números de punto flotante no representan ciertas fracciones decimales con precisión. Con el módulo *decimal* se puede representar estas fracciones hasta un límite de precisión especificado por el usuario.

Y como dice la Especificación General de Aritmética Decimal (*General Decimal Arithmetic Specification (https://speleotrove.com/decimal/decarith.html)*):

> ### ⓘ Decimal
>
> Se basa en un modelo de coma flotante que se diseñó pensando en las personas, y tiene necesariamente un principio rector primordial: los ordenadores deben proporcionar una aritmética que funcione de la misma manera que la aritmética que las personas aprenden en la escuela.

Así pues, el propósito del módulo *decimal* es dar soporte a la aritmética utilizando reglas familiares y evitar problemas de representación asociados al punto flotante. Una instancia de *decimal* puede representar cualquier número con exactitud, redondear hacia arriba o hacia abajo y aplicar un límite al número de dígitos significativos. Ofrece soporte a la aritmética decimal de punto flotante rápida y correctamente redondeada, independiente de la máquina. El módulo *decimal* representa los números decimales con una precisión de hasta 28 dígitos decimales, mientras que los números de punto flotante solo tienen una precisión de hasta 18 dígitos.

El diseño del módulo se centra en tres conceptos: el número decimal, el contexto para la aritmética y las señales.

- ▶ Un **número decimal** es inmutable. Tiene un signo, dígitos de coeficiente y un exponente.

- ▶ El **contexto** de la aritmética es un entorno que especifica la precisión, las reglas de redondeo, los límites de los exponentes, los indicadores de los resultados de las operaciones. Los contextos pueden aplicarse a todas las instancias de decimal en un hilo o localmente dentro de una pequeña región de código.

▼ Las **señales** son grupos de condiciones excepcionales que surgen durante el curso del cálculo. Dependiendo de las necesidades de la aplicación las señales pueden ignorarse, considerarse como informativas o tratarse como excepciones.

Es importante utilizar decimales cuando la precisión sea primordial, como en los cálculos financieros. Los decimales pueden sufrir sus propios problemas de precisión, pero en general, los decimales son más precisos que los flotantes.

Para usar los métodos del módulo *decimal* debemos empezar importando el módulo.

```
1. │ import decimal
```

Vamos a ver las funciones más importantes ofrecidas por este módulo. En la *documentación de Python para decimal (https://docs.python.org/3/library/decimal. html)* podéis encontrar todas las funciones disponibles.

El módulo *decimal* contiene dos clases, *Decimal*() y *Context*(). Las instancias de *Decimal*() representan números, mientras que las instancias de *Context*() encapsulan diversos ajustes para las operaciones decimales.

2.3.1 Decimal

Un objeto decimal puede construirse de varias maneras, con la clase *Decimal*(), a partir de un par de enteros, de otro número racional, de una cadena o con una tupla.

Clase	Descripción
decimal.*Decimal*(value='0', context=None)	Construye un nuevo objeto decimal. **value** puede ser un entero, una cadena, una tupla, un punto flotante u otro objeto Decimal. Si no se da ningún valor, devuelve *Decimal*('0'). Si es una **cadena**, debe ajustarse a la sintaxis numérica decimal después de eliminar los espacios en blanco iniciales y finales. Si el valor es una **tupla**, debe tener tres componentes, un signo (0 para positivo o 1 para negativo), una tupla de dígitos y un exponente entero. Si es un valor en **punto flotante**, el valor binario en coma flotante se convierte sin pérdida a su equivalente decimal exacto. Esta conversión puede requerir a menudo 53 o más dígitos de precisión. La precisión del contexto no afecta al número de dígitos que se almacenan. Eso se determina exclusivamente por el número de dígitos del valor. El argumento de contexto **context** determina qué hacer si el valor es una cadena malformada. Si el contexto atrapa *InvalidOperation*, se lanza una excepción; en caso contrario, el constructor devuelve un nuevo decimal con el valor *NaN*.

Se dispone de un constructor alternativo mediante la función *from_float*(), que devuelve una instancia de *Decimal*() a partir de un número en punto flotante o un entero. O con los métodos de la clase *Context*() *create_decimal*() y *create_decimal_from_float*().

2.3.2 Métodos de Decimal

Los objetos de *Decimal*() comparten propiedades con los otros tipos numéricos incorporados en Python, como *float* e *int*, además de disponer de todas las operaciones matemáticas y métodos especiales habituales.

Existen algunas pequeñas diferencias entre la aritmética sobre objetos decimales y la aritmética sobre enteros y punto flotante. Cuando se aplica el operador **%** a objetos decimales, el signo del resultado es el signo del dividendo en lugar del signo del divisor.

El operador de división de enteros (//) se comporta de forma análoga, devolviendo la parte entera del cociente truncando hacia cero en lugar de su mínimo, para preservar la identidad habitual

```
x == (x // y) * y + x % y
```

Además de las propiedades numéricas estándar, los objetos decimales de punto flotante también disponen de una serie de métodos especializados.

Método	Descripción
d.*as_integer_ratio*()	Devuelve un par **(n, d)** de enteros que representan la instancia decimal dada como una fracción, en términos menores y con denominador positivo.
d.*as_tuple*()	Devuelve una representación de tupla con nombre del número: **(signo, dígitos, exponente)**.
d.*compare*(other, context=None)	Compara los valores de dos decimales. Devuelve una instancia de *Decimal*(). La comparación se efectúa restando el segundo operando del primero y devolviendo un valor según el resultado de la resta: • -1 si el resultado es menor que cero. • 0 si el resultado es cero o cero negativo. • 1 si el resultado es mayor que cero. Así: -1 => a < b 0 => a == b 1 => a > b Si cualquiera de los operandos es un *NaN* entonces el resultado es un *NaN*.

d.*compare_total*(other, context=None)	Compara los dos operandos utilizando su representación abstracta. No es como *compare*(), que utiliza su valor numérico. Se define una ordenación total para todas las representaciones abstractas posibles.
d.*compare_total_mag*(other, context=None)	Compara los dos operandos utilizando su representación abstracta ignorando el signo.
d.*copy_abs*()	Devuelve una copia sin signo.
d.*copy_negate*()	Devuelve una copia con el signo invertido.
d.*copy_sign*(other, context=None)	Devuelve una copia con el signo igual al signo del operando.
d.*exp*(context=None)	Devuelve e elevado a la potencia del operando.
d.*fma*(other, third, context=None)	Devuelve el operando multiplicado por **other**, más **third**. Se realiza una multiplicación y suma sin redondeo intermedio, solo se redondea al final. **fma** (*fused-multiply-add* – fusionar-multiplicar-sumar)
***from_float*(f)**	Devuelve una instancia de Decimal. Constructor alternativo que solo acepta instancias de *float* o *int*.
d.*is_finite*()	Devuelve *True* si el operando es finito; en caso contrario devuelve *False*.
d.*is_infinite*()	Devuelve *True* si el operando es infinito; en caso contrario devuelve *False*.
d.*is_normal*(context=None)	Devuelve *True* si el operando es un número normal; en caso contrario devuelve *False*.
d.*is_signed*()	Devuelve *True* si el operando es negativo; en caso contrario devuelve *False*.
d.*is_zero*()	Devuelve *True* si el operando es un cero; en caso contrario devuelve *False*.
d.*ln*(context=None)	Devuelve el logaritmo natural (base e) del operando.
d.*log10*(context=None)	Devuelve el logaritmo en base 10 del operando.
d.*max*(other, context=None)	Devuelve el valor mayor.
d.*max_mag*(other, context=None)	Compara los valores numéricamente ignorando su signo y devuelve el máximo.
d.*min*(other, context=None)	Compara numéricamente dos valores y devuelve el mínimo.
d.*min_mag*(other, context=None)	Compara los valores numéricamente ignorando su signo y devuelve el mínimo.
d.*next_minus*(context=None)	Devuelve el mayor número representable menor que el operando en el contexto dado (o en el contexto del subproceso actual si no se da ningún contexto).

d.*next_plus*(context=None)	Devuelve el menor número representable mayor que el operando en el contexto dado (o en el contexto del subproceso actual si no se da ningún contexto).
d.*next_toward*(other, context=None)	Si los dos operandos son desiguales, devuelve el número más cercano al primer operando en la dirección del segundo operando. Si ambos operandos son numéricamente iguales, devuelve una copia del primer operando con el signo establecido para que sea el mismo que el signo del segundo operando.
d.*quantize*(exp, rounding=None, context=None)	Devuelve un valor igual al primer operando después de redondear que tiene el exponente del segundo operando.
d.*remainder_near*(other, context=None)	Devuelve el resto de la división entera. El valor de retorno es **self - n * other** donde n es el entero más cercano al valor exacto de **self/other**, y si dos enteros están igualmente cerca entonces se elige el par.
d.*sqrt*(context=None)	Devuelve la raíz cuadrada.
d.*to_eng_string*(context=None)	Convierte un número en una cadena, utilizando la notación científica. La notación científica/ingeniería tiene un exponente que es múltiplo de 3. Esto puede dejar hasta 3 dígitos a la izquierda del punto decimal y puede requerir la adición de uno o dos ceros finales.
d.*to_integral*(rounding=None, context=None)	Redondea a un entero. Idéntico al método *to_integral_value*(). Se ha mantenido por compatibilidad con versiones anteriores.
c.*to_integral_exact*(rounding=None, context=None)	Redondea a un entero. Los indicadores *Inexact* y *Rounded* están permitidos en esta operación. El modo de redondeo se toma del contexto.
d.*to_integral_value*(rounding=None, context=None)	Redondea a un entero. Es como *to_integral_exact*(), pero no se establece ningún indicador. El modo de redondeo se toma del contexto.

2.3.3 Contexto

Los decimales se asocian siempre con un contexto que establece los parámetros y reglas, seleccionables por el usuario, que rigen los resultados de las operaciones aritméticas.

El módulo *decimal* recién importado tiene un contexto predefinido que contiene valores por defecto para la precisión, el redondeo, los números mínimos y máximos permitidos, qué señales se tratan como excepciones y limitan el rango de los exponentes.

Por defecto, el contexto es global. Además, se puede establecer un contexto temporal que tendrá efecto localmente sin afectar al contexto global. Un contexto local es útil si se desea realizar una operación aritmética en un entorno temporal sin cambiar el entorno global.

La forma habitual de trabajo con decimales, además de importar el módulo, incluye crear un contexto de trabajo y, si es necesario, establecer nuevos valores para los diferentes atributos del contexto.

Es posible crear un contexto específico con la clase *Context*().

Clase	Descripción
ctx = decimal.*Context*(prec=None, rounding=None, Emin=None, Emax=None, capitals=None, clamp=None, flags=None, traps=None)	Crea un nuevo contexto. Si un campo no se especifica o es *None*, los valores por defecto se copian del *DefaultContext*. Si el campo **flags** no se especifica o es *None*, se borran todos los indicadores. **prec** es un número entero en el rango [1, MAX_PREC] que establece el número máximo de dígitos significativos que pueden resultar de una operación aritmética en el contexto. **rounding** establece la opción de redondeo según una de las constantes listadas en la tabla de Modos de redondeo. Los parámetros **traps** y **flags** enumeran las señales que se deben establecer. Por lo general, los nuevos contextos solo deben establecer capturas y dejar los indicadores libres. Los parámetros **Emin** y **Emax** son enteros que especifican los límites exteriores permitidos para los exponentes. **Emin** debe estar en el rango [MIN_EMIN, 0], **Emax** en el rango [0, MAX_EMAX]. El parámetro **capitals** puede ser 0 o 1 (por defecto). Si se establece en 1, los exponentes se imprimen con una **E** mayúscula; en caso contrario, se utiliza una **e** minúscula. El parámetro **clamp** es 0 (por defecto) o 1. Si se establece en 1, el exponente **e** de una instancia de Decimal representable en este contexto se limita estrictamente al rango **Emin - prec + 1 <= e <= Emax - prec + 1**. Si es 0, se cumple una condición más débil: el exponente ajustado de la instancia Decimal es como máximo **Emax**. Si el valor de **clamp** es 1, se reducirá el exponente de un número normal grande y se añadirá el número correspondiente de ceros a su coeficiente, con el fin de ajustarlo a las restricciones del exponente; de este modo se conserva el valor del número, pero se pierde la información sobre los ceros finales significativos.

Python proporciona tres contextos ya preparados.

Contexto	Descripción
decimal.*BasicContext*	Los valores del contexto básico son: **Context(prec=9, rounding=ROUND_HALF_UP, Emin=-999999, Emax=999999, capitals=1, clamp=0, flags=[], traps=[Clamped, InvalidOperation, DivisionByZero, Overflow, Underflow])** Debido a que muchas de las trampas están habilitadas, este contexto es útil para la depuración.
decimal.*ExtendedContext*	Los valores del contexto extendido son: **Context(prec=9, rounding=ROUND_HALF_EVEN, Emin=-999999, Emax=999999, capitals=1, clamp=0, flags=[], traps=[])** No se activan trampas, para que no se produzcan excepciones durante los cálculos. Debido a que las trampas están deshabilitadas, este contexto es útil para aplicaciones que prefieren tener un valor de resultado de *NaN* o Infinito en lugar de lanzar excepciones. Esto permite a una aplicación completar una ejecución en presencia de condiciones que de otro modo detendrían el programa.
decimal.*DefaultContext*	Los valores del contexto por defecto son: **Context(prec=28, rounding=ROUND_HALF_EVEN, Emin=-999999, Emax=999999, capitals=1, clamp=0, flags=[], traps=[InvalidOperation, DivisionByZero, Overflow])** El constructor *Context*() emplea este contexto como prototipo para nuevos contextos. Este contexto es muy útil en entornos multihilo. Cambiar uno de los campos antes de que se inicien los subprocesos tiene el efecto de establecer los valores por defecto de todo el sistema. No se recomienda cambiar los campos una vez iniciados los subprocesos, ya que requeriría la sincronización de los subprocesos para evitar condiciones de carrera. En entornos con un único subproceso, es preferible no utilizar este contexto. En su lugar, es mejor crear contextos explícitamente.

Un grupo de métodos facilita el manejo del contexto en curso.

Función	Descripción
decimal.*getcontext*()	Devuelve el contexto actual para el hilo activo. Si este hilo aún no tiene un contexto, devuelve un nuevo contexto y establece el contexto de ese hilo. Los nuevos contextos son copias de *DefaultContext*.
decimal.*setcontext*(ctx)	Establece el contexto actual para el hilo activo al contexto indicado por **ctx**.
decimal.*localcontext* (ctx=None,**kwargs)	Cambia temporalmente el contexto activo. Devuelve un gestor de contexto que establecerá el contexto actual para el hilo activo a una copia de **ctx** al entrar en la sentencia *with* y restaurará el contexto anterior al salir de la sentencia *with*. Si no se especifica ningún contexto, se utilizará una copia del contexto actual. El argumento **kwargs** se utiliza para establecer los atributos del nuevo contexto.

2.3.3.1 MODOS DE REDONDEO

El redondeo (*rounding*) indica el algoritmo que se utilizará cuando sea necesario redondear. El redondeo se aplica cuando un coeficiente resultante de una operación tiene más dígitos significativos que el valor de precisión, en este caso, el coeficiente resultante se acorta a los dígitos de precisión y, a continuación, puede incrementarse en una unidad.

Los modos de redondeo definidos en el módulo *decimal* son:

Modo	Descripción
decimal.*ROUND_CEILING*	Redondea hacia Infinito. Si todos los dígitos descartados son cero o si el signo es positivo, el resultado no se modifica. En caso contrario, el coeficiente resultante debe incrementarse en 1 (redondeando al alza).
decimal.*ROUND_DOWN*	Redondea hacia cero. Los dígitos descartados se ignoran; el resultado no se modifica.
decimal.*ROUND_FLOOR*	Redondea hacia -Infinito. Si todos los dígitos descartados son cero o si el signo es negativo, el resultado no se modifica. En caso contrario, el signo es positivo y el coeficiente resultante debe incrementarse en 1.
decimal.*ROUND_HALF_DOWN*	Redondea al más cercano hacia el cero. Si los dígitos descartados representan más de la mitad del valor de un uno en la siguiente posición a la izquierda, el coeficiente resultante debe incrementarse en 1 (redondeando al alza). En caso contrario los dígitos descartados se ignoran.
decimal.*ROUND_HALF_EVEN*	Redondea al más cercano hacia el entero par más cercano. Si los dígitos descartados representan más de la mitad del valor de un uno en la siguiente posición a la izquierda, entonces el coeficiente de resultado debe incrementarse en 1 (redondeando al alza). Si representan menos de la mitad, entonces no se ajusta el coeficiente de resultado, esto es, se ignoran los dígitos descartados. Si representan exactamente la mitad, el coeficiente resultante no se modifica si su dígito más a la derecha es par, o se incrementa en 1 (redondeando al alza) si su dígito más a la derecha es impar para obtener un dígito par.
decimal.*ROUND_HALF_UP*	Redondea al más cercano que se aleja del cero. Si los dígitos descartados representan más de la mitad del valor de un uno en la siguiente posición a la izquierda, el coeficiente resultante se incrementará en 1 (redondeando al alza). En caso contrario, se ignoran los dígitos descartados.

decimal.*ROUND_UP*	Redondea a partir de cero. Si todos los dígitos descartados son cero, el resultado no se modifica. En caso contrario, el coeficiente resultante debe incrementarse en 1 (redondeando al alza).
decimal.*ROUND_05UP*	Igual que el redondeo *ROUND_UP*, excepto que redondea lejos de cero si el último dígito después de redondear hacia cero hubiera sido 0 o 5; en caso contrario, redondea hacia cero.

2.3.3.2 SEÑALES Y ACTIVADORES DE TRAMPAS

Las señales representan condiciones excepcionales que surgen durante el cálculo. Cada una corresponde a un indicador de contexto y a un activador de trampa de contexto. Dependiendo de las necesidades de la aplicación, las señales pueden ignorarse, considerarse como informativas o tratarse como excepciones.

El indicador de contexto se activa cuando se produce la condición. Tras el cálculo, las señales pueden comprobarse con fines informativos. **Después de comprobadas, deben de borrarse antes de iniciar el siguiente cálculo.**

Si el activador de trampas del contexto está activado para la señal, entonces la condición provoca que se lance una excepción de Python.

Las señales en el módulo decimal son:

Señal	Descripción
decimal.*Clamped*	Alteración de un exponente para ajustarlo a las restricciones de representación. Normalmente, la sujeción se produce cuando un exponente queda fuera de los límites *Emin* y *Emax* del contexto. Si es posible, el exponente se reduce para ajustarse añadiendo ceros al coeficiente.
decimal.*DecimalException*	Clase base para otras señales y una subclase de *ArithmeticError*.
decimal.*DivisionByZero*	Indica la división de un número no infinito por cero.
decimal.*Inexact*	Indica que se ha producido un redondeo y el resultado no es exacto. Se han descartado dígitos distintos de cero durante el redondeo. Se devuelve el resultado redondeado. La señal o la trampa se utilizan para detectar cuando los resultados son inexactos.
decimal.*InvalidOperation*	Se ha realizado una operación no válida. Indica que se ha solicitado una operación que no tiene sentido. Si no se atrapa, devuelve *NaN*.

decimal.*Overflow*	Desbordamiento numérico. Indica que el exponente es mayor que *Emax* después de que se haya producido el redondeo. Si no se atrapa, el resultado depende del modo de redondeo, ya sea hasta el mayor número finito representable o redondeando hasta Infinito. En cualquier caso, también se lanzan *Inexact* y *Rounded*.
decimal.*Rounded*	Se ha producido un redondeo aunque posiblemente no se haya perdido información. Se señala redondeo siempre que se redondea el resultado de una operación, incluso si esos dígitos son cero, o si se produce una condición de desbordamiento o subdesbordamiento. En todos los casos, el resultado no se modifica. La señal de redondeo puede atraparse para determinar si una operación causó una pérdida de precisión.
decimal.*Subnormal*	El exponente era menor que *Emin* antes del redondeo. Ocurre cuando el resultado de una operación es subnormal (el exponente es demasiado pequeño). Si no se atrapa, devuelve el resultado sin cambios.
decimal.*Underflow*	Subdesbordamiento numérico con resultado redondeado a cero. Ocurre cuando un resultado subnormal se lleva a cero por redondeo. También se lanzan *Inexact* y *Subnormal*.
decimal.*FloatOperation*	Habilita una semántica más estricta para mezclar *float* y *Decimal*. Si la señal no está atrapada (por defecto), se permite mezclar números float y decimales en el constructor *Decimal*(), *create_decimal*() y en todos los operadores de comparación. Tanto la conversión como las comparaciones son exactas. Cualquier ocurrencia de una operación mixta se registra silenciosamente estableciendo *FloatOperation* en los indicadores de contexto. Las conversiones explícitas con *from_float*() o *create_decimal_from_float*() no establecen la señal. En caso contrario, si la señal está atrapada, solo las comparaciones de igualdad y las conversiones explícitas son silenciosas. Todas las demás operaciones mixtas lanzan *FloatOperation*.

La jerarquía de señales es:

```
DecimalException
|__Clamped
|__DivisionByZero(DecimalException, exceptions. ZeroDivisionError)
|__Inexact
|  |__Overflow(Inexact, Rounded)
|  |__ Underflow(Inexact, Rounded, Subnormal)
|__InvalidOperation
|__Rounded
|__Subnormal
|__FloatOperation(DecimalException, exceptions.TypeError)
```

2.3.4 Métodos de contexto

La forma habitual de trabajo con decimales pasa por crear instancias de *Decimal*() y realizar las operaciones aritméticas que se precisen, que tendrán lugar dentro del contexto establecido en el hilo. También es posible hacer uso de métodos de contexto para los cálculos que se realizarán dentro de ese contexto específico. Los métodos son similares a los de la clase *Decimal*().

Cada método de contexto acepta un entero en cualquier lugar que se acepte una instancia de *Decimal*().

Los métodos *clear_flags*(), *clear_traps*() y *copy*(), actúan sobre el contexto. Los demás métodos son para hacer aritmética directamente en un contexto dado.

Método	Descripción
c.*abs*(a)	Devuelve el valor absoluto de **a**.
c.*add*(a, b)	Devuelve la suma de los dos operandos.
c.***clear_flags***()	Pone todos los indicadores a 0.
c.***clear_traps***()	Pone todas las trampas a 0.

c.*compare*(a, b)	Compara valores numéricamente. La comparación se efectúa restando el segundo operando del primero y devolviendo un valor según el resultado de la resta:
	• -1 si el resultado es menor que cero.
	• 0 si el resultado es cero o cero negativo.
	• 1 si el resultado es mayor que cero.
	Así:
	`-1 => a < b`
	`0 => a == b`
	`1 => a > b`

c.*compare_total*(a, b)	Compara los dos operandos utilizando su representación abstracta. No es como *compare*(), que utiliza su valor numérico. Se define una ordenación total para todas las representaciones abstractas posibles.
c.*compare_total_mag*(a, b)	Compara los dos operandos utilizando su representación abstracta ignorando el signo.
c.***copy***()	Devuelve un duplicado del contexto.
c.*copy_abs*(a)	Devuelve una copia del valor absoluto del operando.
c.*copy_negate*(a)	Devuelve una copia del operando con el signo invertido.
c.*copy_sign*(a, b)	Devuelve una copia del primer operando con el signo igual al signo del segundo operando.
c.*create_decimal*(num='0')	Crea una nueva instancia de *Decimal*(), usando el contexto en curso.

c.*create_decimal_from_float*(f)	Crea una nueva instancia de *Decimal*() a partir de un número en punto flotante, redondeando según el contexto.
c.*divide*(a, b)	División decimal en el contexto especificado.
c.*divide_int*(a, b)	Divide dos números y devuelve la parte entera del resultado.
c.*divmod*(a, b)	Divide dos números y devuelve la parte entera del resultado y el resto en una tupla: **(a // b, a % b)**.
c.*exp*(a)	Devuelve e elevado a la potencia de **a**.
c.*fma*(a, b, c)	Devuelve **a** multiplicado por **b**, más **c**. Se realiza una multiplicación y suma sin redondeo intermedio, solo se redondea al final. fma (*fused multiply add* – fusionar multiplicar sumar)
c.*is_finite*(a)	Devuelve *True* si el operando es finito; en caso contrario devuelve *False*.
c.*is_infinite*(a)	Devuelve *True* si el operando es infinito; en caso contrario devuelve *False*.
c.*is_normal*(a)	Devuelve *True* si el operando es un número normal; en caso contrario devuelve *False*.
c.*is_signed*(a)	Devuelve *True* si el operando es negativo; en caso contrario devuelve *False*.
c.*is_zero*(a)	Devuelve *True* si el operando es un cero; en caso contrario devuelve *False*.
c.*ln*(a)	Devuelve el logaritmo natural (base e) del operando.
c.*log10*(a)	Devuelve el logaritmo en base 10 del operando.
c.*max*(a, b)	Compara numéricamente dos valores y devuelve el máximo.
c.*max_mag*(a, b)	Compara los valores numéricamente ignorando su signo y devuelve el máximo.
c.*min*(a, b)	Compara numéricamente dos valores y devuelve el mínimo.
c.*min_mag*(a, b)	Compara los valores numéricamente ignorando su signo y devuelve el mínimo.
c.*multiply*(a, b)	Devuelve la multiplicación de los dos operandos.
c.*next_minus*(a)	Devuelve el mayor número representable menor que el operando.
c.*next_plus*(a)	Devuelve el menor número representable mayor que el operando.
c.*next_toward*(a, b)	Devuelve el número más cercano al primer operando, en dirección hacia el segundo.

power(a, b, módulo=None)	Con dos argumentos devuelve **a**b**. Con tres argumentos devuelve **(a**b)%módulo** .
c.*quantize*(a, b)	Devuelve un valor igual al primer operando, después de redondear, que tiene el exponente del segundo operando.
c.*remainder*(a, b)	Devuelve el resto de la división entera.
c.*sqrt*(a)	Raíz cuadrada de un número no negativo con la precisión del contexto.
c.*subtract*(a, b)	Devuelve la diferencia entre los dos operandos.
c.*to_eng_string*(a)	Convierte un número en una cadena, utilizando la notación científica. La notación científica/ingeniería tiene un exponente que es múltiplo de 3. Esto puede dejar hasta 3 dígitos a la izquierda del punto decimal y puede requerir la adición de uno o dos ceros finales.
c.*to_integral*(a)	Redondea a un entero.
c.*to_integral_exact*(a)	Redondea a un entero. Los indicadores *Inexact* y *Rounded* están permitidos en esta operación. El modo de redondeo se toma del contexto.
c.*to_integral_value*(a)	Redondea a un entero. Es como *to_integral_exact*(), pero no se establece ningún indicador. El modo de redondeo se toma del contexto.

2.3.5 Uso del módulo decimal

A continuación vamos a ver unos ejemplos del uso de las funciones del módulo *decimal*.

Veremos diferentes formas de creación de decimales, el uso del contexto y diversos métodos, tanto de *Context*() como de *Decimal*().

2.3.5.1 CREACIÓN DE DECIMALES

Los números decimales se representan como instancias de la clase *Decimal*(), que efectúa la conversión entre la representación abstracta de números y cadenas de caracteres a valores decimales. Además, la función *from_float*() convierte números en punto flotante o enteros a una representación decimal exacta.

La mayoría de los programas ajustan el contexto en el que se va a trabajar con decimales solo una vez, al comienzo del programa. Y, en muchas aplicaciones, los datos se convierten a decimal con una sola conversión dentro de un bucle. Con el conjunto de contexto y los decimales creados, la mayor parte del programa manipula los datos de la misma manera que con otros tipos numéricos de Python.

En el siguiente ejemplo vamos a establecer un contexto con el que trabajaremos y crearemos decimales con las opciones que nos ofrece la clase *Decimal*(), a partir de enteros, números en punto flotante o cadenas, individualmente o a partir de una lista de números.

Alteraremos el contexto para ver como el resultado de una operación se ajusta a la precisión y al redondeo establecido.

Y veremos cómo los operadores aritméticos funcionan también con decimales. Terminando con una operación en punto flotante y en decimal que nos ofrecerá un ejemplo de cómo el módulo decimal se ajusta a la forma en cómo operamos con lápiz y papel.

decimal_01_decimales.py

```
1.   import decimal
2.
3.
4.   # establecer contexto actual
5.   ctx = decimal.getcontext()
6.   print('(1) Contexto actual\n', decimal.ExtendedContext)
7.
8.   # creación de decimales
9.   print('\n(2) Creación de decimales')
10.  d = decimal.Decimal(3)                 # clase Decimal() con un entero
11.  print('Entero 3:', d)
12.
13.  d = decimal.Decimal('3.14')            # con una cadena
14.  print('Cadena "3.14":', d)
15.
16.  d = decimal.Decimal(3.14)              # con un float
17.  print('Float 3.14:', d)
18.
19.  d = decimal.Decimal.from_float(3.14)   # La función from_float()
20.  print('Float 3.14:', d)
21.
22.  d = decimal.Decimal((0, (3, 1, 4), -2)) # con una tupla
23.  print('Tupla (0, (3, 1, 4), -2):', d)
24.
25.  print('Representación 3.14 como tupla con nombre:',
26.  decimal.Decimal('3.14').as_tuple())
27.
28.  # conversión dentro de un bucle
29.  print('\n(3) Creación de un grupo de decimales')
30.  datos = list(map(decimal.Decimal, '1.230 4.56 -120 0.0 3.0 -4 -5.6'.split()))
```

```
31.    print(datos)
32.    for i, dato in enumerate(datos):
33.        print(i, dato)
34.
35.    # normalizar
36.    print('Normalización')
37.    for i, dato in enumerate(datos):
38.        print(i, ctx.normalize(dato))
39.
40.    # ajuste del contexto
41.    print('\n(4) Ajuste de contexto')
42.    ctx.prec = 3
43.    ctx.rounding = decimal.ROUND_CEILING
44.    d = decimal.Decimal('3.14')
45.    print(f'{d} + 0.01 con precisión [{ctx.prec}] y redondeo:',
46.          d + decimal.Decimal('0.01'))
47.    ctx.prec = 2
48.    print(f'{d} + 0.01 con precisión [{ctx.prec}] y redondeo:',
49.          d + decimal.Decimal('0.01'))
50.
51.    # operaciones aritméticas
52.    print('\n(5) Operaciones aritméticas')
53.    ctx.prec = 3  # restaurar la precisión
54.    a = decimal.Decimal(2)
55.    print(f'{d} + {a}:', d + a)
56.    print(f'{d} - {a}:', d - a)
57.    print(f'{d} * {a}:', d * a)
58.    print(f'{d} / {a}:', d / a)
59.    print(f'{d} // {a}:', d // a)
60.    print(f'{d} % {a}:', d % a)
61.    print(f'{d} ** {a}:', d ** a)
62.
63.    # operaciones en punto flotante
64.    print('\n(6) Punto flotante')
65.    x = 1.2
66.    y = 2.2
67.    z = 3.4
68.    xy = x + y
69.    print("x:", x)
70.    print("y:", y)
71.    print("z:", z)
72.    print("x+y:",xy)
73.    print("x+y==z:",xy==z)
74.
75.    # operaciones con decimales
76.    print('\nDecimales')
77.    x=decimal.Decimal("1.2")
78.    y=decimal.Decimal("2.2")
```

```
79.   z=decimal.Decimal("3.4")
80.   xy = x + y
81.   print("x:", x)
82.   print("y:", y)
83.   print("z:", z)
84.   print("x+y:",xy)
85.   print("x+y==z:",xy==z)
```

La ejecución del script resulta en:

```
(1) Contexto actual
Context(prec=9, rounding=ROUND_HALF_EVEN, Emin=-999999, Emax=999999, capitals=1,
clamp=0, flags=[], traps=[])


(2) Creación de decimales Entero 3: 3
Cadena "3.14": 3.14
Float 3.14: 3.140000000000000124344978758017532527446746826171875
Float 3.14: 3.140000000000000124344978758017532527446746826171875
Tupla (0, (3, 1, 4), -2): 3.14
Representación 3.14 como tupla con nombre: decimalTuple(sign=0, digits=(3, 1,
4), exponent=-2)


(3) Creación de un grupo de decimales
[Decimal('1.230'), Decimal('4.56'), Decimal('-120'), Decimal('0.0'),
Decimal('3.0'), Decimal('-4'), Decimal('-5.6')]
0 1.230
1 4.56
2 -120
3 0.0
4 3.0
5 -4
6 -5.6
Normalización
0 1.23
1 4.56
2 -1.2E+2
3 0
4 3
5 -4
6 -5.6


(4) Ajuste de contexto
3.14 + 0.01 con precisión [3] y redondeo: 3.15
3.14 + 0.01 con precisión [2] y redondeo: 3.2
```

```
(5) Operaciones aritméticas
3.14 + 2: 5.14
3.14 - 2: 1.14
3.14 * 2: 6.28
3.14 / 2: 1.57
3.14 // 2: 1
3.14 % 2: 1.14
3.14 ** 2: 9.86

(6) Punto flotante
x: 1.2
y: 2.2
z: 3.4
x+y: 3.4000000000000004
x+y==z: false

Decimales
x: 1.2
y: 2.2
z: 3.4
x+y: 3.4
x+y==z: true
```

Vamos a comentar el resultado obtenido.

1. Primero visualizamos los atributos del contexto actual que hemos establecido al comienzo del guión, con los que trabajaremos.

2. Después, el resultado de crear decimales a partir de valores en diferentes formatos, y cómo la precisión difiere cuando se crea a partir de una cadena o de un número en punto flotante, o con la función *from_float*(). Así, vemos como el resultado de crear el mismo decimal con una cadena ("3.14") o con un *float* (3.14) nos ofrece resultados distintos en cuanto a su precisión.

3. Convertimos una cadena de números en una lista de decimales y normalizamos los valores de la lista.

4. A continuación ajustamos el contexto modificando la precisión y el tipo de redondeo, y vemos como la misma operación nos ofrece un resultado diferente según la precisión empleada.

5. Los operadores aritméticos simples están sobrecargados para trabajar con instancias de *Decimal*() de la misma manera que los tipos numéricos incorporados en Python, por lo que vemos que los podemos emplear normalmente.

6. Y terminamos viendo como la misma operación, una suma, ofrece resultados distintos según lo hagamos con valores en punto flotante o en decimal.

En el ejemplo anterior hemos empleado el prefijo del módulo cada vez que utilizamos alguno de sus atributos, una forma un poco pesada de escribir código, pero podemos reducir el texto en el código importando los nombres del módulo *decimal* a nuestro espacio de nombres con un *from-import*, con lo que evitamos hacer referencia al nombre del módulo cada vez que utilicemos uno de sus objetos.

También podemos hacer uso de la forma alternativa, y poco recomendada, de importar todos los nombres del módulo. Y, creando un alias del objeto *Decimal*, podemos simplificar la escritura aún más.

decimal_01_decimales_D.py

```
 1.   from decimal import *
 2.
 3.
 4.   # crear alias de la clase Decimal()
 5.   D = Decimal
 6.
 7.   # establecer contexto (sin referenciar el módulo)
 8.   setcontext(ExtendedContext)
 9.   print('Contexto extendido\n', ExtendedContext)
10.
11.   # creación de decimales
12.   print('\nCreación de decimales')
13.   d = Decimal(3)                    # clase Decimal() sin referenciar el módulo
14.   print('Entero 3:', d)
15.
16.   d = D('3.14')                     # alias de la clase Decimal()
17.   print('Cadena "3.14":', d)
18.
19.   d = D(3.14)
20.   print('Float 3.14:', d)
```

La ejecución del script funciona correctamente y el código está menos recargado sin perder legibilidad y comprensión.

```
Contexto extendido
Context(prec=9, rounding=ROUND_HALF_EVEN, Emin=-999999, Emax=999999, capitals=1,
clamp=0, flags=[], traps=[])

Creación de decimales Entero 3: 3
Cadena "3.14": 3.14
Float 3.14: 3.140000000000000124344978758017532527446746826171875
```

2.3.5.2 CONTEXTO

En el entorno de los números decimales disponemos de un contexto que representa los parámetros y reglas, seleccionables por el usuario, que rigen los resultados de las operaciones aritméticas.

El módulo decimal recién importado tiene un contexto predefinido que contiene valores por defecto para la precisión, el redondeo, los números mínimos y máximos permitidos, qué señales se tratan como excepciones y limitan el rango de los exponentes. El contexto puede ser aplicado en todas las instancias de *decimal* en un hilo, o localmente dentro de una pequeña región de código.

La forma habitual de trabajo con decimales, además de importar el módulo, incluye crear un contexto de trabajo y, si es necesario, establecer nuevos valores para los diferentes atributos del contexto según las necesidades.

En el ejemplo vamos a establecer como contexto actual de trabajo el contexto que establece los comportamientos por defecto del módulo *decimal*. Cargaremos los contextos predefinidos del módulo decimal (*BasicContext*, *ExtendedContext* y *DefaultContext*) y visualizaremos sus atributos.

Realizaremos la misma operación aritmética con diferentes valores de contexto para ver cómo cambia el resultado. Y modificaremos localmente el contexto.

Monitorizaremos condiciones excepcionales con trampas e indicadores, para ver cómo actúa el módulo decimal ante una misma situación según los controles que establezcamos.

decimal_02_contexto.py

```
1.   import decimal
2.
3.
4.   # contexto actual, básico y extendido
5.   print('(1) Contextos')
6.   ctx = decimal.getcontext()
7.   ctx_basic = decimal.BasicContext
8.   ctx_extended = decimal.ExtendedContext
9.   ctx_default = decimal.DefaultContext
10.  print('Contexto actual\n', ctx)
11.  print('Contexto básico\n', ctx_basic)
12.  print('Contexto extendido\n', ctx_extended)
13.  print('Contexto por defecto\n', ctx_default)
14.  # contexto actual
15.  print('\n(2) Contexto actual')
16.  print('prec    =', ctx.prec)
17.  print('Emin    =', ctx.Emin)
18.  print('Emax    =', ctx.Emax)
19.  print('capitals =', ctx.capitals)
20.  print('clamp   =', ctx.clamp)
```

```
21.   print('rounding =', ctx.rounding)
22.   print('flags    =')
23.   for f, v in ctx.flags.items():
24.       print(f'   {f}: {v}')
25.   print('traps    =')
26.   for t, v in ctx.traps.items():
27.       print(f'   {t}: {v}')
28.
29.
30.   # operaciones y contexto
31.   print('\n(3) Resultados según el contexto')
32.   x=decimal.Decimal(1)
33.   y=decimal.Decimal(3)
34.   print('Contexto actual 1/3:', x / y)
35.
36.   # modificar contexto
37.   ctx.prec = 8
38.   print('Precisión [8]  1/3:', x / y)
39.
40.   # contexto local
41.   with decimal.localcontext() as ctx_local:
42.       ctx_local.prec = 6
43.       ctx_local.rounding = decimal.ROUND_CEILING
44.       print('Contexto local. Precisión [6] 1/3:', x / y)
45.   # fuera del with volvemos a utilizar el contexto actual
46.   print('Contexto actual 1/3:', x / y)
47.
48.   # crear trampas (traps)
49.   print('\n(4) Creación de trampas')
50.   print('Trampa desactivada para operación no permitida')
51.   print('Operación no permitida. x/y > 0.3:', x / y > 0.3)
52.
53.   print('\n(5) Activar trampa para operaciones no permitidas')
54.   ctx.traps[decimal.FloatOperation] = True
55.   try:
56.       print(x / y > 0.3)
57.   except decimal.FloatOperation:
58.       print('Comparación no permitida')
59.
60.   # trampas (traps) e indicadores (flags)
61.   print('\n(6) Desactivar trampa para operación inválida')
62.   ctx.traps[decimal.InvalidOperation] = False
63.   try:
64.       print('División por 0:', ctx.divide(decimal.Decimal(0), decimal.Decimal(0)))
65.   except decimal.InvalidOperation:
66.       print('División no definida')
67.   print('Trampa activada')
68.   ctx.traps[decimal.InvalidOperation] = True
69.   ctx.flags[decimal.InvalidOperation] = True
```

```
70.  try:
71.      print('División por 0:', ctx.divide(decimal.Decimal(0), decimal.Decimal(0)))
72.  except decimal.InvalidOperation:
73.      print('División no definida')
```

La ejecución del guión nos proporciona el resultado:

```
(1) Contextos
Contexto actual
   Context(prec=28, rounding=ROUND_HALF_EVEN, Emin=-999999, Emax=999999,
capitals=1, clamp=0, flags=[], traps=[InvalidOperation, DivisionByZero, Overflow])
Contexto básico
   Context(prec=9, rounding=ROUND_HALF_UP, Emin=-999999, Emax=999999, capitals=1,
clamp=0, flags=[], traps=[Clamped, InvalidOperation, DivisionByZero, Overflow,
Underflow])
Contexto extendido
   Context(prec=9, rounding=ROUND_HALF_EVEN, Emin=-999999, Emax=999999,
capitals=1, clamp=0, flags=[], traps=[])
Contexto por defecto
   Context(prec=28, rounding=ROUND_HALF_EVEN, Emin=-999999, Emax=999999,
capitals=1, clamp=0, flags=[], traps=[InvalidOperation, DivisionByZero, Overflow])

(2) Contexto actual
prec     = 28
Emin     = -999999
Emax     = 999999
capitals = 1
clamp    = 0
rounding = ROUND_HALF_EVEN
flags    =
   <class 'decimal.InvalidOperation'>: false
   <class 'decimal.FloatOperation'>: false
   <class 'decimal.DivisionByZero'>: false
   <class 'decimal.Overflow'>: false
   <class 'decimal.Underflow'>: false
   <class 'decimal.Subnormal'>: false
   <class 'decimal.Inexact'>: false
   <class 'decimal.Rounded'>: false
   <class 'decimal.Clamped'>: false
traps   =
   <class 'decimal.InvalidOperation'>: true
   <class 'decimal.FloatOperation'>: false
   <class 'decimal.DivisionByZero'>: true
```

```
<class 'decimal.Overflow'>: true
<class 'decimal.Underflow'>: false
<class 'decimal.Subnormal'>: false
<class 'decimal.Inexact'>: false
<class 'decimal.Rounded'>: false
<class 'decimal.Clamped'>: false

(3) Resultados según el contexto
Contexto actual 1/3: 0.3333333333333333333333333333
Precisión [8]   1/3: 0.33333333
Contexto local. Precisión [6] 1/3: 0.333334 Contexto actual 1/3: 0.33333333

(4) Creación de trampas
Trampa desactivada para operación no permitida
Operación no permitida. x/y > 0.3: true

(5) Activar trampa para operaciones no permitidas
Comparación no permitida

(6) Desactivar trampa para operación inválida
División por 0: naN
Trampa activada
División no definida
```

Comentemos el resultado.

1. Visualizamos los atributos de los contextos actual, básico, extendido y por defecto.

2. Para el contexto actual visualizamos sus atributos, indicadores y trampas activas.

3. Realizamos la misma operación aritmética con el valor de precisión del contexto actual (28), y vemos como cambia el resultado cuando modificamos la precisión (8). En un bloque *with* volvemos a cambiar la precisión (6) y el redondeo (*ROUND_CEILING*), que actúan solo en ese entorno local, y como el resultado, una vez fuera del bloque, vuelve a ser el mismo que del contexto que teníamos previamente.

4. Creamos trampas y activamos indicadores para ver cómo actúa el módulo *decimal* ante una misma situación según los controles establecidos.

5. Como un número decimal no pueden combinarse con un número en punto flotante en operaciones aritméticas, observamos como actuando sobre la trampa *FloatOperation* la operación se puede realizar si está desactivada o provoca una excepción cuando la activamos.

6. Igualmente ante una operación inválida como una división por 0, el uso de la trampa *InvalidOperation*, junto al indicador *InvalidOperation*, nos deja ejecutarla cuando la trampa no está activa, devolviendo un valor *NaN*, o provocando una excepción al activar indicador y trampa.

2.3.5.3 MÉTODOS DE CONTEXT

La clase *Context()* dispone de un conjunto de métodos que se ejecutan en el entorno del contexto establecido.

En el siguiente ejemplo vamos a emplear un grupo de métodos de la clase y veremos cómo los resultados se ajustan al contexto (redondeo, precisión exponentes).

Vamos a reducir el texto en el código importando los nombres del módulo *decimal* a nuestro espacio de nombres. Haremos uso del contexto extendido, aunque en algunas partes del ejemplo crearemos un nuevo contexto copiando el contexto en curso y realizaremos cambios en los valores del nuevo contexto, con los que continuaremos trabajando en el ejemplo.

decimal_03_metodos_contexto.py

```
1.   from decimal import *
2.
3.
4.   # establecer contexto
5.   setcontext(ExtendedContext)
6.   ctx = getcontext()
7.   print('Contexto actual es el contexto extendido\n', ctx)
8.
9.   # valor absoluto
10.  print('\nValor absoluto')
11.  print('abs(-100):', ctx.abs(Decimal('-100')))
12.  print('abs(-100.90):', ctx.abs(Decimal('-100.90')))
13.
14.  # máximos y mínimos
15.  print('\nMáximos y mínimos')
16.  print('_Máximo')
17.  print('max(1, 2):', ctx.max(Decimal('1'), Decimal('2')))
18.  print('max(1, -2):', ctx.max(1, -2))
19.  print('max(1, NaN):', ctx.max(1, Decimal('NaN')))
20.  print('_Mínimo')
21.  print('min(1, 2):', ctx.min(Decimal('1'), Decimal('2')))
22.  print('min(1, -2):', ctx.min(1, -2))
23.  print('min(1, NaN):', ctx.min(1, Decimal('NaN')))
24.  print('_Mínimo independiente del signo')
25.  print('min_mag(1, -2):', ctx.min_mag(Decimal('1'), Decimal('-2')))
26.
27.  # paso a enteros
28.  print('\nPaso a enteros. Redondeo según contexto')
```

```python
29.  print('Entero 1.5:', ctx.to_integral(Decimal('1.5')))
30.  print('Entero 1.5:', ctx.to_integral_exact(Decimal('1.5')))
31.  print('Entero 1.5:', ctx.to_integral_value(Decimal('1.5')))
32.
33.  # operaciones aritméticas
34.  print('\nOperaciones aritméticas')
35.  print('_Suma')
36.  print('1.2+1.50:', ctx.add(Decimal('1.2'), Decimal('1.50')))
37.  print('8+2:', ctx.add(Decimal(8), 2))
38.  print('_Resta')
39.  print('1.3-1.30:', ctx.subtract(Decimal('1.3'), Decimal('1.30')))
40.  print('8-2:', ctx.subtract(Decimal(8), 2))
41.  print('_Multiplicación')
42.  print('1.2*3:', ctx.multiply(Decimal('1.20'), Decimal('3')))
43.  print('123*-0:', ctx.multiply(Decimal('123'), Decimal('-0')))
44.  print('123*1e15:', ctx.multiply(Decimal('123'), Decimal(1e15)))
45.  print('_División')
46.  print('1/3:', ctx.divide(Decimal('1'), Decimal('3')))
47.  print('2/3:', ctx.divide(2, Decimal('3')))
48.  print('3/3:', ctx.divide(3, 3))
49.  print('_División entera')
50.  print('1/3:', ctx.divide_int(Decimal('1'), Decimal('3')))
51.  print('10/3:', ctx.divide_int(Decimal('10'), Decimal('3')))
52.  print('_Resto')
53.  print('10/3:', ctx.remainder(Decimal('10'), Decimal('3')))
54.  print('_Parte entera y módulo')
55.  print('10//3 10%3:', ctx.divmod(Decimal('10'), Decimal('3')))
56.
57.  # cambio de contexto
58.  c = ctx.copy()          # copiar contexto
59.  c.Emin = -999           # límite mínimo
60.  c.Emax = 999            # límite máximo
61.  print('\nModificado en contexto atributos Emin y Emax\n', c)
62.
63.  # potencias y raíces
64.  print('\nPotencias y raices')
65.  print('_Potencia')
66.  print('2**3:', c.power(Decimal('2'), Decimal('3')))
67.  print('-2**3:', c.power(Decimal('-2'), Decimal('3')))
68.  print('0**0:', c.power(0, 0))
69.  print('infinito**0:', c.power(Decimal('Infinity'), Decimal('0')))
70.  print('infinito**1:', c.power(Decimal('Infinity'), Decimal('1')))
71.  print('-infinito**0:', c.power(Decimal('-Infinity'), Decimal('0')))
72.  print('-infinito**1:', c.power(Decimal('-Infinity'), Decimal('1')))
73.  print('_Exponencial')
74.  print('e**0:', c.exp(0))
75.  print('e**1:', c.exp(Decimal('1')))
76.  print('e**100:', c.exp(Decimal('100')))
77.  print('e**inf:', c.exp(Decimal('+Infinity')))
```

```
78.   print('e**-inf:', c.exp(Decimal('-Infinity')))
79.   print('_Raíz')
80.   print('raíz 9:', c.sqrt(Decimal('9')))
81.   print('raíz 2:', c.sqrt(Decimal('2')))
82.
83.   # logaritmos
84.   print('\nLogaritmos')
85.   print('_Naturales')
86.   print('ln(1):', c.ln(1))
87.   print('ln(2.71828183):', c.ln(Decimal('2.71828183')))
88.   print('ln(2.68811714E+43):', c.ln(Decimal('2.68811714E+43')))
89.   print('ln(+inf):', c.ln(Decimal('+Infinity')))
90.   print('ln(-inf):', c.ln(Decimal('-Infinity')))
91.   print('_Decimales')
92.   print('log(0):', c.log10(0))
93.   print('log(1):', c.log10(1))
94.   print('log(10):', c.log10(10))
95.   print('log(0.001):', c.log10(Decimal('0.001')))
96.   print('log(+inf):', c.log10(Decimal('+Infinity')))
97.
98.   # valores por proximidad
99.   print('\nValores por proximidad')
100.  print('_Siguiente menor')
101.  print('next_minus(1):', c.next_minus(1))
102.  print('next_minus(inf):', c.next_minus(Decimal('Infinity')))
103.  print('_Siguiente mayor')
104.  print('next_plus(1):', c.next_plus(1))
105.  print('next_plus(-inf):', c.next_plus(Decimal('-Infinity')))
106.  print('_Más cercano')
107.  print('next_toward(1, 2):', c.next_toward(Decimal('1'), Decimal('2')))
108.  print('next_toward(1, 0):', c.next_toward(1, 0))
109.  print('next_toward(0, 1):', c.next_toward(0, 1))
110.
111.  # consultas/comprobaciones
112.  print('\nConsultas')
113.  print('is_finite("1.23"):', c.is_finite(Decimal('1.23')))
114.  print('is_finite("Inf"):', c.is_finite(Decimal('Inf')))
115.  print('is_infinite("1.23"):', c.is_infinite(Decimal('1.23')))
116.  print('is_infinite("Inf"):', c.is_infinite(Decimal('Inf')))
117.  print('is_normal("1.23"):', c.is_normal(Decimal('1.23')))
118.  print('is_normal("0.0"):', c.is_normal(Decimal('0.0')))
119.  print('is_signed("1.23"):', c.is_signed(Decimal('1.23')))
120.  print('is_signed("-1.23"):', c.is_signed(Decimal('-1.23')))
121.  print('is_zero("0"):', c.is_zero(Decimal('0')))
122.  print('is_zero("-1.23"):', c.is_zero(Decimal('-1.23')))
```

El resultado de la ejecución del guión es lo suficientemente largo como para que lo vayamos viendo por secciones.

Visualizamos el contexto con el que vamos a trabajar. Para este caso hemos establecido el contexto extendido, sin modificar ninguno de sus atributos.

```
Contexto actual es el contexto extendido
Context(prec=9, rounding=ROUND_HALF_EVEN, Emin=-999999, Emax=999999, capitals=1,
clamp=0, flags=[], traps=[])
```

Obtenemos el valor absoluto de dos números, con y sin decimales.

```
Valor absoluto
abs(-100): 100
abs(-100.90): 100.90
```

Vemos el funcionamiento de máximos y mínimos y cómo podemos comparar números independientemente del signo que tengan.

```
Máximos y mínimos
_Máximo
max(1, 2): 2
max(1, -2): 1
max(1, NaN): 1
_Mínimo
min(1, 2): 1
min(1, -2): -2
min(1, NaN): 1
_Mínimo independiente del signo
min_mag(1, -2): 1
```

Efectuamos el paso a enteros que nos redondea según el contexto.

```
Paso a enteros. Redondeo según contexto
Entero 1.5: 2
Entero 1.5: 2
Entero 1.5: 2
```

Realizamos a continuación una serie de operaciones aritméticas haciendo uso de los métodos incluidos en la clase *Context*(). Vemos como el resultado en algunas operaciones mantiene los ceros para indicar la significación (1.2+1.50). Esta es la presentación habitual para las aplicaciones mercantiles.

```
Operaciones aritméticas
_Suma
1.2+1.50: 2.70
8+2: 10
_Resta
1.3-1.30: 0.00
8-2: 6
_Multiplicación
1.2*3: 3.60
123*-0: -0
123*1e15: 1.23000000E+17
_División
1/3: 0.333333333
2/3: 0.666666667
3/3: 1
_División entera
1/3: 0
10/3: 3
_Resto
10/3: 1
_Parte entera y módulo
10//3 10%3: (Decimal('3'), Decimal('1'))
```

Creamos un nuevo contexto copiando el contexto en curso y realizamos cambios en los límites de los exponentes mínimos y máximos. A partir de este momento los métodos de contexto que vamos a emplear dependerán de este nuevo contexto.

```
Modificado en contexto atributos Emin y Emax
Context(prec=9, rounding=ROUND_HALF_EVEN, Emin=-999, Emax=999, capitals=1,
clamp=0, flags=[Inexact, FloatOperation, Rounded], traps=[])
```

Calculamos diferentes potencias, exponenciales y raíces, mostrando cómo afecta el uso de infinito, tanto positivo como negativo.

```
Potencias y raices
_Potencia
2**3: 8
-2**3: -8
0**0: naN
infinito**0: 1
infinito**1: Infinity
-infinito**0: 1
-infinito**1: -Infinity
```

```
_Exponencial
e**0: 1
e**1: 2.71828183
e**100: 2.68811714E+43
e**inf: Infinity
e**-inf: 0
_Raíz
raíz 9: 3
raíz 2: 1.41421356
```

Calculamos logaritmos naturales y decimales, y podemos observar los resultados que ofrecen con infinito, tanto positivo como negativo.

```
Logaritmos
_Naturales
ln(1): 0
ln(2.71828183): 1.00000000
ln(2.68811714E+43): 100.000000
ln(+inf): Infinity
ln(-inf): naN
_Decimales
log(0): -Infinity
log(1): 0
log(10): 1
log(0.001): -3
log(+inf): Infinity
```

En el cálculo de valores por proximidad, vemos como los valores, siguientes o anteriores a infinito y menos infinito, aparecen con el valor mayor de exponente que hemos establecido en el cambio de contexto que hicimos más arriba.

```
Valores por proximidad
_Siguiente menor
next_minus(1): 0.999999999
next_minus(inf): 9.99999999E+999
_Siguiente mayor
next_plus(1): 1.00000001
next_plus(-inf): -9.99999999E+999
_Más cercano
next_toward(1, 2): 1.00000001
next_toward(1, 0): 0.999999999
next_toward(0, 1): 1E-1007
```

Y por fin el resultado de un conjunto de métodos de consulta sobre diferentes valores.

```
Consultas
is_finite("1.23"): true
is_finite("Inf"): false
is_infinite("1.23"): false
is_infinite("Inf"): true
is_normal("1.23"): true
is_normal("0.0"): false
is_signed("1.23"): false
is_signed("-1.23"): true
is_zero("0"): true
is_zero("-1.23"): false
```

2.3.5.4 MÉTODOS DE DECIMAL

Los métodos de la clase *Decimal*() se ven afectados por el contexto en curso, pero son métodos de la clase no del contexto.

En el siguiente ejemplo repasaremos una serie de métodos usuales de la clase *Decimal*() y algunas características peculiares de estos métodos.

Al igual que en el ejemplo anterior vamos a reducir el texto en el código importando los nombres del módulo *decimal* a nuestro espacio de nombres. Haremos uso del contexto extendido, aunque en algunas partes del ejemplo modificaremos el contexto activando y desactivando trampas para ver cómo controlar determinadas situaciones.

decimal_04_metodos_decimal.py

```
1.   from decimal import *
2.
3.
4.   # establecer contexto
5.   setcontext(ExtendedContext)
6.   print('Contexto actual es el contexto extendido\n', ExtendedContext)
7.
8.   # comparaciones
9.   print('\nComparaciones')
10.  a = Decimal(1)
11.  b = Decimal(2)
12.  print('_compare')
13.  print(f'{a} < {b}  :', (a < b), a.compare(b))
14.  print(f'{a} == {a} :', (a == a), a.compare(a))
15.  print(f'{b} > {a}  :', (b > a), b.compare(a))
16.  c = Decimal(-2)
17.  print(f'{a} < {c}  :', (a < c), a.compare(c))
```

```
18.   print(f'{c} > {a}   :', (c > a), c.compare(a))
19.   d = Decimal('1.30')
20.   e = Decimal('1.3')
21.   print('_compare_total')
22.   print(f'{d} == {e}:', (d == e), d.compare_total(e))
23.   print(f'{e} == {d}:', (e == d), e.compare_total(d))
24.   print('_compare_total_mag')
25.   print(f'{b} == {c}   :', (b == c), b.compare_total_mag(c))
26.
27.   # signos
28.   print('\nCopia y signos')
29.   a = Decimal('1')
30.   b = Decimal('-2')
31.   print('_copia absoluto')
32.   c = b.copy_abs()
33.   print(f'{b}.copy_abs():', c)
34.   print('_copia signo invertido')
35.   d = a.copy_negate()
36.   print(f'{a}.copy_negate():', d)
37.   print('_copia el signo')
38.   e = a.copy_sign(b)
39.   print(f'{a}.copy_sign({b}):', e)
40.
41.   # conversiones
42.   print('\nConversiones')
43.   a = Decimal('12345e4')
44.   # la notación científica tiene un exponente que es múltiplo de 3
45.   print(f'{a}.to_eng_string():', a.to_eng_string())
46.
47.   # redondeo
48.   print('\nRedondeo')
49.   a = Decimal(1.56)
50.   print('_conversión a entero')
51.   print(f'{a}.to_integral():', a.to_integral())
52.   getcontext().traps[Rounded] = True      # activar trampa de redondeo
53.   print('Activada trampa redondeo en el contexto\n', getcontext())
54.   print('_conversión a entero exacto')
55.   try:
56.       print(f'{a}.to_integral_exact():', a.to_integral_exact())
57.   except:
58.       print('Capturado redondeo')
59.   print('_conversión a valor entero')
60.   print(f'{a}.to_integral_value():', a.to_integral_value())
61.
62.   # multiplicación y suma sin redondeo intermedio
63.   # fused-multiply-add(a, b, c) es (a × b) + c con un único redondeo final
64.   print('\nMultiplicación y suma sin redondeo intermedio')
65.   getcontext().prec = 2
66.   getcontext().traps[Rounded] = False      # cancelar trampa de redondeo
```

```
67.  print('Cambio de precisión en el contexto\n', getcontext())
68.  a = Decimal('1.5')
69.  b = Decimal('1.5')
70.  c = Decimal('1.05')
71.  print(f'({a} * {b}) + {c}:', (a * b) + c)
72.  print(f'{a}.fma({b}, {c}):', a.fma(b, c))
```

Vamos a repasar el resultado de la ejecución del guión viendo los diferentes grupos de ejemplos que contiene.

Visualizamos el contexto con el que vamos a trabajar, para este caso hemos establecido el contexto extendido, sin modificar ninguno de sus atributos.

```
Contexto actual es el contexto extendido
Context(prec=9, rounding=ROUND_HALF_EVEN, Emin=-999999, Emax=999999, capitals=1,
clamp=0, flags=[], traps=[])
```

Las operaciones de comparación con los operadores relacionales clásicos (>, ==, <, etc.) ofrecen el mismo resultado booleano *True* o *False* que conocemos, mientras que la comparación con el método *compare*() nos devuelve valores decimales en función del resultado de restar al primer operando el segundo.

▼ -1 si el resultado es menor que cero (el segundo valor es mayor).
▼ 0 si el resultado es cero o cero negativo (los dos valores son iguales).
▼ 1 si el resultado es mayor que cero (el primer valor es mayor).
▼ Si cualquiera de los operandos es un NaN entonces el resultado es un NaN.

En los resultados se ha mostrado tanto el valor booleano como el del método *compare*().

Cuando realizamos una comparación total debemos tener en cuenta que la precisión cuenta, así, 1.3 es mayor que 1.30.

Y una comparación independiente del signo nos dice que 2 y -2 son iguales, aunque la comparación booleana (==) no esté de acuerdo.

```
Comparaciones
_compare
1 < 2      : true -1
1 == 1     : true 0
2 > 1      : true 1
1 < -2     : false 1
-2 > 1     : false -1
_compare_total
1.30 == 1.3: true -1
```

```
1.3 == 1.30: true 1
_compare_total_mag
2 == -2     : false 0
```

Los distintos métodos de copia nos devuelven valores decimales, eliminando el signo, invirtiendo el signo o tan solo copiando el signo del argumento.

```
Copia y signos
_copia absoluto
-2.copy_abs(): 2
_copia signo invertido 1.
1.copy_negate(): -1
_copia el signo
1.copy_sign(-2): -1
```

Podemos convertir un número a una cadena utilizando la notación científica/ingeniería. Como la notación científica hace uso de un exponente que es múltiplo de 3, se realizan los cambios necesarios con el punto decimal o añadiendo uno o dos ceros finales.

```
Conversiones
1.2345E+8.to_eng_string(): 123.45E+6
```

En el redondeo a enteros se hace uso del modo de redondeo del contexto.

En el primer caso tenemos el modo *ROUND_HALF_EVEN* del contexto que establecimos al principio del ejemplo.

En el caso de redondeo exacto, como activamos la trampa de redondeo previamente, vemos como se captura la excepción al existir un redondeo en este caso.

En el último caso, redondea sin tener en cuenta la trampa activada.

```
Redondeo
_conversión a entero
1.5600000000000000532907051820075139403334320068359375.to_integral(): 2
Activada trampa redondeo en el contexto
  Context(prec=9, rounding=ROUND_HALF_EVEN, Emin=-999999, Emax=999999, capitals=1,
clamp=0, flags=[FloatOperation], traps=[Rounded])
_conversión a entero exacto
Capturado redondeo
_conversión a valor entero
1.5600000000000000532907051820075139403334320068359375.to_integral_value(): 2
```

La multiplicación y suma (*fused multiply add* – fusión de multiplicación y suma) solo redondea en la suma final. Como tenemos en el contexto el modo de redondeo *ROUND_ HALF_EVEN*, vemos que los resultados de la expresión matemática y del método *fma*() difieren.

```
Multiplicación y suma sin redondeo intermedio
Cambio de precisión en el contexto
Context(prec=2, rounding=ROUND_HALF_EVEN, Emin=-999999, Emax=999999, capitals=1,
clamp=0, flags=[Inexact, FloatOperation, Rounded], traps=[])
(1.5 * 1.5) + 1.05: 3.2
1.5.fma(1.5, 1.05): 3.3
```

2.4 MÓDULO FRACTIONS

A causa de las limitaciones en el almacenamiento del valor exacto de algunos números, el uso de operaciones con fracciones puede solventar esta situación, ofreciendo incuso el resultado como una fracción. Python dispone del módulo *fractions*, incluido en la biblioteca estándar desde la versión 2.6.

Con el módulo *fractions* podemos crear fracciones por diferentes vías y realizar operaciones matemáticas básicas o con ayuda del módulo *math*, además de establecer operaciones relacionales con las fracciones.

Para crear números racionales en forma de fracciones primero debemos importar el módulo *fractions*.

```
1.   import fractions
```

Vamos a ver las funciones más importantes ofrecidas por este módulo. En la *documentación de Python para fractions (https://docs.python.org/3/library/fractions. html)* podéis encontrar todas las funciones disponibles.

2.4.1 Clases

Un objeto de la clase *Fraction*() puede construirse de varias maneras, a partir de un par de enteros, de otro número racional o de una cadena.

Clase	Descripción
fractions.*Fraction*(numerator=0, denominator=1)	Crea una fracción con el valor racional **numerator/denominator**. Por defecto el denominador tiene el valor 1. Si el denominador es 0 se lanza una excepción *ZeroDivisionError*.
fractions.*Fraction*(other_fraction)	Crea una fracción a partir de otra fracción
fractions.*Fraction*(float)	Crea una fracción a partir de un número en coma flotante.
fractions.*Fraction*(decimal)	Crea una fracción a partir de un número decimal.
fractions.*Fraction*(string)	Crea una fracción a partir de una cadena con el formato: **[signo] numerador ['/' denominador]** El signo puede ser + o −. El numerador y el denominador son cadenas de dígitos simples.

2.4.2 Métodos

El módulo *fractions* dispone de un método para limitar el denominador de la fracción.

Método	Descripción
f.*limit_denominator* (max_denominator=1000000)	Devuelve la fracción más cercana a sí misma que tiene el denominador con un valor como máximo el valor de **max_denominator**. Este método es útil para encontrar aproximaciones racionales a un número de coma flotante dado.

2.4.3 Atributos

Podemos acceder al numerador y denominador de la fracción mediante los atributos de solo lectura correspondientes. Las fracciones son inmutables, así pues, no es posible modificar su valor.

Atributo	Descripción
numerator	Ofrece acceso al numerador de la fracción.
denominator	Ofrece acceso al denominador de la fracción.

2.4.4 Uso del módulo fractions

Las fracciones en Python puro son mucho más lentas que los números de punto flotante, por eso, en muchos casos donde es más importante el rendimiento que la precisión, solo se hace uso de números en punto flotante. Pero, si lo deseamos, podemos hacer uso de las fracciones en Python y mezclarlas con otros números y operadores matemáticos en expresiones aritméticas.

Vamos a ver diferentes ejemplos sobre la creación de fracciones, operaciones a realizar con fracciones con los operadores aritméticos básicos y haciendo uso del módulo *math*.

2.4.4.1 CREACIÓN DE FRACCIONES

Mediante la clase *Fraction*() podemos crear una fracción en Python de diversas formas, haciendo uso de un argumento o de dos.

Con un solo argumento se convertirá el valor del dato en una fracción. En este caso podemos emplear números reales, números decimales obtenidos con el módulo *decimal* o incluso cadenas con el formato:

```
[<signo>]<numerador>['/'<denominador>]
```

No se admiten espacios al emplear esta notación.

Con dos argumentos estaremos pasando a la clase un numerador y un denominador para la fracción, que deben ser números enteros u otras fracciones. La fracción resultante se reduce automáticamente si es posible. No se puede crear una fracción con denominador cero, ya que la división por 0 es indefinida.

Cuando se imprime una fracción con *print*() Python la representa en el formato característico de **numerador/denominador**.

Para obtener valores aproximados a un número dado en notación decimal haremos uso del método *limit_denominator*().

Podemos redondear fracciones en Python de acuerdo con el número de dígitos decimales que se desee, utilizando la función integrada *round*(), que toma la fracción a redondear como primer argumento y el número de dígitos decimales que se quiere conservar como segundo argumento, en este caso siempre se obtendrá una fracción, incluso cuando se solicite cero dígitos. Cuando no pasamos segundo argumento, la función *round*() convierte la fracción al entero más cercano.

Vamos a ver lo expuesto anteriormente en el siguiente guión.

`fraction_01_creacion.py`

```
1.  from fractions import Fraction
2.  from decimal import Decimal
```

```
 3.
 4.    # crear fracción con numerador y denominador
 5.    print('(1)')
 6.    print('Numerador y denominador')
 7.    f = Fraction(7, 4)
 8.    print('Fraction(7, 4):', f)
 9.    print('Numerador:', f.numerator)
10.    print('Denominador:', f.denominator)
11.
12.    # error denominador cero
13.    print('\n(2)')
14.    try:
15.        f = Fraction(7, 0)
16.    except:
17.        print('ZeroDivisionError en Fraction(7, 0)')
18.
19.    print('\n(3)')
20.    f1 = Fraction(7, -4)
21.    print('Fraction(7, -4):', f1)
22.
23.    f2 = Fraction(8, 4)
24.    print('Fraction(8, 4):', f2)
25.
26.    f3 = Fraction(f1, f2)
27.    print('Fraction(Fraction(7, -4), Fraction(8, 4)):', f3)
28.
29.    # crear fracción con número en punto flotante
30.    print('\n(4)')
31.    print('Número en punto flotante')
32.    f = Fraction(22.5)
33.    print('Fraction(22.5):', f)
34.
35.    f = Fraction(11.5)
36.    print('Fraction(11.5):', f)
37.
38.    f = Fraction(0.33)
39.    print('Fraction(0.33):', f)
40.
41.    # creación a partir de un valor decimal
42.    print('\nNúmero decimal')
43.    f = Fraction(Decimal('0.33'))
44.    print("Fraction(Decimal('0.33')):", f)
45.
46.    f = Fraction(Decimal('0.25'))
47.    print("Fraction(Decimal('0.25')):", f)
48.
49.    # creación a partir de una cadena
50.    print('\nCadena')
51.    f = Fraction('14/8')
```

```
52.  print("Fraction('14/8'):", f)
53.
54.  f = Fraction('-14/8')
55.  print("Fraction('-14/8'):", f)
56.
57.  # obtención de un valor aproximado
58.  print('\n(5)')
59.  print('Aproximaciones')
60.  f = Fraction('3.14159265358979323846')
61.  print("Fraction('3.14159265358979323846'):\n", f)
62.  f_1000 = f.limit_denominator(1000)
63.  f_100 = f.limit_denominator(100)
64.  f_10 = f.limit_denominator(10)
65.  print (f'Limite 1000: {f_1000} = {float(f_1000)}')
66.  print (f'Limite 100: {f_100} = {float(f_100)}')
67.  print (f'Limite 10: {f_10} = {float(f_10)}')
68.
69.  # redondeo
70.  print('\n(6)')
71.  print('Redondeo')
72.  f = Fraction('23/3')
73.  print("Fraction('23/3'):", f)
74.  round_limit = round(f, 2)
75.  print('Redondeado con límite:', round_limit)
76.  round_nolimit = round(f)
77.  print('Redondeado sin límite:', round_nolimit)
```

El resultado de guión es:

```
(1)
Numerador y denominador Fraction(7, 4): 7/4
Numerador: 7
Denominador: 4


(2)
ZeroDivisionError en Fraction(7, 0)


(3)
Fraction(7, -4): -7/4
Fraction(8, 4): 2
Fraction(Fraction(7, -4), Fraction(8, 4)): -7/8


(4)
Número en punto flotante
Fraction(22.5): 45/2
Fraction(11.5): 23/2
Fraction(0.33): 5944751508129055/18014398509481984
```

```
Número decimal
Fraction(Decimal('0.33')): 33/100
Fraction(Decimal('0.25')): 1/4

Cadena
Fraction('14/8'): 7/4
Fraction('-14/8'): -7/4

(5)
Aproximaciones
Fraction('3.14159265358979323846'):
    157079632679489661923/50000000000000000000
Limite 1000: 355/113 = 3.1415929203539825
Limite 100: 311/99 = 3.1414141414141414
Limite 10: 22/7 = 3.142857142857143

(6)
Redondeo Fraction('23/3'): 23/3
Redondeado con límite: 767/100
Redondeado sin límite: 8
```

Comentemos el resultado.

1. Empezamos creando fracciones con dos parámetros en la clase *Fraction*(), pasando numerador y denominador. Y vemos como obtenemos los valores independientes de numerador y denominador de la fracción con los atributos correspondientes.

2. A continuación obtenemos una excepción, al intentar la creación de una fracción con denominador 0.

3. Pasamos a crear una fracción con un valor negativo en el denominador, que se aplica a la fracción creada. Y una fracción cuyo resultado simplifica la fracción resultante de los parámetros que pasamos. Y creamos una fracción partiendo de las dos fracciones anteriores.

4. Seguimos con la creación de fracciones a partir de parámetros en punto flotante, números decimales, y cadenas de caracteres que representan una fracción.

5. Partiendo de la creación de una fracción, aplicamos sobre la misma la limitación al número de dígitos en el denominador con el método *limit_denominator*(), con diferentes valores, lo que da como resultado diferentes fracciones. La visualización de los resultados en punto flotante nos muestra ciertos problemas de precisión.

6. Y terminamos con el uso de la función integrada *round*() para obtener diferentes fracciones (en el segundo caso un entero) con solo redondear al número de decimales indicado.

2.4.4.2 OPERACIONES CON FRACCIONES

Con las fracciones podemos utilizar las operaciones aritméticas básicas, que pueden estar compuestas por otros tipos numéricos, excepto por el tipo *Decimal*.

Debemos tener en cuenta que el tipo de datos del otro operando determinará el tipo del resultado de la operación aritmética. Cuando el operando es un número de punto flotante la fracción se convierte primero antes de realizar la operación, por lo que podemos obtener un tipo de datos diferente en el resultado.

El resultado de una suma (+) o resta (-) de fracciones es una nueva fracción, al igual que al sumar o restar enteros y fracciones.

En el caso de la multiplicación (*) ocurre lo mismo, dependiendo del tipo del otro operando obtendremos un tipo de dato diferente en el resultado.

En Python disponemos de dos operadores de división, el operador división (/) y división entera (//). La división entera devuelve un número entero, pero el resultado dependerá del tipo de dato que se utilice junto con la fracción.

También tenemos el operador módulo (%) y la función *divmod*(), que facilita la creación de fracciones mixtas.

Y podemos elevar una fracción a un valor con el operador exponenciación (**) o con la función incorporada *pow*(). Como exponentes también podemos utilizar una fracción, aunque, si el exponente es una fracción, los operandos se suelen convertir en valores de punto flotante.

Terminar recordando que el tipo del dato determina el tipo del resultado si no se puede representar por una fracción.

En Python es posible realizar comparaciones entre fracciones usando los operadores relacionales habituales. Y se pueden ordenar utilizando la función incorporada *sorted*().

A continuación vamos a poner en práctica estas operaciones en el siguiente guión.

fraction_02_operaciones.py

```
1.   from fractions import Fraction
2.
3.
4.   # operaciones aritméticas con fracciones
5.   print('Operaciones aritméticas')
6.   a = Fraction(32, 5)
7.   b = Fraction('14/8')
8.   print(f'a: {a}, b: {b}')
9.   # suma
10.  c = a + b
11.  print(f'Suma {a} + {b}:', c)
12.  print(f'Suma {a} + {b} + 1:', c+1)
13.  # resta
```

```
14.  c = a - b
15.  print(f'Resta {a} - {b}:', c)
16.  print(f'Resta {a} - {b} - 2:', c-2)
17.  print(f'Resta {a} - {b} - 0.5:', c-0.5)
18.  # multiplicación
19.  c = a * b
20.  print(f'Multiplicación {a} * {b}:', c)
21.  print(f'Multiplicación {a} * {b} * 2:', c*2)
22.  # división
23.  c = a / b
24.  print(f'División {a} / {b}:', c)
25.  print(f'División {a} / {b} / 2:', c/2)
26.  # división entera
27.  c = a // b
28.  print(f'División entera {a} // {b}:', c)
29.  # módulo
30.  c = a % b
31.  print(f'Módulo {a} % {b}:', c)
32.  # fracción mixta
33.  cociente, resto = divmod(c.numerator, c.denominator)
34.  print(f'Fracción mixta:', cociente, Fraction(resto, c.denominator))
35.  # potencia
36.  c = a ** 4
37.  print(f'Potencia {a} ** 4:', c)
38.  c = a ** b
39.  print(f'Potencia {a} ** {b}:', c)
40.
41.
42.  # operadores relacionales
43.  print('\nOperadores relacionales')
44.  print('Fraction(16, 4) == Fraction(32, 8):', Fraction(16, 4) == Fraction(32,
     8))
45.  print('Fraction(15, 3) > Fraction(24, 6):', Fraction(15, 3) > Fraction(24, 6))
46.  print('Fraction(36, 9) < Fraction(24, 4):', Fraction(36, 9) < Fraction(24, 4))
47.  print('Fraction(36, 9) != Fraction(24, 4):', Fraction(36, 9) != Fraction(24,
     4))
48.  print('Fraction(1, 4) != 0.25:', Fraction(1, 4) != 0.25)
49.
50.  # ordenar series de fracciones
51.  print('\nOrdenar series de fracciones')
52.  serie = [Fraction(3, 5), Fraction(5, 11), Fraction(9, 16)]
53.  print('Serie:', serie)
54.  orden = sorted(serie)
55.  print('Orden ascendente:', orden)
56.  reverse = sorted(serie, reverse=True)
57.  print('Orden descendente:', reverse)
```

En el resultado de la ejecución del guión podemos ver como las operaciones aritméticas con fracciones incluyen también números enteros o en punto flotante. Obtenemos también una fracción mixta haciendo uso de la función integrada *divmod()*.

Comprobamos el uso de los operadores relacionales entre fracciones o con números en punto flotante.

Y por fin la comodidad de hacer uso de la función integrada *sorted()* para ordenar fracciones de forma ascendente o descendente.

```
Operaciones aritméticas
a: 32/5, b: 7/4
Suma 32/5 + 7/4: 163/20
Suma 32/5 + 7/4 + 1: 183/20
Resta 32/5 - 7/4: 93/20
Resta 32/5 - 7/4 - 2: 53/20
Resta 32/5 - 7/4 - 0.5: 4.15
Multiplicación 32/5 * 7/4: 56/5
Multiplicación 32/5 * 7/4 * 2: 112/5
División 32/5 / 7/4: 128/35
División 32/5 / 7/4 / 2: 64/35
División entera 32/5 // 7/4: 3
Módulo 32/5 % 7/4: 23/20
Fracción mixta: 1 3/20
Potencia 32/5 ** 4: 1048576/625
Potencia 32/5 ** 7/4: 25.75223663990652

Operadores relacionales
Fraction(16, 4) == Fraction(32, 8): true
Fraction(15, 3) > Fraction(24, 6): true
Fraction(36, 9) < Fraction(24, 4): true
Fraction(36, 9) != Fraction(24, 4): true
Fraction(1, 4) != 0.25: false

Ordenar series de fracciones
Serie: [Fraction(3, 5), Fraction(5, 11), Fraction(9, 16)]
Orden ascendente: [Fraction(5, 11), Fraction(9, 16), Fraction(3, 5)]
Orden descendente: [Fraction(3, 5), Fraction(9, 16), Fraction(5, 11)]
```

2.4.4.3 FRACCIONES CON EL MÓDULO MATH

Se pueden usar funciones del módulo *math* para realizar operaciones más complejas con fracciones, ya que disponemos de la posibilidad de pasar fracciones como argumentos a las funciones del módulo *math*.

Vimos en el primer ejemplo un método de redondeo con la función integrada *round*(), vamos a emplear ahora otros sistemas que nos ofrece el módulo *math*. Con *math.trunc*(), redondeamos las fracciones positivas hacia abajo y las negativas hacia arriba, lo que podemos hacer también con los métodos *math.floor*() y *math.ceil*().

En el siguiente ejemplo se hace uso de una fracción como argumento o se crea una fracción a partir del resultado de una función del módulo *math*.

fraction_03_maths.py

```
1.   from fractions import Fraction
2.   import math
3.
4.
5.   # operaciones con fracciones y el módulo math
6.   f = Fraction(25, 4)
7.   print('Fraction(25, 4):', f)
8.   # redondeo
9.   print('Redondeo')
10.  print ('truncar:', math.trunc(f))
11.  print ('floor:', math.floor(f))
12.  print ('floor:', math.floor(-f))
13.  print ('ceil:', math.ceil(f))
14.  print ('ceil:', math.ceil(-f))
15.  print ('round:', round(f))
16.  print('parte fraccionaria y entera:', math.modf(f))
17.
18.  # operciones diversas
19.  print('\nFunciones exponenciales y logaritmicas')
20.  print('potencia:', f*f, 'pow:', math.pow(f, 2))
21.  print ('raíz:', math.sqrt(f))
22.  print ('logaritmo:', math.log(f))
23.  print ('logaritmo base 10:', math.log10(f))
24.
25.  # funciones trigonométricas
26.  print('\nFunciones trigonométricas')
27.  print ('pi:', Fraction(math.pi))
28.  print ('pi con limitación:', Fraction(math.pi).limit_denominator(10000))
29.  print ('seno(pi/3):', Fraction(math.sin(math.pi/3)))
30.  print ('seno(pi/3) con limitación:',
31.  Fraction(math.sin(math.pi/3)).limit_denominator(100))
```

En el resultado del script observamos el techo, suelo y redondeo de una fracción, así como sus parte entera y fraccionaria.

Calculamos potencias, raíces cuadradas y logaritmos haciendo uso de fracciones como argumentos.

Terminamos creando una fracción a partir del valor de pi del módulo *math*. Y calculamos el seno de pi/3 estableciendo diversos límites.

```
Fraction(25, 4): 25/4
Redondeo
truncar: 6
floor: 6
floor: -7
ceil: 7
ceil: -6
round: 6
parte fraccionaria y entera: (0.25, 6.0)

Funciones exponenciales y logaritmicas
potencia: 625/16 pow: 39.0625
raíz: 2.5
logaritmo: 1.8325814637483102
logaritmo base 10: 0.7958800173440752

Funciones trigonométricas
pi: 884279719003555/281474976710656
pi con limitación: 355/113
seno(pi/3): 3900231685776981/4503599627370496
seno(pi/3) con limitación: 84/97
```

3

NÚMEROS ALEATORIOS

Los números aleatorios se utilizan para juegos, simulaciones, pruebas, seguridad, análisis de datos y aplicaciones de privacidad, entre otros. Los números generados por la computadora para este tipo de aplicaciones reciben el nombre de aleatorios o, más correctamente, pseudoaleatorios.

Los números pseudoaleatorios se eligen con la misma probabilidad sobre un conjunto finito de números. No se consideran completamente aleatorios porque se seleccionan mediante un algoritmo matemático determinístico, pero su aleatoriedad es suficiente para fines prácticos. A partir de aquí emplearemos el término aleatorio con el sentido de pseudoaleatorio.

Un generador de números pseudoaleatorios criptográficamente seguro debe generar el número aleatorio o los datos utilizando un método de sincronización para que no haya dos procesos que puedan obtener el mismo número aleatorio simultáneamente.

Desde la versión de Python 3.6 está disponible un nuevo módulo *secrets* con un generador de números aleatorios criptográficamente fuertes **CSPRNG** (*Cryptographically Strong Pseudo Random Number Generator*).

3.1 MÓDULO RANDOM

Python dispone del módulo incorporado *random*, que proporciona un conjunto de métodos para la generación de números pseudoaleatorios, considerando como tales los números que cumplen determinados requisitos estadísticos de aleatoriedad.

El módulo *random* se diseñó para el modelado y la simulación, no para la seguridad, por esa razón la documentación del módulo random ya nos advierte que los números pseudoaleatorios generados por el módulo *random* no deben ser utilizados con fines de seguridad criptográfica.

Sin embargo la clase *SystemRandom* ofrece una forma adecuada para los problemas de seguridad. Los métodos de esta clase utilizan un generador de números aleatorios alternativo, que emplea herramientas proporcionadas por el sistema operativo (En Windows, os.urandom() utiliza internamente CryptGenRandom(), en Linux, se utiliza la llamada al sistema getrandom()).

Casi todas las funciones de este módulo dependen de la función *random*() básica, que produce un valor en coma flotante en el rango (0.0, 1.0). Python emplea el algoritmo de Mersenne Twister, desarrollado en 1997 por Makoto Matsumoto y Takuji Nishimura. Su nombre proviene del hecho de que la longitud del periodo corresponde a un número primo de Mersenne.

Para usar los métodos del módulo *random* debemos empezar importando el módulo.

```
1. import random
```

No vamos a relacionar aquí todos los métodos del módulo *random*, en la *documentación de Python sobre random (https://docs.python.org/3/library/random. html?highlight=random#module-random)* podéis encontrar todos los métodos disponibles.

3.1.1 Funciones

El módulo *random* ofrece funciones para generar números enteros, efectuar una selección uniforme de un rango, generar una permutación aleatoria de una lista y realizar un muestreo aleatorio sin reemplazo. Otras funciones permiten calcular distribuciones uniforme, normal (Gauss), exponencial negativa, gamma y beta, entre otras.

Función	Descripción
random.*seed*(a=None, version=2)	Inicializa el generador de números aleatorios. Si se omite el primer parámetro o es *None*, se utiliza la hora actual del sistema. Si es un entero, se utiliza directamente. Con **version** a 2, un objeto *str*, *bytes* o *bytearray* se convierte en un entero. Con **version** a 1, se reproduce el funcionamiento de versiones antiguas de Python.
random.*randint*(a, b)	Devuelve un entero aleatorio N tal que **a <= N <= b**. Es un alias de *randrange*(a, b+1).
random.*randrange*(stop) random.*randrange*(start, stop[, step])	Devuelve un elemento seleccionado aleatoriamente de *range*(start, stop, step). Es equivalente a *choice*(*range*(start, stop, step)), pero no construye realmente un objeto *range*. Lanza una excepción *TypeError* para valores no enteros.

random.*choice*(seq)	Devuelve un elemento aleatorio de la secuencia no vacía indicada. Si **seq** está vacía, lanza una excepción *IndexError*.
random.*choices*(population, weights=None, *, cum_weights=None, k=1)	Devuelve una lista de **k** de elementos elegidos de la población **population** con reemplazo. Si la población está vacía, se lanza un *IndexError*. Si se especifica una secuencia de pesos **weight**, las selecciones se realizan según los pesos relativos. Alternativamente, si se da una secuencia **cum_weights**, las selecciones se hacen de acuerdo a los pesos acumulativos. La secuencia de pesos, debe tener la misma longitud que la secuencia de población. Si no se especifican pesos, las selecciones se realizan con igual probabilidad. Los pesos **weights** o **cum_weights** pueden utilizar cualquier tipo numérico que interactúe con los valores flotantes devueltos por *random*() (esto incluye enteros, flotantes y fracciones, pero excluye los decimales). Se asume que los pesos son no negativos y finitos. Se produce un *ValueError* si todos los pesos son cero. Para una semilla dada, la función *choices*() con igual ponderación suele producir una secuencia diferente a las llamadas repetidas a *choice*(). El algoritmo utilizado por *choices*() hace uso de aritmética de punto flotante para la consistencia interna y la velocidad. El algoritmo utilizado por *choice*() utiliza por defecto aritmética de enteros con selecciones repetidas para evitar pequeños sesgos por error de redondeo.
random.*shuffle*(x)	Mezcla o baraja la secuencia dada. Para barajar una secuencia inmutable y devolver una nueva lista barajada, debe emplearse *sample*(x, k=len(x)). El número total de permutaciones de **x** puede crecer rápidamente más que el período de la mayoría de los generadores de números aleatorios. Una secuencia de longitud 2080 es la mayor que puede caber dentro del periodo del generador de números aleatorios Mersenne Twister.
random.*sample*(population, k, *, counts=None)	Devuelve una lista de longitud **k** de elementos únicos elegidos de la población **population**, dejando la población original sin cambios. La lista resultante está en orden de selección. Los miembros de la población no tienen por qué ser únicos. Si la población contiene repeticiones, entonces cada ocurrencia es una posible selección en la muestra. Se utiliza para el muestreo aleatorio sin reemplazo.

random.*random*()	Devuelve el siguiente número aleatorio de punto flotante en el rango **0.0 <= N < 1.0**. Por defecto, *random*() devuelve múltiplos de 2**-53. Todos esos números están uniformemente distribuidos y son exactamente representables como punto flotante de Python.
random.*uniform*(a, b)	Devuelve un número aleatorio de punto flotante N tal que **a <= N <= b** para **a <= b** y **b <= N <= a** para **b < a**. El valor final **b** puede o no estar incluido en el rango dependiendo del redondeo de punto flotante en la ecuación: **a + (b - a) * random()**
random.*triangular*(low, high, mode)	Devuelve un número aleatorio de punto flotante N tal que **low <= N <= highy** con el **mode** especificado entre esos límites. Los límites bajo y alto son por defecto 0 y 1. El argumento **mode** es por defecto el punto medio entre los límites, dando una distribución simétrica.
random.*betavariate*(alpha, beta)	Distribución beta. Las condiciones de los parámetros son **alfa > 0** y **beta > 0**. Los valores devueltos oscilan entre 0 y 1.
random.*expovariate*(lambd)	Distribución exponencial. **lambd** es 1.0 dividido por la media deseada. Debe ser distinto de cero. Los valores devueltos van de 0 a infinito positivo si **lambd** es positiva, y de infinito negativo a 0 si **lambd** es negativa. El parámetro en la función se ha renombrado, ya que en Python *lambda* es una palabra reservada.
random.*gammavariate*(alpha, beta)	Distribución gamma. (¡No la función gamma!). Las condiciones de los parámetros son **alfa > 0** y **beta > 0**.

3.1.2 Clases

Todas las funciones anteriores son métodos vinculados a una instancia de la clase *random.Random*().

El módulo *random* también proporciona la clase *SystemRandom* que utiliza la función del sistema *os.urandom*() para generar números aleatorios a partir de las fuentes proporcionadas por el sistema operativo.

Clase	Descripción
class random. *Random*([seed])	Clase que implementa el generador de números pseudoaleatorios por defecto utilizado por el módulo *random*. La semilla **seed** puede ser uno de los tipos: *none, int, float, str, bytes o bytearray*. Obsoleto desde la versión 3.9, eliminado en la versión 3.11.
class random. *SystemRandom*([seed])	Clase que utiliza la función *os.urandom*() para generar números aleatorios a partir de fuentes proporcionadas por el sistema operativo. No está disponible en todos los sistemas. No depende del estado del software, y las secuencias no son reproducibles. El método *seed*()se ignora. Los métodos *getstate*() y *setstate*() lanzan *NotImplementedError* al llamarlos.

3.1.3 Uso del módulo random

A continuación vamos a ver como generar números aleatorios enteros y reales, obtendremos secuencias y haremos uso de las clases *Random*() y *SystemRandom*().

3.1.3.1 GENERAR NÚMEROS ENTEROS ALEATORIOS

Para generar números enteros aleatorios disponemos de las funciones *randint*() y *randrange*(). La primera devuelve un número entero incluido entre los valores indicados. Los valores de los límites inferior y superior pueden aparecer entre los valores devueltos. La segunda devuelve enteros que van desde un valor inicial a otro final separados entre sí un número de valores determinados o paso.

El algoritmo Mersenne Twister, generador de números aleatorios de Python, parte de un número inicial o semilla, y al ser un generador determinista produce siempre la misma secuencia a partir de la misma semilla. Esto puede resultar útil en algunos casos para reproducir la misma secuencia de números aleatorios generada al reutilizar el mismo valor de semilla de una ejecución a otra. Pese al cambio de la función de semilla entre diferentes versiones de Python, está garantizado que el método *random*() seguirá produciendo la misma secuencia cuando el sembrador compatible reciba la misma semilla.

aleatorio_01_int.py

```
1.   import random
2.
3.
4.   # siembra de semilla
5.   random.seed(123.456)
6.   # generar enteros
7.   for _ in range(10):
8.       n = random.randint(-5, 5)
9.       print(f'{n:4}', end="")
10.
```

```
11.   print('\nRepetición con la misma semilla')
12.   random.seed(123.456)
13.   for _ in range(10):
14.       n = random.randint(-5, 5)
15.       print(f'{n:4}', end="")
16.
17.   print('\nSemilla del sistema')
18.   #hacer uso de hora actual del sistema como semilla
19.   random.seed()
20.   for _ in range(10):
21.       n = random.randint(-5, 5)
22.       print(f'{n:4}', end="")
23.
24.   # generar enteros en un rango
25.   print('\nRango 0 a 5')
26.   for _ in range(10):
27.       n = random.randrange(6)
28.       print(f'{n:4}', end="")
29.
30.   print('\nRango 1 a 5')
31.   for _ in range(10):
32.       n = random.randrange(1, 6)
33.       print(f'{n:4}', end="")
34.
35.   print('\nRango 1 a 5 con pasos de 2')
36.   for _ in range(10):
37.       n = random.randrange(0, 6, 2)
38.       print(f'{n:4}', end="")
```

En el resultado comprobamos que, al emplear la misma semilla, obtenemos la misma secuencia de números aleatorios. Mientras que si hacemos uso de la semilla del sistema la secuencia varía.

A continuación se obtienen secuencias de números aleatorios entre diferentes límites y con un paso entre los valores generados.

```
   2    3   -4    2    5    4   -2   -3    4   -3
Repetición con la misma semilla
   2    3   -4    2    5    4   -2   -3    4   -3
Semilla del sistema
  -2    4   -2   -3    2    2    3   -4   -3    5
Rango 0 a 5
   2    0    0    1    1    5    5    4    4    3
Rango 1 a 5
   1    2    2    5    1    1    3    1    2    4
Rango 1 a 5 con pasos de 2
   0    2    2    4    0    4    4    2    4    4
```

3.1.3.2 OBTENER SECUENCIAS

En ocasiones, más que generar números aleatorios nos interesa recuperar de forma aleatoria elementos de una secuencia. Mediante la función *choice*() podemos seleccionar elementos al azar de una secuencia dada.

Si lo que se desea es mezclar una secuencia haremos uso de la función *shuffle*(), que generará la secuencia mezclada de forma aleatoria. Con una secuencia muy amplia, el número de permutaciones posibles puede ser tan grande que la función nunca podrá generar todas las permutaciones posibles.

La función *sample*() proporciona una lista de elementos únicos de la secuencia dada. La secuencia original no se modifica. Los elementos de la lista resultante estarán en el orden de selección.

aleatorio_02_secuencia.py

```
1.    import random
2.
3.
4.    # secuencia
5.    dias = ['lunes', 'martes', 'miercoles', 'jueves', 'viernes', 'sabado', 'domingo']
6.
7.
8.    # seleccionar
9.    print('Selección 1:', random.choice(dias))
10.   print('Selección 2:', random.choice(dias))
11.   print('Selección 3:', random.choice(dias))
12.
13.   # barajar
14.   random.shuffle(dias)
15.   print('Semana mezclada:', dias)
16.
17.   # selección al azar de 3 días
18.   print('Selección:', random.sample(dias, 3))
```

Disponemos en el resultado del script de tres selecciones sucesivas sobre los elementos de la lista **dias**.

El resultado de barajar los elementos de la lista y una selección de tres elementos al azar.

```
Selección 1: martes
Selección 2: sabado
Selección 3: jueves
Semana mezclada: ['lunes', 'domingo', 'jueves', 'martes', 'miercoles', 'sabado',
'viernes']
Selección: ['viernes', 'domingo', 'martes']
```

3.1.3.3 GENERAR NÚMEROS REALES ALEATORIOS

Para generar números aleatorios decimales disponemos de *random*(), la función básica para la generación de números aleatorios del módulo *random*.

Si deseamos que los números estén comprendidos en un rango determinado haremos uso de la función *uniform*().

Las demás funciones generan secuencias de números aleatorios mediante funciones estadísticas para usos más especializados.

aleatorio_03_float.py

```
1.   import random
2.
3.
4.   print('Distribución aleatoria')
5.   # generar punto flotante
6.   for _ in range(5):
7.       print(random.random())
8.
9.   print('\nUniforme')
10.  for _ in range(5):
11.      print(random.uniform(1, 20))
12.
13.  print('\nTriangular')
14.  for _ in range(5):
15.      print(random.triangular(1, 100, 80))
16.
17.  print('\nBeta')
18.  for _ in range(5):
19.      print(random.betavariate(5, 10))
20.
21.  print('\nLambda')
22.  for _ in range(5):
23.      print(random.expovariate(1.5))
24.
25.  print('\nGamma')
26.  for _ in range(5):
27.      print(random.gammavariate(100, 2))
```

En la ejecución del script vemos el resultado de las diversas distribuciones que hemos empleado.

```
Distribución aleatoria
0.010172348116787688
0.24189826664794534
0.6507038617680324
0.8265815246808034
0.534669515510731
```

```
Uniforme
12.065351315207357
5.985745715169272
18.128280504664836
8.309510398400409
9.74741848219092

Triangular
26.541080154252626
65.47974927995133
80.12314095496146
60.206608944600525
88.96398502956016

Beta
0.31978095485229163
0.25069200697179866
0.33646875342640137
0.19285780972815517
0.4514912743735046

Lambda
3.6631466426720185
0.238885627903574
0.7058405627977692
0.039879904692014065
2.4034282993697444

Gamma
205.3613582712103
201.90412828681752
206.21783990138738
195.02300923522262
183.82466069725763
```

3.1.3.4 GENERAR NÚMEROS CON LA CLASE RANDOM

La clase *Random*() permite instanciar varios generadores de números aleatorios, generando cada uno su propia secuencia aleatoria, salvo que se inicien con la misma semilla, lo que generaría así la misma secuencia.

En el ejemplo siguiente, en la primera parte, instanciamos dos generadores por separado, generando 5 números aleatorios con cada uno de ellos, obteniéndose secuencias diferentes.

En la segunda parte empleamos la misma semilla en ambas instancias, lo que producirá las mismas secuencias de números aleatorios.

aleatorio_04_random.py

```
1.   import random
2.
3.
4.   print('Clase Random sin semilla')
5.   print('Secuencia 1\t\tSecuencia 2')
6.
7.   secuencia1 = random.Random()
8.   secuencia2 = random.Random()
9.   for _ in range(5):
10.      print(secuencia1.random(), '\t', secuencia2.random())
11.
12.
13.  print('\nClase Random con la misma semilla')
14.  print('Secuencia 1\t\tSecuencia 2')
15.
16.  semilla = '1234'
17.  secuencia1 = random.Random(semilla)
18.  secuencia2 = random.Random(semilla)
19.  for _ in range(5):
20.      print(secuencia1.random(), '\t', secuencia2.random())
```

En el resultado del script tenemos las dos secuencias de cada generador, sin semilla son diferentes, mientras que empleando la misma semilla las secuencias coinciden.

```
Clase Random sin semilla
Secuencia 1              Secuencia 2
0.09316113673522042     0.5308456089452369
0.5126150380066975      0.7485986040215711
0.3841789840729417      0.35525928800743534
0.7693742819379175      0.12672563863924668
0.02935519557309063     0.3096538596214161

Clase Random con la misma semilla
Secuencia 1              Secuencia 2
0.24836460312826447     0.24836460312826447
0.6493620891986445      0.6493620891986445
0.8579377205236765      0.8579377205236765
0.7050598818846704      0.7050598818846704
0.0152443087486972      0.0152443087486972
```

3.1.3.5 GENERAR NÚMEROS CON LA CLASE SYSTEMRANDOM

La clase *SystemRandom*() utiliza fuentes proporcionadas por el sistema operativo.

En el ejemplo siguiente, en la primera parte, instanciamos dos generadores por separado generando 5 números aleatorios con cada uno de ellos, obteniéndose secuencias diferentes.

En la segunda parte haremos uso de una semilla con la intención de demostrar que la generación de secuencias no son reproducibles con esta clase.

aleatorio_05_systemrandom.py

```
1.  import random
2.
3.  print('Clase SystemRandom sin semilla')
4.  print('Secuencia 1\t\tSecuencia 2')
5.
6.  secuencia1 = random.SystemRandom()
7.  secuencia2 = random.SystemRandom()
8.  for _ in range(5):
9.      print(secuencia1.random(), '\t', secuencia2.random())
10.
11.
12. print('\nClase SystemRandom con la misma semilla')
13. print('Secuencia 1\t\tSecuencia 2')
14.
15. semilla = '1234'
16. secuencia1 = random.SystemRandom(semilla)
17. secuencia2 = random.SystemRandom(semilla)
18. for _ in range(5):
19.     print(secuencia1.random(), '\t', secuencia2.random())
```

En el resultado del script observamos que las dos secuencias de la primera parte son diferentes y en la segunda parte, cuando empleamos la misma semilla, las secuencias tampoco coinciden.

```
Clase SystemRandom sin semilla
Secuencia 1              Secuencia 2
0.13710883086841463     0.7601633432783976
0.28626847120232235     0.47595791163167633
0.5320541024015545      0.7236485325866222
0.04691017792513219     0.9955978586610722
0.0707911903684274      0.13918870725512433

Clase SystemRandom con la misma semilla
Secuencia 1              Secuencia 2
0.5019532933061255      0.5112171745565546
0.46190069290640057     0.17044068520247035
```

```
0.5682767380362533      0.15624660095671372
0.44946536537200954     0.29427397251916654
0.14030942463534302     0.3070452160140039
```

3.2 MÓDULO SECRETS

La biblioteca estándar ya proporciona primitivas criptográficamente fuertes en el módulo *random* (la clase *SystemRandom*), pero en Python se pensó en añadir un nuevo módulo a la biblioteca estándar en la versión 3.6, el módulo *secrets*. Este módulo contiene un conjunto de funciones listas para usar en actividades comunes con implicaciones de seguridad. El documento *PEP 506 (https://peps.python.org/pep- 0506/)* describe las razones para añadir el nuevo módulo *secrets* a la biblioteca estándar.

El módulo *secrets* facilita la generación de números aleatorios criptográficamente fuertes **CSPRNG** (*Cryptographically Strong Pseudo Random Number Generator*). Es el módulo a usar para trabajar con contraseñas, autenticación de cuentas, tokens de seguridad y otros elementos de criptografía, en lugar del módulo *random*, más indicado para el modelado y la simulación.

Secrets se basa en funciones del sistema operativo como fuente de aleatoriedad, en Linux, puede ser /dev/urandom, y en Windows CryptGenRandom().

Para usar los métodos del módulo *secrets* debemos empezar importando el módulo.

```
1.  import secrets
```

No vamos a relacionar aquí todos los métodos del módulo *secrets*, en la *documentación de Python sobre secrets (https://docs.python.org/3/library/secrets.html)* podéis encontrar todos los métodos disponibles.

3.2.1 Clase

El módulo *secrets* proporciona la clase *SystemRandom* que utiliza funciones para generar números aleatorios a partir de las fuentes proporcionadas por el sistema operativo.

Clase	Descripción
class secrets.*SystemRandom*()	Clase que utiliza la función *os.urandom*() o CryptGenRandom para generar números aleatorios a partir de fuentes proporcionadas por el sistema operativo. No está disponible en todos los sistemas. No depende del estado del software, y las secuencias no son reproducibles.

3.2.2 Funciones

El módulo *secrets* ofrece funciones para generar números enteros aleatorios, efectuar una selección uniforme de un rango, generar *tokens* y URL seguras.

Función	Descripción
secrets.*choice*(sequence)	Devuelve un elemento aleatorio de la secuencia no vacía dada.
secrets.*randbelow*(n)	Devuelve un entero aleatorio N tal que **0 <= N < n**.
secrets.*randbits*(k)	Devuelve un entero con **k** bits aleatorios.
secrets.*token_bytes*([nbytes=None])	Devuelve una cadena de bytes aleatoria que contiene el número de bytes indicado por **nbytes**. Si **nbytes** es *None* o no se suministra, se utiliza un valor predeterminado.
secrets.*token_hex*([nbytes=None])	Devuelve una cadena de texto aleatoria que contiene el número de bytes indicado por **nbytes**. Cada byte es convertido a dos dígitos hexadecimales. Si **nbytes** es *None* o no se suministra, se utiliza un valor predeterminado.
secrets.*token_urlsafe*([nbytes=None])	Devuelve una cadena de texto aleatoria segura para la URL, que contiene el número de bytes indicado por **nbytes**. El texto está codificado en Base64. Si **nbytes** es *None* o no se suministra, se utiliza un valor por defecto razonable.
secrets.*compare_digest*(a, b)	Devuelve *True* si las dos cadenas proporcionadas son iguales, en caso contrario *False*, utilizando una comparación en tiempo constante para reducir el riesgo de ataques de tiempo.

3.2.3 Uso del módulo secrets

A continuación vamos a ver como construir contraseñas aleatorias y generar números enteros aleatorios. Crearemos tokens y realizaremos comparaciones de cadenas.

3.2.3.1 SELECCIÓN PARA CONSTRUIR CONTRASEÑAS

Para recuperar de forma aleatoria elementos de una secuencia dada disponemos de la función *choice*().

En el ejemplo vamos a disponer de un alfabeto alfanumérico, del que partiremos para generar contraseñas aleatorias de 16 caracteres.

secrets_01_password.py

```
1.   import string
2.   import secrets
3.
4.
5.   # secuencia
6.   alphabet = string.ascii_letters + string.digits
7.   print(f'Alfabeto\n{alphabet}')
8.
9.   # seleccionar
10.  print('\nContraseñas de 16 caracteres')
11.  for _ in range(5):
12.      password = ''.join(secrets.choice(alphabet) for i in range(16))
13.      print(password)
```

En el resultado del script vemos el alfabeto del que seleccionaremos caracteres para la creación de contraseñas y cinco contraseñas producidas al azar.

```
Alfabeto
abcdefghijklmnopqrstuvwxyzABCDEFGHIJKLMNOPQRSTUVWXYZ0123456789

Contraseñas de 16 caracteres
If2XihsK9ww0YLEf
cJ8u2XDaurr26Rht
Y63RgfwJjQYPTv5J
OSbbdVFWSo6TASw1
H5PHvMpDviUMtAsU
```

3.2.3.2 GENERAR NÚMEROS ENTEROS ALEATORIOS

Para generar números enteros aleatorios con el módulo *secrets* disponemos de dos funciones: *randbits*() y *randbelow*().

Con la función *randbits*() obtenemos un entero sin signo seguro con un número especificado de bits aleatorios. Esto no es lo mismo que generar un entero aleatorio, con esta función podemos garantizar que tenga el número de bits indicado.

Por otra parte, con la función *randbelow*() generamos un número entero seguro en el rango [0, n), donde n es el límite superior exclusivo.

En el ejemplo vamos a generar números enteros aleatorios, primero con 4, 8, 16 y 32 bits, y a continuación enteros en un rango determinado.

secrets_02_int.py

```
1.  import secrets
2.
3.
4.  # generar enteros con un número de bits determinado
5.  r4 = secrets.randbits(4)
6.  r8 = secrets.randbits(8)
7.  r16 = secrets.randbits(16)
8.  r32 = secrets.randbits(32)
9.  print(f'Entero con 4 bits: {r4} : {bin(r4)}')
10. print(f'Entero con 8 bits: {r8} : {bin(r8)}')
11. print(f'Entero con 16 bits: {r16} : {bin(r16)}')
12. print(f'Entero con 32 bits: {r32} : {bin(r32)}')
13.
14. # generar enteros en un rango
15. for n in range(10, 100, 25):
16.     print(f'Entero inferior a {n}:', secrets.randbelow(n))
```

En el resultado del script tenemos un primer grupo de cuatro enteros con el máximo de bits indicado. Visualizamos tanto el valor entero obtenido como su representación binaria. A continuación otro grupo de cuatro enteros en el rango establecido para cada uno de ellos.

```
Entero con 4 bits: 9 : 0b1001
Entero con 8 bits: 138 : 0b10001010
Entero con 16 bits: 12432 : 0b11000010010000
Entero con 32 bits: 1633799602 : 0b1100001011000011100110110110010
Entero inferior a 10: 7
Entero inferior a 35: 11
Entero inferior a 60: 58
Entero inferior a 85: 22
```

3.2.3.3 CREACIÓN DE TOKENS

El módulo *secrets* proporciona funciones para generar tokens seguros, tanto como cadenas de bytes aleatorios como cadenas de texto aleatorio seguro en formato hexadecimal, donde cada byte se convierte en dos dígitos hexadecimales. Además facilita la creación de cadenas de texto aleatorio seguro para su uso como URL.

Los tokens deben tener suficiente aleatoriedad para protegerse de los ataques de fuerza bruta. Se considera que a partir de 32 bytes (256 bits) es suficiente para soportar este tipo de ataques.

En el ejemplo vamos a generar tokens en bytes y hexadecimales, así como cadenas para su uso en URL.

secrets_03_token.py

```
1.   import secrets
2.   import binascii
3.
4.
5.   # tokens
6.   print('Tokens de 16 bytes')
7.   for _ in range(5):
8.       token = secrets.token_bytes(16)
9.       print(binascii.hexlify(token))
10.
11.  print('\nTokens hexadecimal de 16 bytes')
12.  for _ in range(5):
13.      token = secrets.token_hex(16)
14.      print(token)
15.
16.  print('\nURL de 16 bytes')
17.  for _ in range(5):
18.      token = secrets.token_urlsafe(16)
19.      print(token)
```

En el resultado de la ejecución del ejemplo vemos un primer grupo de cinco secuencias de 16 bytes, convertidas a cadenas binarias para su mejor representación. A continuación otro grupo de cinco tokens en hexadecimal. Para terminar con cinco URL de 16 bytes.

```
Tokens de 16 bytes
b'8e96b6de3e05c698ed05cf4e3fd251f3'
b'74bac2eb1feeaed233221929051bf6b8'
b'6f64a03699811176b167c1cf36181e92'
b'56a9233f6cc53755da8eb204777e3414'
b'22f757cfa1a38149690be2621aab0189'

Tokens hexadecimal de 16 bytes
0bb6fc83c2c60d0146c6023279d4cbc9
6d3ee06eb49a757477d0164bb2f37a20
656f399128f36ba8fabc3a5e6ef885fa
7fc719f46122782fce76d23d9cb94b0c
a91b1310a421bd989f3e149fd813deb9

URL de 16 bytes
QrDjnSpbrim8wjdVz_-B1Q
W1xJZ2J5ZTE4H961BNYkaA
i0xBtBUk5DRfD_-rxGLtgw
vvjYE0A2SDkotjSm-b2wBg
9ppnzj_LXOxyZQ-7zi_ZgA
```

3.2.3.4 REALIZAR COMPARACIONES

Para reducir el riesgo de ataques de sincronización el módulo *secrets* tiene la función *compare_digest*(), que devuelve *True* si las dos cadenas a comparar son iguales, o *False* en caso contrario.

En el ejemplo vamos a realizar comparaciones entre dos cadenas iguales y después alteraremos las cadenas a comparar añadiendo un carácter distinto en cada una de ellas.

secrets_04_compare.py

```python
1.   import secrets
2.
3.
4.   # comparación igualdad
5.   for x in ('abc', 'klmno', 'wxyz'):
6.       a = x * len(x)
7.       b = x * len(x)
8.       print(f'a: {a}')
9.       print(f'b: {b}')
10.      print('a == b es:', secrets.compare_digest(a, b))
11.
12.  print()
13.
14.  # comparación desigualdad
15.  for x in ('abc', 'klmno', 'wxyz'):
16.      a = x * len(x) + 'A'
17.      b = x * len(x) + 'Z'
18.      print(f'a: {a}')
19.      print(f'b: {b}')
20.      print('a == b es:', secrets.compare_digest(a, b))
```

En el primer grupo vemos que las comparaciones de cadena iguales devuelven *True*, mientras que en segundo, con cadenas distintas, el resultado en todos los casos es *False*.

```
a: abcabcabc
b: abcabcabc
a == b es: true
a: klmnoklmnoklmnoklmnoklmno
b: klmnoklmnoklmnoklmnoklmno
a == b es: true
a: wxyzwxyzwxyzwxyz
b: wxyzwxyzwxyzwxyz
a == b es: true

a: abcabcabcA
b: abcabcabcZ
a == b es: false
a: klmnoklmnoklmnoklmnoA
b: klmnoklmnoklmnoklmnoZ
a == b es: false
a: wxyzwxyzwxyzwxyzA
b: wxyzwxyzwxyzwxyzZ
a == b es: false
```

4

ESTADÍSTICA

La estadística ha tenido un enorme auge en los últimos años a causa de la explosión de datos que han aparecido en todas las áreas donde miremos. La estadística nos permite tratar los datos, organizarlos, analizarlos e interpretarlos, formando la base de lo que se conoce como Ciencia de datos (*Data science*).

La estadística nos revela tendencias y características que no vemos cuando solo disponemos de los datos en bruto, al igual que facilita la comparación entre grandes conjuntos de datos, para terminar obteniendo conclusiones objetivas y predicciones sobre las observaciones.

Una de las características de la estadística es su transversalidad, que la hace aplicable al estudio de diversas disciplinas como economía, sociología, biología o física.

Python se ha convertido en uno de los lenguajes más usados en ciencia de datos.

Hay dos tipos de estadística:

- **Descriptiva**. Para la recolección, organización, resumen y presentación de un conjunto de datos.

- **Inferencial**. Para obtener conclusiones y deducciones a partir de una muestra de datos.

La estadística obtiene sus conclusiones partiendo de una muestra de datos. Los principales elementos de la estadística son:

- **Población**. El conjunto de todos los elementos objeto de un estudio

- **Muestra**. Subconjunto de datos extraído de la población, cuyo estudio sirve para inferir características de toda la población.

- **Individuo**. Cada uno de los elementos que forman una población o una muestra.

▼ **Variables estadísticas**. Características de una muestra o población.

- **Cualitativas**. Características que se pueden expresar con palabras.

- **Cuantitativas**. Características que se pueden representar por un número. Pueden ser discretas o continuas.

▼ **Dato.** Información de las variables.

4.1 MÓDULO STATISTICS

Python dispone del módulo incorporado *statistics* para realizar cálculos estadísticos sobre datos numéricos. Se incluyó en la distribución de Python a partir de la versión 3.4.

Para usar los métodos del módulo *statistics* debemos empezar importando el módulo.

```
1.   import statistics
```

No vamos a relacionar aquí todos los métodos del módulo *statistics*, en la *documentación de Python sobre statistics (https://docs.python.org/3/library/statistics. html)* podéis encontrar todos los métodos disponibles.

Las funciones están organizadas en dos grupos: las dedicadas a calcular **valores medios y promedios** y otras que miden la **dispersión de los datos** alrededor de un valor central en una muestra.

Existen otros módulos, como *NumPy* o *SciPy*, con capacidades ampliadas, además de facilitar el manejo de grandes volúmenes de datos.

A menos que se indique explícitamente, estas funciones admiten valores de tipo *int*, *float*, *Decimal* y *Fraction*. Si los datos de entrada consisten en tipos mixtos, es recomendable utilizar *map*() para asegurar un resultado consistente, haciendo, por ejemplo:

```
1.   input_procesable = map(float, input_data)
```

Algunos conjuntos de datos utilizan valores *NaN* (*Not a Number*) para representar datos inexistentes. Como estos valores pueden provocar comportamientos indefinidos en las funciones estadísticas, deben eliminarse antes de hacer uso de las funciones del módulo *statistics*. Un tratamiento previo puede ser hacer uso de la comprensión para eliminar los *NaN* de la muestra.

```
1.   >>> import statistics
2.   >>> import math
3.
4.   >>> data = [10, math.nan, 20, 30, math.nan, 40]
5.   >>> # eliminar los NaN por comprensión
```

```
6. │ >>> datos = [x for x in data if not math.isnan(x)]
7. │ >>> datos
8. │    [10, 20, 30, 40]
```

4.1.1 Valores medios y promedios

Los valores medios nos permiten identificar las tendencias en un conjunto de datos o hacia dónde tiende la información. Ofrecen resultados sobre datos muy extensos.

Función	Descripción
statistics.*mean*(data)	Devuelve la media aritmética de los datos. La media aritmética es la suma de los datos dividida por el número de observaciones. Es una medida de la situación central de los datos.
statistics.*fmean*(data, weights=None)	Devuelve la media aritmética en coma flotante de los datos, con ponderación opcional. Si se proporciona una lista de pesos **weights**, deben tener la misma longitud que los datos.
statistics.*geometric_mean*(data)	Devuelve la media geométrica de los datos.
statistics.*harmonic_mean*(data, weights=None)	Devuelve la media armónica de los datos. Si se proporcionan los pesos **weights**, deben tener la misma longitud que los datos. La media armónica es una medida de la tendencia central de los datos. Es un tipo de media apropiada cuando se trabaja con tasas o proporciones. La media armónica es el recíproco de la media aritmética de los inversos de los datos. Por ejemplo, la media armónica de tres valores (**a**, **b**, **c**) será equivalente a **3/(1/a + 1/b + 1/c)**. Si uno de los valores es cero, el resultado será cero. Si no se facilitan datos, si algún elemento es menor que cero o si la suma ponderada no es positiva, devuelve el error *StatisticsError*.
statistics.*median*(data)	Devuelve la mediana o valor medio de los datos. Es una medida de tendencia central menos sensible a la presencia de valores atípicos que la media. Si el número de casos es par devuelve la media de los dos valores centrales. Si el número de casos es impar, se devuelve el valor central.
statistics.*median_low*(data)	Devuelve la mediana baja de los datos numéricos. Si el número de casos es impar, se devuelve el valor central. Cuando el número de casos es par, se devuelve el **menor** de los dos valores centrales.

statistics.*median_high*(data)	Devuelve la mediana alta de los datos. Cuando el número de casos es impar, se devuelve el valor central. Cuando el número de casos es par, se devuelve el **mayor** de los dos valores centrales.
statistics.*median_grouped*(data, interval=1)	Devuelve la mediana, o percentil 50, de los datos continuos agrupados, usando interpolación. El intervalo de clase **interval**, por defecto es 1. Cambiar el intervalo de clase cambiará la interpolación.
statistics.*mode*(data)	Devuelve el valor más común del conjunto de datos discretos o nominales. La moda es el valor más representativo y sirve como medida de tendencia central.
statistics.*multimode*(data)	Devuelve una lista de los valores más frecuentes en el orden en que aparecen en los datos. Retornará varios resultados en el caso de que existan varias modas.
statistics.*quantiles*(data, *, n=4, method='exclusive')	Divide los datos en intervalos con igual probabilidad. Los intervalos se establecen con el parámetro **n** . • 4 obtiene los cuartiles. • 10 obtiene los deciles. • 100 los percentiles. El parámetro **method** permite especificare el método que se utilizará para calcular los cuartiles, si se deben incluir o excluir valores de los datos extremos de la población. • 'exclusive', asume que los datos muestreados de una población que puede tener valores más extremos que los encontrados en las muestras. • 'inclusive', asume que los datos corresponden a una población completa o que los valores extremos de la población están representados en la muestra. El valor mínimo de **data** se considera entonces como percentil 0 y el máximo como percentil 100.

Los datos pueden ser una secuencia o un iterable. Si no se facilitan datos devuelve el error *StatisticsError*.

Vamos a calcular valores medios partiendo de los datos de las alturas de un grupo de colegiales. Recibimos los datos como una lista de tuplas, cada una de ellas contiene el número de alumnos de una determinada altura. Generamos tantas alturas como alumnos por altura como una lista de listas y después procedemos a aplanar la lista, para disponer de la muestra de alturas.

```
1. >>> import statistics
2.
3. >>> alumnos_altura = [(2, 140), (5, 145), (15, 151), (31, 157), (46, 163),
4.                       (53, 168), (45, 173), (28, 179), (21, 185), (4, 190)]
5. >>> alts = [[a]*n for n, a in alumnos_altura] # tantas alturas como alumnos
```

```
6.   >>> alturas = [altura for sublist in alts for altura in sublist] # aplanar
7.
8.   >>> alturas
9.      [140, 140, 145, 145, 145, 145, 145, 151, 151, 151, 151, 151, 151, 151,
     151, 151, 151, 151, 151, 151, 151, 151, 157, 157, 157, 157, 157, 157, 157,
     157, 157, 157, 157, 157, 157, 157, 157, 157, 157, 157, 157, 157, 157, 157,
     157, 157, 157, 157, 157, 157, 157, 157, 157, 163, 163, 163, 163, 163, 163,
     163, 163, 163, 163, 163, 163, 163, 163, 163, 163, 163, 163, 163, 163, 163,
     163, 163, 163, 163, 163, 163, 163, 163, 163, 163, 163, 163, 163, 163, 163,
     163, 163, 163, 163, 163, 163, 163, 163, 163, 163, 168, 168, 168, 168, 168,
     168, 168, 168, 168, 168, 168, 168, 168, 168, 168, 168, 168, 168, 168, 168,
     168, 168, 168, 168, 168, 168, 168, 168, 168, 168, 168, 168, 168, 168, 168,
     168, 168, 168, 168, 168, 168, 168, 168, 168, 168, 168, 168, 168, 168, 168,
     168, 168, 168, 173, 173, 173, 173, 173, 173, 173, 173, 173, 173, 173, 173,
     173, 173, 173, 173, 173, 173, 173, 173, 173, 173, 173, 173, 173, 173, 173,
     173, 173, 173, 173, 173, 173, 173, 173, 173, 173, 173, 173, 173, 173, 173,
     173, 173, 173, 179, 179, 179, 179, 179, 179, 179, 179, 179, 179, 179, 179,
     179, 179, 179, 179, 179, 179, 179, 179, 179, 179, 179, 179, 179, 179, 179,
     179, 185, 185, 185, 185, 185, 185, 185, 185, 185, 185, 185, 185, 185, 185,
     185, 185, 185, 185, 185, 185, 185, 190, 190, 190, 190]
10.
11.  >>> # número de observaciones
12.  >>> len(alturas)
13.      250
14.
15.  >>> # cálculo de la media
16.  >>> media = statistics.mean(alturas)
17.  >>> media
18.      167.924
19.
20.  >>> # cálculo de la media geométrica
21.  >>> media_geometrica = statistics.geometric_mean(alturas)
22.  >>> media_geometrica
23.      167.6119450363433
24.
25.  >>> # cálculo de la mediana
26.  >>> mediana = statistics.median(alturas)
27.  >>> mediana
28.      168.0
29.
30.  >>> # cálculo de la mediana baja
31.  >>> mediana_baja = statistics.median_low(alturas)
32.  >>> mediana_baja
33.      168
34.
35.  >>> # cálculo de la mediana alta
36.  >>> mediana_alta = statistics.median_high(alturas)
37.  >>> mediana_alta
```

```
38. |     168
39. |
40. | >>> # cálculo de la mediana agrupada
41. | >>> mediana_agrupada = statistics.median_grouped(alturas)
42. | >>> mediana_agrupada
43. |     167.99056603773585
44. |
45. | >>> # cálculo de la moda
46. | >>> moda = statistics.mode(alturas)
47. | >>> moda
48. |     168
49. |
50. | >>> # cálculo de la multimoda
51. | >>> multimoda = statistics.multimode(alturas)
52. | >>> multimoda
53. |     [168]
```

Los cuartiles, deciles y percentiles son medidas de posición, existen tres cuartiles, nueve deciles y noventa y nueve percentiles que dividen en cuatro, diez y cien partes con igual valor porcentual a la distribución respectivamente. La media es también una medida de posición que divide la muestra en dos partes iguales.

Vamos a calcular los cuartiles, deciles y percentiles de nuestra distribución.

```
1.  | >>> # cálculo de cuartiles, deciles y percentiles
2.  | >>> cuartiles = statistics.quantiles(alturas)
3.  | >>> cuartiles
4.  |     [163.0, 168.0, 173.0]
5.  | >>> deciles = statistics.quantiles(alturas, n=10)
6.  | >>> deciles
7.  |     [157.0, 157.0, 163.0, 168.0, 168.0, 168.0, 173.0, 179.0, 184.4]
8.  | >>> percentiles = statistics.quantiles(alturas, n=100)
9.  | >>> percentiles
10. |     [142.55, 145.0, 148.18, 151.0, 151.0, 151.0, 151.0, 151.0, 154.54, 157.0,
    |     157.0, 157.0, 157.0, 157.0, 157.0, 157.0, 157.0, 157.0, 157.0, 157.0,
    |     163.0, 163.0, 163.0, 163.0, 163.0, 163.0, 163.0, 163.0, 163.0, 163.0,
    |     163.0, 163.0, 163.0, 163.0, 163.0, 163.0, 163.0, 168.0, 168.0, 168.0,
    |     168.0, 168.0, 168.0, 168.0, 168.0, 168.0, 168.0, 168.0, 168.0, 168.0,
    |     168.0, 168.0, 168.0, 168.0, 168.0, 168.0, 173.0, 173.0, 173.0, 173.0, 173.0,
    |     173.0, 173.0, 173.0, 173.0, 173.0, 173.0, 173.0, 173.0, 173.0, 173.0,
    |     173.0, 173.0, 179.0, 179.0, 179.0, 179.0, 179.0, 179.0, 179.0, 179.0,
    |     179.0, 179.0, 184.4, 185.0, 185.0, 185.0, 185.0, 185.0, 185.0, 185.0,
    |     190.0]
```

Visualizamos a continuación los datos de nuestra muestra con un histograma empleando el módulo *matplotlib*.

Además de la lista completa de alturas debemos obtener una lista con las diferentes alturas para utilizarlas como marcas del eje X.

Dibujaremos un histograma con 8 contenedores, bordeando cada uno de ellos con una línea roja.

```
1.    >>> import statistics
2.    >>> import matplotlib.pyplot as plt
3.
4.    >>> # lista de las diferentes alturas
5.    >>> alt = sorted(list(set(alturas)))
6.
7.    >>> # dibujar los valores
8.    >>> plt.hist(alturas, bins=8, edgecolor='red', linewidth=1, alpha=0.5)
9.    >>> # añadir las marcas del eje X
10.   >>> plt.xticks(alt)
11.   >>> # poner título
12.   >>> plt.title('Alturas del alumnado',
13.   ...            fontdict={'style':'italic', 'color':'red'})
14.   >>> # mostrar el gráfico
15.   >>> plt.show()
```

El gráfico queda de la forma:

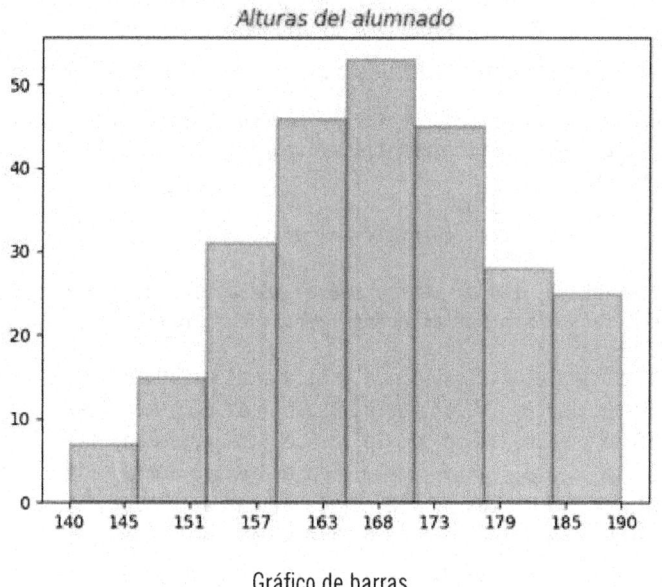

Gráfico de barras

A continuación un gráfico de caja nos ayuda a visualizar cinco estadísticas descriptivas importantes de un conjunto de datos: el mínimo, el cuartil inferior, la mediana, el cuartil superior y el máximo.

Los cuartiles son una excelente forma de resumir datos numéricos ya que pueden utilizarse tanto para medir el centro y la dispersión como para ver dónde se sitúan los datos en relación con el resto del conjunto de datos.

Continuamos con los datos del ejemplo anterior.

```
1.   >>> # calcular los cuartiles y mínimo y máximo
2.   >>> marcas = statistics.quantiles(alturas)
3.   >>> marcas.append(min(alturas))
4.   >>> marcas.append(max(alturas))
5.   >>> marcas.sort()  # ordenar los datos
6.   >>> marcas
7.       [140, 163.0, 168.0, 173.0, 190]
8.
9.   >>> # dibujar los valores
10.  >>> plt.boxplot(alturas)
11.  >>> # poner las marcas del eje Y
12.  >>> plt.yticks(marcas)
13.  >>> # cuadrícula en el eje Y
14.  >>> plt.grid(which='major', axis='y',
15.  ...             linestyle='--', color='grey', alpha=0.8)
16.  >>> # mostrar el gráfico
17.  >>> plt.show()
```

Las líneas de rejilla para el eje Y nos permiten observar mejor la caja trazada.

El primer cuartil es la base de la caja. La mediana es el segundo cuartil, marcada con la línea que cruza la caja. El tercer cuartil se corresponde con la parte superior de la caja.

Vemos también, que los valores mínimo y máximo de la serie corresponden con los valores atípicos inferior y superior respectivamente.

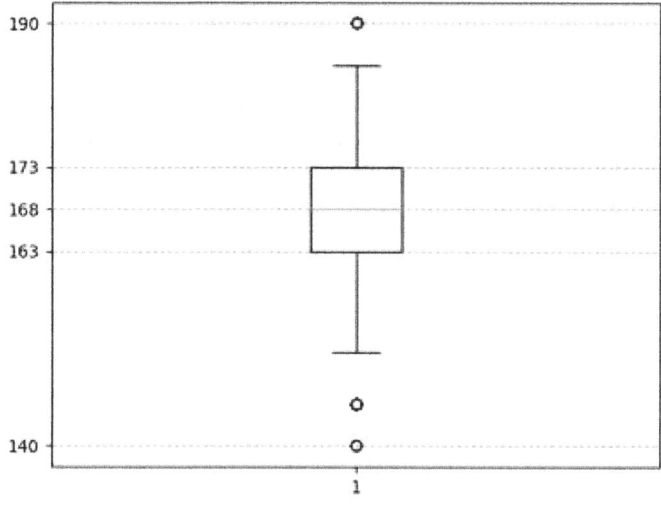

Gráfico de caja

4.1.2 Medidas de dispersión

Las medidas de dispersión ofrecen información del grado de variabilidad de una variable y de como de agrupados o dispersos están los datos. Cuando la medida de dispersión posee un valor pequeño los datos están ubicados cerca a la posición central, mientras que cuando tienen un valor grande están más separados del centro.

Las medidas de dispersión deben estar acompañadas de las medidas de tendencia central como elemento de comparación para conocer su comportamiento.

La varianza y la desviación típica son dos de las formas más comunes de medir la dispersión de una variable. Este tipo de información es importante a la hora de hacer predicciones, pues nos da una idea de las expectativas que podemos esperar.

Los valores de dispersión siempre son positivos o cero.

Función	Descripción
statistics.*pstdev*(data, mu=None)	Devuelve la desviación estándar de una población de datos. Se corresponde con la raíz cuadrada de la varianza de dicha población. El parámetro **mu**, es la media de los datos. Si no se facilita se calcula automáticamente.
statistics.*pvariance*(data, mu=None)	Calcula la varianza de toda una población. La varianza es una medida de la dispersión de los datos alrededor de un valor central. Una varianza grande indica que los datos están dispersos; una varianza pequeña indica que están agrupados en torno a la media. La varianza es la media de las diferencias con la media elevadas al cuadrado. El parámetro **mu**, suele ser la media de los datos. Puede utilizarse para calcular el segundo momento alrededor de un punto que no sea la media.
statistics.*stdev*(data, xbar=None)	Calcula la desviación estándar de una muestra de datos. Permite determinar la dispersión y variación de los datos. Mientras más pequeña es la desviación estándar, más cercanos se encuentran los datos. El parámetro **xbar**, si se facilita, debe ser la media de los datos. Si no se facilita se calcula automáticamente.
statistics.*variance*(data, xbar=None)	Devuelve la varianza de una muestra de datos. La varianza es una medida de la dispersión de los datos alrededor de un valor central. Una varianza grande indica que los datos están dispersos; una varianza pequeña indica que están agrupados en torno a la media. El parámetro **xbar**, si se facilita, debe ser la media de los datos. En caso contrario, la función calculará la media automáticamente.

Si no se facilitan datos devuelve el error *StatisticsError*.

El **rango** es una medida sencilla de la dispersión de los datos, cuanto mayor sea el rango, mayor será la dispersión. No existe una función para obtener el rango en el módulo *statistics*, pero podemos calcular los valores máximo y mínimo utilizando las funciones incorporadas *max()* y *min()* respectivamente y calcular su diferencia.

```
rango = mayorValor - menorValor
```

Continuando con los datos del punto anterior.

```
 1.   >>> rango = max(alturas) - min(alturas)
 2.   >>> rango
 3.       50
 4.
 5.   >>> desviacion_estandar = statistics.stdev(alturas)
 6.   >>> desviacion_estandar
 7.       10.21172568009256
 8.
 9.   >>> varianza = statistics.variance(alturas)
10.   >>> varianza
11.       104.27934136546185
```

Valores grandes para la desviación estándar o la varianza indican que el conjunto de datos está disperso, mientras que los valores pequeños indican que los datos se encuentran agrupados cerca del promedio.

5

GRÁFICOS

La visualización de datos pretende dar sentido a grandes cantidades de información numérica destacando de una forma gráfica patrones y relaciones entre ellos, que de otra forma sería difícil concebir. Las herramientas de visualización de datos facilitan el análisis de la información, mostrando tendencias y valores atípicos. Hacer que los gráficos transmitan la información esencial, de una forma agradable y sin perder el sentido de los datos, puede llegar a ser un arte.

En Python disponemos de varias bibliotecas para el trazado de gráficos:

▼ **Matplotlib**. Una completa biblioteca de trazado capaz de generar gráficos 2D, y con cierta capacidad de hacerlo en 3D. Dispone de una amplia variedad de representaciones que facilitan la comprensión de tendencias, patrones y correlaciones.

▼ **Seaborn**. Una biblioteca orientada a conjuntos de datos para realizar representaciones estadísticas en Python. Está desarrollado sobre *Matplotlib* e integrada con estructuras de datos de *Pandas*.

▼ **Bokeh**. Para visualización interactiva. Si los datos son tan complejos, o no es posible ver la información contenida en los datos, se pueden crear visualizaciones interactivas que permitan a los usuarios explorar los datos mismos.

5.1 MÓDULO MATPLOTLIB

El módulo *matplotlib* es la biblioteca básica para visualizar datos con Python. Proporciona múltiples funcionalidades para crear diagramas, gráficos y otras visualizaciones, siendo muy eficiente en la realización de una amplia gama de tareas, además de exportar los gráficos a los formatos más comunes como PDF, SVG, JPG, PNG, BMP y GIF. Básico no significa que no sea potente, de hecho otras bibliotecas, como *seaborn*, se basan en *matplotlib*.

En esta sección hemos agrupado las características más usuales del módulo en siete áreas, para introducirse gradualmente en el universo de matplotlib.

▼ *Conceptos generales* para empezar a moverse.

▼ *Personalizar los gráficos* para adaptarlos a nuestras necesidades y gustos.

▼ *Múltiples gráficos*, porque no siempre basta con uno.

▼ *Gráficos especializados* y preestablecidos.

▼ *Gráficos animados*, porque el movimiento dice más que un gráfico estático.

▼ *Controles interactivos* para modificar el gráfico una vez trazado.

▼ *Gráficos 3D*, para dar profundidad a la representación.

El proyecto *matplotlib* fue iniciado por John Hunter en 2002, con la intención de visualizar los datos obtenidos mediante electrocorticografía (ECoG) de pacientes con epilepsia durante una investigación postdoctoral en Neurobiología. El actual desarrollador principal es Thomas A. Caswell, que cuenta con la ayuda de un gran número de desarrolladores activos.

La biblioteca facilita la creación de un gráfico con un par de líneas de código, pero también proporciona un inmenso conjunto de opciones de visualización, tan extenso que su dominio requiere de una especialización en sí. Vamos a hacer una introducción a la biblioteca, recorriendo los elementos más usuales en la producción de gráficos. No nos quedaremos en la superficie de las capacidades de *matplotlib*, pero tampoco es este un monográfico sobre el tema. La información completa está disponible en el *sitio web de matplotlib (https://matplotlib.org/)*.

Este capítulo va a ser más práctico, no como todo el resto de capítulos, donde primero se exponían todas las funciones, clases y métodos y después se presentaban los ejemplos. Haciendo bueno el dicho: "Una imagen vale más que mil palabras", vamos a ir avanzando imagen a imagen (script a script), eso sí, introduciendo antes la función que vayamos a emplear en cada caso.

Para los ejemplos haremos uso de grupos de datos reducidos, pero suficientes, para mostrar cada tipo de gráfico, prescindiendo de todo aquello que no sea necesario y nos distraiga del asunto a tratar.

Para poder usar *matplotlib* es necesario instalar el módulo previamente, pues no está incluido en la distribución de Python.

```
pip3 install matplotlib
```

Debemos prestar atención a las dependencias con otras bibliotecas que no se instalarán por defecto.

Como siempre que vamos a hacer uso de un módulo debemos empezar con la importación del mismo. En el caso de *matplotlib* existe una abreviatura estándar de facto:

```
1. import matplotlib as mpl
```

En muchos casos vamos a trabajar con la interfaz *pyplot* de *matplotlib*, por lo que la importaremos de la forma:

```
1. import matplotlib.pyplot as plt
```

5.1.1 Conceptos generales

Antes de nada vamos a ver algunos conceptos sobre los gráficos de *matplotlib* para saber de qué hablamos. Y haremos una breve introducción con lo mínimo necesario para la creación de gráficos.

5.1.1.1 COMPONENTES DE UNA FIGURA MATPLOTLIB

Los gráficos de *matplotlib* están organizados jerárquicamente según una estructura arborescente de objetos *matplotlib*. La cima de la estructura es el objeto **figura** (*figure*), que es un contenedor para uno o más gráficos. Los gráficos se denominan **ejes** (*axes*), que es una idea equivoca, pues realmente es la región que establece el área del gráfico, podemos interpretarlos como el lienzo sobre el que se van a dibujar los demás elementos del gráfico.

Cada uno de los **ejes** (*axis*) son básicamente una recta numérica, aquí sí son los ejes (en plural) del gráfico. Puede haber un eje X y un eje Y, para gráficos en 2D; y un eje Z para gráficos en 3D. Los ejes pueden llevar **marcas** (*ticks*) para proporcionar escalas para los datos, con sus **etiquetas** (*labels*), **títulos** (*title*), y el **área de dibujo** (*ploting area*) con los gráficos correspondientes a los datos a visualizar.

En la siguiente imagen vemos una parte de los componentes de un gráfico realizado con *matplotlib*.

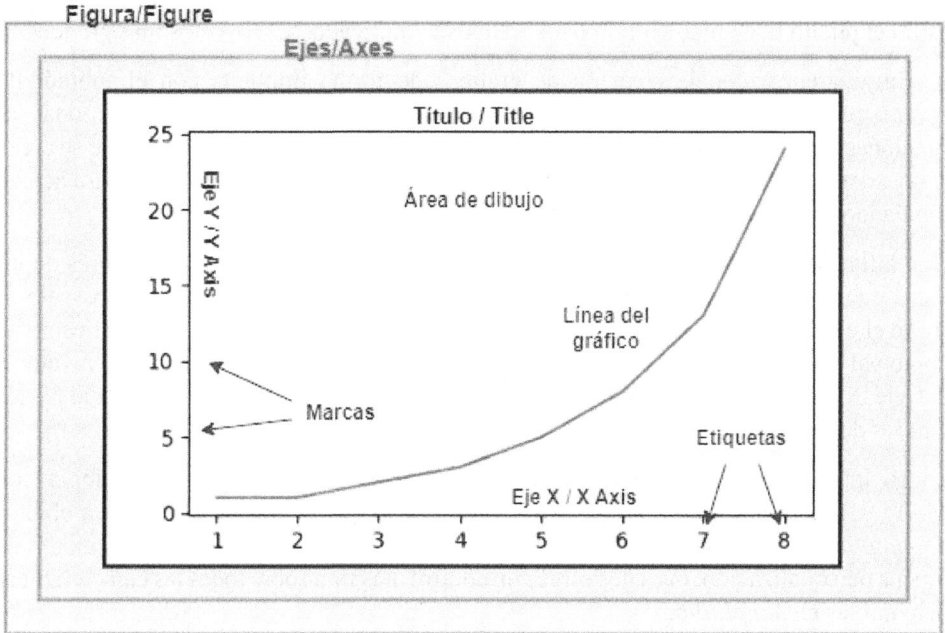

Componentes de un gráfico matplotlib

Prácticamente podemos manipular casi todos los elementos que componen el gráfico.

5.1.1.2 CREACIÓN DE GRÁFICOS

Tenemos varias formas de usar *matplotlib*, pero nos vamos a centrar en dos estilos de uso:

▶ En el estilo de programación **implícito** solo hay una figura (*Figure*) o ejes (*Axes*) que se están manipulando en un momento dado y no es necesario hacer una referencia explícita a ellos. Facilita la generación de gráficos de forma automática sin tener que crear o referenciar objetos de un nivel inferior para conseguir el trazado deseado.

▶ En el enfoque **explícito**, orientado a objetos, podemos modificar los objetos subyacentes directamente llamando a métodos de la figura (*Figure*) o a los métodos de un objeto ejes (*Axis*), que son los que representan al propio gráfico. Esto ofrece más control y personalización de las propiedades de los gráficos.

La interfaz pylab está obsoleta, y por ello no la vamos a tratar.

El estilo implícito resulta el más conveniente para trabajos rápidos. Mientras que el estilo explícito tiene más sentido para gráficos complicados y proyectos más grandes.

Empezaremos con la creación de gráficos de forma implícita con el submódulo *pyplot*, que es un recubrimiento de la biblioteca de objetos de *matplotlib*. Casi todas las funciones de *pyplot* se refieren implícitamente a una figura y ejes existentes, que se crean si no existen, donde se van añadiendo elementos de trazado a los ejes de la figura actual, dibujando líneas, decorando el gráfico con colores, marcas, leyendas, etc.

La función *pyplot.plot*() será la encargada de trazar el gráfico con los valores de las listas que le pasemos. Si solo proporcionamos una lista de valores, toma esos valores sobre el eje Y, mientras que los índices de la lista de valores se toman automáticamente como valores del eje X. Si proporcionamos dos listas, la primera corresponde a valores del eje X, los valores independientes, mientras la segunda corresponde al eje Y, los valores dependientes.

La interfaz *pyplot* comparte muchas similitudes en sintaxis y metodología con MATLAB, pero presenta algunas desventajas, por lo que la interfaz orientada a objetos de *matplotlib* es la más adecuada cuando tenemos que hacer gráficos que requieren de mucha personalización, pues nos ofrece un control más fino sobre todas las características disponibles en *matplotlib*.

Prepararemos los ejemplos con el IDLE de Python. Los scripts de Python con la extensión **.py** se ejecutan vía *python.exe* por defecto, mientras que los gráficos de *matplotlib* o de otro tipo de aplicaciones GUI suelen llevar la extensión **.pyw**, que hará que el script sea ejecutado por *pythonw.exe* sin iniciar una consola, el IDLE o cualquier otro editor de código Python. Un archivo **.pyw** se puede ejecutar directamente de forma asíncrona en segundo plano.

Todos los ejemplos están basados en la versión 3.6.3 de *matplotlib*.

En los sucesivos ejemplos de esta sección generaremos datos a visualizar con las funciones de las librerías estándar de Python.

Nuestro primer ejemplo hará el trazado de una serie de valores, que se corresponden con el inicio de la secuencia de Fibonacci.

---

matplotlib_00_1_valoresX.pyw

```
 1.  import matplotlib.pyplot as plt
 2.
 3.
 4.  # relación de valores a visualizar
 5.  valores = [1, 1, 2, 3, 5, 8, 13, 24]
 6.
 7.  # dibujar los valores
 8.  plt.plot(valores)
 9.  # mostrar el gráfico
10.  plt.show()
```

Como decíamos en la introducción: dos líneas son suficientes para generar un gráfico. En este caso las líneas de código 8 y 10 del listado.

1. En primer lugar procedemos a importar el submódulo *pyplot* como *plt*.

2. A continuación establecemos una lista con los ocho primeros valores de la serie de Fibonacci.

3. Pasamos la lista de valores a la función *plot*().

4. Terminamos visualizando el gráfico con la función *show*().

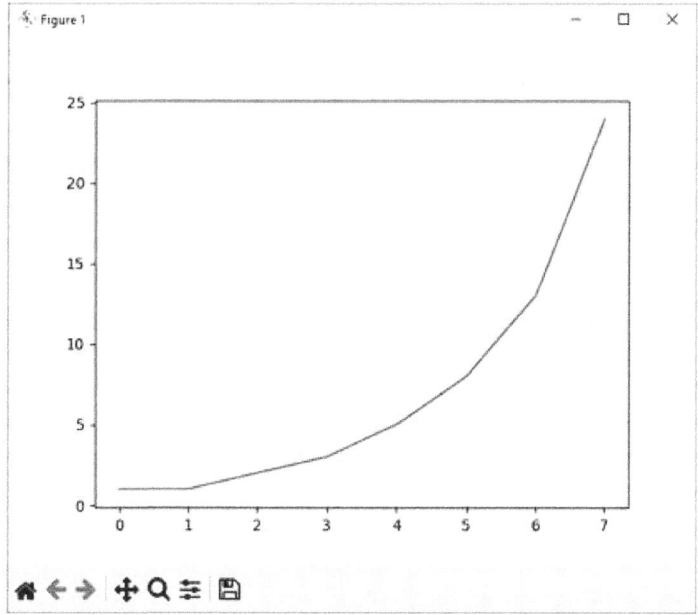

Gráfico en su ventana

Obtenemos un gráfico continuo, a pesar de que proporcionamos datos discretos para los valores de Y.

Con la serie que pasamos a la función *plot*() obtenemos, además de la línea del gráfico, el eje de coordenadas. Solo hemos dado los valores a representar, por lo que tenemos en el eje Y las marcas espaciadas entre 0 y 25, en relación a los valores de 1 a 24 que proporcionamos, mientras que en el eje X tenemos las marcas con los valores de índices de la lista, de 0 a 7.

La función *plot*() crea automáticamente una **ventana con una barra de herramientas de navegación**, que puede utilizarse para moverse por el gráfico.

Los botones de la barra de herramientas son:

Botones de la barra de herramientas

Representan los botones de: inicio, Avance y Retroceso, Zoom, Zoom a rectángulo, Configuración y Guardar.

Botones de inicio, avance y retroceso

Son similares a los controles de inicio, avance y retroceso de un navegador web. Avance y retroceso se utilizan para navegar hacia adelante y hacia atrás entre vistas previamente definidas. No tienen sentido a menos que ya haya navegado a otro lugar utilizando los botones de desplazamiento y zoom. Inicio siempre lleva a la primera vista por defecto de los datos.

Botón Zoom

Este botón tiene dos modos: panorámica y zoom. Para activar la panorámica y el zoom debe pulsarse en el botón de la barra de herramientas y, a continuación, situar el ratón en algún lugar sobre un eje. Pulsando el botón izquierdo del ratón y manteniéndolo pulsado desplazaremos la figura, arrastrándola hasta una nueva posición. Cuando se suelte, los datos situados bajo el punto de origen se moverán al punto donde se ha soltado. Pulsando las teclas 'x' o 'y' mientras se desplaza, el movimiento se limitará al eje X o Y, respectivamente. Pulsando el botón derecho del ratón se hace zoom, arrastrándolo a una nueva posición. El eje X se acercará proporcionalmente al movimiento hacia la derecha y se alejará proporcionalmente al movimiento hacia la izquierda. Lo mismo ocurre con el eje Y, y los movimientos arriba/abajo. El punto situado bajo el ratón al iniciar el zoom permanece inmóvil, lo que permite acercarse o alejarse alrededor de ese punto tanto como desee. Las teclas 'x', 'y' o 'Ctrl' restringen el zoom al eje X, al eje Y, o preserva la relación de aspecto, respectivamente.

Con los gráficos polares, la funcionalidad de desplazamiento y zoom se comporta de forma diferente. Las etiquetas del eje del radio pueden arrastrarse con el botón izquierdo del ratón. La escala del radio puede ampliarse y reducirse con el botón derecho del ratón.

Botón Zoom a rectángulo

Colocando el ratón en algún lugar sobre un eje, y pulsando un botón del ratón se define una región rectangular al arrastrar el ratón mientras se mantiene pulsado el botón hasta una nueva ubicación. Al utilizar el botón izquierdo del ratón, los límites de la vista de ejes se ampliarán hasta la región definida. Al utilizar el botón derecho del ratón, los límites de la vista de ejes se alejarán, colocando los ejes originales en la región definida.

Botón de configuración del subgrupo

Permite configurar el aspecto del subgrupo: puede estirarse o comprimirse el lado izquierdo, derecho, superior o inferior del subgrupo, o el espacio entre las filas o el espacio entre las columnas.

Botón Guardar

Abre un cuadro de diálogo para guardar el gráfico en un fichero. (Ver los formatos disponibles en la sección: guardar los gráficos).

En los sucesivos ejemplos **solo vamos a presentar el contenido del gráfico**, obviando la ventana.

Como comentábamos, podemos proporcionar también valores para el eje X que se ajusten a nuestro gráfico, así, ampliando el ejemplo anterior vamos a pasar una lista con valores para X.

Ambas listas han de tener el mismo número de elementos, ya que no son si no los resultados de una función **y = f(x)**.

En el ejemplo vamos a pasar dos listas de valores a la función *plot*(), primero los valores para X, seguidos de los de Y.

matplotlib_00_2_valoresXY.py

```
1.   import matplotlib.pyplot as plt
2.
3.
4.   # relación de valores a visualizar
5.   # para los ejes X e Y
6.   x = [1, 2, 3, 4, 5, 6, 7, 8]
7.   y = [1, 1, 2, 3, 5, 8, 13, 24]
8.
9.   # dibujar los valores
10.  plt.plot(x, y)
11.  # mostrar el gráfico
12.  plt.show()
```

En el gráfico obtenido tenemos los valores que hemos establecido para el eje X, de 1 a 8. El eje Y tiene los mismos valores que el ejemplo anterior.

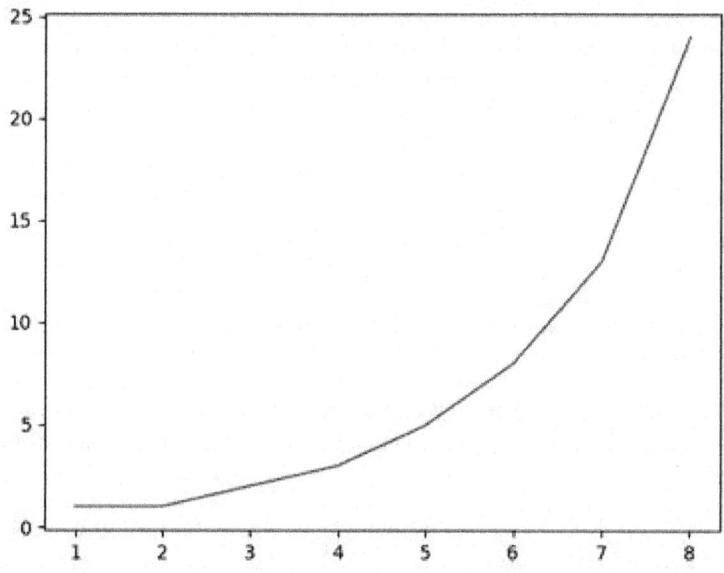

5.1.1.3 MÚLTIPLES GRÁFICOS EN UN CUADRO

La función *plot*() puede trazar más de un gráfico sobre la misma área de dibujo, para ello basta con especificar un número arbitrario de grupos de valores para X e Y.

En el siguiente ejemplo proporcionamos dos listas con valores de grados y sus correspondientes senos y cosenos, que calculamos previamente.

matplotlib_00_3_graficos2.py

```
1.   import matplotlib.pyplot as plt
2.   import math
3.
4.
5.   # creación de los valores a visualizar
6.   grados = [i for i in range (0, 361, 10)]
7.   seno = [math.sin(math.radians(i)) for i in grados]
8.   coseno = [math.cos(math.radians(i)) for i in grados]
9.
10.  # dibujar dos gráficos sobre la misma área de dibujo
11.  plt.plot(grados, seno,
12.           grados, coseno)
13.
14.  # mostar el gráfico
15.  plt.show()
```

El resultado incluye los dos gráficos superpuestos en la misma área de dibujo. La función *plot*() asigna, por defecto, diferentes colores a cada línea.

Igualmente establece las marcas del eje X, ajustándolas con los valores de 0 a 350 grados en incrementos de 50 (que habíamos generado de 0 a 360 en incrementos de 10). Y los valores para seno y coseno en el eje Y, de -1.00 a 1.00.

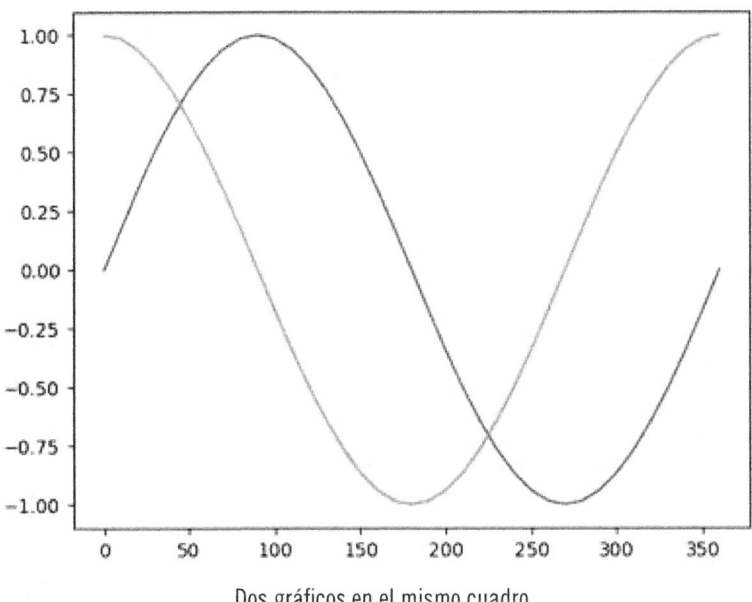

Dos gráficos en el mismo cuadro

5.1.1.4 MÚLTIPLES CUADROS

La creación de gráficos de forma explícita es más personalizable y resulta útil a medida que los gráficos se vuelven más complejos.

Vamos a obtener una instancia de la clase *Figure* (Figura), usando el método *subplots*(), que creará uno o más objetos *Axes* (Ejes). De esta forma crearemos una cuadrícula de cuadros con una sola llamada a la función *subplots*(). Después haremos uso de la función *plot*() en cada uno de los ejes obtenidos, donde trazaremos los gráficos.

En el ejemplo pedimos al método *subplots*() dos áreas de trabajo, con lo que nos devuelve un objeto *Figure* y una tupla con dos objetos *Axes*. Posteriormente dibujamos cada uno de los gráficos en los diferentes cuadros proporcionados por los ejes.

matplotlib_00_4_cuadros.py

```
1.   import matplotlib.pyplot as plt
2.   import math
3.
4.
```

```
5.    # creación de los valores a visualizar
6.    grados = [i for i in range (0, 361, 10)]
7.    seno = [math.sin(math.radians(i)) for i in grados]
8.    coseno = [math.cos(math.radians(i)) for i in grados]
9.
10.   # establecer dos regiones (axes)
11.   fig, (ax1, ax2) = plt.subplots(2)
12.   # dibujar en el primer cuadro
13.   ax1.plot(grados, seno)
14.   # dibujar en el segundo
15.   ax2.plot(grados, coseno)
16.
17.   # mostrar el gráfico
18.   plt.show()
```

El resultado incluye los dos cuadros en la figura, cada uno de ellos con su gráfico. Por defecto los cuadros aparecen apilados.

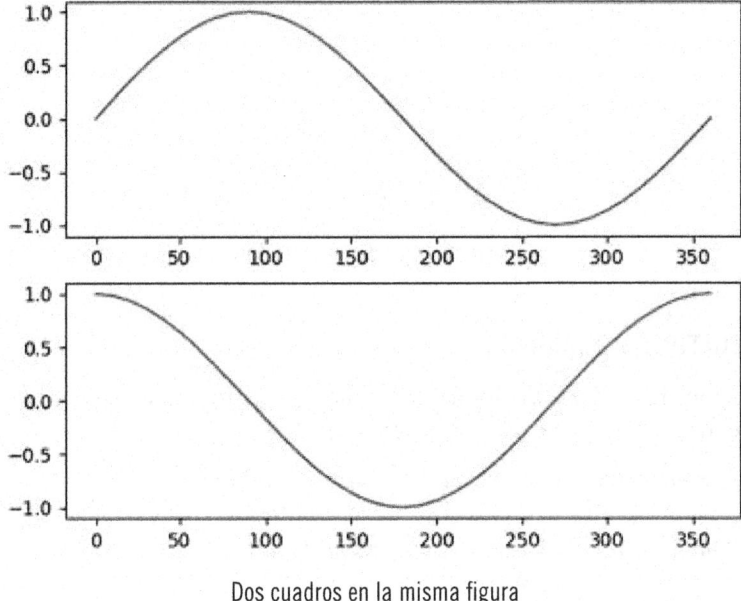

Dos cuadros en la misma figura

5.1.1.5 MOSTRAR LOS GRÁFICOS

Para mostrar todas las figuras empleamos la función *show*(), que tiene la firma:

```
matplotlib.pyplot.show(*, block=None)
```

Si **block** es *True* bloquea y ejecuta el bucle principal de la interfaz gráfica hasta que se cierren todas las ventanas de figuras.

Si es *False* vuelve inmediatamente.

Por defecto es *True* en modo no interactivo y *False* en modo interactivo.

5.1.1.6 GUARDAR LOS GRÁFICOS

Disponemos de dos vías para guardar una figura, **manualmente** con el botón **Salvar** de la barra de herramientas de la ventana de visualización del gráfico o vía **programa** mediante las funciones *savefig()* o *figure.savefig()*, que permite guardar una figura para lo que basta con que le indiquemos el nombre del fichero y una cadena de formato con alguno de los formatos de fichero soportados. Tiene la firma:

```
matplotlib.pyplot.savefig(fname, *, dpi='figure', format=None,
metadata=None, bbox_inches=None, pad_inches=0.1, facecolor='auto',
edgecolor='auto', backend=None, **kwargs)
```

Parámetros

▶ *fname: es una ruta, o un objeto tipo fichero de Python. Los parámetros opcionales nos facilitan el ajuste.*

▶ *format: define el formato del fichero. Si se establece **format**, este será el formato de salida, y el archivo se guarda con el nombre en **fname**, que se utiliza literalmente. No hay ningún intento de hacer que la extensión coincida con el formato definido, además, **no se añade ninguna extensión**. Si no se define el formato éste se deduce de la extensión de **fname**, si existe. Si no se define el formato y **fname** no tiene extensión, el archivo se guarda como 'png', y se añade la extensión a **fname**.*

▶ *dpi: resolución en puntos por pulgada. Si es 'figure', utiliza el valor dpi de la figura.*

▶ *metadata: pares clave/valor para almacenar en los metadatos de la imagen. Las claves soportadas y los valores por defecto dependen del formato de imagen.*

▶ *bbox: caja delimitadora en pulgadas: solo se guarda la porción dada de la figura.*

▶ *pad_inches: cantidad de relleno alrededor de la figura, por defecto 0.1.*

▶ *facecolor: color de la cara de la figura. Si es 'auto', usa el color de la figura actual.*

▶ *edgecolor: color del borde de la figura. Si es 'auto', usa el actual de la figura.*

Si deseamos guardar un fichero de imagen y disponer de la ventana de interfaz de usuario ha de utilizarse *savefig*() antes de *show*(). Al final de un bloqueo de *show*() la figura se cierra y se elimina, por lo que después guardaría una figura nueva, y por lo tanto vacía.

Esta limitación del orden de los comandos no se aplica si *show*() no es bloqueante o si se mantiene una referencia a la figura y se utiliza *figure.savefig*().

La lista de formatos disponibles la podemos recuperar con:

```
1.  import matplotlib.pyplot as plt
2.
3.  fig = plt.figure()
4.  print(fig.canvas.get_supported_filetypes())
```

La lista de formatos incluye:

Formato	Descripción
eps	Encapsulated Postscript
jpg	Joint Photographic Experts Group
jpeg	Joint Photographic Experts Group
pdf	Portable Document Format
pgf	PGF code for LaTeX
png	Portable Network Graphics
ps	Postscript
raw	Raw RGBA bitmap
rgba	Raw RGBA bitmap
svg	Scalable Vector Graphics
svgz	Scalable Vector Graphics
tif	Tagged Image File Format
tiff	Tagged Image File Format
webp	WebP Image Format

Si deseamos guardar la figura del ejemplo inicial como un fichero 'pdf' bastaría con incluir una llamada a *savefig*() con la ruta y el formato.

matplotlib_00_5_salvar.py

```
1.   import matplotlib.pyplot as plt
2.
3.
4.   valores = [1, 1, 2, 3, 5, 8, 13, 24]
5.
6.   # dibujar los valores
7.   plt.plot(valores)
8.
9.   # guardar la figura como un fichero pdf
10.  plt.savefig('c:/testpython/matematicas/matplotlib/matplotlib.pdf',
11.  format='pdf')
12.
13.  # mostrar el gráfico
14.  plt.show()
```

Para guardar un gráfico con fondo transparente debemos añadir la opción **transparent=True**.

5.1.2 Personalizar los gráficos

La biblioteca de *matplotlib* proporciona una cantidad enorme de opciones de personalización. En esta sección nos centraremos en algunos de los elementos clave, suficientes para que los gráficos tengan una apariencia profesional.

En los ejemplos introductorios hemos visto que basta con pasar a la función *plot*() listas de valores con los que crea de forma automática el espacio para el dibujo, el tamaño de la figura, los ejes, las marcas para la escala, el color y grosor de la línea, etc.

La firma básica de la función *plot*() es:

```
matplotlib.pyplot.plot(*args, scalex=True, scaley=True, data=None,
**kwargs)
```

Que puede recibir valores para el eje Y o valores para los ejes X e Y, para uno o más gráficos, estableciendo un formato independiente para cada uno de ellos.

```
plot([x], y, [fmt], [[x], y, [fmt],] **kwargs)
```

El parámetro opcional **fmt** es una forma abreviada de definir el formato básico de las líneas, su estilo, el marcador y el color.

5.1.2.1 FORMATO DEL GRÁFICO

El formato **fmt** es una cadena de códigos para el marcador, el tipo de línea y el color.

```
fmt = '[marca][línea][color]'
```

Cada una de las partes es opcional. Si no se proporcionan se utiliza el valor del estilo por defecto. Salvo que se proporcione el estilo de línea, pero no la marca, con lo que tendremos una línea sin marcas.

También se admiten otras combinaciones como [color][marcador][línea], pero el análisis sintáctico puede ser ambiguo.

Los **marcadores** se definen con los códigos:

Marcador	Descripción
.	punto
,	píxel
o	círculo
v	triángulo abajo
^	triángulo arriba
<	triangulo izquierda
>	triangulo derecha
1	tri_down
2	tri_up
3	tri_left
4	tri_right
s	cuadrado
p	pentágono
*	estrella
h	hexágono1
H	hexágono2
+	más
x	x
D	diamante
d	diamante fino
|	línea vertical
_	línea horizontal

El estilo de **línea** se establece con los códigos:

Estilo	Descripción
-	línea continua
--	línea discontinua
-.	línea discontinua punteada
:	línea punteada

El **color** se describe con los códigos:

Color	Descripción
b	Azul
g	Verde
r	Rojo
c	Cian
m	Magenta
y	Amarillo
k	Negro
w	Blanco

Para un mayor detalle de los colores ver los *formatos de color en matplotlib (https:// matplotlib.org/stable/tutorials/colors/colors.html)* .

Vamos a darle una vuelta al ejemplo de seno y coseno dibujando el gráfico con diferentes formatos. El seno con cuadrados azules, que representan los valores discretos de los datos. Después el coseno con una línea con trazos rojos discontinuos y sobre ella los valores discretos con círculos de color cian.

`matplotlib_01_00_formatos.py`

```
1.  import matplotlib.pyplot as plt
2.  import math
3.
4.
5.  # creación de los valores a visualizar
6.  grados = [i for i in range (0, 361, 10)]
7.  seno = [math.sin(math.radians(i)) for i in grados]
8.  coseno = [math.cos(math.radians(i)) for i in grados]
9.
10. # dibujar tres gráficos en la misma área
11. # con diferentes formatos de gráfico
12. plt.plot(grados, seno, 'sb')        # cuadrados azules
13. plt.plot(grados, coseno, '--r')     # línea discontínua roja
14. plt.plot(grados, coseno, 'oc')      # círculos cian
15.
16. # mostar el gráfico
17. plt.show()
```

El resultado queda de la forma:

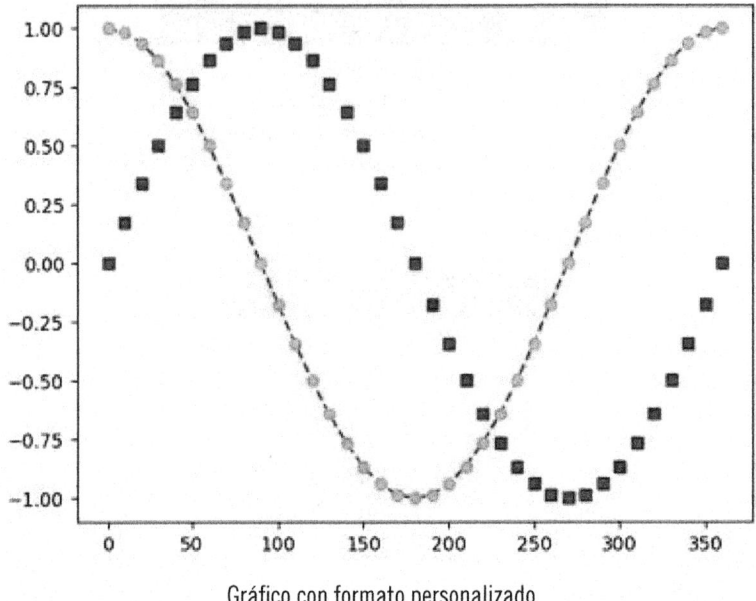

Gráfico con formato personalizado

Hemos utilizado tres llamadas a la función *plot*() en el código anterior, que bien podemos reducir a una única llamada, ya que la función admite más de un grupo de valores para X e Y con su formato. Así, el script se simplifica y el resultado es el mismo.

matplotlib_01_01_formatos.py

```
1.   import matplotlib.pyplot as plt
2.   import math
3.
4.
5.   # creación de los valores a visualizar
6.   grados = [i for i in range (0, 361, 10)]
7.   seno = [math.sin(math.radians(i)) for i in grados]
8.   coseno = [math.cos(math.radians(i)) for i in grados]
9.
10.  # dibujar tres gráficos en la misma área
11.  # con una única llamada a plot()
12.  # con diferentes formatos de gráfico
13.  plt.plot(grados, seno, 'sb',
14.          grados, coseno, '--r',
15.          grados, coseno, 'oc')
16.
17.  # mostar el gráfico
18.  plt.show()
```

5.1.2.2 EJES, BORDES Y MARCAS

En *matplotlib* los **bordes** (*spines*) son las líneas que conectan las **marcas** (*ticks*) de los **ejes** (*axis*) y señalan los límites del área de datos.

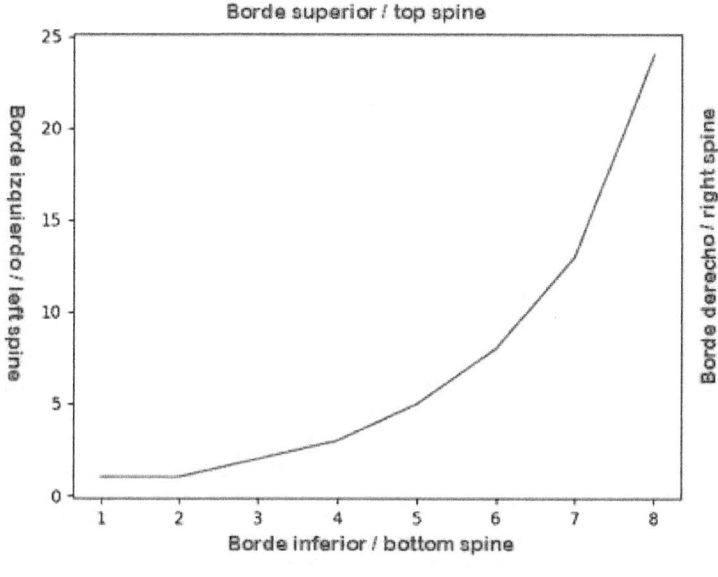

Ejes, bordes y marcas

Los gráficos de *matplotlib* presentan un sistema de coordenadas cartesianas, con un eje X y un eje Y, que se unen en el origen, el punto (0, 0).

Los bordes son las líneas que unen las marcas de graduación de los ejes. La representación por defecto nos muestra solo un cuadrante, pero podemos disponer los bordes en posiciones arbitrarias haciendo uso del contenedor *spines* de los bordes del gráfico para adaptar la visualización a nuestras necesidades.

Con *spines* podemos referenciar los bordes como un diccionario mediante las claves 'left', 'right', 'bottom', 'top'.

En el ejemplo vamos a invisibilizar los bordes superior y derecho y a desplazar los bordes inferior e izquierdo de acuerdo a los datos.

matplotlib_01_02_cuadrantes.py

```
1.  import matplotlib.pyplot as plt
2.  import math
3.
4.
5.  # creación de los valores a visualizar
6.  grados = [i for i in range (-360, 361, 10)]
7.  seno = [math.sin(math.radians(i)) for i in grados]
8.
```

```
9.   fig, ax = plt.subplots()
10.
11.  # invisibilizar bordes superior y derecho
12.  ax.spines['top'].set_color('none')
13.  ax.spines['right'].set_color('none')
14.
15.  # mover borde inferior a la posición y=0
16.  ax.xaxis.set_ticks_position('bottom')
17.  ax.spines['bottom'].set_position(('data',0))
18.
19.  # mover borde izquierdo a la posición x=0
20.  ax.yaxis.set_ticks_position('left')
21.  ax.spines['left'].set_position(('data',0))
22.
23.  # dibujar el gráfico
24.  ax.plot(grados, seno)
25.
26.  # mostar el gráfico
27.  plt.show()
```

Esto nos ofrece como resultado un gráfico con los cuatro cuadrantes.

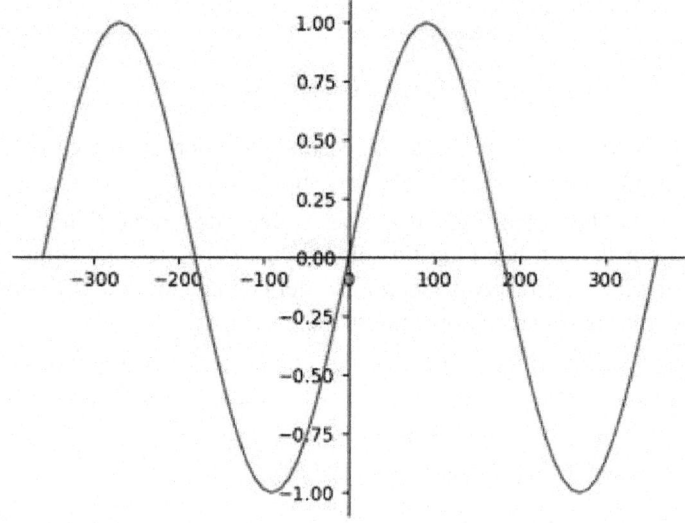

Cuatro cuadrantes

Las **marcas** (*ticks*) se utilizan para señalar los puntos de datos en los ejes. Hemos visto como *matplotlib* se encarga de espaciar las marcas sobre los ejes y de asignarles etiquetas. Las marcas y sus valores por defecto son suficientes en la mayoría de los casos, pero es posible establecerlos explícitamente con las funciones *set_xticks*() y *set_yticks*(), que tienen como firma:

```
Axes.set_xticks(ticks, labels=None, *, minor=False, **kwargs)
Axes.set_yticks(ticks, labels=None, *, minor=False, **kwargs)
```

Parámetros

▼ *ticks*: *lista de las posiciones de las marcas.*

▼ *labels*: *lista de etiquetas. Si no se establece, las etiquetas se generan con el formateador de marcas del eje.*

▼ *minor*: *si es False, establece solo las marcas mayores; si es True, también las menores. Por defecto False.*

Vamos a hacer uso de los métodos *set_xticks*() y *set_yticks*() para establecer los espaciados y los valores más adecuados al gráfico anterior.

matplotlib_01_03_marcas.py

```python
1.   import matplotlib.pyplot as plt
2.   import math
3.
4.
5.   # creación de los valores a visualizar
6.   grados = [i for i in range (-360, 361, 10)]
7.   seno = [math.sin(math.radians(i)) for i in grados]
8.
9.   fig, ax = plt.subplots()
10.
11.  # invisibilizar bordes superior y derecho
12.  ax.spines['top'].set_color('none')
13.  ax.spines['right'].set_color('none')
14.
15.  # mover borde inferior a la posición y=0
16.  ax.xaxis.set_ticks_position('bottom')
17.  ax.spines['bottom'].set_position(('data',0))
18.
19.  # mover borde izquierdo a la posición x=0
20.  ax.yaxis.set_ticks_position('left')
21.  ax.spines['left'].set_position(('data',0))
22.
23.  # establecer marcas en los ejes
24.  ax.set_xticks([-360, -270, -180, -90, 0, 90, 180, 270, 360])
25.  ax.set_yticks([-1, -0.5, 0, +0.5, 1])
26.
27.  # dibujar el gráfico
28.  ax.plot(grados, seno)
29.
30.  # mostar el gráfico
31.  plt.show()
```

De esta forma modificamos los valores de las marcas en los ejes, así como el espaciado, adaptándolo mejor a los valores de nuestro gráfico, como podemos ver.

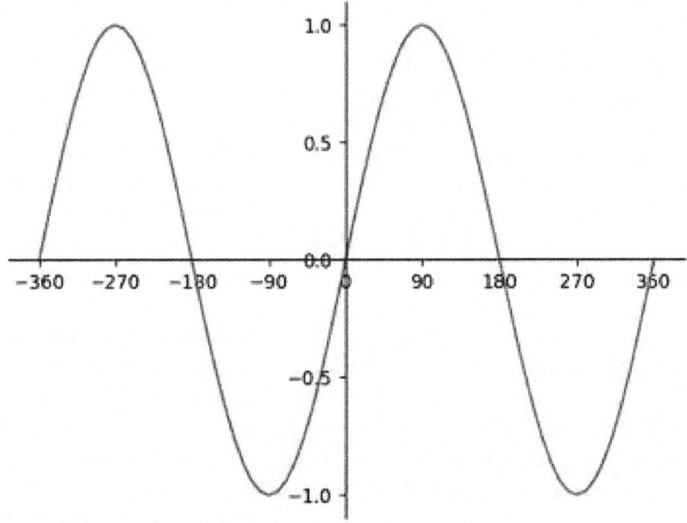

Marcas y valores adaptados

Si no es factible establecer previamente los valores del eje X, o puede ser engorroso tener que cambiarlos frecuentemente, podemos calcularlos en el programa mediante la función *MultipleLocator*(), que establece una marca en cada múltiplo entero del parámetro proporcionado dentro del intervalo de la vista.

matplotlib_01_04_locator.py

```
1.  import matplotlib.pyplot as plt
2.  import math
3.
4.
5.  # creación de los valores a visualizar
6.  grados = [i for i in range (-360, 361, 10)]
7.  seno = [math.sin(math.radians(i)) for i in grados]
8.
9.  fig, ax = plt.subplots()
10.
11. # invisibilizar bordes superior y derecho
12. ax.spines['top'].set_color('none')
13. ax.spines['right'].set_color('none')
14.
15. # mover borde inferior a la posición y=0
16. ax.xaxis.set_ticks_position('bottom')
17. ax.spines['bottom'].set_position(('data',0))
18.
```

```
19.   # mover borde izquierdo a la posición x=0
20.   ax.yaxis.set_ticks_position('left')
21.   ax.spines['left'].set_position(('data',0))
22.
23.   # calcular marcas en el eje X
24.   ax.xaxis.set_major_locator(plt.MultipleLocator(360 / 6))
25.
26.   # dibujar el gráfico
27.   ax.plot(grados, seno)
28.
29.   # mostrar el gráfico
30.   plt.show()
```

En el gráfico vemos como se han distribuido seis marcas en el intervalo con los valores calculados.

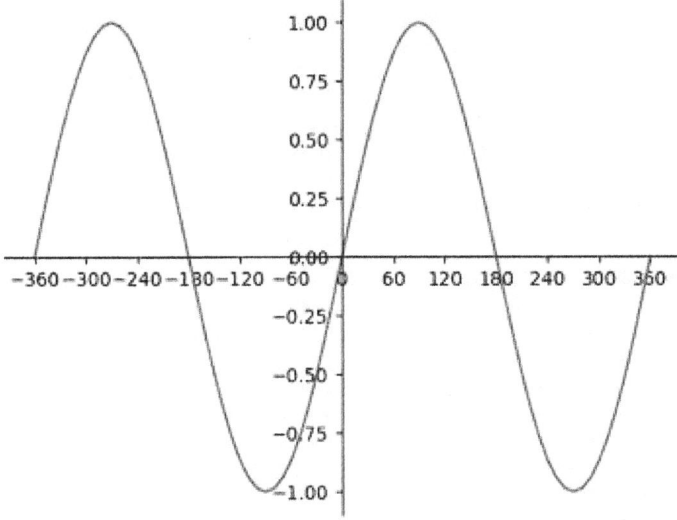

Marcas con valores calculados

Una vez definidas las posiciones de las marcas podemos establecer etiquetas distintas de los valores numéricos para esas marcas utilizando las funciones *set_xticklables*() y *set_yticklabels*(). Ambas funciones toman como argumento un iterable cuyos elementos son los valores que se mostrarán en las posiciones correspondientes a las marcas.

Volviendo a nuestro ejemplo, donde establecíamos las marcas para el eje X de -360 a 360 grados en múltiplos de 90, resulta mejor etiquetar las marcas con los valores en radianes, haciendo uso de la facilidad que nos ofrece *matplotlib* para escribir *expresiones matemáticas (https://matplotlib.org/stable/tutorials/text/mathtext.html)* al *estilo LaTeX (https://www.latex-project.org/)*.

matplotlib_01_05_etiquetas.py

```python
1.   import matplotlib.pyplot as plt
2.   import math
3.
4.   # creación de los valores a visualizar
5.   grados = [i for i in range (-360, 361, 10)]
6.   seno = [math.sin(math.radians(i)) for i in grados]
7.
8.   fig, ax = plt.subplots()
9.
10.  # invisibilizar bordes superior y derecho
11.  ax.spines['top'].set_color('none')
12.  ax.spines['right'].set_color('none')
13.
14.  # mover borde inferior a la posición y=0
15.  ax.xaxis.set_ticks_position('bottom')
16.  ax.spines['bottom'].set_position(('data',0))
17.
18.  # mover borde izquierdo a la posición x=0
19.  ax.yaxis.set_ticks_position('left')
20.  ax.spines['left'].set_position(('data',0))
21.
22.  # establecer marcas en los ejes
23.  ax.set_xticks([-360, -270, -180, -90, 0, 90, 180, 270, 360])
24.  ax.set_yticks([-1, -0.5, 0, +0.5, 1])
25.
26.  # proporcionar etiquetas para las marcas del eje X
27.  # en formato LaTeX
28.  ax.set_xticklabels([r'$-2\pi$', r'$-\frac{3\pi}{2}$', r'$-\pi$',
29.                      r'$-\frac{\pi}{2}$', '0', r'$\frac{\pi}{2}$',
30.                      r'$+\pi$', r'$\frac{3\pi}{2}$', r'$+2\pi$'])
31.
32.  # dibujar el gráfico
33.  ax.plot(grados, seno)
34.
35.  # mostar el gráfico
36.  plt.show()
```

El resultado queda mucho mejor así para nuestra función trigonométrica.

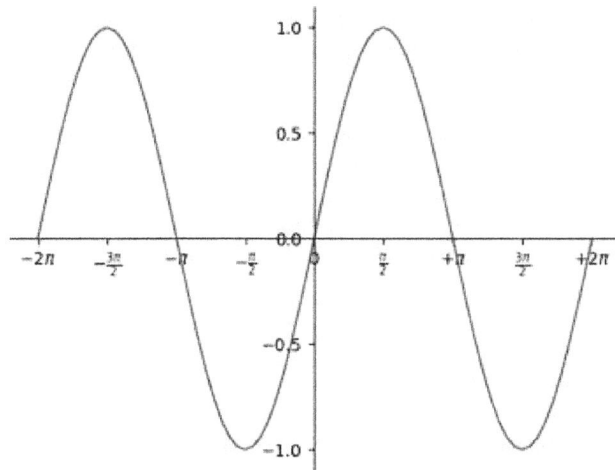

Marcas con expresiones matemáticas

5.1.2.3 AJUSTAR LÍMITES

Hemos visto como *matplotlib* adapta las marcas en los ejes automáticamente de forma que los cubran según los datos a visualizar, lo que es suficiente en la mayoría de los casos. Y también la forma de especificar un conjunto de valores que sean los más adecuados al gráfico.

Pero, supongamos que no nos interesa mostrar más que un detalle del gráfico limitado a un rango de valores. Para esto *matplotlib* nos ofrece la posibilidad de ajustar los limites de visualización del gráfico con los métodos *xlim*(), para el eje X, e *ylim*() para el eje Y, que tienen las firmas:

```
matplotlib.pyplot.xlim(*args, **kwargs)
matplotlib.pyplot.ylim(*args, **kwargs)
```

Parámetros

En el caso de xlim():

▼ **left**: *establece el límite izquierdo del rango de valores.*

▼ **right**: *establece el límite derecho del rango de valores.*

En el caso de ylim():

▼ **bottom**: *establece el límite inferior del rango de valores.*

▼ **top**: *establece el límite superior del rango de valores.*

▼ ***kwargs**: *este parámetro admite propiedades de texto que se utilizan para controlar la apariencia de las etiquetas.*

Los dos métodos devuelven los nuevos límites del gráfico con una tupla.

En ambos casos les proporcionamos los valores mínimo y máximo con los que vamos a truncar la vista del gráfico.

Volvemos sobre nuestro ejemplo de las funciones seno y coseno que hemos visto cuando hemos tratado Múltiples gráficos en un cuadro.

Hemos proporcionado al gráfico unas coordenadas para el eje X entre 0 y 360, mientras que las funciones nos ofrecen valores para el eje Y entre -1.00 y 1.00.

Una vez dibujado el gráfico queremos centrarnos en un área limitada por los valores del eje X entre 150 y 300 y para el eje Y entre -1.00 y 0. Nos basta con ajustar los límites de visualización pasando estos valores a las funciones *xlim*() e *ylim*() para obtener el gráfico del área indicada.

matplotlib_01_05_1_limites.py

```
1.   import matplotlib.pyplot as plt
2.   import math
3.
4.
5.   # creación de los valores a visualizar
6.   grados = [i for i in range (0, 361, 10)]
7.   seno = [math.sin(math.radians(i)) for i in grados]
8.   coseno = [math.cos(math.radians(i)) for i in grados]
9.
10.  # dibujar el gráfico
11.  plt.plot(grados, seno)
12.  plt.plot(grados, coseno)
13.
14.  # ajustar límites de visualización
15.  plt.xlim(150, 300)
16.  plt.ylim(-1.0, 0)
17.
18.  # mostar el gráfico
19.  plt.show()
```

En el gráfico tenemos la zona correspondiente a los valores de X e Y según la limitación establecida.

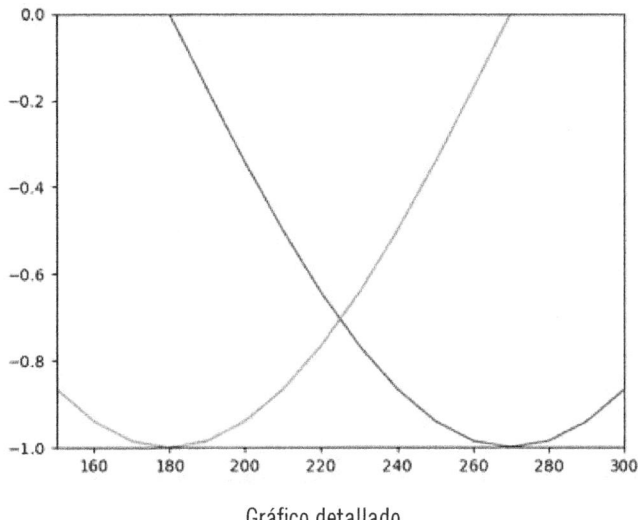

Gráfico detallado

5.1.2.4 TÍTULOS Y ETIQUETAS

Crear una buena visualización implica que la figura sea capaz de comunicar la idea que contienen los datos subyacentes, pero en algunos casos el complemento proporcionado por textos o etiquetas facilitan la comprensión del gráfico. Para comunicar mejor lo que representan los datos añadir un **título** (*title*) a cada instancia de una figura, e incluso añadir **etiquetas** (*label*) a los ejes X e Y, ofrecen pistas para entender mejor la imagen del gráfico.

Para establecer el título, disponemos del método *set_title*(), que sitúa un texto descriptivo sobre los ejes, además de controlar la posición, el estilo y el tamaño de la fuente. Su firma es:

```
pyplot.title(label, fontdict=None, loc=None, pad=None, *, y=None, **kwargs)
```

Parámetros

- ▶ **label**: *texto a utilizar para el título.*

- ▶ **fontdict**: *diccionario que controla la apariencia del texto del título.*

- ▶ **loc**: *posición que ocupa el texto {'center', 'left', 'right'}. Por defecto 'center'.*

- ▶ **pad**: *desplazamiento del título desde la parte superior de los ejes, en puntos. Por defecto 6.0.*

Muchas funciones que contienen etiquetas nos permiten controlar la apariencia del texto mediante el uso del parámetro *fontdict*, que es un diccionario de opciones que, además, facilita el compartir parámetros entre muchos objetos de texto y etiquetas. El formato es:

```
{'family': ['serif'|'sans-serif'|'cursive'|'fantasy'|'monospace'],
['size'|'fontsize']: ,
['weight'|'fontweight']:
['normal'|'bold'|'heavy'|'light'|'ultrabold'|'ultralight'],
'style': ['normal'|'italic'|'oblique'],
'color': ,
['verticalalignment'|'va']: ['center'|'top'|'bottom'|'baseline'],
['horizontalalignment'|'ha']: ['center'|'right'|'left'],
'rotation': [|'vertical'|'horizontal']
}
```

En la documentación de matplotlib sobre *texto en las figuras (https://matplotlib.org/ stable/api/text_api.html)* está la relación completa de atributos y valores.

En ocasiones resulta interesante precisar más añadiendo un **subtítulo** al gráfico. Realmente *matplotlib* no ofrece ningún método para poner un subtítulo, aunque con el método *suptitle*(), que actúa como un título de nivel superior, podemos utilizar el título normal como subtítulo. La firma de *suptitle*() es:

```
pyplot.suptitle(text, fontdict=None, **kwargs)
```

Parámetros

▼ *text*: texto a utilizar para el título.

▼ *fontdict*: diccionario que controla la apariencia del texto del título.

A parte de los títulos para el gráfico, también podemos asignar **etiquetas** (*label*) a los ejes X e Y, para hacer aún más descriptivo el gráfico.

Las etiquetas de los ejes se establecen con los métodos *xlabel*() e *ylabel*(), de la misma manera que con los títulos. Las firmas de *xlabel*() e *ylabel*() son:

```
pyplot.xlabel(label, fontdict=None, labelpad=None, *, loc=None, **kwargs)
pyplot.ylabel(label, fontdict=None, labelpad=None, *, loc=None, **kwargs)
```

Parámetros

▼ **label**: *texto a utilizar para la etiqueta.*

▼ **fontdict**: *diccionario que controla la apariencia del texto del título.*

▼ **labelpad**: *espacio en puntos desde la caja delimitadora de los ejes incluyendo marcas y etiquetas de las marcas.*

▼ **loc**: *posición que ocupa el texto {'center', 'left', 'right'}. Por defecto 'center'.*

Vamos a ilustrar nuestro ejemplo ya clásico con título, subtítulo y etiquetas en ambos ejes. Estableceremos los tipos de letra y colores de las diversas formas que nos permite *matplotlib*: con un diccionario o directamente haciendo uso de parámetros con nombre en las funciones.

El título y subtítulo los estableceremos con *suptitle*() y *title*() respectivamente, mientras que para las etiqueta utilizaremos *xlabel*() e *ylabel*().

matplotlib_01_06_titulo.py

```
1.  import matplotlib.pyplot as plt
2.  import math
3.
4.
5.  # estilo de texto
6.  font = {'family': 'arial',
7.          'color': 'darkblue',
8.          'weight': 'medium',
9.          'size': 10,
10.         }
11.
12. # creación de los valores a visualizar
13. grados = [i for i in range (-360, 361, 10)]
14. seno = [math.sin(math.radians(i)) for i in grados]
15.
16. # establecer titulo y subtitulo del gráfico
17. plt.suptitle('Función Seno', fontweight='bold')
18. plt.title('De -360 a +360 grados',
19.         fontdict={'style':'italic', 'color':'red'})
20.
21. # etiquetas para los ejes
22. plt.xlabel('Valores de ángulos', labelpad=10)
23. plt.ylabel('Valores de la función', fontdict=font)
24.
25. # dibujar el gráfico
26. plt.plot(grados, seno)
27.
28. # mostar el gráfico
29. plt.show()
```

El resultado ya empieza a parecer un gráfico serio.

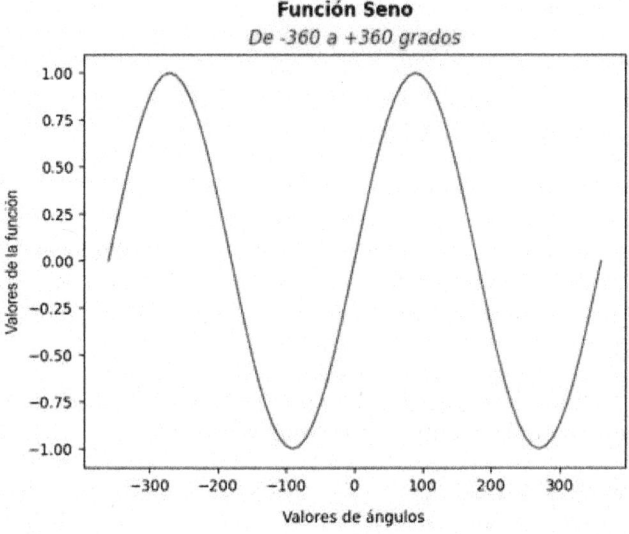

Títulos y etiquetas

Todos los parámetros relativos al texto tienen un método equivalente en programación OO. Estos métodos se aplican a la variable que represente la figura (*figure*) o los ejes (*axes*).

Modificamos el ejemplo anterior en este sentido, para obtener el mismo resultado.

matplotlib_01_07_titulo_OO.py

```
1.   import matplotlib.pyplot as plt
2.   import math
3.
4.
5.   # estilo de texto
6.   font = {'family': 'arial',
7.           'color': 'darkblue',
8.           'weight': 'medium',
9.           'size': 10,
10.          }
11.
12.  # creación de los valores a visualizar
13.  grados = [i for i in range (-360, 361, 10)]
14.  seno = [math.sin(math.radians(i)) for i in grados]
15.
16.  fig, ax = plt.subplots()
17.
```

```
18.   # establecer titulo y subtitulo del gráfico
19.   titulo = fig.suptitle('Función Seno')
20.   titulo.set_fontweight('bold')
21.   subtitulo = ax.set_title('De -360 a +360 grados')
22.   subtitulo.set_color('red')
23.   subtitulo.set_style('italic')
24.
25.   # etiquetas para los ejes
26.   ax.set_xlabel('Valores de ángulos')
27.   ax.xaxis.labelpad = 10
28.   ax.set_ylabel('Valores de la función', fontdict=font)
29.
30.   # dibujar el gráfico
31.   ax.plot(grados, seno)
32.
33.   # mostrar el gráfico
34.   plt.show()
```

5.1.2.5 EJES DUALES

Cuando se traza más de una curva en el mismo gráfico, y sobre todo si es con diferentes unidades, resulta práctico disponer de ejes X o Y duales. Esta generación de ejes se realiza con las funciones *twinx*() y *twiny*(). Mediante *twinx*() podemos crear un segundo eje Y gemelo en el gráfico, compartiendo el eje X. Con *twiny*() compartimos el eje Y, creando un segundo eje X.

Una vez creado el eje dual es posible utilizar diferentes escalas y marcas, ya que los dos ejes son independientes.

Damos otra vuelta a nuestro ejemplo con dos curvas, seno y seno hiperbólico, ambas en el mismo gráfico para los valores de -360 a 360 grados. Dispondremos los valores del seno en el eje Y, mientras que los del seno hiperbólico los situaremos en un eje Y gemelo, cada uno con sus marcas y etiquetas. Después de dibujar el primer gráfico obtenemos un eje gemelo sobre el que ponemos las marcas y etiquetas y con el que trazamos la curva.

matplotlib_01_08_twin.py

```
1.    import matplotlib.pyplot as plt
2.    import math
3.
4.
5.    # creación de los valores a visualizar
6.    grados = [i for i in range (-360, 361, 10)]
7.    seno = [math.sin(math.radians(i)) for i in grados]
8.    sinh = [math.sinh(math.radians(i)) for i in grados]
9.
10.   fig, ax1 = plt.subplots()
```

```
11.
12.    # establecer titulo del gráfico
13.    ax1.set_title('Seno y Seno hiperbólico')
14.
15.    # primer gráfico
16.    # etiquetas para los ejes
17.    ax1.set_xlabel('Ángulos en grados')
18.    ax1.set_ylabel('Valores seno', color='blue')
19.    # marcas para eje eje Y
20.    ax1.tick_params(axis='y', labelcolor='blue')
21.    # dibujar el gráfico
22.    ax1.plot(grados, seno, color='blue')
23.
24.    # obtener eje Y gemelo
25.    ax2 = ax1.twinx()
26.
27.    # etiquetas para el eje gemelo
28.    ax2.set_ylabel('Valores seno hiperbólico', color='magenta')
29.    # marcas para eje Y gemelo
30.    ax2.tick_params(axis='y', labelcolor='magenta')
31.    # dibujar el gráfico
32.    ax2.plot(grados, sinh, color='magenta')
33.
34.    # mostar el gráfico
35.    plt.show()
```

El gráfico resultante queda:

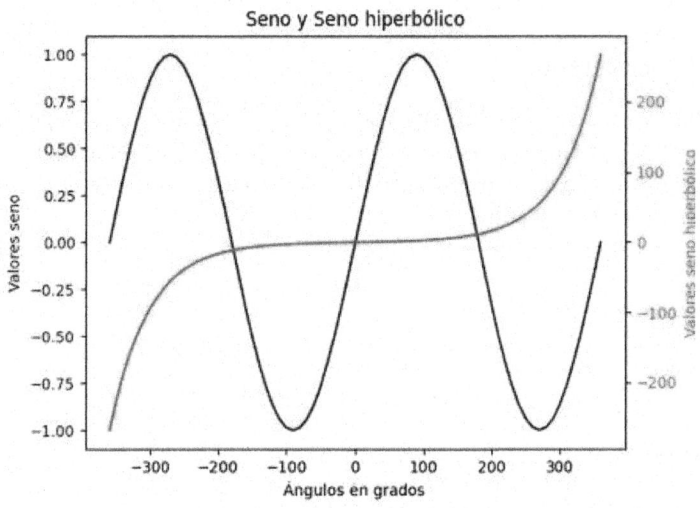

Ejes duales

5.1.2.6 LEYENDAS

Cuando tenemos una única línea en el gráfico no existe ningún equivoco, pero si tenemos más de una es difícil distinguir que trazado se corresponde con qué función o datos. Para identificar correctamente los distintos trazados empleamos diferentes códigos de color y etiquetas.

Al igual que las leyendas en los planos proporcionan información sobre su simbología, las leyendas en los gráficos nos proporcionan información sobre las distintas líneas en el gráfico.

Una leyenda presenta la información en una caja rectangular con una o más entradas correspondientes a las líneas trazadas, cada entrada consta de una clave que identifica el trazo y un texto descriptivo. La información de la leyenda puede mostrarse en cualquier zona del gráfico.

Para visualizar las leyendas tenemos la función *legend*(), cuya firma es:

```
pyplot.legend (parent, handles, labels, *, loc=None,
alignment='center', ncol=1, **kwargs)
```

Parámetros

▶ *parent*: axes o Figure que contiene la leyenda.

▶ *handles*: lista de Artist que se añadirán a la leyenda.

▶ *labels*: lista de etiquetas a mostrar. La longitud de los manejadores y las etiquetas debe ser la misma, si no lo son, se truncan a la longitud de la lista más corta.

▶ *loc*: posibles ubicaciones de la leyenda.

▶ *ncols*: número de columnas que tiene la leyenda.

El método más flexible es añadir la etiqueta cuando se traza el gráfico con la función *plot*(), utilizando la palabra clave *label* con el texto de la etiqueta. Los elementos que se añadirán a la leyenda se determinan automáticamente cuando no se pasa ningún argumento extra. En este caso, las etiquetas se toman del dibujo.

Otra forma para crear una leyenda, para las líneas que ya existen en los ejes, consiste en llamar a la función *legend*() con una tupla de cadenas, una para cada elemento de la leyenda. Este sistema es algo propenso a errores y poco flexible si se añaden o eliminan curvas de la figura, lo que terminaría ofreciendo una etiqueta errónea en la leyenda.

Las posibles valores para la ubicación de la leyenda vienen dados por las cadenas siguientes:

Ubicación	Descripción
'best'	Mejor. (Valor por defecto) Sitúa la leyenda en la ubicación con el mínimo solapamiento con las imágenes dibujadas. Esta opción puede ser bastante lenta para trazados con grandes cantidades de datos, en cuyo caso es mejor proporcionar una ubicación específica.
'upper right'	Superior derecha.
'upper left'	Superior izquierda.
'lower left'	Inferior izquierda.
'lower right'	Inferior derecha.
'right'	Derecha.
'center left'	Centro izquierda.
'center right'	Centro derecha.
'lower center'	Centro inferior.
'upper center'	Centro superior.
'center'	Centro.

Vamos a establecer la leyenda implícitamente en la función *plot*(), pasando con el parámetro de palabra clave *label* el valor que aparecerá como elemento en el cuadro.

matplotlib_01_09_leyenda.py

```
1.   import matplotlib.pyplot as plt
2.   import math
3.
4.
5.   # creación de los valores a visualizar
6.   grados = [i for i in range (0, 361, 10)]
7.   seno = [math.sin(math.radians(i)) for i in grados]
8.   coseno = [math.cos(math.radians(i)) for i in grados]
9.
10.  # dibujar dos gráficos en la misma área de dibujo
11.  plt.plot(grados, seno, label='Seno')
12.  plt.plot(grados, coseno, '--r', label='Coseno')
13.
14.  # detección automática de los elementos en la leyenda
15.  # las etiquetas se toman del dibujo
16.  # posicionar la leyenda
17.  plt.legend(loc='best')
18.
19.  # mostar el gráfico
20.  plt.show()
```

La leyenda aparece en la parte inferior derecha, ya que la hemos situado con la opción
'*best*', lo que evita solapamientos con las líneas del gráfico

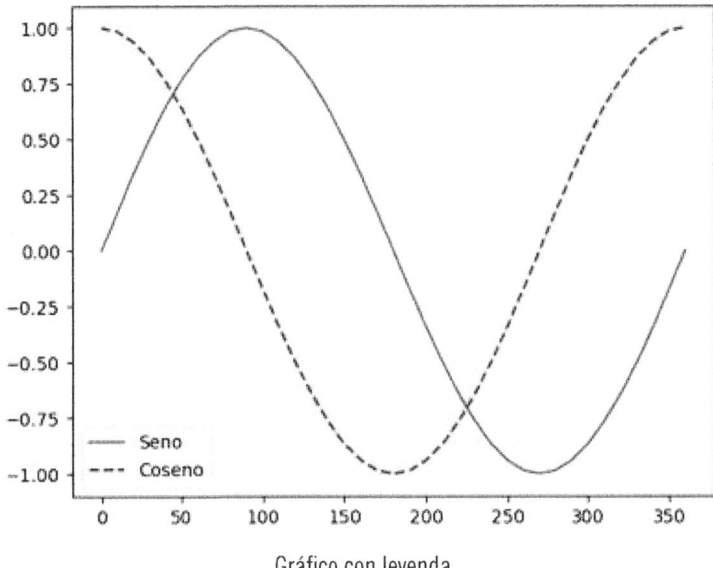

Gráfico con leyenda

Hemos comentado que también podemos pasar un listado explícito de gráficas
y etiquetas en *legend*(). Pasaríamos al método un iterable de los manejadores de los
gráficos, seguido de un iterable de etiquetas para la leyenda.

En el ejemplo le indicamos que la leyenda va a tener dos columnas y también la mejor
posición para mostrarla.

matplotlib_01_10_leyenda.py

```
1.  import matplotlib.pyplot as plt
2.  import math
3.
4.
5.  # creación de los valores a visualizar
6.  grados = [i for i in range (0, 361, 10)]
7.  seno = [math.sin(math.radians(i)) for i in grados]
8.  coseno = [math.cos(math.radians(i)) for i in grados]
9.
10. fig, ax = plt.subplots()
11.
12. # dibujar dos gráficos en la misma área de dibujo
13. linea_sen, = ax.plot(grados, seno)
14. linea_cos, = ax.plot(grados, coseno, '--r')
15.
16. # indicar manejadores de líneas y leyendas
17. # con la mejor posición
```

```
18.  ax.legend((linea_sen, linea_cos), ('Seno', 'Coseno'), ncols=2, loc='best')
19.
20.  # mostrar el gráfico
21.  plt.show()
```

El gráfico resultante es similar al anterior, pero con dos columnas en la leyenda.

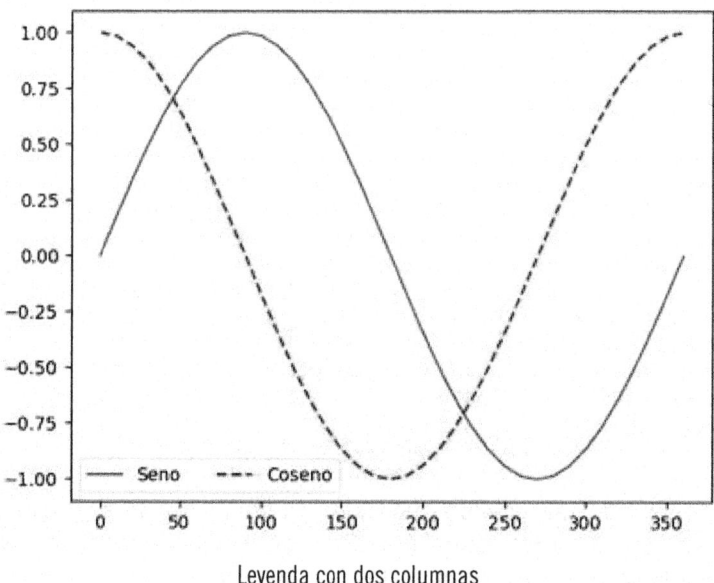

Leyenda con dos columnas

Y otra forma, no tan recomendable, consiste en pasar tan solo las etiquetas. Como la relación entre los elementos del gráfico y las etiquetas solo está implícita por su orden puede malinterpretarse.

En el ejemplo pasamos la relación de etiquetas, una por cada elemento de leyenda, y confiamos que la posición se trate correctamente.

matplotlib_01_11_leyenda.py

```
1.   import matplotlib.pyplot as plt
2.   import math
3.
4.
5.   # creación de los valores a visualizar
6.   grados = [i for i in range (0, 361, 10)]
7.   seno = [math.sin(math.radians(i)) for i in grados]
8.   coseno = [math.cos(math.radians(i)) for i in grados]
9.
10.  # dibujar dos gráficos en la misma área de dibujo
11.  plt.plot(grados, seno,
12.           grados, coseno)
```

```
13.
14.  # la relación entre los elementos y las etiquetas
15.  # solo está implícita por su orden y puede malinterpretarse
16.  # leyenda y posición
17.  plt.legend(('Seno', 'Coseno'), loc='upper center')
18.
19.  # mostar el gráfico
20.  plt.show()
```

En este caso hemos modificado la localización de la leyenda, como podemos observar.

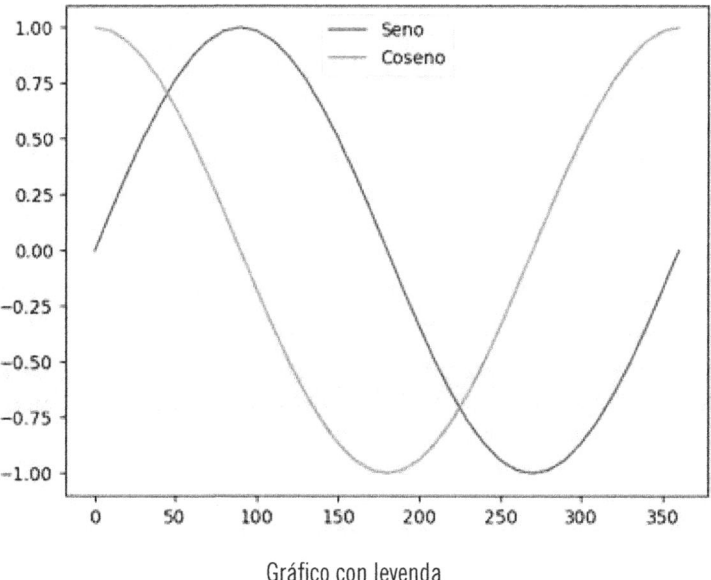

Gráfico con leyenda

5.1.2.7 ANOTACIONES

Títulos, etiquetas y leyendas ofrecen una explicación del gráfico, pero en ocasiones una nota sobre un detalle sirve para transmitir información interesante sobre diferentes zonas importantes del gráfico.

Con el método *annotate*() podemos establecer anotaciones dentro del grafico. En una anotación hay tres elementos a tener en cuenta: el **texto** de la nota, la **localización** del punto al que se refiere la nota y la **posición** del texto de la nota. La firma del método es:

```
pyplot.annotate(text, xy, xytext=None, xycoords='data',
textcoords=None, arrowprops=None, annotation_clip=None, **kwargs)
```

Parámetros

▼ **text** : *texto de la anotación.*

▼ **xy**: *coordenadas (x, y) del punto a anotar.*

▼ **xytext**: *posición (x, y) en la que colocar el texto.*

Los siguientes parámetros opcionales nos ofrecen un ajuste más fino:

▼ **xycoords**: *representa el sistema de coordenadas en el que se da xy.*

▼ **textcoords**: *representa el sistema de coordenadas para xytext.*

▼ **arrowprops**: *diccionario con las propiedades utilizadas para dibujar una flecha entre las posiciones xy y xytext.*

▼ **annotation_clip**: *indica si no se dibuja la anotación cuando el punto xy está fuera del área de los ejes. Si es True, la anotación se recortará. Si es False, la anotación se dibujará siempre. Si es None, la anotación se recortará cuando xy esté fuera de los ejes y xycoords sea 'data'.*

Disponemos de diferentes sistemas de coordenadas para los puntos **xy** y **xytext**, que podemos especificar en **xycoords** y **textcoords** respectivamente, dados por las cadenas:

Coordenadas	Descripción
'figure points'	Puntos desde la esquina inferior izquierda de la figura.
'figure pixels'	Píxeles desde la esquina inferior izquierda de la figura.
'figure fraction'	(0, 0) es la parte inferior izquierda de la figura y (1, 1) es la parte superior derecha.
'axes points'	Puntos desde la esquina inferior izquierda de los ejes.
'axes pixels'	Píxeles desde la esquina inferior izquierda de los ejes.
'axes fraction'	(0, 0) es la parte inferior izquierda de los ejes y (1, 1) es la parte superior derecha.
'data'	Utiliza el sistema de coordenadas de datos de los ejes. Es el valor por defecto.

Sobre nuestro ya conocido gráfico vamos a anotar el máximo y el mínimo de la función seno. En su forma más simple el método *annotate*() necesita dos argumentos, el texto a visualizar y las coordenadas del punto a anotar. Vamos a añadir colores distintos a cada texto como una forma de ilustrarlos.

En los ejemplos vamos a emplear el sistema de coordenadas por defecto.

matplotlib_01_12_anotaciones.py

```
1.   import matplotlib.pyplot as plt
2.   import math
```

```
3.
4.
5.    # creación de los valores a visualizar
6.    grados = [i for i in range (0, 361, 10)]
7.    seno = [math.sin(math.radians(i)) for i in grados]
8.
9.    fig, ax = plt.subplots()
10.
11.   # dibujar el gráfico
12.   ax.plot(grados, seno, label='Seno')
13.
14.   # anotar máximo y mínimo
15.   maximo = (90, 1.0)     # coordenada del máximo
16.   minimo = (270, -1.0)   # coordenada del mínimo
17.   ax.annotate('máximo', maximo, color='green')
18.   ax.annotate('mínimo', minimo, color='red')
19.
20.   # mostar el gráfico
21.   plt.show()
```

Vemos que las notas quedan encima del punto que queremos anotar, y que, en el caso del mínimo, se monta sobre la curva.

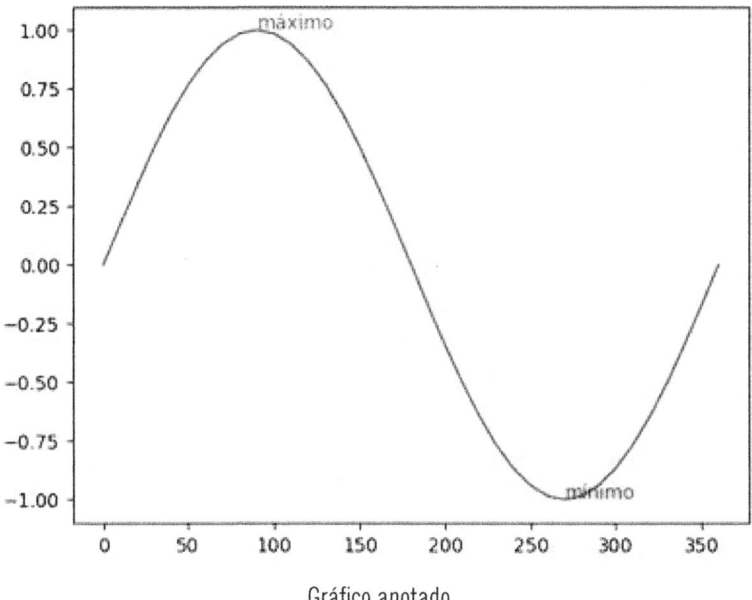

Gráfico anotado

Una segunda tupla de coordenadas **xytext** nos sirve para situar el texto en otra posición. Pero lo que nos serviría para apartar el texto de la curva también complicaría la idea que se quiere transmitir con la anotación, ya que nos podemos encontrar con un texto perdido en el gráfico. La solución está en el empleo de líneas o flechas para dirigir la atención del usuario al punto sobre el que se realiza el comentario.

La misma función *annotate*() nos facilita la definición de flechas de una forma muy flexible. El estilo de la flecha se controla a través del diccionario *arrowprops*, que ofrece la posibilidad de crear casi cualquier estilo de flecha que se desee. Vamos a ver algunas de las opciones disponibles, ya que las posibilidades son muchas.

La flecha se dibuja entre las posiciones **xy** y **xytext**, y se fija al borde del cuadro de texto, la posición exacta depende de hacia dónde apunte. Si no indicamos nada, por defecto, no se dibuja ninguna flecha.

Existen dos formas diferentes de especificar flechas: **simple** y **elegante**.

En la forma **simple**, si *arrowprops* no contiene la clave *arrowstyle*, las claves permitidas son:

Clave	Descripción
width	Anchura de la flecha en puntos.
headwidth	Anchura de la base de la flecha en puntos.
headlength	Longitud de la flecha en puntos.
shrink	Porcentaje de la longitud total a reducir desde ambos extremos (valores de 0 a 1). Aumentando este valor se reduce el espacio ocupado por la flecha entre el texto y el punto.
facecolor	Color interno de la flecha, sin incluir los bordes
edgecolor	Define el color de los bordes.
color	Color general (facecolor + edgecolor)
linewidth	Ancho del borde (usando 0 los bordes desaparecerán)
visible	Se puede utilizar para ocultar la flecha
alfa	Va de 0 a 1. Establece la transparencia.
arrowstyle	Cambia el estilo de la punta de la flecha.
connectionstyle	Permite cambiar el estilo de la flecha (curva, en ángulo, etc.)

Vamos a modificar el ejemplo anterior desplazando el texto del comentario y dirigiendo la atención de la nota con una flecha *simple*.

matplotlib_01_13_flechas.py

```
1.  import matplotlib.pyplot as plt
2.  import math
3.
4.
5.  # creación de los valores a visualizar
```

```
6.   grados = [i for i in range (0, 361, 10)]
7.   seno = [math.sin(math.radians(i)) for i in grados]
8.
9.   fig, ax = plt.subplots()
10.
11.  # dibujar gráfico
12.  ax.plot(grados, seno, label='Seno')
13.
14.  # anotar máximo y mínimo
15.  maximo = (90, 1.0)
16.  minimo = (270, -1.0)
17.  ax.annotate('máximo', maximo,
18.              xytext=(50, 0.60),
19.              arrowprops=dict(facecolor='cyan', width=2, headwidth=6))
20.  ax.annotate('mínimo', minimo,
21.              xytext=(250, -0.65),
22.              arrowprops=dict(facecolor='red', width=2, headwidth=6))
23.
24.  # mostar el gráfico
25.  plt.show()
```

El gráfico queda de esta forma más legible, ya que el texto no se monta sobre la curva y la flecha orienta el punto a comentar.

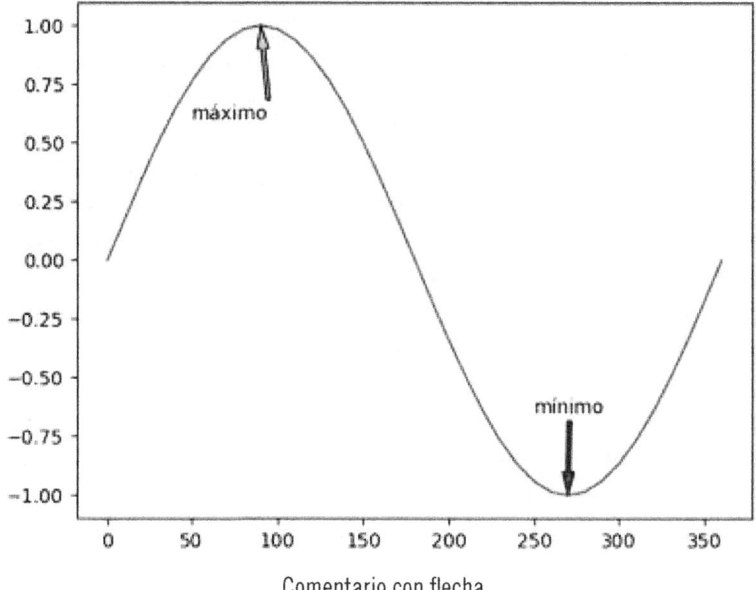

Comentario con flecha

La forma *elegante* de especificar las flechas requiere el uso de *arrowstyle* dentro del diccionario *arrowprops*.

Si hacemos uso de *arrowstyle* los atributos anteriores, correspondientes a la forma *simple*, son mutuamente excluyentes. Las claves permitidas son:

Valor	Descripción
arrowstyle	El estilo de la flecha. Los posibles valores son: '-', '->', '-[', '|-|', '-|>', '<-', '<->', '<|-', '<|-|>', 'fancy', 'simple' y 'wedge'.
connectionstyle	El estilo de la conexión.
relpos	La posición del punto de inicio de la flecha respecto al texto de la anotación. Es una tupla de coordenadas relativas a la caja de texto, donde (0, 0) es la esquina inferior izquierda y (1, 1) es la esquina superior derecha. Los valores <0 y >1 son compatibles y especifican puntos fuera de la caja de texto. Por defecto es (0.5, 0.5).
patchA	La forma del punto inicial de la flecha, por defecto es un cuadro de texto.
patchB	La forma del punto final de la flecha, vacía por defecto.
shrinkA	El punto de sangría del punto inicial de la flecha, por defecto es 2.
shrinkB	El número de puntos de sangría del punto final de la flecha, por defecto es 2.
mutation_scale	Atributo para escalar el estilo de flecha, por defecto es el tamaño del texto en puntos.
mutation_aspect	La altura del rectángulo antes del cambio será comprimida por este valor, y el rectángulo cambiado será estirado por su inverso, el valor por defecto es 1.

Aparte de la flecha podemos dibujar un cuadro delimitador (*bounding box*) alrededor del texto con la propiedad *bbox*, que es un diccionario con claves que definen el estilo de la caja.

La clave *boxstyle* dispone de los valores: 'square', 'circle', 'larrow', 'rarrow', 'darrow', 'round', 'round4', 'sawtooth' y 'roundtooth', que establecen el tipo de cuadro de la caja de texto.

Modificamos nuevamente nuestro ejemplo para adornarlo con flechas y cajas de texto.

matplotlib_01_14_flechas.py

```
1.  import matplotlib.pyplot as plt
2.  import math
3.
4.
```

```
5.    # creación de los valores a visualizar
6.    grados = [i for i in range (0, 361, 10)]
7.    seno = [math.sin(math.radians(i)) for i in grados]
8.
9.    fig, ax = plt.subplots()
10.
11.   # dibujar gráfico
12.   ax.plot(grados, seno, label='Seno')
13.
14.   # anotar máximo y mínimo
15.   maximo = (90, 1.0)
16.   minimo = (270, -1.0)
17.   ax.annotate('máximo', maximo,
18.               xytext=(50, 0.60),
19.               arrowprops=dict(facecolor='cyan', width=2, headwidth=6))
20.   ax.annotate('mínimo', minimo,
21.               xytext=(250, -0.65),
22.               arrowprops=dict(facecolor='red', width=2, headwidth=6))
23.
24.   # anotar ceros
25.   ceros = [0, 180, 360]
26.   for cero in ceros:
27.       ax.annotate('ceros', (cero, 0),
28.               xytext=(75, -0.25),
29.               arrowprops=dict(arrowstyle='->', color='magenta',
30.                       connectionstyle='angle3,angleA=0,angleB=-90'),
31.               bbox=dict(boxstyle='round4,pad=.3', fc='white', color='grey'))
32.
33.   # añadir texto sobre el gráfico
34.   plt.text(250, 0.60, 'texto\nindependiente', size=10,
35.           bbox=dict(boxstyle='circle',
36.                   fc='wheat', alpha=0.3, color='black'))
37.
38.   # mostar el gráfico
39.   plt.show()
```

El gráfico resultante presenta distintos tipos de flechas, y cajas de texto, bien con flechas asociadas o bien independientes.

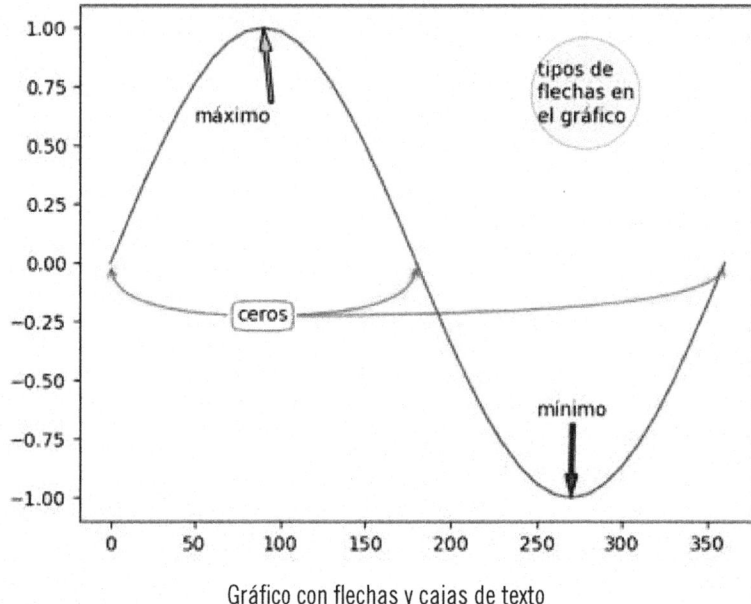

Gráfico con flechas y cajas de texto

Notas, flechas y cuadros de texto ofrecen una variedad muy amplia de posibilidades, con el inconveniente de que deben ajustarse manualmente, lo que en un gráfico de cierta entidad requiere un trabajo fino, que puede llegar a ser tedioso. De todas formas no está de más conocer las opciones disponibles, ya que nos pueden ayudar en algún momento, pero sin excederse. Que los árboles dejen ver el bosque.

5.1.2.8 CUADRÍCULA

Un gráfico con el fondo en blanco no facilita la lectura de las marcas en los ejes. En ocasiones resulta conveniente mostrar sobre el gráfico un sistema de referencia mediante una trama, cuadrícula o rejilla, que sirva para facilitar la interpretación de los datos, relacionando los puntos del gráfico con los valores de la escala.

Por defecto, las líneas de cuadrícula están desactivadas, pero pueden activarse con la función *grid*(), que hace uso de las marcas visibles para trazar la rejilla. Si deseamos visualizar la rejilla, también, sobre las marcas secundarias deberemos mostrarlas previamente. La firma de *grid*() es:

```
matplotlib.pyplot.grid(visible=None, which='major', axis='both', **kwargs)
```

Parámetros

- ▼ **visible**: *muestra (True) o no (False) las líneas de la rejilla. Si no se especifica, las líneas de la cuadrícula se activan por defecto..*

- ▼ **which**: *especifica qué líneas de cuadrícula mostrar: las marcas principales, las secundarias o a ambas. ('major', 'minor' o 'both').*

- ▼ **axis**: *indica sobre qué eje aplicar la configuración: ambos, X o Y. ('both', 'x' o 'y').*

También disponemos de propiedades para controlar la apariencia de las líneas de la cuadrícula, como:

- ▼ **linewidth**: *ancho de las líneas.*

- ▼ **linestyle**: *estilo de las líneas de la rejilla*

- ▼ **color**: *color de las líneas de la rejilla.*

- ▼ **alpha**: *grado de transparencia.*

Volviendo sobre el gráfico que conocemos, vamos a dibujar una cuadrícula para las marcas principales en ambos ejes, con un estilo de línea de guiones y color gris. Todo esto lo podemos hacer con una única llamada a la función *grid()*.

matplotlib_01_15_rejilla.py

```
1.   import matplotlib.pyplot as plt
2.   import math
3.
4.
5.   # creación de los valores a visualizar
6.   grados = [i for i in range (0, 361, 10)]
7.   seno = [math.sin(math.radians(i)) for i in grados]
8.
9.   # dibujar el gráfico
10.  plt.plot(grados, seno)
11.
12.  # dibujar la rejilla
13.  plt.grid(which='major', axis='both',
14.          linestyle='--', color='grey', alpha=0.7)
15.
16.  # mostar el gráfico
17.  plt.show()
```

El resultado ofrece una mejor idea sobre la situación de máximo, mínimo o ceros.

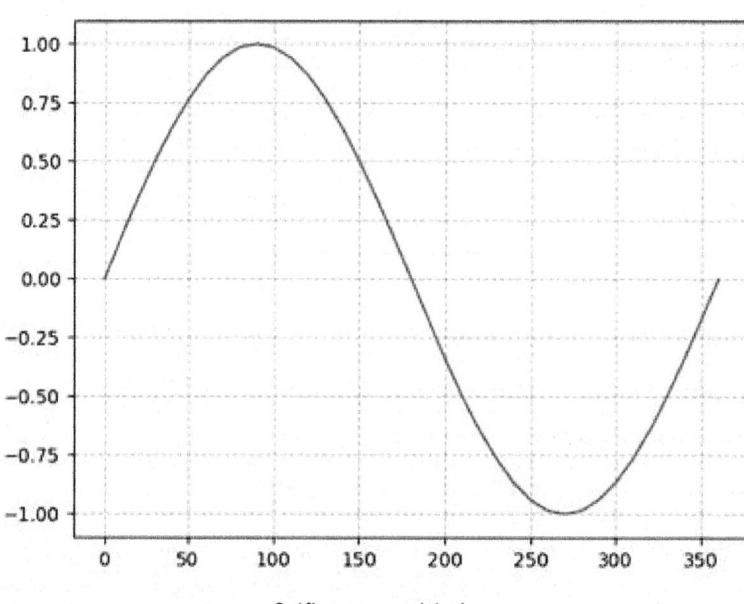

Gráfico con cuadrícula

Como hemos comentado al principio, si deseamos visualizar la rejilla sobre las marcas secundarias deberemos mostrarlas previamente. Para ello disponemos de las funciones *set_major_locator()* y *set_minor_locator()*, tanto para los ejes X como Y, con las firmas:

```
set_major_locator(locator)
set_minor_locator(locator)
```

Donde **locator** determina las posiciones de las marcas.

Como no siempre es posible establecer los valores de las marcas, podemos calcularlos de forma dinámica con la clase *MultipleLocator()*, que establecerá una marca por cada múltiplo entero del valor que se le pase, dentro del intervalo de la vista.

Otra forma es hacer uso de la clase *AutoMinorLocator()*, que establecerá las posiciones de las marcas menores basándose en las posiciones de las marcas mayores de forma dinámica. Las marcas mayores deben estar espaciadas uniformemente junto con una escala lineal.

Con todos estos elementos podemos dibujar una cuadrícula tanto para las marcas mayores como menores, con los estilos que mejor faciliten la lectura del gráfico.

Una vez más vamos a modificar nuestro gráfico, estableciendo las marcas mayores de forma dinámica, y añadiremos marcas menores de forma dinámica para el eje X y automáticas para el eje Y. Mostraremos etiquetas en las marcas menores del eje X.

Acabaremos dibujando una rejilla empleando las marcas mayores y otra más suave para las marcas menores.

matplotlib_01_16_rejilla.py

```
1.  import matplotlib.pyplot as plt
2.  import matplotlib.ticker as ticker
3.  import math
4.
5.
6.  # creación de los valores a visualizar
7.  grados = [i for i in range (-360, 361, 10)]
8.  seno = [math.sin(math.radians(i)) for i in grados]
9.
10. fig, ax = plt.subplots()
11.
12. # establecer marcas en los ejes
13. # marcas mayores
14. ax.xaxis.set_major_locator(plt.MultipleLocator(360 / 4))
15. ax.yaxis.set_major_locator(plt.MultipleLocator(1.0 / 4))
16. # marcas menores
17. ax.xaxis.set_minor_locator(plt.MultipleLocator(360 / 8))
18. ax.yaxis.set_minor_locator(ticker.AutoMinorLocator())
19.
20. # mostrar etiquetas menores en el eje X
21. ax.xaxis.set_minor_formatter(ticker.FormatStrFormatter("%d"))
22. ax.tick_params(which='minor', labelsize=6, labelrotation = 50,
    labelcolor='red')
23.
24. # dibujar la rejilla
25. # eje X
26. ax.grid(which='major', axis='x',
27.         linewidth=0.8, linestyle='-')
28. ax.grid(which='minor', axis='x',
29.         linewidth=0.5, linestyle='--', color= 'red')
30. # eje Y
31. ax.grid(which='major', axis='y',
32.         linewidth=1, linestyle='-', color='0.65')
33. ax.grid(which='minor', axis='y',
34.         linewidth=0.5, linestyle='-', color='0.75')
35.
36. # dibujar el gráfico
37. ax.plot(grados, seno)
38.
39. # mostar el gráfico
40. plt.show()
```

En el gráfico podemos ver líneas de la rejilla, entre las marcas mayores en color más oscuro y entre las menores en un gris más pálido. Además, hemos rotado las etiquetas de las marcas menores para que no se monten con las mayores.

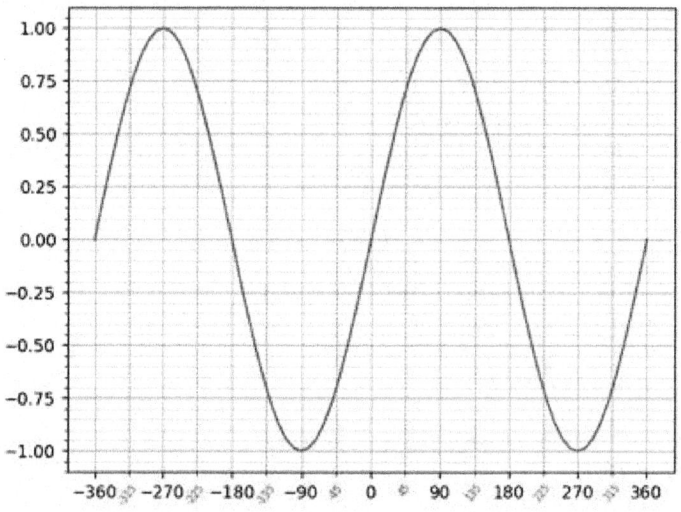

Rejillas para marcas principales y secundarias

5.1.2.9 SOMBREADO DE ZONAS

Sombrear un área entre dos curvas en un gráfico es útil para visualizar la diferencia entre dos conjuntos de datos o para mostrar una región cubierta por una curva.

Esto se realiza con la función *fill_between*(), cuya firma es:

```
fill_between(x, y1, y2=0, where=None, interpolate=False, **kwargs)
```

Parámetros

- ▼ **x**: *valores para eje X.*

- ▼ **y1**: *valores para el eje Y de la primera línea.*

- ▼ **y2**: *valores para eje Y de la segunda línea. Si no existe una segunda curva el valor es 0.*

- ▼ **where**: *condición que puede utilizarse para controlar qué puntos se incluyen en el relleno. Si es None (por defecto) se rellena entre todas las partes. Si no es None, es una expresión booleana y el relleno solo se realizará en las regiones donde el resultado de la condición es True.*

- ▼ **interpolate**: *especifica si se interpolan las curvas para rellenar la región. Si es True, interpola entre las dos líneas para encontrar el punto exacto de intersección. En caso contrario, los puntos inicial y final de la región rellenada solo se producirán sobre los valores explícitos de X.*

Vamos a rellenar la curva de nuestro ejemplo del seno delimitando con el eje **y2** en 0. El sombreado tiene un valor **alpha** de 0.1, para suavizarlo.

`matplotlib_01_17_sombreado.py`

```python
1.   import matplotlib.pyplot as plt
2.   import math
3.
4.
5.   # creación de los valores a visualizar
6.   grados = [i for i in range (0, 361, 10)]
7.   seno = [math.sin(math.radians(i)) for i in grados]
8.
9.   fig, ax = plt.subplots()
10.
11.  # dibujar el gráfico
12.  ax.plot(grados, seno, color='blue', alpha=1.0)
13.
14.  # rellenar la imágen
15.  ax.fill_between(grados, seno, 0, color='red', alpha=0.1)
16.
17.  # mostar el gráfico
18.  plt.show()
```

El resultado se ve de la forma:

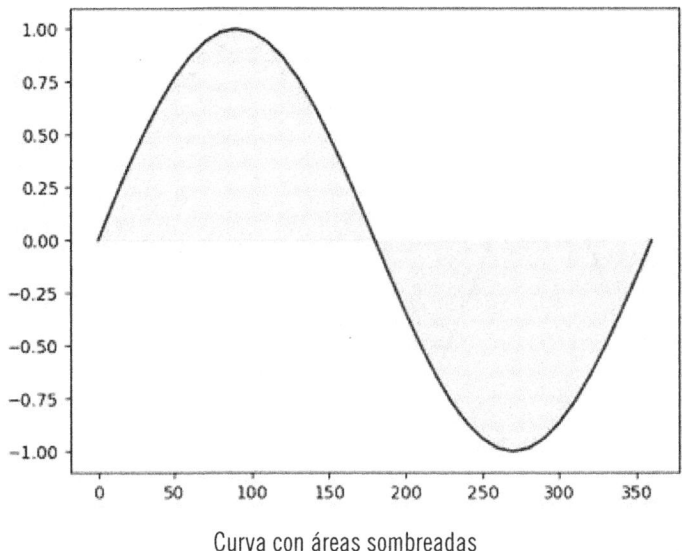

Curva con áreas sombreadas

En el siguiente ejemplo crearemos un gráfico con dos curvas, y sombrearemos el área entre las dos. El sombreado, como en el caso anterior es un tono pálido.

matplotlib_01_18_sombreado.py

```python
1.   import matplotlib.pyplot as plt
2.   import math
3.
4.
5.   # creación de los valores a visualizar
6.   grados = [i for i in range (0, 361, 10)]
7.   seno = [math.sin(math.radians(i)) for i in grados]
8.   coseno = [math.cos(math.radians(i)) for i in grados]
9.
10.  fig, ax = plt.subplots()
11.
12.  # dibujar los dos gráficos
13.  ax.plot(grados, seno, color='blue', alpha=1.0)
14.  ax.plot(grados, coseno, color='red', alpha=1.0)
15.
16.  # rellenar el área entre las curvas
17.  ax.fill_between(grados, seno, coseno, color='red', alpha=0.1)
18.
19.  # mostar el gráfico
20.  plt.show()
```

En el gráfico vemos sombreada el área entre las dos curvas.

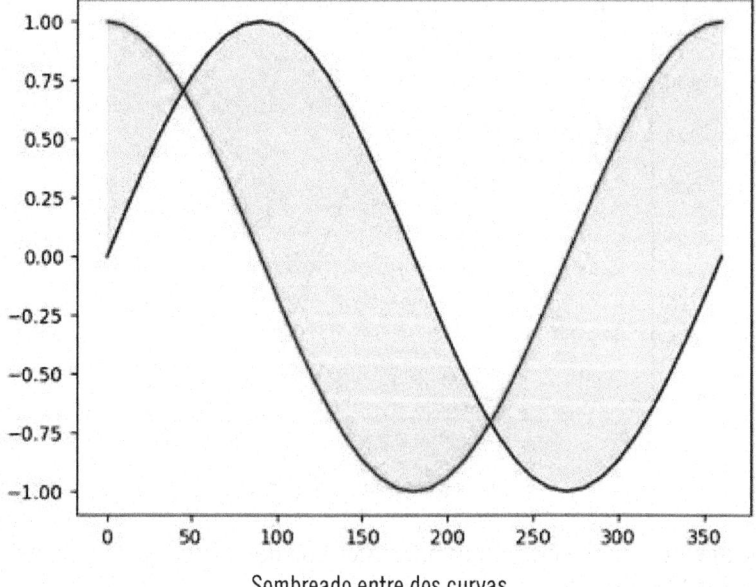

Sombreado entre dos curvas

5.1.2.10 CONFIGURACIÓN EN TIEMPO DE EJECUCIÓN

Todos los ajustes para la personalización de un gráfico se pueden cambiar no solo dinámicamente durante la ejecución, si no previamente modificando el *rcParams* de *matplotlib.*

El *rcParams (runtime configuration parameters* – parámetros de configuración en tiempo de ejecución) es un diccionario que permite establecer la apariencia de los gráficos al inicio de un trabajo y que se va a aplicar a todas las figuras que se tracen desde ese momento como valores por defecto.

Para visualizar todos los parámetros con su valor podemos emplear el script siguiente (ojo, en mi instalación obtuve 308 entradas)

```
1.  from matplotlib import rcParams
2.
3.
4.  for p in rcParams:
5.      print(f'{p} {rcParams[p]}')
```

Como ejemplo presentaremos solo las entradas para la definición de líneas.

```
lines.antialiased       True
lines.color     C0
lines.dash_capstyle     butt
lines.dash_joinstyle      round
lines.dashdot_pattern     [6.4, 1.6, 1.0, 1.6]
lines.dashed_pattern      [3.7, 1.6]
lines.dotted_pattern      [1.0, 1.65]
lines.linestyle         -
lines.linewidth     1.5
lines.marker        None
lines.markeredgecolor      auto
lines.markeredgewidth     1.0
lines.markerfacecolor      auto
lines.markersize        6.0
lines.scale_dashes      True
lines.solid_capstyle       projecting
lines.solid_joinstyle        round
```

En la *documentación de matplotlib sobre rcParams (https://matplotlib.org/stable/api/ matplotlib_configuration_api.html#default-values-and-styling)* está toda la información sobre cada entrada del diccionario.

Para cambiar un valor basta con tratarlo como cualquier otro diccionario:

```
rcParams[<clave>] = <valor>
```

Vamos a obtener un valor y después cambiarlo.

matplotlib_01_19_rcparams.py

```
1.   from matplotlib import rcParams
2.
3.
4.   # obtener el valor de ancho de línea
5.   print('Antes', rcParams['lines.linewidth'])
6.
7.   # modificar el valor de ancho de línea
8.   rcParams['lines.linewidth'] = 3.5
9.
10.  # obtener el nuevo valor de ancho de línea
11.  print('Después', rcParams['lines.linewidth'])
```

Como podemos ver hemos cambiado el valor del ancho de línea, que será con el que se van a trazar los gráficos a partir de ese momento.

```
Antes 1.5
Después 3.5
```

Volviendo al ejemplo inicial del capítulo, vamos a cambiar el estilo de trazado de la línea, modificando el parámetro correspondiente al ancho en el *rcParams* previo al trazado, y dinámicamente cambiaremos el tipo de línea y color.

matplotlib_01_20_rcparams.py

```
1.   import matplotlib.pyplot as plt
2.   from matplotlib import rcParams
3.
4.
5.   # relación de valores a visualizar
6.   # para los ejes X e Y
7.   x = [1, 2, 3, 4, 5, 6, 7, 8]
8.   y = [1, 1, 2, 3, 5, 8, 13, 24]
9.
10.  # establecer valores para el trazado
11.  # en los parámetros de ejecución
12.  # ancho de línea
13.  rcParams['lines.linewidth'] = 3.5
14.
15.  # dibujar los valores
16.  # modificando dinámicamente el trazado
17.  # estilo de línea y color
18.  plt.plot(x, y, '--r')
```

```
19.
20.    # mostrar el gráfico
21.    plt.show()
```

Vemos el resultado según los distintos cambios realizados. En *rcParams* hemos modificado el ancho de línea por defecto de *matplotlib*. Y en el momento de trazar el gráfico hemos establecido el tipo de línea y el color.

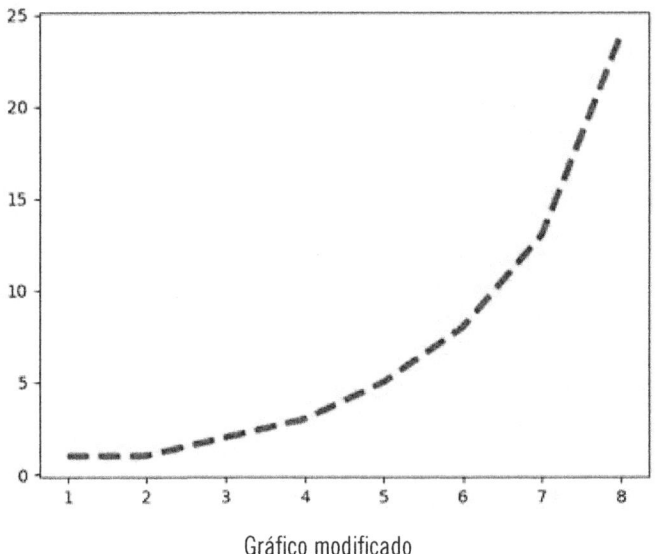

Gráfico modificado

5.1.3 Múltiples gráficos

Hasta ahora hemos visto como dibujar gráficos y personalizarlos de múltiples formas. Incluso como representar más de un gráfico en la misma área de dibujo. Otro caso es como presentar más de un gráfico con áreas de dibujo independientes. De aquí en adelante hablaremos de cuadros, aunque lo que realmente se crea son *axes* dentro de una única figura, con sus propios ejes, uno al lado de otro.

Ya adelantamos en la introducción, al exponer los conceptos generales, que podíamos presentar múltiples cuadros, lo que hicimos con la función *subplots*(). Comentamos también, que hay dos interfaces de aplicación principales o estilos de uso de la biblioteca *matplotlib*:

▶ Una interfaz **explícita** que utiliza los métodos en un objeto *Figure* (Figura) o *Axes* (Ejes) para crear otros gráficos, y construir una visualización paso a paso. Se conoce como interfaz orientada a objetos.

▶ Una interfaz **implícita** que trabaja sobre la última Figura y Ejes creados, y añade gráficos al objeto que supuestamente el usuario desea.

La propia documentación de matplotlib dice:

> **Matplotlib**
>
> Desaconsejamos trabajar con múltiples figuras a través de la interfaz implícita de *pyplot* porque la gestión de la figura actual es engorrosa y propensa a errores. En su lugar, recomendamos utilizar el enfoque explícito y llamar a métodos sobre instancias de *Figure* y *Axes*.

Cuando solo hay un gráfico sobre el que actuar no existe mucha confusión, no así cuando disponemos de múltiples gráficos, en cuyo caso referenciar de forma explícita el cuadro sobre el que deseamos trazar la imagen es la mejor formar de evitar equívocos. Así pues, solo vamos a presentar la forma de trabajar con la interfaz explícita con múltiples gráficos.

En *matplotlib* hacemos uso de una rejilla para estructurar el gráfico y organizar sus elementos. La rejilla consiste en un número de celdas que se organizan en filas y columnas y sirve como contenedor para diferentes áreas de dibujo independientes, con sus propias etiquetas de ejes, marcas de graduación y títulos. Cada celda puede contener un único gráfico o varios subgráficos, y las cuadrículas pueden agruparse para crear visualizaciones complejas.

5.1.3.1 SUBGRÁFICOS CON SUBPLOTS

La función *subplots*() proporciona una instancia de la clase *Figure* (Figura) y uno o más objetos *Axes* (Ejes), de esta manera creamos una rejilla completa de áreas de trabajo en una sola línea, devolviendo los ejes en una matriz, donde dibujaremos los gráficos con la función *plot*(), referenciando de forma explícita cada uno de los ejes obtenidos.

La firma de la función *subplots*() es:

```
matplotlib.pyplot.subplots(nrows=1, ncols=1, *, sharex=False, sharey=False,
squeeze=True, width_ratios=None, height_ratios=None,
subplot_kw=None, gridspec_kw=None, **fig_kw)
```

Parámetros

▼ ***nrows, ncols****: número de filas y columnas en la rejilla de cuadros. Por defecto 1.*

▼ ***sharex****: controla la compartición de propiedades entre ejes X {'none', 'all', 'row', 'col'}. Por defecto False.*

*El parámetro **sharex** controla la compartición de propiedades entre ejes X. Si es True o 'all', el eje X se compartirá entre todos los cuadros. Si es False o None, cada cuadro tendrá un eje X independiente. Si se establece en 'row', cada fila de* cuadros compartirá un eje X. Si se establece en 'col', cada columna de cuadros compartirá un eje X. Cuando los cuadros tienen un eje X compartido a lo largo de una columna, solo se crean las etiquetas de marcas X del cuadro inferior. Del mismo modo, cuando los cuadros tienen un eje Y compartido a lo largo de una fila, solo se crean las etiquetas de marca Y de los cuadros de la primera columna.

▼ *sharey*: análogo a *sharex* para ejes Y.

▼ *squeeze*: si es True, se eliminan las dimensiones extra del objeto Axes devuelto. Por defecto True.

▼ *num*: establece el número o la etiqueta de la figura. Por defecto None.

▼ *subplot_kw*: diccionario con las palabras clave utilizado para crear cada cuadro.

▼ *gridspec_kw*: diccionario con las palabras clave que se pasan al constructor utilizado para crear la rejilla en la que se colocan los cuadros.

Devuelve

▼ *fig* : un objeto de tipo Figure.

▼ *ax*: un objeto de tipo Axes, o una matriz de ejes si se ha creado más de un cuadro.

Así, podemos obtener cuadros y sus ejes de diferentes formas:

```
1.   # una variable ax para un único cuadro
2.   fig, ax = plt.subplots()
3.
4.   # una variable axs para múltiples cuadros
5.   fig, axs = plt.subplots(2, 2)
6.
7.   # desempaquetado en un conjunto de tuplas para múltiples cuadros
8.   # 1 fila x 2 columnas
9.   fig, (ax1, ax2) = plt.subplots(1, 2)
10.  # 2 filas x 2 columnas
11.  fig, ((ax1, ax2), (ax3, ax4)) = plt.subplots(2, 2)
```

En el ejemplo siguiente pedimos al método *subplots*() tres áreas de trabajo, con lo que nos devuelve un objeto *Figure* y los ejes para los cuadros, que vamos a desempaquetar en una tupla con tres objetos *Axes*. Posteriormente dibujamos cada uno de los gráficos en los diferentes cuadros haciendo uso de los ejes obtenidos.

Los cuadros aparecen apilados, ya que solo hemos indicado el número de filas, y vamos a compartir las marcas del eje X en la columna de cuadros, lo que da mayor claridad al gráfico.

matplotlib_02_01_subplots.py

```
1.   import matplotlib.pyplot as plt
2.   import math
3.
4.
5.   # creación de los valores a visualizar
6.   grados = [i for i in range (0, 361, 10)]
7.   seno = [math.sin(math.radians(i)) for i in grados]
8.   coseno = [math.cos(math.radians(i)) for i in grados]
9.
10.  # establecer tres cuadros (axes)
11.  fig, (ax1, ax2, ax3) = plt.subplots(nrows=3, sharex='col')
12.
13.  # dibujar en el primer cuadro
14.  ax1.plot(grados, seno)
15.  # dibujar en el segundo
16.  ax2.plot(grados, coseno)
17.  # dibujar en el tercero
18.  ax3.plot(grados, seno,
19.           grados, coseno)
20.
21.  # mostar el gráfico
22.  plt.show()
```

El resultado incluye los tres cuadros en la figura, cada uno de ellos con su gráfico, y las etiquetas de las marcas de eje X en parte inferior.

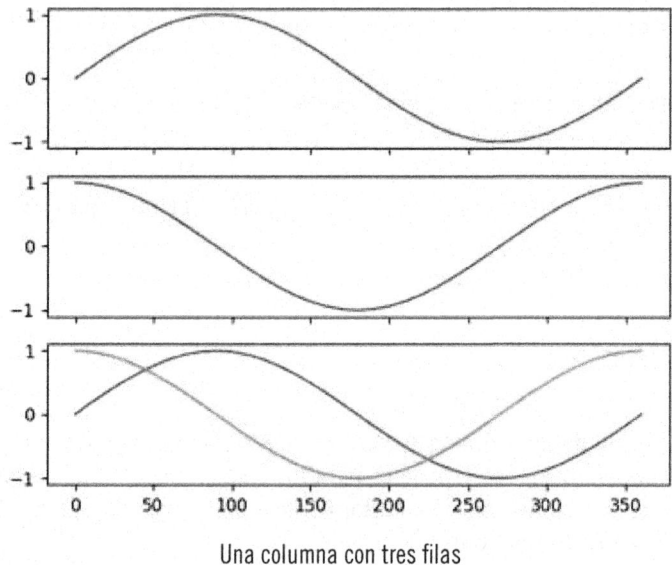

Una columna con tres filas

Para cambiar la disposición de los cuadros y ponerlos uno al lado de otro basta con establecer el número de filas y columnas.

Siguiendo con nuestro ejemplo vamos a crear un gráfico con una fila y tres columnas. Ahora compartiremos las etiquetas del eje Y en la fila a la izquierda. Obteniendo un objeto *Figure* y los ejes para los cuadros, que vamos a desempaquetar en una tupla con tres objetos *Axes*.

matplotlib_02_02_subplots.py

```
1.   import matplotlib.pyplot as plt
2.   import math
3.
4.
5.   # creación de los valores a visualizar
6.   grados = [i for i in range (0, 361, 10)]
7.   seno = [math.sin(math.radians(i)) for i in grados]
8.   coseno = [math.cos(math.radians(i)) for i in grados]
9.
10.  # establecer una fila con tres cuadros (axes)
11.  fig, (ax1, ax2, ax3) = plt.subplots(nrows=1, ncols=3, sharey='row')
12.
13.  # dibujar en el primer cuadro
14.  ax1.plot(grados, seno)
15.  # dibujar en el segundo
16.  ax2.plot(grados, coseno)
17.  # dibujar en el tercero
18.  ax3.plot(grados, seno,
19.           grados, coseno)
20.
21.  # mostar el gráfico
22.  plt.show()
```

El grafico queda de esta forma con los cuadros en fila.

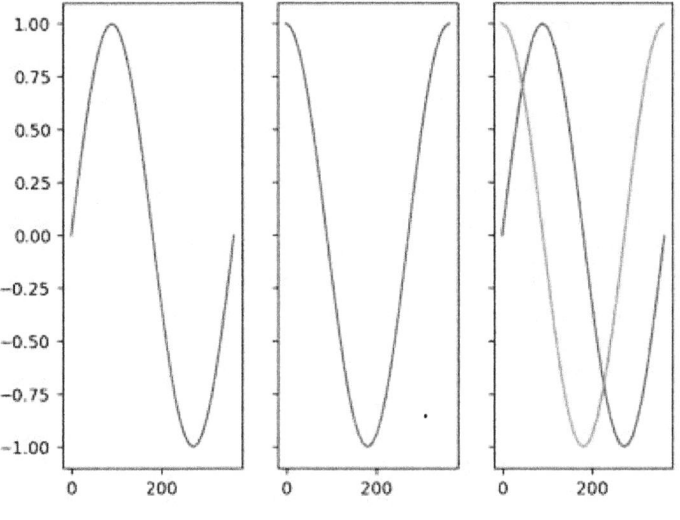

Una fila tres columnas

Cuando establecemos más de una fila y columna podemos obtener una variable para el grupo de ejes o desempaquetarlos en una tupla de tuplas, una por cada fila, como hemos comentado en la introducción.

Ampliaremos el ejemplo creando un gráfico de dos filas por tres columnas, cuyos índices serán los correspondientes al croquis siguiente.

		Columnas 3		
		0	1	2
Filas 2	0	0,0	0,1	0,2
	1	1,0	1,1	1,2

Dos filas por tres columnas

Vamos a trabajar con una variable de ejes para el grupo de cuadros, en lugar de desempaquetar los ejes en una tupla, y referenciaremos cada cuadro iterando sobre las filas y columnas de la variable de ejes, igualmente emplearemos índices para dirigirnos a cada cuadro de la rejilla.

Pondremos títulos y dibujaremos curvas en los cuadros referenciándolos por sus índices y colorearemos cada cuadro iterando sobre la variable de los ejes.

Haremos uso del objeto figura para poner un título a la rejilla al completo.

Como las unidades para los cuadros son las mismas, compartiremos las etiquetas de los ejes X e Y en la parte izquierda e inferior.

matplotlib_02_03_subplots.py

```
1.   import matplotlib.pyplot as plt
2.   import math
3.
4.
5.   # creación de los valores a visualizar
6.   grados = [i for i in range (0, 361, 10)]
7.   seno = [math.sin(math.radians(i)) for i in grados]
8.   coseno = [math.cos(math.radians(i)) for i in grados]
9.
10.  # establecer 2x3 cuadros (axes)
11.  rows = 2
12.  cols = 3
13.  fig, axs = plt.subplots(rows, cols, sharex='col', sharey='row')
14.
15.  # establecer título para el gráfico
16.  fig.suptitle('Subgráficos', fontweight='bold')
```

```
17.
18.   # usar índices
19.   for row in range(rows):
20.       for col in range(cols):
21.           # título de cada gráfico
22.           axs[row, col].set_title(str((row, col)), color='red')
23.
24.   # iterar sobre los ejes
25.   for row in axs:
26.       for col in row:
27.           # color de fondo
28.           col.set_facecolor('lightyellow')
29.
30.   # dibujar en cada cuadro
31.   # por su posición sobre la rejilla
32.   axs[0, 0].plot(grados, seno)
33.   axs[0, 1].plot(grados, coseno)
34.   axs[0, 2].plot(grados, seno, grados, coseno)
35.   axs[1, 0].plot(grados, seno)
36.   axs[1, 1].plot(grados, coseno)
37.   axs[1, 2].plot(grados, seno, grados, coseno)
38.
39.   # mostrar el gráfico
40.   plt.show()
```

Vemos por los títulos en los cuadros que coinciden con los índices del croquis que nos habíamos planteado.

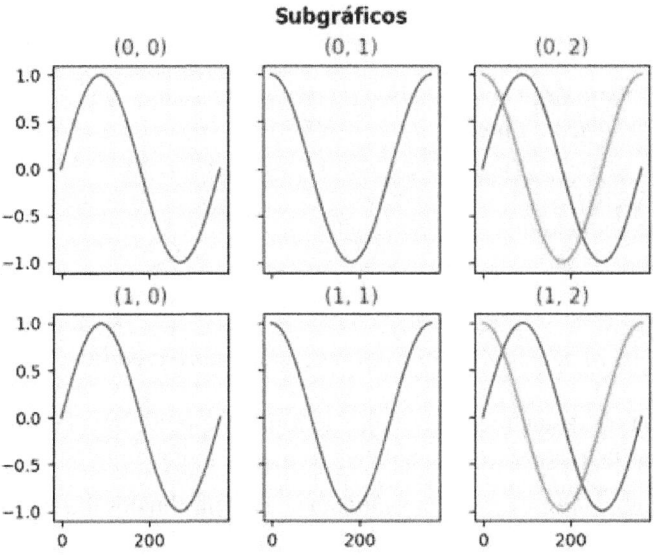

Dos filas con tres columnas

5.1.3.2 SUBGRÁFICOS CON SUBPLOT

Con la función *subplot*() del módulo *matplotlib* también podemos trazar una rejilla con varios gráficos en una sola figura, subdividiendo la rejilla en filas y columnas. La firma de *subplot*() es:

```
matplotlib.pyplot.subplot(*args, **kwargs)
```

Parámetros

*Los parámetros en ***args** establecen la posición de la trama de cuadros descrita por:*

▼ ***nrows**, **ncols**, **index**: número de filas y columnas en la rejilla de cuadros y la posición del índice en la cuadrícula. Los cuadros se numeran fila a fila, de izquierda a derecha, comenzando en 1 en la esquina superior izquierda y aumenta hacia la derecha. El índice también puede especificar los índices primero, último del cuadro.*

*A diferencia de los índices de Python, que empiezan en 0, **en este caso los índices empiezan en 1**.*

*Si hay menos de 9 cuadros los valores de **nrows**, **ncols** e **index** se pueden especificar sin necesidad de separar los valores por comas. Así, subplot(2, 3, 4) es igual que subplot(234).*

▼ ***projection**: tipo de proyección de los ejes {None, 'aitoff', 'hammer', 'lambert', 'mollweide', 'polar', 'rectilinear'}. El valor por defecto None da como resultado una proyección 'rectilinear'.*

▼ ***polarbool**: si es True, equivale a projection='polar'. Por defecto False.*

▼ ***sharex**: controla la compartición de propiedades entre ejes X {'none', 'all', 'row', 'col'}. Por defecto False.*

▼ ***sharey**: análogo a **sharex**.*

▼ ***labelstr**: etiqueta para los ejes devueltos.*

Devuelve

▼ ***ax**: un objeto de tipo Axes que referencia el cuadro creado.*

Usaremos el eje devuelto para trabajar de forma explícita con el cuadro sobre el que deseamos trazar la imagen, que es la mejor formar de evitar equívocos.

En el ejemplo vamos a crear con *subplot*() una rejilla con dos filas y dos columnas, lo que nos proporciona cuatro celdas, que irán numeradas de 1 a 4, empezando por el cuadro superior izquierdo de izquierda a derecha, cuyos índices serán los correspondientes al croquis siguiente.

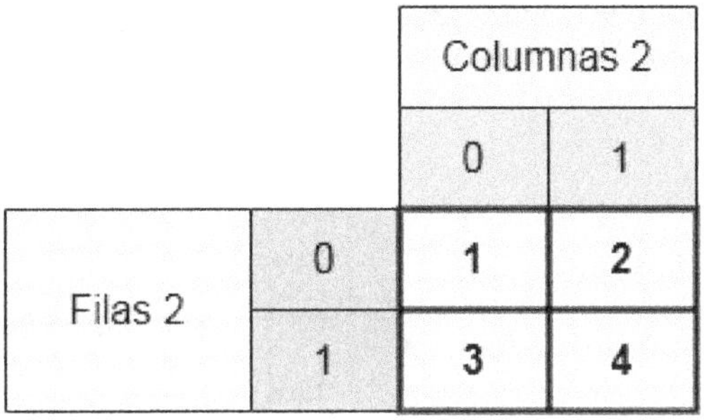

	Columnas 2	
	0	1
0	1	2
1	3	4

Filas 2 (rows labels 0 and 1)

Dos filas por dos columnas

Cada llamada al método *subplot*() crea una cuadro y nos devuelve un objeto *Axes* para el cuadro. Posteriormente dibujamos cada uno de los gráficos en los diferentes cuadros haciendo uso del eje correspondiente.

Vamos a identificar en el gráfico cada uno de los cuadros con el número de índice asignado.

matplotlib_02_04_subplots.py

```
1.   import matplotlib.pyplot as plt
2.   import math
3.
4.
5.   # creación de los valores a visualizar
6.   grados = [i for i in range (0, 361, 10)]
7.   seno = [math.sin(math.radians(i)) for i in grados]
8.   coseno = [math.cos(math.radians(i)) for i in grados]
9.
10.  # establecer 2x2 cuadros
11.  ax1 = plt.subplot(2, 2, 1)
12.  ax2 = plt.subplot(2, 2, 2)
13.  ax3 = plt.subplot(2, 2, 3)
14.  ax4 = plt.subplot(2, 2, 4)
15.
16.  # identificar el cuadro en el gráfico
17.  ax1.text(0.5, 0.5, '1', size=15, color='red')
18.  ax2.text(0.5, 0.5, '2', size=15, color='red')
19.  ax3.text(0.5, 0.5, '3', size=15, color='red')
20.  ax4.text(0.5, 0.5, '4', size=15, color='red')
21.
22.  # dibujar en cada cuadro
23.  ax1.plot(grados, seno)
24.  ax2.plot(grados, seno)
25.  ax3.plot(grados, coseno)
26.  ax4.plot(grados, coseno)
27.
28.  # mostar el gráfico
29.  plt.show()
```

En el gráfico resultante observamos cada uno de los cuadros con su índice correspondiente.

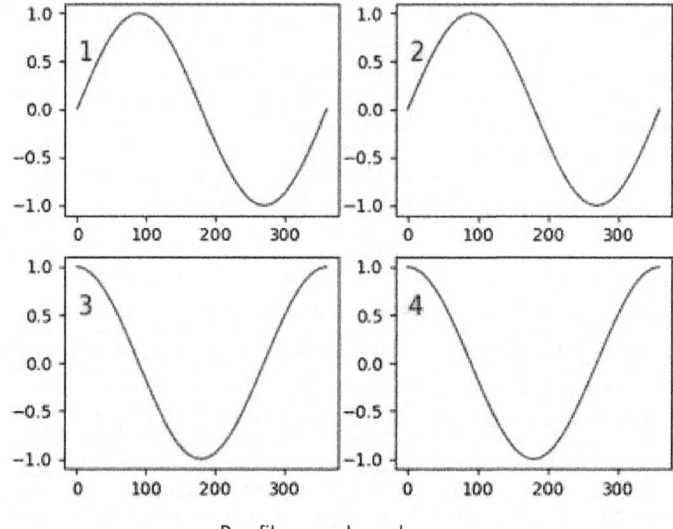

Dos filas con dos columnas

La función *subplot*() nos facilita un mayor control sobre la rejilla permitiéndonos combinar cuadros sobre más de una celda para crear gráficos de distintos tamaños, **siempre que no se solapen**. Para ello pasamos el número de filas y columnas de la rejilla, e indicaremos con una tupla sobre que celdas se extenderá el cuadro, ambas inclusive.

En el ejemplo vamos a crear una rejilla con cuatro filas y dos columnas, lo que nos proporciona ocho celdas, que irán numeradas de 1 a 8, correspondientes al croquis siguiente.

		Columnas 2	
		0	1
Filas 4	0	1	2
	1	3	4
	2	5	6
	3	7	8

Cuatro filas por dos columnas

Vamos a extender un cuadro sobre las celdas 2, 4 y 6 y otro que cubrirá las celdas 7 y 8.

matplotlib_02_05_subplots.py

```
1.   import matplotlib.pyplot as plt
2.
3.
4.   fig = plt.figure(constrained_layout=True)
5.
6.   # establecer 4x2 cuadros
7.   ax1 = plt.subplot(4, 2, 1)
8.   ax2 = plt.subplot(4, 2, (2, 6))          # extendido sobre las celdas 2, 4 y 6
9.   ax3 = plt.subplot(4, 2, 3)
10.  ax4 = plt.subplot(4, 2, 5)
11.  ax5 = plt.subplot(4, 2, (7, 8))          # extendido sobre las celdas 7 y 8
12.
13.  # cuadros
14.  ax1.text(0.5, 0.5, '1',size=15, color='red')
15.  ax2.text(0.5, 0.5, '2, 6', size=15, color='red')
16.  ax3.text(0.5, 0.5, '3', size=15, color='red')
17.  ax4.text(0.5, 0.5, '5', size=15, color='red')
18.  ax5.text(0.5, 0.5, '7, 8', size=15, color='red')
19.
20.  # mostar el gráfico
21.  plt.show()
```

El resultado ofrece la imagen siguiente.

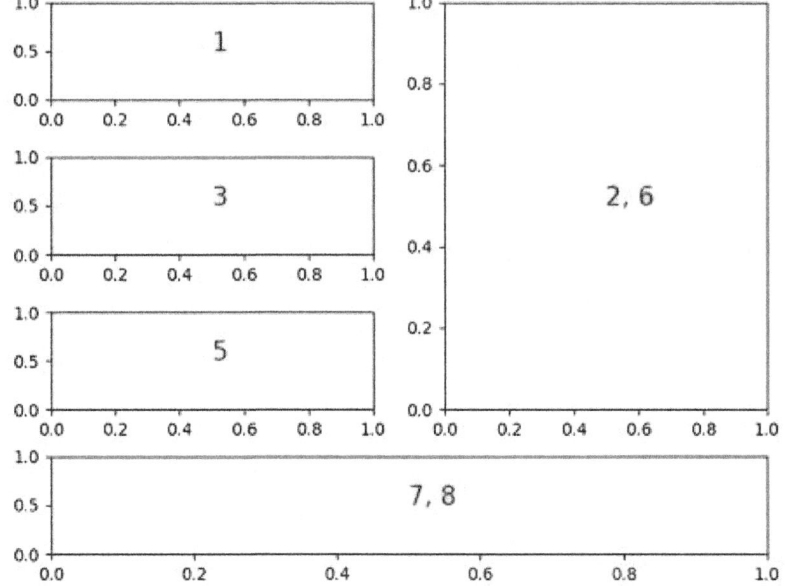

5.1.3.3 SUBGRÁFICOS CON GRIDSPEC

El sistema de rejilla creado con la clase *GridSpec*() facilita la creación de visualizaciones complejas con múltiples gráficos y elementos organizados y estructurados de forma altamente personalizable. La rejilla permite a los usuarios especificar el número de filas y columnas, así como el número de celda del gráfico, y controlar el espaciado entre celdas, el tamaño de los márgenes y la apariencia de las líneas de la rejilla.

Con la clase *GriSpec*() se especifica la geometría de la cuadrícula en la que se colocará cada cuadro. Tiene la firma:

```
matplotlib.gridspec.GridSpec(nrows, ncols, figure=None, left=None,
bottom=None, right=None, top=None, wspace=None, hspace=None,
width_ratios=None, height_ratios=None)
```

Parámetros

▼ **nrows**, **ncols**: *número de filas y columnas de la cuadrícula.*

Y los parámetros opcionales:

▼ **figure**: *solo se utiliza para el diseño restringido.*

▼ **left**, **right**, **top**, **bottom**: *extensión de los cuadros como fracción de la anchura o altura de la figura.* **Left** *no puede ser mayor que* **right**, *y* **bottom** *no puede ser mayor que* **top**. *Si no se indican, los valores se deducirán de la figura o de rcParams en el momento de dibujar.*

▼ **wspace**: *anchura reservada para el espacio entre cuadros, expresada como fracción de la anchura media del eje. Si no se indican, los valores se deducirán de la figura.*

▼ **hspace**: *altura reservada para el espacio entre cuadros, expresada como fracción de la altura media del eje. Si no se indican, los valores se deducirán de la figura.*

▼ **width_ratios**: *define las anchuras relativas de las columnas. Cada columna obtiene una anchura relativa de width_ratios[i]/sum(width_ratios). Si no se especifica, todas las columnas tendrán la misma anchura.*

▼ **height_ratios**: *define las alturas relativas de las filas. Cada fila tiene una altura relativa de height_ratios[i]/sum(height_ratios). Si no se especifica, todas las filas tendrán la misma altura.*

Devuelve

▼ **gs**: *un objeto de la clase GridSpec().*

Crearemos una cuadrícula de dos filas por tres columnas con *GridSpec*(), según el croquis siguiente.

Columnas 3		
0	1	2

Filas 2				
	0	0,0	0,1	0,2
	1	1,0	1,1	1,2

Dos filas por tres columnas

Añadiremos a la figura cada uno de los cuadros con *add_subplot*() haciendo uso de la cuadrícula creada, indicando el área que ocupará cada cuadro mediante los índices correspondientes.

matplotlib_02_07_grid.py

```
 1.  import matplotlib.pyplot as plt
 2.  import matplotlib.gridspec as gridspec
 3.
 4.
 5.  # establecer 2x3 cuadros
 6.  fig = plt.figure(constrained_layout=True)
 7.  gs = gridspec.GridSpec(nrows=2, ncols=3, figure=fig)
 8.
 9.  ax1 = fig.add_subplot(gs[0, 0])
10.  ax2 = fig.add_subplot(gs[0, 1])
11.  ax3 = fig.add_subplot(gs[0, 2])
12.  ax4 = fig.add_subplot(gs[1, 0])
13.  ax5 = fig.add_subplot(gs[1, 1])
14.  ax6 = fig.add_subplot(gs[1, 2])
15.
16.  # título de cada cuadro
17.  ax1.set_title('ax1', color='red')
18.  ax2.set_title('ax2', color='red')
19.  ax3.set_title('ax3', color='red')
20.  ax4.set_title('ax4', color='red')
21.  ax5.set_title('ax5', color='red')
22.  ax6.set_title('ax6', color='red')
23.
24.  # mostar el gráfico
25.  plt.show()
```

El resultado tiene la apariencia siguiente.

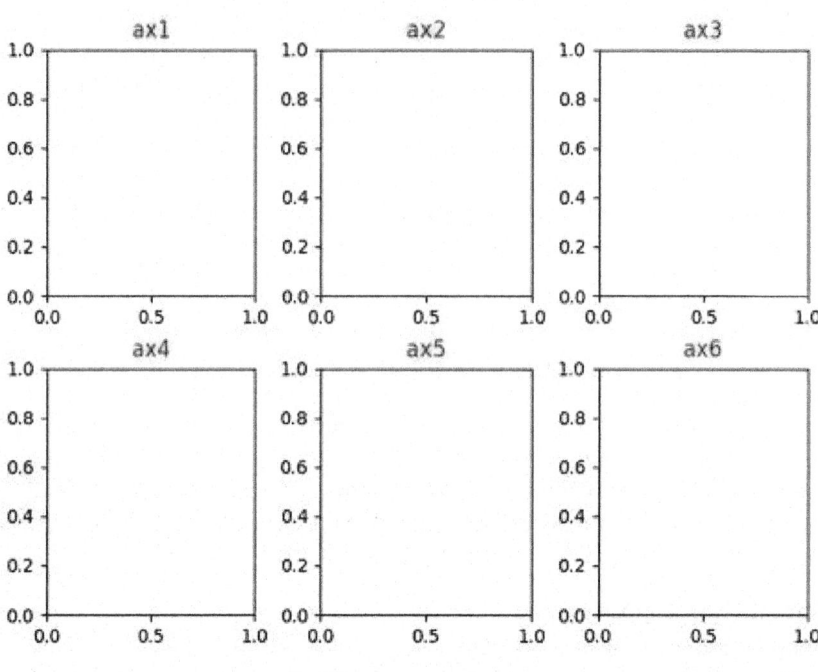

Dos filas con tres columnas

Otra forma de obtener una rejilla es hacer uso de la función *add_gripspec*() sobre la figura, que tiene la firma:

```
matplotlib.figure.Figure.add_gridspec(nrows, ncols, **kwargs)
```

Parámetros

▼ **nrows, ncols**: *número de filas y columnas de la cuadrícula.*

Devuelve

▼ **gs**: *un objeto de la clase GridSpec().*

El uso de la rejilla nos facilita la creación de visualizaciones más complejas al poder agrupar distintas celdas.

Vamos a dar una vuelta al ejemplo anterior, cambiando el diseño de los cuadros sobre la cuadrícula creada, indicando, mediante los índices correspondientes áreas superiores a un único cuadro, siempre que no se superpongan.

Los índices los daremos haciendo uso de una notación similar a la empleada en el corte (*slice*) de cadenas.

```
1.    <p>import matplotlib.pyplot as plt
2.    import matplotlib.pyplot as plt
3.
4.
5.    # establecer 2x3 cuadros (axes)
6.
7.    fig = plt.figure(constrained_layout=True)
8.    gs = fig.add_gridspec(nrows=2, ncols=3)
9.    # cuadrículas
10.   ax1 = fig.add_subplot(gs[0, :-1])      # (0, 0) (0, 1)
11.   ax2 = fig.add_subplot(gs[1, :1])       # (1, 0)
12.   ax3 = fig.add_subplot(gs[0:, -1])      # (0, 2) (1, 2)
13.
14.   # título de cada cuadro
15.   ax1.set_title('ax1', color='red')
16.   ax2.set_title('ax2', color='red')
17.   ax3.set_title('ax3', color='red')
18.
19.   # mostrar el gráfico
20.   plt.show()
21.   </p>
```

El resultado presenta una estructura de visualización más compleja.

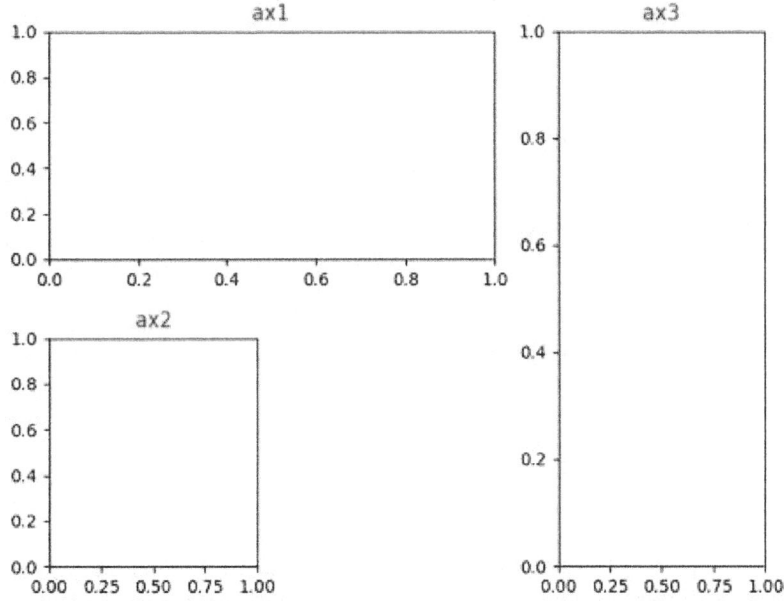

Rejilla personalizada

5.1.3.4 SUBGRÁFICOS CON SUBPLOT2GRID

Una forma de obtener una flexibilidad adicional en la creación de subgráficos en una ubicación específica dentro de una rejilla nos la proporciona la función *subplot2grid()*, que tiene la firma:

```
matplotlib.pyplot.subplot2grid(shape, loc, rowspan=1, colspan=1, fig=None, **kwargs)
```

Parámetros

▼ **shape**: *número de filas y de columnas de la rejilla en las que colocar las áreas de dibujo. Se pasa como una tupla de dos números, el primero es el número de filas y el segundo el número de columnas.*

▼ **loc**: *número de fila y de columna de la ubicación del cuadro dentro de la rejilla. Se pasa como una tupla de dos números que especifican el número de fila y columna donde se colocará la caja.*

▼ **rowspan**: *número de filas que ocupará la caja. Por defecto 1*

▼ **colspan**: *número de columnas que ocupará la caja. Por defecto 1*

▼ **fig**: *figura en la que se situará el gráfico. Por defecto es la figura actual.*

Devuelve

▼ **ax**: *un objeto de tipo Axes.*

En el siguiente ejemplo crearemos un gráfico de cuatro filas por tres columnas, cuyos índices serán los correspondientes al croquis siguiente.

		Columnas 3		
		0	1	2
Filas 4	0	0,0	0,1	0,2
	1	1,0	1,1	1,2
	2	2,0	2,1	2,2
	3	3,0	3,1	3,2

Cuatro filas por tres columnas

Estableceremos distintas cajas que indicaremos con los índices de fila/columna inicial del cuadro y expandiremos mediante los parámetros *rowspan* y *colspan*.

matplotlib_02_08_2grid.py

```
1.   import matplotlib.pyplot as plt
2.
3.
4.   fig = plt.figure(constrained_layout=True)
5.
6.   # establecer 4x3 cuadros
7.   ax1 = plt.subplot2grid((4, 3), (0, 0),    colspan=2)
8.   ax2 = plt.subplot2grid((4, 3), (0, 2))
9.   ax3 = plt.subplot2grid((4, 3), (1, 0),    rowspan=2, colspan=2)
10.  ax4 = plt.subplot2grid((4, 3), (1, 2),    rowspan=2)
11.  ax5 = plt.subplot2grid((4, 3), (3, 0),    colspan=3)
12.
13.  # título de cada cuadro
14.  ax1.set_title('(0,0)(0,1)', color='red')
15.  ax2.set_title('(0,2)', color='red')
16.  ax3.set_title('(1 0)(1,1)(2,0)(2,1)', color='red')
17.  ax4.set_title('(1,2)(2,2)', color='red')
18.  ax5.set_title('(3,0)(3,1)(3,2)', color='red')
19.
20.  # mostar el gráfico
21.  plt.show()
```

Quedándonos la estructura del gráfico de la forma.

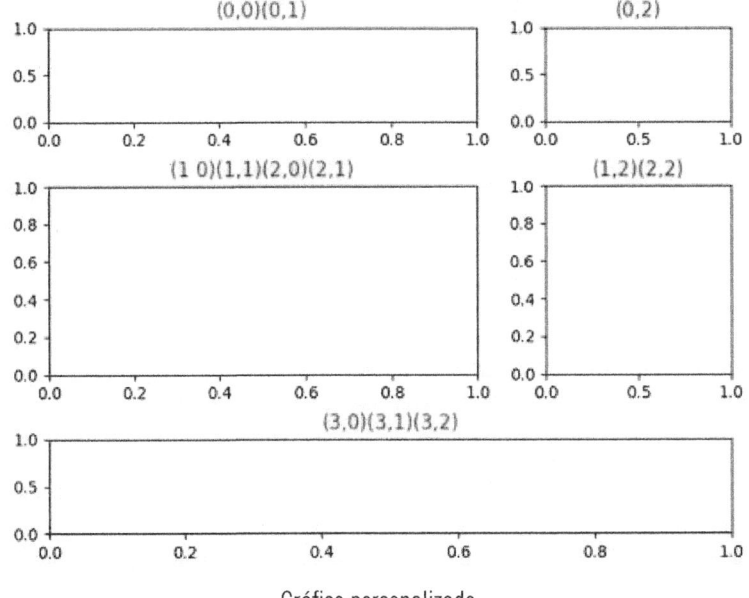

Gráfico personalizado

5.1.3.5 AJUSTAR ASPECTO

En un gráfico, como en una pantalla, la relación de aspecto es la razón entre la altura y la anchura de la imagen. En el caso de *matplotlib* el aspecto es la relación entre el eje Y y el eje X, que podemos manipular a nuestra conveniencia mediante la función *set_aspect*(), que tiene la firma:

```
Axes.set_aspect(aspect, adjustable=None, anchor=None, share=False)
```

Parámetros

▼ **aspect**: *relación de aspecto de la escala de los ejes. {'auto', 'equal'} o número.*
  - *'auto': rellena el rectángulo.*
  - *'equal': la misma escala para X e Y. Equivale a aspect=1.*
  - *número: número de veces que es el eje Y con relación al eje X.*

▼ **adjustable**: *define qué parámetro se ajustará para cumplir el aspecto requerido.*

▼ **anchor**: *define dónde se dibujarán los ejes. La forma más común de especificar el anclaje son las abreviaturas de las direcciones cardinales:*
  - *'C' Centrado*
  - *'SW' Esquina inferior izquierda*
  - *S' Centro del borde inferior*
  - *SE' Esquina inferior derecha*
  - *Etc.*

▼ **share**: *si es True, se aplican los ajustes a todos los Ejes compartidos. Por defecto False.*

Vamos a trazar nuestro ya conocido gráfico de la función seno. Como la función *set_aspect*() es un método de los ejes (*axes*), empleamos el método *gca*() para seleccionar los ejes actuales.

Al ser las medidas de los ejes distintas debemos calcular el aspecto, para ello procedemos de la forma:

▼ Obtenemos los límites del eje X. Obtenemos los límites del eje Y.

▼ Calculamos el aspecto como el valor absoluto de la división del ancho por el alto, y lo multiplicamos por la relación que deseemos.
  - Si queremos que el eje Y sea más largo que el eje X, la relación será un número **mayor** que 1.
  - Si queremos que el eje Y sea más corto que el eje X, la relación será un número **menor** que 1.

matplotlib_02_09_aspecto.py

```
1.   import matplotlib.pyplot as plt
2.   import math
3.
4.
5.   # creación de los valores a visualizar
6.   grados = [i for i in range (0, 361, 10)]
7.   seno = [math.sin(math.radians(i)) for i in grados]
8.
9.   # dibujar el gráfico
10.  plt.plot(grados, seno)
11.
12.  # obtener los ejes
13.  axs = plt.gca()
14.
15.  # definir relación de aspecto a 1
16.  relacion = 1.0
17.  x_left, x_right = axs.get_xlim()     # límites eje X en coordenadas de datos
18.  y_low, y_high = axs.get_ylim()       # límites eje Y en coordenadas de datos
19.  aspecto = abs((x_left-x_right)/(y_low-y_high))*relacion
20.  axs.set_aspect(aspecto)
21.  print(y_low, y_high)
22.
23.  # título
24.  axs.set_title(f'Relación de aspecto\n{aspecto}',
25.                color='red')
26.
27.  # etiquetas para los ejes
28.  axs.set_xlabel(f'Límites del eje X: ({x_left}, {x_right})',
29.                 color='red')
30.  axs.set_ylabel(f'Límites del eje Y: ({y_low}, {y_high})',
31.                 color='red')
32.
33.  # mostar el gráfico
34.  plt.show()
```

La imagen que obtenemos es un cuadrado.

Como título se ha visualizado el valor calculado para *set_aspect*() y los límites que tiene la figura, tanto en el eje X como en el eje Y.

Imagen cuadrada

En el siguiente ejemplo generalizamos el código del ejemplo anterior para establecer el aspecto, creando una función que recibe una referencia a los ejes y la relación que pretendemos entre los ejes X e Y.

Dibujaremos cuatro cuadros, y estableceremos un aspecto diferente para cada uno de ellos.

matplotlib_02_10_aspecto2.py

```
1.    import matplotlib.pyplot as plt
2.    import math
3.
4.
5.    # establecer las proporciones del cuadro
6.    # valores para la relación
7.    # 1 eje Y == eje X
8.    # >1 eje Y > eje X
9.    # <1 eje Y < eje X
10.   def aspecto(ejes, relacion=1.0):
11.       x_left, x_right = ejes.get_xlim()
12.       y_low, y_high = ejes.get_ylim()
13.       ejes.set_aspect(abs((x_left - x_right)/(y_low - y_high)) * relacion)
14.
15.
16.   # creación de los valores a visualizar
17.   grados = [i for i in range (0, 361, 10)]
18.   seno = [math.sin(math.radians(i)) for i in grados]
```

```
19.
20.    # crear cuatro cuadros
21.    fig, axs = plt.subplots(2, 2)
22.
23.    # dibujar los gráficos
24.    axs[0, 0].plot(grados, seno)
25.    axs[0, 1].plot(grados, seno)
26.    axs[1, 0].plot(grados, seno)
27.    axs[1, 1].plot(grados, seno)
28.
29.    # relación de proporciones
30.    # dejar la proporción axs[0, 0] según matplotlib
31.    aspecto(axs[0, 1], 1.0)        # cuadrado
32.    aspecto(axs[1, 0], 2.0)        # eje Y mayor
33.    aspecto(axs[1, 1], 0.25)       # eje Y menor
34.
35.    # títulos en los cuadros
36.    axs[0, 0].set_title('Matplotlib', color='red')
37.    axs[0, 1].set_title('Cuadrado', color='red')
38.    axs[1, 0].set_title('Eje Y mayor', color='red', y=0.95)
39.    axs[1, 1].set_title('Eje Y menor', color='red')
40.
41.    # mostar el gráfico
42.    plt.show()
```

En la imagen observamos como crea *matplotlib* la primera imagen (superior izquierda) y como hemos modificado el aspecto de las restantes. Los títulos son suficientemente descriptivos.

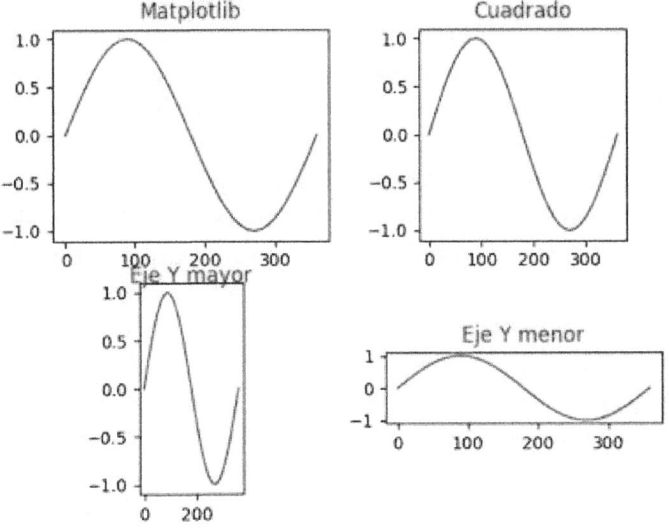

Imágenes con distintos aspectos

5.1.3.6 GRÁFICO DENTRO DE OTRO GRÁFICO

Hemos visto como crear múltiples áreas de trabajo en las que podemos visualizar distintos gráficos. Todas ellas de forma que no se solapan, distribuidas como una matriz o haciendo uso de una rejilla.

Vamos a dar un paso más creando áreas de trabajo dentro otras ya existentes.

Disponemos de dos funciones, según trabajemos con las interfaces *pyplot* o *figure*. Las funciones y sus firmas son similares:

```
matplotlib.pyplot.axes(arg=None, **kwargs)
```

```
matplotlib.figure.add_axes(arg=None, **kwargs)
```

Parámetros

▸ **arg**: *una tupla con los valores de posición y tamaño de la nueva caja. Esquina inferior izquierda de los ejes de inserción, y su anchura y altura (izquierda, abajo, ancho, alto). Todas las cantidades están en fracciones de la anchura y altura de la figura.*

Devuelve

▸ *Axes: un objeto de tipo Axes.*

Volviendo sobre nuestro ejemplo con la función seno, vamos a crear otro gráfico fijando su posición y tamaño dentro del primer gráfico.

Visualizaremos nuestra función seno en el nuevo gráfico y ajustaremos sus límites para tener un detalle del trazado. También pondremos las marcas del eje X de acuerdo al tamaño de cuadro.

Ejecutamos la función *axes*() para crear el nuevo gráfico y obtener los ejes sobre los que trabajar. Hemos dejado comentada la otra opción con la función *add_axes*().

Basta comentar la primera y quitar el comentario a esta para ver que el funcionamiento es el mismo.

---

matplotlib_02_11_inset.py

```
1.   import matplotlib.pyplot as plt
2.   import math
3.
4.
5.   # creación de los valores a visualizar
6.   grados = [i for i in range (0, 361, 10)]
7.   seno = [math.sin(math.radians(i)) for i in grados]
8.
```

```
9.    # establecer área de trabajo
10.   fig, ax = plt.subplots()
11.
12.   # dibujar en el cuadro
13.   ax.plot(grados, seno)
14.
15.   # crear un área de trabajo nueva
16.   # dentro de la existente
17.   # según coordenadas y tamaño
18.   left, bottom, width, height = [0.6, 0.6, 0.25, 0.25]
19.   axadd = plt.axes([left, bottom, width, height])
20.   #axadd = fig.add_axes([left, bottom, width, height])
21.
22.   # dibujar en el cuadro nuevo
23.   axadd.plot(grados, seno)
24.
25.   # ajustar límites de visualización
26.   left, right, bottom, top = [30, 150, 0.5, 1]
27.   axadd.set_xlim(left, right)
28.   axadd.set_ylim(bottom, top)
29.
30.   # etiquetas en las marcas del eje X
31.   axadd.set_xticks([30, 90, 150])
32.
33.   # mostar el gráfico
34.   plt.show()
```

En la imagen vemos los dos gráficos, el segundo que hemos creado está dentro del primero, mostrándonos un detalle del trazado.

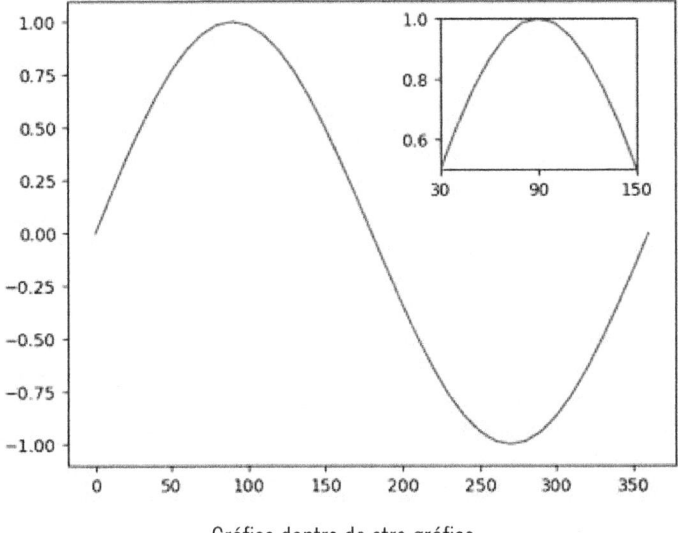

Gráfico dentro de otro gráfico

5.1.3.6.1 Zoom

Otra forma de crear un gráfico dentro de otro nos la proporciona la función
inset_axes(), cuya firma es:

```
Axes.inset_axes(bounds, *, transform=None, zorder=5, **kwargs)
```

Parámetros

▸ **bounds**: *una tupla con los valores de posición y tamaño de la nueva caja. Esquina inferior izquierda de los ejes de inserción, y su anchura y altura (izquierda, abajo, ancho, alto). Todas las cantidades están en fracciones de la anchura y altura de la figura.*

Modificamos ligeramente nuestro ejemplo anterior para crear otro gráfico fijando su posición y tamaño dentro del primer gráfico. Ahora con la función *inset_axes*().

Visualizaremos nuestra función seno en el nuevo gráfico y ajustaremos sus límites para tener un detalle del trazado. También pondremos las marcas del eje X e Y de acuerdo al tamaño de cuadro.

Por último, añadimos un recuadro indicador en el primer gráfico que hace referencia al área de detalle que hemos creado con la función *indicate_inset_zoom*(). Este recuadro actúa como referencia de la parte del cuadro que estamos ampliando uniendo ambos cuadros como símbolo del zoom.

---

matplotlib_02_12_zoom.py

```python
1.   import matplotlib.pyplot as plt
2.   import math
3.
4.
5.   # creación de los valores a visualizar
6.   grados = [i for i in range (0, 361, 10)]
7.   seno = [math.sin(math.radians(i)) for i in grados]
8.
9.
10.  # establecer área de trabajo
11.  fig, ax = plt.subplots()
12.
13.  # dibujar en el cuadro
14.  ax.plot(grados, seno)
15.
16.  # crear un área de trabajo nueva
17.  # dentro de la existente
18.  # según coordenadas y tamaño
19.  left, bottom, width, height = [0.55, 0.65, 0.4, 0.3]
20.  axins = ax.inset_axes([left, bottom, width, height])
```

```
21.
22.  # dibujar en el cuadro interior
23.  axins.plot(grados, seno)
24.
25.  # ajustar límites de visualización
26.  left, right, bottom, top = [240, 300, -1.0, -0.75]
27.  axins.set_xlim(left, right)
28.  axins.set_ylim(bottom, top)
29.
30.  # etiquetas en las marcas los ejes X e Y
31.  axins.set_xticks([240, 260, 280, 300])
32.  axins.set_yticks([-1.0, -0.87, -0.75])
33.
34.  # añadir rectángulo indicador y líneas de conexión
35.  ax.indicate_inset_zoom(axins, edgecolor="red")
36.
37.  plt.show()
```

En la imagen vemos los dos cuadros y el área sobre la que estamos haciendo zoom.

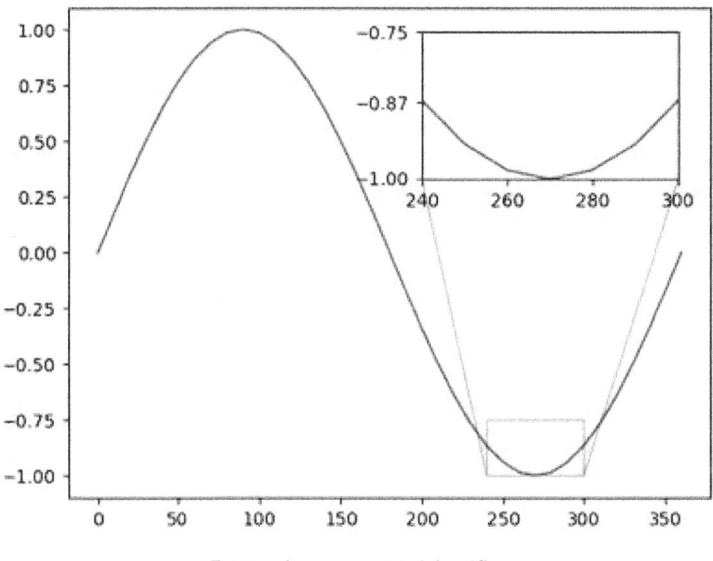

Zoom sobre una parte del gráfico

5.1.4 Gráficos especializados

En el análisis de información, un gráfico es una representación visual de una serie de datos que tiene como objetivo facilitar su interpretación mediante sus relaciones, tendencias o patrones.

Hay muchos tipos de gráficos especializados que podemos crear, como histogramas, barras, diagramas de dispersión y un largo etc. Dependiendo del tipo de datos interesará más una representación gráfica u otra. A continuación vamos a ver un conjunto de los tipos de gráficos más comunes y cómo *matplotlib* nos ayuda a representarlos.

5.1.4.1 HISTOGRAMAS

Un histograma es una representación gráfica de un grupo de datos estadísticos agrupados en intervalos numéricos o en función de valores absolutos, en forma de barras de igual ancho y altura variable. El ancho representa un intervalo dentro del rango de datos, mientras que la altura de cada barra es proporcional a la frecuencia de los valores representados.

Ofrece una visión general de la distribución de la muestra de datos respecto a una característica cuantitativa continua, mostrando la tendencia de la muestra hacia una determinada región de valores dentro del espectro de valores posibles.

En uno de los ejes se posicionan las clases de la variable continua y en el otro eje las frecuencias como intervalos no superpuestos. El gráfico no muestra separación entre las barras.

Haremos uso de la función *hist*() para trazar un histograma. Su firma es:

```
matplotlib.pyplot.hist(x, bins=None, range=None, density=False,
weights=None, cumulative=False, bottom=None, histtype='bar',
align='mid', orientation='vertical', rwidth=None, log=False,
color=None, label=None, stacked=False, *, data=None, **kwargs)
```

Parámetros

▼ **x**: *valores de entrada, como una cadena o una secuencia de cadenas.*

▼ **bins**: *número de barras o contenedores (hablaremos de **contenedores** como traducción de **bins**). Por defecto 10.*

Si es un entero, define el número de contenedores de igual anchura en el rango.

Si es una secuencia, define los bordes de los contenedores, incluyendo el borde izquierdo del primer contenedor y el borde derecho del último contenedor; en este caso, los contenedores pueden estar espaciados de forma desigual. Todos los contenedores, excepto el último (el más a la derecha), están semiabiertos. Así, si los contenedores son: [1, 2, 3, 4], entonces el primero es [1, 2) (incluyendo 1, pero excluyendo 2) y el segundo [2, 3). Sin embargo, el último es [3, 4], que incluye el 4.

▼ ***range****: el rango inferior y superior de los contenedores. Se ignoran los valores extremos inferior y superior. Si no se proporciona, el rango es (x.min(), x.max()). El rango no tiene efecto si **bins** es una secuencia. Por defecto None.*

*Si **bins** es una secuencia o se especifica el rango, el autoescalado se basa en el rango de contenedores especificado en lugar del rango de X.*

▼ ***density****: si es True, dibuja y devuelve una densidad de probabilidad. Por defecto False.*

*Si **stacked** también es True, la suma de los histogramas se normaliza a 1.*

▼ ***weights****: matriz de pesos, de la misma forma que **x**. Cada valor de **x** solo contribuye con su peso asociado al recuento de contenedores (en lugar de 1). Si **density** es True, los pesos se normalizan para que la integral de la densidad sobre el rango siga siendo 1. Por defecto **None**.*

▼ ***cumulative****: si es True, se calcula un histograma en el que cada contenedor muestra los recuentos de ese contenedor más todos los valores de contenedores anteriores. El último contenedor da el número total de datos. Por defecto False.*

*Si **density** también es True, el histograma se normaliza de forma que la última casilla sea igual a 1.*

*Si es un número menor que 0, la dirección de acumulación se invierte. En este caso, si **density** también es True, el histograma se normaliza de forma que la primera casilla sea igual a 1.*

▼ ***bottom****: ubicación de la parte inferior de cada contenedor, así, se dibujan de abajo a arriba + hist(x, contenedor). Si es un escalar, la parte inferior de cada contenedor se desplaza la misma cantidad. Si es una matriz, cada contenedor se desplaza de forma independiente y la longitud del fondo debe coincidir con el número de contenedores. Si es None, el valor predeterminado es 0. Por defecto None.*

▼ ***histtype****: el tipo de histograma a dibujar.{'bar', 'barstacked', 'step', 'stepfilled'}. Por defecto 'bar'.*

   • *'bar' es un histograma de barras tradicional. Si se dan múltiples datos, las barras se disponen una al lado de la otra.*

   • *'barstacked' es un histograma de barras en el que los datos se apilan unos encima de otros.*

   • *'step' genera un gráfico de líneas que por defecto no está relleno.*

   • *'stepfilled' genera un gráfico de líneas relleno por defecto.*

▼ ***align****: alineación horizontal de las barras del histograma {'left', 'mid', 'right'}. Por defecto 'mid'.*

   • *'left': las barras se centran en los bordes izquierdos de los contenedores.*

   • *'mid': las barras se centran entre los bordes de los contenedores.*

   • *'right': las barras se centran en los bordes derechos de los contenedores.*

� **orientation**: *{'vertical', 'horizontal'}. Por defecto 'vertical'.*

▶ **rwidth**: *anchura relativa de las barras como fracción de la anchura del contenedor. Si es None, el ancho se calcula automáticamente. Por defecto None.*

▶ **log**: *si es True, el eje del histograma se ajustará a una escala logarítmica. Por defecto False.*

▶ **color**: *color o secuencia de colores, uno por conjunto de datos. Por defecto None.*

▶ **label**: *cadena o secuencia de cadenas para coincidir con varios conjuntos de datos. Por defecto None.*

▶ **stacked**: *si es True, los datos múltiples se apilan uno encima del otro Si es False, los datos múltiples se disponen uno al lado del otro si* **histtype** *es 'bar' o uno encima del otro si* **histtype** *es 'step'. Por defecto False.*

Devuelve

▶ **n**: *cadena con los valores de los contenedores del histograma.*

▶ **bins**: *cadena con los bordes de los contenedores.*

Vamos a obtener un histograma con los datos de las alturas de un grupo de colegiales. Los datos se presentan como una lista de tuplas, cada una de ellas contiene el número de alumnos de una determinada altura.

Extraemos primero una lista con el número de alumnos y otra con las alturas. Generamos tantas alturas como alumnos por altura como una lista de listas y después procedemos a aplanar la lista.

Dibujaremos un histograma con 8 contenedores, bordeando cada uno de ellos con una línea roja.

Dispondremos las marcas del eje X y eliminaremos los márgenes para ajustar el histograma al marco.

matplotlib_03_01_hist.py

```
1.   import matplotlib.pyplot as plt
2.
3.
4.   # relación de valores a visualizar
5.   # cada tupla (num. alumnos, altura)
6.   alumnos_altura = [(2, 140), (5, 145), (15, 151), (31, 157), (46, 163),
7.                     (53, 168), (45, 173), (28, 179), (21, 185), (4, 190)]
8.   num = [n for n, _ in alumnos_altura]        # número de alumnos
9.   alt = [a for _, a in alumnos_altura]        # alturas
10.  alts = [[a]*n for n, a in alumnos_altura]   # tantas alturas como alumnos
11.  alturas = [altura for sublist in alts for altura in sublist]    # aplanar
12.
13.  # dibujar los valores
```

```
14.  plt.hist(alturas, bins=8, edgecolor='red', linewidth=1, alpha=0.5)
15.
16.  plt.xticks(alt)      # valores
17.  plt.margins(0)       # eliminar margenes (ajustar al cuadro)
18.
19.  # mostrar el gráfico
20.  plt.show()
```

El resultado queda de la forma:

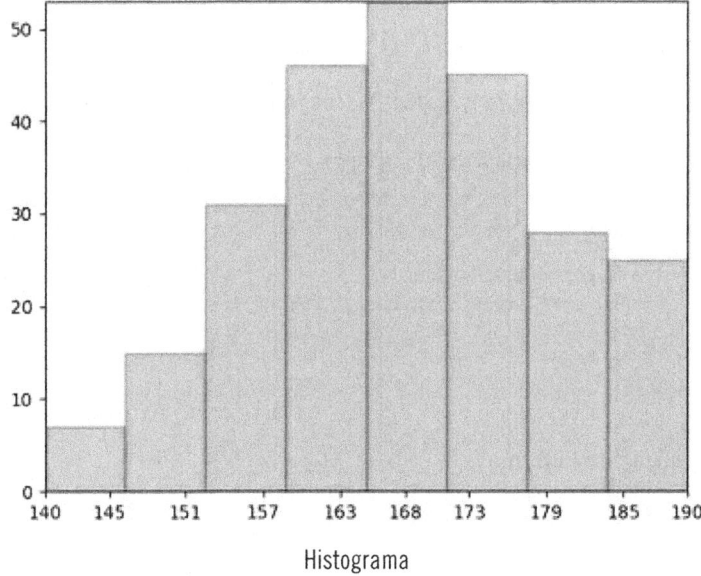

Histograma

Vamos a ampliar el ejemplo con el mismo conjunto de datos (que no presentamos en el código siguiente).

Añadiremos etiquetas en las marcas del eje X, para lo que recorreremos la lista de contenedores (*bins*) que nos devuelve la función *hist*(). Crearemos una lista de marcas centradas, (bins[i+1]+value)/2, y otra con las etiquetas, que después dibujaremos con la función *xticks*().

Pondremos el total en cada contenedor, para lo que recorreremos la lista de los valores de cada contendor devueltos por la función y los situaremos dentro de cada uno en la parte superior.

matplotlib_03_02_hist2.py

```
1.  import matplotlib.pyplot as plt
2.
3.
4.  # ver valores en el ejemplo anterior
5.
```

```
 6.   # dibujar los valores
 7.   n, bins, patches = plt.hist(alturas, bins=8,
 8.                           edgecolor='w', linewidth=1, alpha=0.5)
 9.
10.   # etiquetas en las marcas del eje X
11.   xticks = [(bins[idx+1] + value)/2 for idx, value in enumerate(bins[:-1])]
12.   xticks_labels = [f'{value:.2f}\na\n{bins[i+1]:.2f}'
13.                   for i, value in enumerate(bins[:-1])]
14.   plt.xticks(xticks, xticks_labels)  # valores
15.
16.   # valores en las barras
17.   for i, value in enumerate(n):
18.       if value > 0:
19.           plt.text(xticks[i], value-3, int(value), ha='center')
20.
21.   # eliminar margenes (ajustar al cuadro)
22.   plt.margins(0)
23.
24.   # poner título
25.   plt.title('Alturas del alumnado',
26.            fontdict={'style':'italic', 'color':'red'})
27.
28.   # mostrar el gráfico
29.   plt.show()
```

El gráfico queda de la forma:

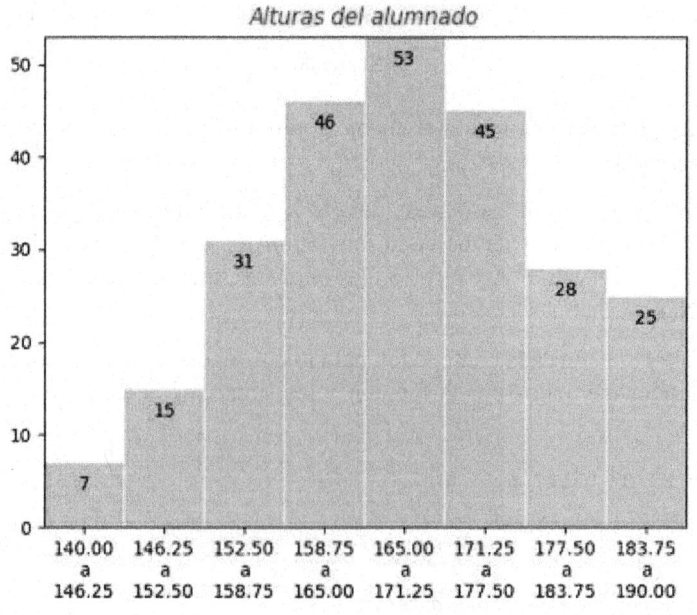

Histograma con totales

5.1.4.2 GRÁFICOS DE BARRAS

Los gráficos de barras se utilizan para representar datos de variables cualitativas o discretas mediante barras rectangulares cuya altura es proporcional a la frecuencia de cada uno de los valores de la variable. Se utiliza cuando queremos comparar valores en diferentes momentos o diferentes variables para el mismo momento.

Los gráficos de barras se distinguen de los histogramas en que no muestran desarrollos continuos durante un intervalo. Presentan valores discretos.

Un eje del gráfico muestra las categorías específicas que se comparan y el otro eje representa una escala de valores discretos. Los diferentes valores o categorías pueden estar ordenados alfabéticamente, para facilitar su búsqueda, o por sus frecuencias, lo que facilita la comparación de los datos. Un problema con los gráficos de barras es el etiquetado, sobre todo cuando hay un gran número de barras.

Según la orientación del gráfico este puede ser:

- **Vertical**: las distintas categorías están situadas en el eje horizontal y las barras de frecuencias crecen verticalmente.
- **Horizontal**: las categorías se sitúan en el eje vertical y las barras crecen horizontalmente.

Según la información que presentemos los gráficos de barras pueden ser:

- **Sencillo**: contiene una única serie de datos.
- **Agrupado**: contiene varias series de datos y cada una se representa con una barra que se distingue por su color.
- **Apilado**: contiene varias series de datos que se presentan sobre una barra dividida en segmentos, cada uno de ellos representando una serie, distinguiéndose por diferentes colores.

5.1.4.2.1 Verticales

Para trazar gráficos de barras verticales haremos uso de la función *bar*(). Su firma es:

```
matplotlib.pyplot.bar(x, height, width=0.8, bottom=None, *,
align='center', data=None, **kwargs)
```

Parámetros

▼ *x: las coordenadas X de las barras.*

▼ *height: las alturas de las barras.*

▼ *width: las anchuras de las barras. Por defecto 0.8.*

▼ *bottom: coordenadas Y de los lados inferiores de las barras. Por defecto 0.*

▼ *align: alineación de las barras respecto a las coordenadas X. {'center', 'edge'}. Por defecto 'center'.*

- *'center': centra la base en las posiciones X.*
- *'edge': alinea los bordes izquierdos de las barras con las posiciones X.*

Para alinear las barras en el borde derecho basta con pasar un ancho negativo y align='edge'.

Devuelve

▼ *bar : contenedor con todas las barras.*

Vamos a plantear el ejemplo con los valores de población de las comunidades autónomas del año 2021 según el INE. Los datos se presentan como un diccionario, con la clave el nombre de la autonomía y una tupla con el total y los parciales de hombres y mujeres.

Obtenemos listas independientes con los nombres de las autonomías, el total de población y los parciales de hombres y mujeres.

Haremos uso de estos valores en sucesivos ejemplos, pero solo los presentaremos en este.

Dibujamos los valores de población para las comunidades.

Como los nombres de las comunidades que aparecerán en las marcas del eje X son demasiado largos se solaparían, por lo que los giramos 45° para facilitar su lectura

Pondremos el total de cada barra en la parte superior, para lo que recorreremos la lista de las barras **bars** devueltas por la función. Calcularemos el valor en miles y las coordenadas para cada barra.

Y terminamos poniendo un título al gráfico.

matplotlib_03_03_bar.py

```
1.  import matplotlib.pyplot as plt
2.
3.
4.  # relación de valores a visualizar
```

```
5.    # comunidad:(población total, hombres, mujeres)
6.    datos = {'Andalucía': (8472407, 4173339, 4299068),
7.            'Aragón': (1326261, 655248, 671013),
8.            'Asturias': (1011792, 482665, 529127),
9.            'Baleares': (1173008, 584853, 588155),
10.           'Canarias': (2172944, 1074180, 1098764),
11.           'Cantabria': (584507, 283378, 301129),
12.           'Castilla - La Mancha': (2049562, 1026128, 1023434),
13.           'Castilla y León': (2383139, 1173114, 1210025),
14.           'Cataluña': (7763362, 3819831, 3943531),
15.           'Extremadura': (1059501, 523976, 535525),
16.           'Galicia': (2695645, 1297301, 1398344),
17.           'Madrid': (6751251, 3229700, 3521551),
18.           'Murcia': (1518486, 760362, 758124),
19.           'Navarra': (661537, 327465, 334072),
20.           'País Vasco': (2213993, 1076385, 1137608),
21.           'Rioja': (319796, 157823, 161973),
22.           'Valencia': (5058138, 2491394, 2566744)}
23.    comunidad = [k for k in datos]
24.    poblacion = [t for t, h, m in datos.values()]
25.    hombres = [h for t, h, m in datos.values()]
26.    mujeres = [m for t, h, m in datos.values()]
27.
28.    fig = plt.figure(constrained_layout=True)
29.
30.    # dibujar los valores
31.    bars = plt.bar(comunidad, poblacion, alpha=0.5)
32.
33.    # rotar texto en marcas eje X
34.    plt.xticks(rotation=45, ha='right')
35.
36.    # colocar texto en el lugar deseado
37.    for bar in bars:
38.        h = bar.get_height()//1000
39.        x = bar.get_x() + bar.get_width()/2
40.        y = bar.get_height() * 1.005
41.        plt.gca().text(x, y, h,
42.                       ha='center', fontdict={'size':'8', 'color':'red'})
43.
44.    # poner título
45.    plt.title('Población por comunidades (en miles)',
46.              fontdict={'style':'italic', 'color':'red'})
47.
48.    # mostrar el gráfico
49.    plt.show()
```

El resultado queda:

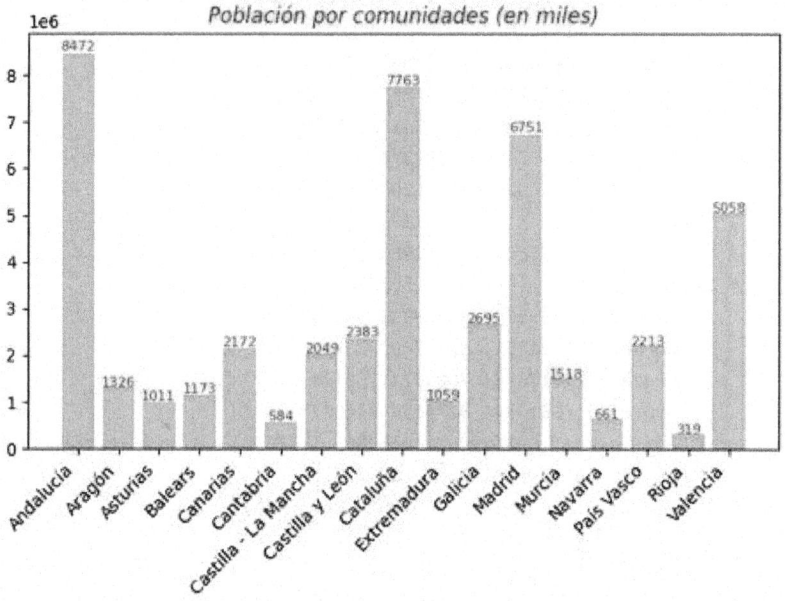

Gráfico de barras con totales

Si queremos comparar más de una serie basta con llamar a la función *bar*() pasando una serie en cada llamada. Las barras se distinguen con diferentes colores.

En el siguiente ejemplo seguimos haciendo uso de los valores de población de las comunidades autónomas del ejemplo anterior, aunque no vamos a poner el desglose en el script.

Para posicionar las barras establecemos inicialmente un grosor, y calculamos las posiciones en el eje X de la segunda barra según la posición de la primera más el grosor indicado.

Llamamos dos veces a la función *bar*(), una para cada serie, con su etiqueta correspondiente.

Situamos las etiquetas de las marcas del eje X, girando 45° para evitar el solapamiento.

Añadimos un título y visualizamos la leyenda.

matplotlib_03_04_bar2.py

```
1.   import matplotlib.pyplot as plt
2.
3.
4.   # relación de valores a visualizar
5.   # ver valores en el ejemplo anterior
6.
7.   fig = plt.figure(constrained_layout=True)
```

```
8.
9.    # tamaño de cada barra
10.   width = 0.45
11.
12.   # posición
13.   x1 = [i for i in range(len(comunidad))]
14.   x2 = [i+width for i in range(len(comunidad))]
15.
16.   # dibujar los valores
17.   plt.bar(x1, hombres, width, label='Hombres', alpha=0.75)
18.   plt.bar(x2, mujeres, width, label='Mujeres', alpha=0.75)
19.
20.   # poner etiquetas y rotar texto en marcas eje X
21.   plt.xticks(x1, comunidad, rotation=45, ha='right')
22.
23.   # añadir título
24.   plt.title('Población por comunidades (en miles)',
25.             fontdict={'style':'italic', 'color':'red'})
26.
27.   # visualizar leyenda
28.   plt.legend()
29.
30.   # mostrar el gráfico
31.   plt.show()
```

El resultado para las barras agrupadas queda:

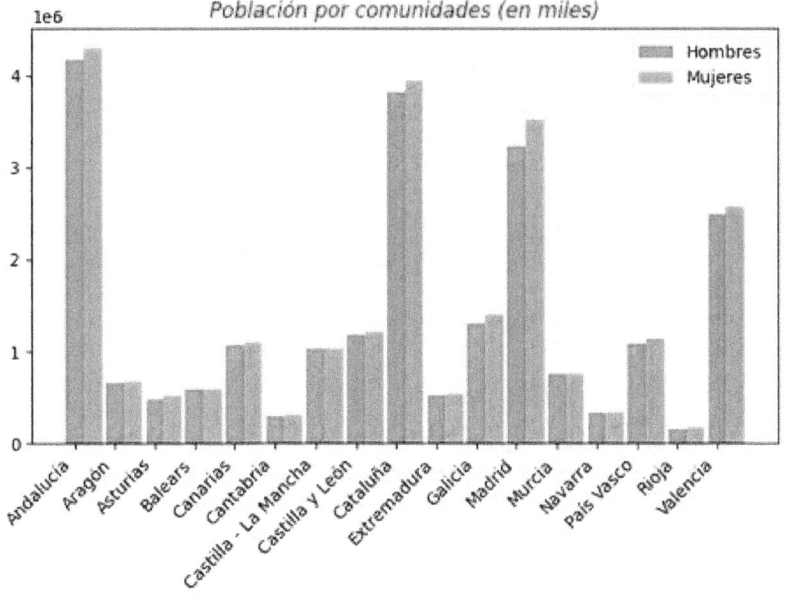

Gráfico de barras agrupadas

5.1.4.2.2 Horizontales

Para dibujar gráficos de barras horizontales empleamos la función *barh*(), que es el equivalente a la función *bar*() en horizontal. La firma de *barh*() es:

```
matplotlib.pyplot.barh(y, width, height=0.8, left=None, *,
align='center', data=None, **kwargs)
```

Los parámetros ahora hacen referencia al eje Y, así: y, width, height, left. Mientras que en el caso de *bar*() teníamos: x, height, width, bottom.

En el ejemplo siguiente seguimos haciendo uso de los valores de población de las comunidades autónomas del año 2021 según el INE, que empleamos anteriormente.

Dibujamos los valores de población para las comunidades.

Invertimos el orden de los valores de las etiquetas en el eje Y, para que nos queden ordenados alfabéticamente de arriba abajo. Por defecto el orden siempre es de 0 al valor máximo, esto es, de abajo arriba.

Pondremos el total de cada barra en el extremo, para lo que recorreremos la lista de las barras **bars** devueltas por la función. Calcularemos el valor en miles, y las coordenadas para cada barra.

Y terminamos poniendo un título al gráfico.

matplotlib_03_05_barh.py

```
1.   import matplotlib.pyplot as plt
2.
3.
4.   # relación de valores a visualizar
5.   # ver valores en el ejemplo anterior
6.
7.   fig = plt.figure(constrained_layout=True)
8.
9.   # dibujar los valores
10.  bars = plt.barh(comunidad, poblacion, alpha=0.75)
11.
12.  # invertir valores eje Y
13.  # por defecto van de 0->max, de abajo arriba
14.  plt.gca().invert_yaxis()
15.
16.  # colocar texto en el lugar deseado
17.  for bar in bars:
18.      h = bar.get_width()//1000
19.      y = bar.get_y() + bar.get_height()/2
20.      x = bar.get_width() - 2
21.      plt.gca().text(x, y, h,
22.                      va='center', fontdict={'size':'8', 'color':'red'})
23.
24.  # poner título
25.  plt.title('Población por comunidades (en miles)',
26.              fontdict={'style':'italic', 'color':'red'})
```

```
27.
28.   # mostrar el gráfico
29.   plt.show()
```

El resultado queda:

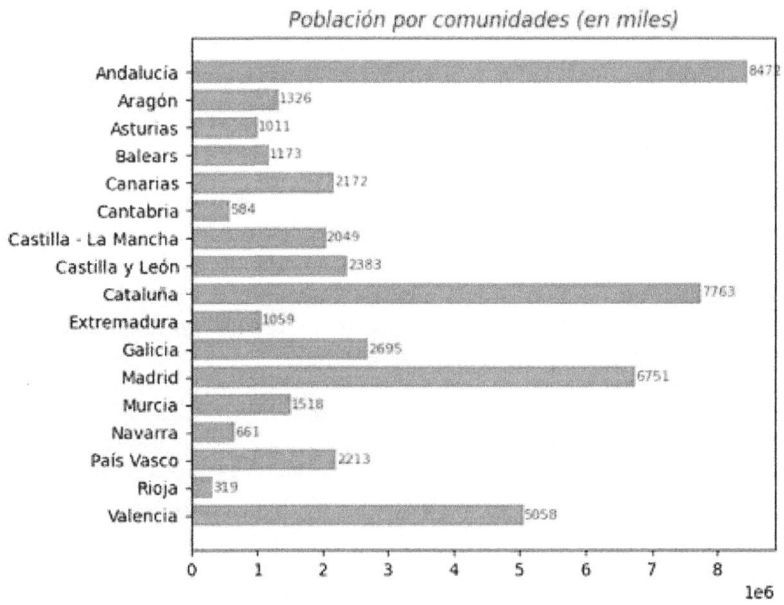

Gráfico de barras horizontales

5.1.4.2.3 Apiladas

Los gráficos de barras apiladas contienen varias series de datos que se presentan sobre una barra dividida en segmentos, cada uno de ellos representando una serie, distinguiéndose por diferentes colores

Para dibujar un gráfico de barras apiladas haremos uso del parámetro **bottom** de la función *bar*(). Con él indicaremos la posición inicial de cada barra, en lugar de ir de cero a un valor, irá desde la posición indicada por **bottom** a un valor.

Supuestos tres series de datos A, B y C, procedemos de la forma:

La primera llamada a *bar*() traza las barras de la serie A. Aquí no usamos **bottom**.

```
plt.bar(x, A)
```

La siguiente traza las barras de la serie B, con la parte inferior sobre la parte superior de las anteriores, esto es, A.

```
plt.bar(x, B, bottom=A)
```

Y, por último, las barras de la serie C se trazan sobre las barras A y B.

```
plt.bar(x, C, bottom=A+B)
```

Vamos a ver un ejemplo en el que seguimos haciendo uso de los valores de población de las comunidades autónomas del año 2021 según el INE, que mostramos más arriba.

Dibujamos los valores de población para las comunidades.

Hacemos uso de una función creada para poner el total de cada barra en su parte superior, **set_text**(), para lo que pasamos como parámetros la lista de las barras (**bars**) devuelta por la función, la altura acumulada de las barras anteriores y el color, para distinguir cada una de las barras acumuladas. Calcularemos el valor en miles, y las coordenadas para cada barra. La función nos devuelve las posiciones del eje Y para aplicarla en sucesivos trazados de barras acumuladas.

La primera serie la trazamos con una llamada sencilla a *bar*(), en la que pasamos las series para los ejes X e Y. Después llamamos a nuestra función **set_text**(), en este caso con una lista de ceros para las posiciones del eje Y, ya que es el primer trazado de barras.

La segunda serie la trazamos haciendo uso del parámetro **bottom**, donde le indicamos que va a tener la serie anterior como base para su trazado. Después llamamos a set_text(), pasando la lista de valores para el eje Y obtenida de la llamada anterior.

Como los nombres de las comunidades que aparecerán en las marcas del eje X son demasiado largos se solaparían, por lo que los giramos 45° para facilitar su lectura

Y terminamos poniendo un título al gráfico. Y la leyenda correspondiente.

matplotlib_03_06_stack.py

```
1.   import matplotlib.pyplot as plt
2.
3.
4.   # colocar texto en el lugar deseado
5.   # plot, barras, altura Y, color
6.   def set_text(plt, bars, prev_y, c):
7.       local_y = []   # posiciones eje Y para las siguientes barras
8.       for i, bar in enumerate(bars):
9.           h = bar.get_height() // 1000               # altura como texto
10.          x = bar.get_x() + bar.get_width()/2         # posición eje X
11.          y = (bar.get_height() + prev_y[i]) * 1.005 # posición eje Y
12.          # trazar texto
13.          plt.gca().text(x, y, h,
14.                        ha='center', fontdict={'size':'8', 'color':c})
15.          # guardar posición eje Y de la nueva barra
16.          local_y.append(y)
17.      return local_y       # devolver posiciones eje Y para siguientes llamadas
18.
19.
```

```
20.   # relación de valores a visualizar
21.   # ver valores en el ejemplo anterior
22.
23.   # dibujar los valores
24.   # primera columna
25.   bars = plt.bar(comunidad, hombres, label='Hombres', alpha=0.75)
26.   y = set_text(plt, bars, [0]*len(bars), 'b')      # poner texto con los valores
27.   # segunda columna sobre la primera
28.   bars = plt.bar(comunidad, mujeres, bottom=hombres, label='Mujeres', alpha=0.75)
29.   set_text(plt, bars, y, 'r')                      # poner texto con los valores
30.
31.   # rotar etiquetas en marcas eje X
32.   plt.xticks(rotation=45, ha='right')
33.
34.   # poner título
35.   plt.title('Población por comunidades (en miles)',
36.             fontdict={'style':'italic', 'color':'red'})
37.
38.   # poner leyenda
39.   plt.legend()
40.
41.   # mostrar el gráfico
42.   plt.show()
```

El resultado nos muestra las barras apiladas.

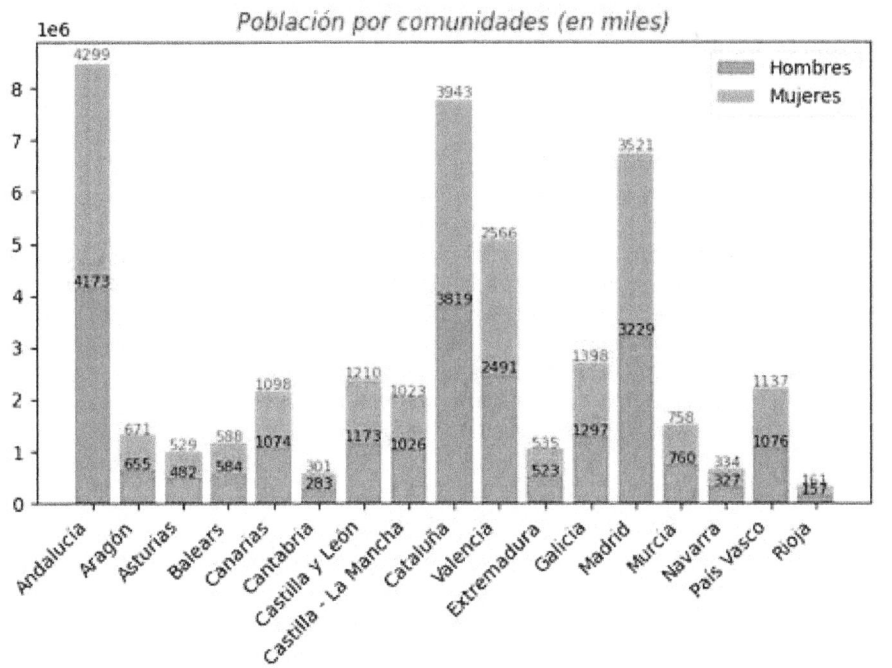

Gráfico de barras apiladas

5.1.4.2.4 Bidireccionales

Los gráficos de barras bidireccionales tiene orientación horizontal, presentando dos series de datos cuyas barras de frecuencias crecen en sentidos opuestos.

Los gráficos bidireccionales más comunes son las pirámides de población, que muestra la estructura demográfica de una población por sexo y edad, en un momento determinado.

Vamos a emplear en el ejemplo los valores de población de hombres y mujeres por edades del año 2022 según el INE. Hemos reducido la serie a los grupos de edad múltiplos de 10. Los datos se presentan como un diccionario, con la clave la edad y una tupla con los parciales de hombres y mujeres.

Obtenemos listas independientes con edades, el total de población y los parciales de hombres y mujeres, estos en miles.

Hacemos uso de dos subgráficos, en el de la izquierda dibujaremos la serie de edades de hombres y en la derecha la de mujeres.

Invertiremos el eje X del primer cuadro, ya que los valores crecen hacia la izquierda. Ajustamos las posiciones de los cuadros para que queden uno al lado de otro.

Ponemos las marcas y las etiquetas para los ejes. Y dibujamos líneas de cuadrícula solo para el eje Y en ambos cuadros.

Y terminamos poniendo un título general al gráfico y títulos para cada cuadro.

---

matplotlib_03_07_bar3.py

```python
1.   import matplotlib.pyplot as plt
2.
3.
4.   # relación de valores a visualizar
5.   # edad población(hombres, mujeres)
6.   datos = {1:(177505, 167842), 10:(250043, 234700), 20:(255050, 237611),
7.         30:(270478, 264467), 40:(339964, 345742), 50:(386574, 384214),
8.         60:(316785, 332447), 70:(221201, 248450), 80:(122524, 162634),
9.         90:(46560, 91342 ), 100:(3081, 11887)}
10.  edad = [e for e in datos]
11.  poblacion = [(h+m)//1000 for h, m in datos.values()]
12.  hombres = [h//1000 for h, m in datos.values()]
13.  mujeres = [m//1000 for h, m in datos.values()]
14.
15.  # crear dos cuadros
16.  fig, axs = plt.subplots(ncols=2, sharey=True)
17.
18.  # dibujar los valores
19.  axs[0].barh(edad, hombres, height=7, color='b', alpha=0.75)
20.  axs[1].barh(edad, mujeres, height=7, color='r', alpha=0.75)
21.
22.  # invertir las marcas del eje X para el primer cuadro
23.  axs[0].invert_xaxis()
```

```
24.
25.   # ajustar subplots
26.   plt.subplots_adjust(wspace=0, top=0.85, bottom=0.1, left=0.18, right=0.95)
27.
28.   # marcas y etiquetas para los ejes
29.   axs[0].set(yticks=edad, yticklabels=edad)
30.   axs[0].yaxis.tick_left()
31.   axs[0].tick_params(axis='y')
32.
33.   # cuadrícula en el eje Y
34.   axs[0].grid(which='major', axis='y',
35.           linestyle='--', color='grey', alpha=0.8)
36.   axs[1].grid(which='major', axis='y',
37.           linestyle='--', color='grey', alpha=0.8)
38.
39.   # poner título general y en cada cuadro
40.   fig.suptitle('Pirámide poblacional (en miles)',
41.           fontdict={'style':'italic', 'color':'red'})
42.   axs[0].set_title('Hombres')
43.   axs[1].set_title('Mujeres')
44.
45.   # mostrar el gráfico
46.   plt.show()
```

En el gráfico bidireccional creado vemos que tenemos un problema con la pirámide poblacional actual.

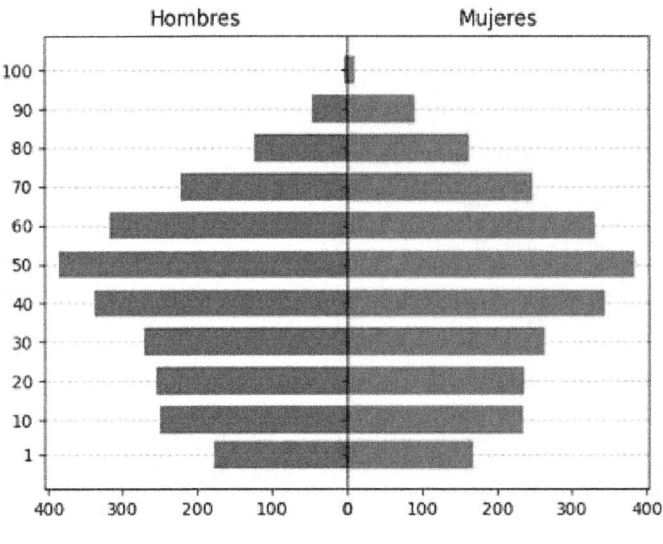

Gráfico bidireccional

5.1.4.3 GRÁFICOS DE LÍNEAS

Los gráficos de líneas sirven para representar la relación entre dos variables mostrando la tendencia general. En el mismo gráfico se pueden visualizar varias líneas, o series, para comparar tendencias.

En el eje X se muestra una variable, que si es continua debe agruparse en intervalos estableciendo el método de agregación correspondiente. En el eje Y figura la variable asociada.

Los métodos de agregación pueden ser:

▶ Suma
▶ Valor medio
▶ Mediana
▶ Mínimo
▶ Máximo

Para representar gráficos de líneas nos basta con la conocida función *plot*(), que nos dibujará los puntos de las coordenadas (x, y) unidas por una línea. Destacando los puntos mediante marcadores para visualizarlos claramente.

Vamos a emplear un conjunto de valores con las temperaturas máximas y mínimas durante el año agrupadas por meses. Los datos se presentan como un diccionario, con la clave el número del mes (de 1 a 12) y una tupla con los valores máximo y mínimo en el mes.

Obtenemos listas independientes con los números de mes, las temperaturas máximas y las mínimas.

Llamamos dos veces a la función *plot*(), una para cada serie, con su etiqueta correspondiente.

Situamos las etiquetas de las marcas del eje X, para disponer de todos los meses. Etiquetamos los ejes, y disponemos de una rejilla para ambos ejes.

Añadimos un título y visualizamos la leyenda.

matplotlib_03_08_lineas.py

```
1.   import matplotlib.pyplot as plt
2.
3.
4.   # relación de valores a visualizar
5.   # temperaturas mes:(máxima, mínima)
6.   temperaturas = {1:(13.69,-2.45), 2:(17.04,0.34), 3:(14.7,5.52),
7.                   4:(18.9,5.39), 5:(28.62,11.04), 6:(32.94,14.97),
8.                   7:(38.18,19.19), 8:(36.1,18.86), 9:(29.45,14.18),
9.                   10:(26.61,12.35), 11:(17.4,5.928), 12:(14.16,5.2)}
10.  mes = [m for m in temperaturas]                    # meses
11.  maxt = [m for m, _ in temperaturas.values()]       # máximas
12.  mint = [m for _, m in temperaturas.values()]       # mínimas
13.
```

```
14.   # dibujar los valores
15.   plt.plot(mes, maxt, marker='^', label='Máximas',
16.           color='r', alpha=0.5)
17.   plt.plot(mes, mint, marker='*', label='Mínimas',
18.           color='b', alpha=0.5)
19.
20.   # marcas en eje X
21.   plt.xticks(mes)
22.
23.   # etiquetas para los ejes
24.   plt.xlabel('Meses')
25.   plt.ylabel(u'Temperaturas (\u00B0C)')
26.
27.   # cuadrícula en los ejes X e Y
28.   plt.grid(which='major', axis='both',
29.           linestyle='--', color='grey', alpha=0.8)
30.
31.   # poner título general
32.   plt.title('Temperaturas en el año por meses',
33.           fontdict={'style':'italic', 'color':'red'})
34.
35.   # poner leyenda
36.   plt.legend()
37.
38.   # mostrar el gráfico
39.   plt.show()
```

El gráfico se muestra de la forma:

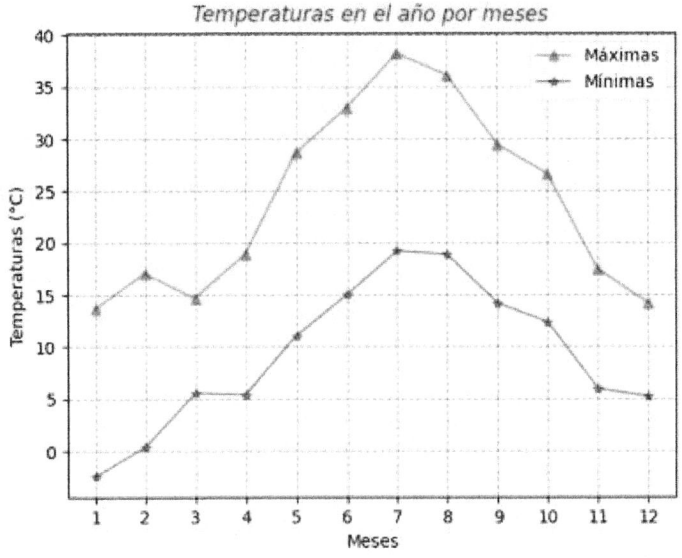

Gráfico de líneas

5.1.4.4 GRÁFICOS DE SECTORES

Un gráfico de sectores, circular o de tarta, es una representación circular, dividida en sectores, de las frecuencias relativas de una variable cualitativa o discreta que permite su comparación. El círculo representa la totalidad y cada sector la proporción de cada categoría respecto del total expresado en porcentajes.

Permiten identificar proporciones de las diferentes categorías en un todo. Es eficaz para comparar los sectores con el todo, más que los sectores entre sí, siempre y cuando no haya un gran número de sectores, lo que termina por hacerlo incomprensible.

Para trazar gráficos de sectores *matplotlib* dispone de la función *pie*(). Su firma es:

```
matplotlib.pyplot.pie(x, explode=None, labels=None, colors=None,
autopct=None, pctdistance=0.6, shadow=False, labeldistance=1.1,
startangle=0, radius=1, counterclock=True, wedgeprops=None,
textprops=None, center=(0, 0), frame=False, rotatelabels=False, *,
normalize=True, hatch=None, data=None)
```

Parámetros

▼ *x: lista de valores de datos que se van a trazar. El tamaño de cada cuña se determina comparando el valor con todos los demás valores mediante la fórmula x/suma(x).*

▼ *explode: lista de valores que especifica la fracción del radio con la que desplazar cada cuña del centro. Debe haber un valor para cada cuña. Por defecto None.*

▼ *labels: lista de etiquetas para cada cuña. Por defecto None.*

▼ *colors: lista de colores a través de la cual el gráfico de tarta hará un ciclo. Por defecto None.*

▼ *hatchstr: patrón de sombreado aplicado a todas las cuñas del gráfico circular. Por defecto None.*

▼ *autopct: cadena o función utilizada para etiquetar las cuñas con su valor numérico. La etiqueta se colocará dentro de la cuña. Por defecto None.*

▼ *pctdistance: distancia relativa a lo largo del radio a la que se dibuja el texto generado por **autopct**. Para dibujar el texto fuera de la tarta, establecer **pctdistance** > 1. Por defecto 0.6.*

▼ *labeldistance: distancia relativa a lo largo del radio a la que se dibujan las etiquetas. Para dibujar las etiquetas dentro de la tarta, establecer labeldistance < Si se establece en None, las etiquetas no se dibujan pero se almacenan para su uso en la leyenda. Por defecto 1.1.*

▼ **shadow**: *dibuja una sombra debajo de la tarta. Por defecto: false.*

▼ **startangle**: *ángulo con el que se rota el inicio de la tarta, en sentido contrario a las agujas del reloj. El ángulo de inicio por defecto se sitúa en el eje X. Por defecto 0 grados.*

▼ **radius**: *radio de la tarta. Por defecto 1.*

▼ **counterclock**: *especifica la dirección de las fracciones, en sentido horario o antihorario. Por defecto True.*

▼ **wedgeprops**: *diccionario de argumentos pasados a cada patches.Wedge de la tarta. Cuando hay un conflicto entre estas propiedades y otras palabras clave, las propiedades pasadas a wedgeprops tienen prioridad. Por defecto None.*

▼ **textprops**: *diccionario de argumentos para pasar a los objetos de texto. Por defecto None.*

▼ **center**: *coordenadas del centro del gráfico. Por defecto (0, 0).*

▼ **frame**: *si es True dibuja el marco de los ejes. Por defecto False.*

▼ **rotatelabels**: *gira cada etiqueta al ángulo del corte correspondiente si es True. Por defecto False.*

▼ **normalize**: *cuando es True, siempre hace una tarta completa normalizando x para que sum(x) == 1. False hace una tarta parcial si sum(x) <= 1 y genera un ValueError para sum(x) > 1. Por defecto True.*

Devuelve

▼ **patches**: *secuencia de instancias de matplotlib.patches.Wedge.*

▼ **texts**: *lista de instancias de la etiqueta Text.*

▼ **autotexts**: *lista de instancias de Text para las etiquetas numéricas. Solo se devolverá si el parámetro **autopct** no es None.*

Vamos a preparar un gráfico de tarta con los datos de las alturas de un grupo de colegiales (son los mismos que empleamos cuando vimos los histogramas, como son pocos los volvemos a representar aquí). Los datos se presentan como una lista de tuplas, cada una de ellas contiene el número de alumnos de una determinada altura.

Extraemos primero una lista con el número de alumnos y otra con las alturas. Generamos tantas alturas como alumnos por altura como una lista de listas y después procedemos a aplanar la lista.

Dibujaremos un grafico de tarta sencillo, pues nos limitaremos a pasar la lista del número de alumnos de cada altura y como etiqueta para los sectores los valores de alturas.

matplotlib_03_09_pie.py

```
1.  import matplotlib.pyplot as plt
2.
3.
4.  # relación de valores a visualizar
5.  alumnos_altura = [(2, 140), (5, 145), (15, 151), (31, 157), (46, 163),
6.                     (53, 168), (45, 173), (28, 179), (21, 185), (4, 190)]
7.  num = [n for n, _ in alumnos_altura]          # número de alumnos
8.  alt = [a for _, a in alumnos_altura]          # alturas
9.  alts = [[a]*n for n, a in alumnos_altura]     # alturas * numero
10. alturas = [altura for sublist in alts for altura in sublist]   # aplanar
11.
12. # dibujar los valores
13. x = plt.pie(num, labels=alt)
14.
15. # mostrar el gráfico
16. plt.show()
```

El resultado, simple pero presentable.

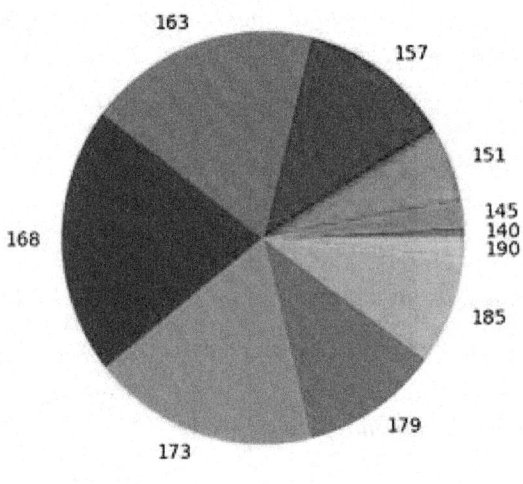

Gráfico de tarta

Observamos que el inicio de los valores empieza en el eje X, con primer valor 140, y va moviéndose en sentido antihorario.

Vamos a darle una vuelta al ejemplo. Empezaremos girando la tarta para que el sector más grande nos quede a la derecha.

Extraeremos el mayor sector de la tarta para destacarlo. El parámetro **explode** tiene tantos valores como sectores. Los sectores que no se van a extraer tendrán el valor 0, mientras que aquellos que vayamos a desplazar tendrán un valor > 0.

Etiquetaremos las cuñas con su valor numérico en porcentaje.

Para todo esto nos basta con añadir tres parámetros a la llamada a *pie()*.

matplotlib_03_10_pie2.py

```
1.   import matplotlib.pyplot as plt
2.
3.
4.   # relación de valores a visualizar
5.   alumnos_altura = [(2, 140), (5, 145), (15, 151), (31, 157), (46, 163),
6.                      (53, 168), (45, 173), (28, 179), (21, 185), (4, 190)]
7.   num = [n for n, _ in alumnos_altura]       # número de alumnos
8.   alt = [a for _, a in alumnos_altura]       # alturas
9.   alts = [[a]*n for n, a in alumnos_altura]  # alturas * numero
10.  alturas = [altura for sublist in alts for altura in sublist]    # aplanar
11.
12.  # dibujar los valores
13.  plt.pie(num, labels=alt,
14.          startangle=180,
15.          explode=(0,0,0,0,0.1,0,0,0,0),
16.          autopct='%1.1f%%')
17.
18.  # mostrar el gráfico
19.  plt.show()
```

El resultado ahora es un poco más llamativo, aunque como ya adelantábamos en la introducción, cuando hay muchos sectores o estos son pequeños el gráfico termina por ser difícil de leer. En este caso en los sectores más pequeños se nos solapan los valores.

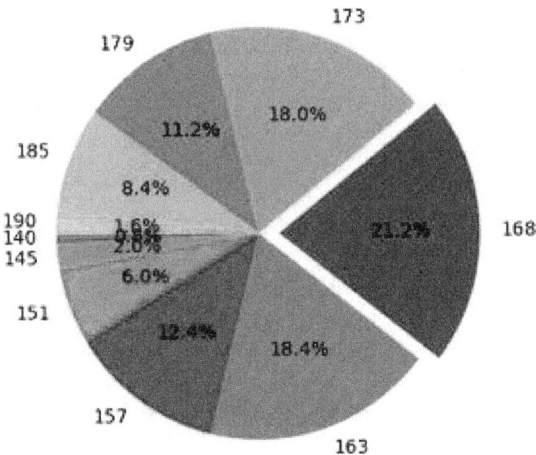

Gráfico de tarta con un sector destacado

Vamos a darle otra vuelta a la tarta. Pondremos como etiquetas de los sectores los porcentajes, creando una lista con los valores correspondientes. Para no tener que preparar manualmente la lista con los valores de los sectores a extraer, en este caso el de mayor valor, la generaremos previamente.

Como vamos a utilizar los porcentajes como etiquetas, pondremos una leyenda con las alturas.

matplotlib_03_11_pie3.py

```python
1.   import matplotlib.pyplot as plt
2.
3.
4.   # relación de valores a visualizar
5.   alumnos_altura = [(2, 140), (5, 145), (15, 151), (31, 157), (46, 163),
6.                      (53, 168), (45, 173), (28, 179), (21, 185), (4, 190)]
7.   num = [n for n, _ in alumnos_altura]        # número de alumnos
8.   alt = [a for _, a in alumnos_altura]        # alturas
9.   alts = [[a]*n for n, a in alumnos_altura]   # alturas * numero
10.  alturas = [altura for sublist in alts for altura in sublist]    # aplanar
11.  # porcentajes
12.  total = sum(num)
13.  porcentajes = [f'{n/total:.1%}' for n in num]
14.  # separar el sector mayor
15.  separar = [0.1 if n == max(num) else 0 for n in num]
16.
17.  # dibujar los valores
18.  plt.pie(num, labels=porcentajes,
19.          startangle=180,
20.          explode=separar,
21.          shadow = True)
22.
23.  # leyenda
24.  plt.legend(labels=alt, title='Alturas',
25.          fontsize='small', loc=(1.1, 0.55))
26.
27.  # mostrar el gráfico
28.  plt.show()
```

El resultado ahora es más atractivo.

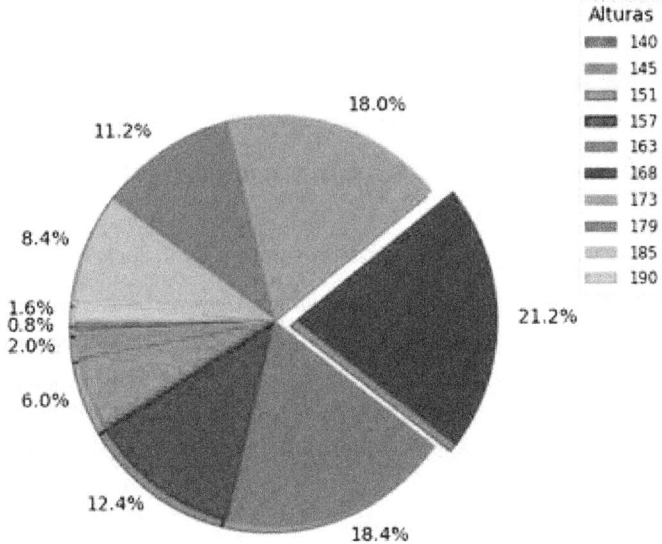

Gráfico de tarta con leyenda

5.1.4.5 GRÁFICOS DE ÁREAS

Los gráficos de áreas muestran una progresión en el tiempo de los cambios de uno o más grupos de variables. Comunican tendencias generales más que valores individuales al comparar varias series de datos. El área del gráfico representa el volumen o la proporción del total.

Son similares a los gráficos de líneas, pero se diferencian en que el espacio situado debajo de las líneas está sombreado para que se aprecie mejor la magnitud de las tendencias.

Existen tres tipos de gráficos de áreas:

▼ **Simple**: representa un único conjunto de datos.

▼ **Múltiple**: representan varias series de datos.

▼ **Apiladas**: formado por varias series temporales, cada serie se pone encima de la anterior, de manera que ninguna serie solapa a otra.

Para trazar gráficos de áreas *matplotlib* dispone de la función *stackplot*(). Su firma es:

```
matplotlib.pyplot.stackplot(x, *args, labels=(), colors=None,
baseline='zero', data=None, **kwargs)
```

Parámetros

▼ *x*: lista de valores de datos que muestran la progresión temporal.

Los siguientes parámetros opcionales facilitan la presentación del gráfico.

▼ *y*: serie de valores a comparar.

▼ *baseline*: método utilizado para calcular la línea de base {'zero', 'sym', 'wiggle', 'weighted_wiggle'}

▼ *labelslist*: secuencia de etiquetas para asignar a cada serie de datos.

▼ *colorslist*: secuencia de colores que se utilizará para colorear las áreas apiladas.

Para el ejemplo vamos a emplear una serie de datos correspondiente a la producción de cítricos en plantación regular durante las campañas de 2015 a 2019, de naranjo, mandarino y limonero, según el Ministerio de Agricultura. Los datos se presentan como un diccionario, con la clave el año y una tupla con los valores, en toneladas, de naranjas, mandarinas y limones.

Obtenemos listas independientes con los años y los valores de producción en miles de toneladas de naranjas, mandarinas y limones.

Llamamos a la función *stackplot()*, proporcionando los datos y las etiquetas y colores correspondientes.

Situamos las etiquetas y marcas del eje X, para disponer de todos los años. Establecemos una rejilla para ambos ejes.

Y terminamos añadiendo un título y visualizando la leyenda.

---

matplotlib_03_12_areas.py

```
1.  import matplotlib.pyplot as plt
2.
3.
4.  # relación de valores a visualizar
5.  # produccion toneladas año:(Naranjo, Mandarino, Limonero)
6.  datos = {2019: (3340564, 1893597, 938420),
7.          2018:(3906740, 2398289, 1122508),
8.          2017:(3342418, 1966685, 916932),
9.          2016:(3660726, 2381740, 948106),
10.         2015:(3084862, 2018422, 769170),
11.         2014:(3481516, 2389561, 1082592)}
12. annum = [a for a in datos]
13. na = [t//1000 for t, _, _ in datos.values()]
14. ma = [t//1000 for _, t, _ in datos.values()]
15. li = [t//1000 for _, _, t in datos.values()]
16. # valores para etiquetas y colores
17. citricos = ['Naranjo', 'Mandarino', 'Limonero']
18. colores = ['darkorange', 'red', 'yellow']
19.
```

```
20.   fig = plt.figure(constrained_layout=True)
21.
22.   # dibujar los valores
23.   plt.stackplot(annum, na, ma, li,
24.                 labels=citricos,
25.                 colors=colores, alpha = 0.75)
26.
27.   # rotar etiquetas en marcas eje X
28.   plt.xticks(annum, rotation=45, ha='right')
29.
30.   # cuadrícula en los ejes X e Y
31.   plt.grid(which='major', axis='both',
32.            linestyle='--', color='grey', alpha=0.8)
33.
34.   # poner título
35.   plt.title('Producción cítricos (en miles)',
36.             fontdict={'style':'italic', 'color':'red'})
37.
38.   # poner leyenda
39.   plt.legend(loc='upper left', ncol=3)
40.
41.   # mostrar el gráfico
42.   plt.show()
```

El gráfico que obtenemos presenta las áreas de producción acumuladas a lo largo de los años.

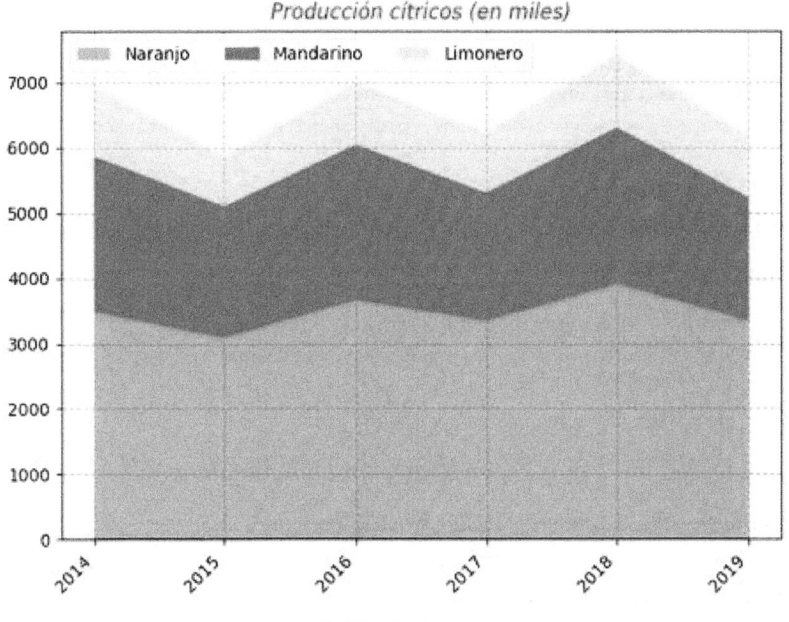

Gráfico de áreas

5.1.4.6 GRÁFICOS DE DISPERSIÓN

Un gráfico de dispersión, o gráfico de puntos, permite verificar la existencia de una correlación entre variables cuantitativas. Proporciona una comparación visual de dos conjuntos de valores en un gráfico haciendo uso de puntos para representar esa relación.

El gráfico muestra el grado de correlación entre las dos variables. En el eje X se sitúa la variable independiente, mientras que en el eje Y se disponen los valores de la variable dependiente.

La proximidad de los puntos entre sí indica una correlación alta. Los puntos alejados del conjunto general se conocen como valores atípicos.

El tipo de correlación se puede deducir según la forma de la nube de puntos:

- **Nula**: no existe ninguna relación entre las variables. Se dice que ambas son independientes.

- **Lineal**: existe una relación lineal que puede ser:
  - **Negativa**: si al aumentar los valores de la variable independiente disminuyen los valores de la variable dependiente.
  - **Positiva**: si al aumentar los valores de la variable independiente aumentan los valores de la variable dependiente.

- **No lineal**: existe una relación entre las variables pero no es lineal.

Para representar gráficos de dispersión en *matplotlib* disponemos de la función *scatter*(). Su firma es:

```
matplotlib.pyplot.scatter(x, y, s=None, c=None, marker=None,
cmap=None, norm=None, vmin=None, vmax=None, alpha=None,
linewidths=None, *, edgecolors=None, plotnonfinite=False, data=None, **kwargs)
```

Parámetros

- *x, y: datos a visualizar.*

- *s: tamaño del marcador en puntos**2.*

- *c: colores del marcador.*

- *marker: estilo del marcador. Por defecto: 'o'.*

- *cmap: mapa de colores utilizado para los datos escalares.*

- *norm: método de normalización utilizado para escalar los datos al rango [0, 1] antes de colorealos utilizando* ***cmap***.

- *vmin, vmax: cuando se utilizan datos escalares y no hay norma explícita, definen el rango de datos que cubre el mapa de colores.*

▼ **alpha**: *valor de mezcla alfa, entre 0 (transparente) y 1 (opaco).*

▼ **linewidths**: *ancho de línea de los bordes del marcador. Por defecto: 1.5.*

▼ **edgecolors**: *color del borde del marcador {'face', 'none', None}. Por defecto 'face'.*

▼ **plotnonfinite**: *si es True, y se trazan puntos con c no finito (inf, -inf o nan), los puntos se dibujan con el color establecido por colormap.set_bad(). Por defecto False.*

Vamos a emplear un conjunto de valores con las alturas medias de niños y niñas entre los 8 y los 18 años. Los datos se presentan como un diccionario, con la clave la edad y el valor la altura en cm.

Obtenemos listas independientes con las edades y las alturas para niños y niñas. Veremos cómo varían las alturas a lo largo de los años.

En el primer ejemplo llamamos a la función *scatter*() pasando las edades y las alturas de los niños. Estableciendo el tamaño de la marca y la gradación del color.

Etiquetamos los ejes y añadimos un título.

matplotlib_03_13_scatter.py

```
1.   import matplotlib.pyplot as plt
2.
3.
4.   # relación de valores a visualizar
5.   # estaturas edad:altura
6.   ninos = {8:127.5, 9:133, 10:138, 11:143.5, 12:148.5,
7.           13:155.5, 14:162.5, 15:169, 16:172.5, 18:175.5}
8.   ninas = {8:127.5, 9:133, 10:138, 11:143.5, 12:150.5,
9.           13:156.5, 14:160, 15:161.5, 16:162.5, 18:162.5}
10.  edades = [a for a in ninos]                # edades
11.  alt_o = [a for a in ninos.values()]       # alturas niños
12.  alt_a = [a for a in ninas.values()]       # alturas niñas
13.
14.  # dibujar los valores
15.  plt.scatter(edades, alt_o,
16.              s=30, alpha=0.5)
17.
18.  # etiquetas para los ejes
19.  plt.xlabel('Edades')
20.  plt.ylabel('Alturas (cm)')
21.
22.  # poner título general
23.  plt.title('Estatura niños',
24.            fontdict={'style':'italic', 'color':'red'})
25.
26.  # mostrar el gráfico
27.  plt.show()
```

En el resultado vemos como la dispersión de los puntos nos muestran una relación prácticamente lineal.

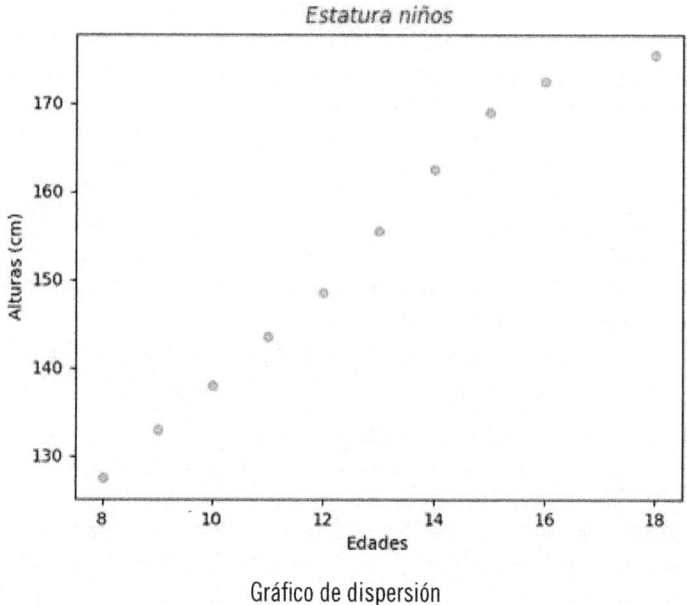

Gráfico de dispersión

Ya que disponemos de datos de dos series vamos a ver la forma de visualizar más de un grupo de valores y como distinguir unos de otros en el gráfico.

Podemos resolverlo con dos llamadas seguidas en el ejemplo anterior, añadiendo etiquetas en cada caso para distinguir qué puntos pertenecen a cada serie.

Pero también podemos establecer un bucle que nos dibuje tantas series como tengamos. Para ello vamos a crear dos diccionarios, uno con las alturas de niños y niñas y otro, con las mismas claves, y los colores que deseamos.

matplotlib_03_14_scatter2.py

```
1.  import matplotlib.pyplot as plt
2.
3.
4.  # relación de valores a visualizar
5.  ninos = {8:127.5, 9:133, 10:138, 11:143.5, 12:148.5,
6.          13:155.5, 14:162.5, 15:169, 16:172.5, 18:175.5}
7.  ninas = {8:127.5, 9:133, 10:138, 11:143.5, 12:150.5,
8.          13:156.5, 14:160, 15:161.5, 16:162.5, 18:162.5}
9.  edades = [a for a in ninos]                # edades
10. alt_o = [a for a in ninos.values()]        # alturas niños
11. alt_a = [a for a in ninas.values()]        # alturas niñas
12. alturas = {'Niños':alt_o, 'Niñas':alt_a}
13. colores = {'Niños':'b', 'Niñas':'r'}
```

```
14.
15.   # dibujar los valores de cada serie
16.   for x in alturas:
17.       plt.scatter(edades, alturas[x],
18.               label=x,
19.               c=colores[x],
20.               s=50, alpha=0.5)
21.
22.   # etiquetas para los ejes
23.   plt.xlabel('Edades')
24.   plt.ylabel('Alturas (cm)')
25.
26.   # poner título general
27.   plt.title('Estatura niños y niñas',
28.           fontdict={'style':'italic', 'color':'red'})
29.
30.   # poner leyenda
31.   plt.legend()
32.
33.   # mostrar el gráfico
34.   plt.show()
```

En el resultado, con las dos series, vemos como en edades tempranas no hay una gran diferencia en alturas entre niños y niñas, según avanza la edad las niñas aceleran el crecimiento y después los niños avanzan en estatura. El gráfico de dispersión nos facilita una comparación visual de las dos series.

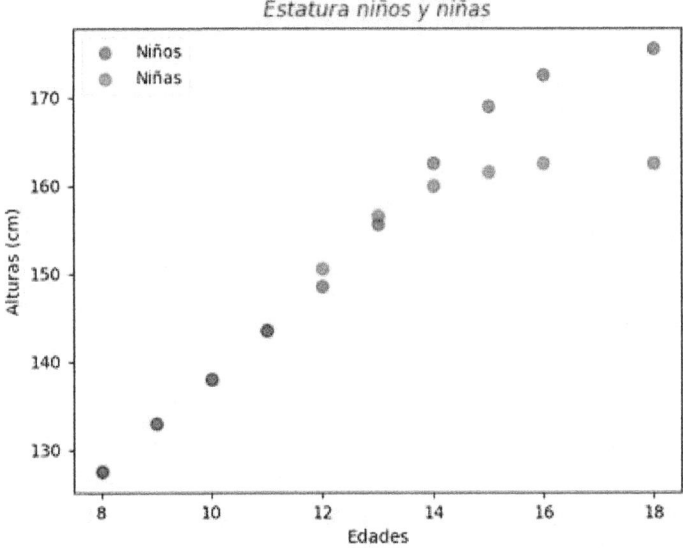

Gráfico de dispersión con dos series

5.1.4.7 BARRAS DE ERROR

Los gráficos que hemos empleado hasta ahora nos ofrecen una representación de la distribución de los valores de los datos, pero no nos ofrecen información sobre la precisión de las mediciones. Sabemos que cualquier resultado experimental carece de una precisión perfecta, por lo que puede ser muy importante conocer la precisión para interpretar el resultado. La inclusión de barras de error en las gráficas es clave para comunicar la confianza que se tiene en los valores presentados.

Las barras de error no son en sí un gráfico, sino que nos van a marcar un intervalo alrededor del dato estadístico que nos indica el error estimado o la incertidumbre de cuán precisa es una medición.

Se representan mediante líneas que se extienden a ambos lados del punto de datos trazado. Una barra de error corta indica que el valor promedio trazado es más probable, mientras que una barra de error larga indicaría que los valores son menos confiables. Cada par de barras de error tienen la misma longitud en ambos lados, salvo que los datos estén sesgados, en cuyo caso son asimétricas.

Las barras de error se pueden aplicar sobre gráficos de barras, de líneas o de dispersión. La forma de realizarlo consiste en trazar primero el gráfico deseado y a continuación trazar las barras de error.

La función *errorbar*() de *matplotlib* nos facilita el trazado de barras de error. Tiene la firma:

```
matplotlib.pyplot.errorbar(x, y, yerr=None, xerr=None, fmt='',
ecolor=None, elinewidth=None, capsize=None, barsabove=False,
lolims=False, uplims=False, xlolims=False, xuplims=False,
errorevery=1, capthick=None, *, data=None, **kwargs)
```

Parámetros

▼ *x, y: datos a visualizar.*

▼ *xerr, yerr: tamaños de las barras de error. Todos los valores deben ser $>= 0$. Por defecto None, ninguna barra de error.*

　Puede ser:

　● *Un escalar: valores simétricos para todos los puntos de datos.*

　● *Una cadena de valores: valores simétricos para cada punto de datos.*

　● *Una cadena de cadenas de valores: valores separados para cada barra. La primera fila contiene los errores inferiores, la segunda los superiores.*

▼ *fmt: formato para los puntos de datos/líneas de datos.*

▼ ***ecolor***: *color de las líneas de la barra de error. Si es None, usa el color de la línea que conecta los marcadores.*

▼ ***elinewidth***: *ancho de línea de las líneas de la barra de error. Si es None, se utiliza el ancho de línea del estilo actual.*

▼ ***capsize***: *longitud de las tapas de los extremos de la barra de error en puntos.*

▼ ***capthick***: *el grosor de la tapa de la barra de error en puntos.*

▼ ***barsabove:*** *si es True, se trazarán las barras de error por encima de los símbolos de trazado. Por defecto están por debajo.*

▼ ***lolims***, ***uplims***, ***xlolims***, ***xuplims***: *indican que un valor solo proporciona límites superiores/inferiores. En ese caso, se utiliza un símbolo de intercalación para indicarlo. Los argumentos **lims** pueden ser escalares o similares a matrices de la misma longitud que **xerr** e **yerr**. Para usar límites con ejes invertidos, set_xlim() o set_ylim() deben llamarse antes de errorbar().*

▼ ***errorevery***: *dibuja barras de error en un subconjunto de los datos. errorevery=N dibuja barras de error en los puntos (x[::N], y[::N]), errorevery=(start, N) dibuja barras de error en los puntos (x[start::N], y[start::N]).*

Devuelve

▼ ***errorbarContainer***: *que contiene:*

▼ ***plotline***: *instancia Line2D de los marcadores de trazado y/o línea x, y.*

▼ ***caplines***: *una tupla de instancias Line2D de las caplines de la barra de error.*

▼ ***barlinecols***: *una tupla de LineCollection con los rangos de error horizontal y vertical.*

Volvemos a emplear los datos de las alturas de un grupo de colegiales que ya hemos utilizado anteriormente. Los datos se presentan como una lista de tuplas, cada una de ellas contiene el número de alumnos de una determinada altura.

Extraemos primero una lista con el número de alumnos y otra con las alturas.

Crearemos una lista con los márgenes de error. Generamos unos valores para que en el ejemplo podamos trazar las barras de error de forma que a más alumnos menor nivel de confianza, mayor margen de error. (Estos valores no tienen ningún otro sentido que ayudar a presentar el ejemplo).

Primero trazamos un gráfico de barras con los datos.

A continuación añadimos las marcas de error, en este caso verticales. Terminamos poniendo marcas en el eje X y visualizamos el gráfico.

matplotlib_03_15_errorbar.py

```python
import matplotlib.pyplot as plt


# relación de valores a visualizar
# cada tupla (num. alumnos, altura)
alumnos_altura = [(2, 140), (5, 145), (15, 151), (31, 157), (46, 163),
                  (53, 168), (45, 173), (28, 179), (21, 185), (4, 190)]
num = [n for n, _ in alumnos_altura]        # número de alumnos
alt = [a for _, a in alumnos_altura]        # alturas


# establecer margen de error (lo hacemos así para el ejemplo)
err = [(n/a)*10 for n, a in alumnos_altura]


# dibujar los valores
plt.bar(alt, num, width=4, alpha=0.5)


# añadir marcas de error eje Y
plt.errorbar(alt, num, yerr=err,
             fmt="o", color="r")


# marcas en el eje X
plt.xticks(alt)


# mostrar el gráfico
plt.show()
```

En el resultado vemos las barras de error sobre el gráfico de barras, mostrando un mayor valor de error estimado en los casos de más alumnos.

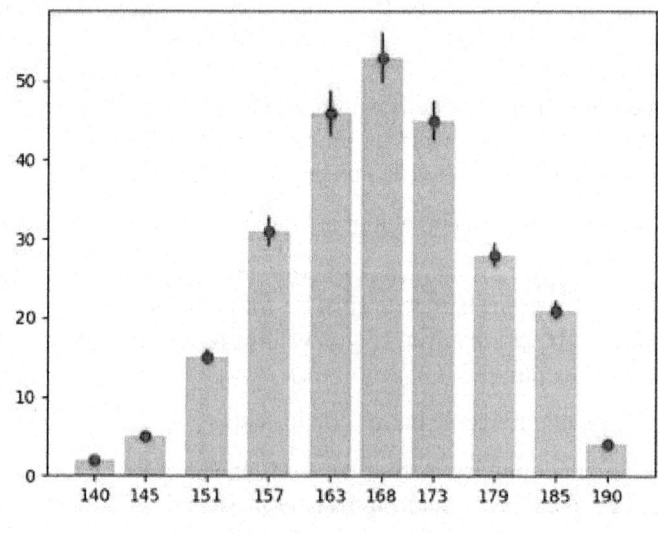

Gráfico con barras de error

En el ejemplo anterior tenemos una única referencia de error, pero podemos afinar más estableciendo un margen de error mínimo y máximo. Para ello basta con pasar a la función *errorbar*() una lista de errores compuesta por dos listas, con un mínimo y un máximo de error.

En este caso generaremos dos listas, y con ellas crearemos una lista con ambas dos para pasar a la función. (Insistimos que estos valores no tienen ningún otro sentido que presentar un gráfico que muestre las barras de error).

Además vamos poner tapas a los extremos de las barras de error.

matplotlib_03_16_errorbar1.py

```python
1.   import matplotlib.pyplot as plt
2.
3.
4.   # relación de valores a visualizar
5.   # cada tupla (num. alumnos, altura)
6.   alumnos_altura = [(2, 140), (5, 145), (15, 151), (31, 157), (46, 163),
7.                     (53, 168), (45, 173), (28, 179), (21, 185), (4, 190)]
8.   num = [n for n, _ in alumnos_altura]        # número de alumnos
9.   alt = [a for _, a in alumnos_altura]        # alturas
10.
11.  # establecer margen de error (lo hacemos así para el ejemplo)
12.  err_min = [(n/a)*10 for n, a in alumnos_altura]
13.  err_max = [(n/a)*20 for n, a in alumnos_altura]
14.  err = [err_min, err_max]
15.
16.  # dibujar los valores
17.  plt.bar(alt, num, width=4, alpha=0.5)
18.
19.  # añadir marcas de error eje Y
20.  plt.errorbar(alt, num, yerr=err,
21.               fmt="o", color="r", capsize=5)
22.
23.  # marcas en el eje X
24.  plt.xticks(alt)
25.
26.  # mostrar el gráfico
27.  plt.show()
```

Ahora nuestro gráfico muestra barras de error asimétricas:

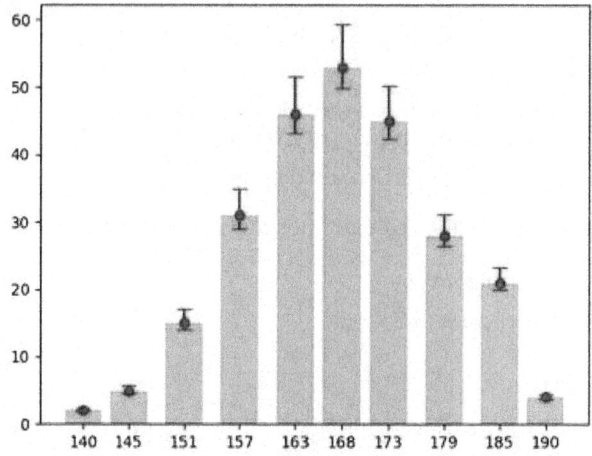

Gráfico con barras de error asimétricas

Hemos comentado que las barras de error se pueden poner sobre otros tipos de gráficos. Vamos a trazar un gráfico de dispersión (con los valores que estamos usando) y añadiremos barras de error horizontales y verticales.

Generaremos para ello dos listas de errores diferentes, una para el eje X y otra para el eje Y.

matplotlib_03_17_errorbar2.py

```python
1.   import matplotlib.pyplot as plt
2.
3.
4.   # relación de valores a visualizar
5.   # cada tupla (num. alumnos, altura)
6.   alumnos_altura = [(2, 140), (5, 145), (15, 151), (31, 157), (46, 163),
7.                     (53, 168), (45, 173), (28, 179), (21, 185), (4, 190)]
8.   num = [n for n, _ in alumnos_altura]        # número de alumnos
9.   alt = [a for _, a in alumnos_altura]        # alturas
10.
11.  # establecer margen de error (lo hacemos así para el ejemplo)
12.  err_x = [(n/a)*5 for n, a in alumnos_altura]
13.  err_y = [(n/a)*20 for n, a in alumnos_altura]
14.
15.  # dibujar los valores
16.  plt.scatter(alt, num)
17.
18.  # añadir marcas de error eje X e Y
19.  plt.errorbar(alt, num, xerr=err_x, yerr=err_y, fmt="o", color="r")
20.
21.  # marcas en el eje X
22.  plt.xticks(alt)
23.
24.  # mostrar el gráfico
25.  plt.show()
```

El gráfico tiene el siguiente aspecto, con las barras de error verticales y horizontales en cada punto.

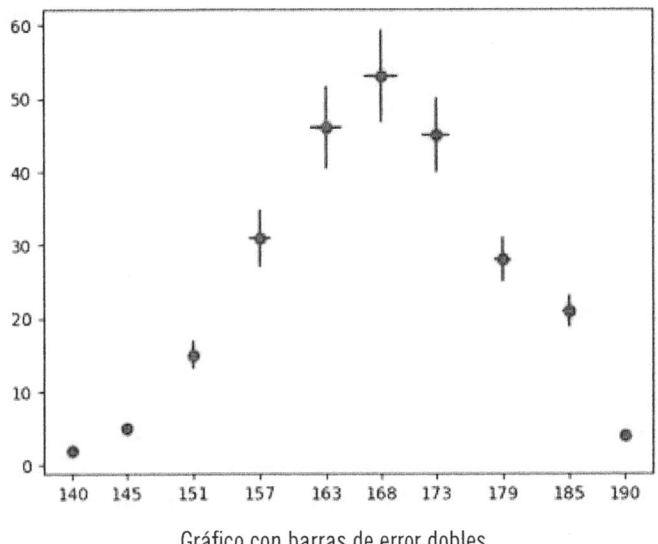

Gráfico con barras de error dobles

5.1.4.8 GRÁFICOS DE CAJA

Los gráficos de caja o de cajas y bigotes, fueron propuestos por primera vez por John Tukey en 1970. Es un diagrama que permite mostrar la forma de la distribución de un conjunto de valores, la mediana, los cuartiles, el máximo y el mínimo, su valor central y su variabilidad, y también sus valores atípicos.

Repasaremos primero la nomenclatura y forma de los gráficos de caja para situarnos. Los elementos que lo constituyen podemos verlos en la siguiente figura:

Componentes de un gráfico de caja

Los componentes de un gráfico de caja son:

▶ La **caja**, que se representa como un rectángulo que abarca el **rango intercuartílico** de la distribución, (Q3–Q1), lo que incluye el 50% de las observaciones centrales.

▶ La **mediana**, que se representa como una línea que cruza la caja y que se sitúa a la altura correspondiente a su valor. Nos indica si la distribución es simétrica o asimétrica.

▶ Los **bigotes** (*whisker*) son las líneas que se dibujan a ambos lados de la caja y representan el 50% restante de la distribución y determinan el límite para la detección de valores atípicos. El bigote superior se traza hasta el mayor punto de datos, y el inferior hasta el menor punto de datos, que en ambos casos se encuentran dentro de la distancia 1.5*(Q3- Q1), arriba y abajo.

▶ Los **valores atípicos** (*fliers*) marcan las observaciones que se encuentran más allá del límite inferior o superior. Un punto de la distribución se representa como un atípico si su valor es menor que Q1- 1.5*(Q3-Q1) o mayor que Q3+1.5*(Q3-Q1).

La mediana nos indica como es la distribución. Si la mediana se sitúa en el centro de la caja la distribución es **simétrica** y la media, mediana y moda coinciden.

Si la mediana está desplazada, dividiendo la caja en dos partes asimétricas, tenemos:

▶ **Asimetría positiva** o segada a la derecha si la parte más grande es la parte superior a la mediana. Los datos se concentran en la parte inferior de la distribución. La media suele ser mayor que la mediana.

▶ **Asimetría negativa** o sesgada a la izquierda si la parte más grande es la inferior a la mediana. Los datos se concentran en la parte superior de la distribución. La media suele ser menor que la mediana.

La función *boxplot()* de *matplotlib* toma un conjunto de valores y calcula la media, la mediana, los cuartiles y traza un gráfico de caja. Tiene la firma:

```
matplotlib.pyplot.boxplot(x, notch=None, sym=None, vert=None,
whis=None, positions=None, widths=None, patch_artist=None,
bootstrap=None, usermedians=None, conf_intervals=None,
meanline=None, showmeans=None, showcaps=None, showbox=None,
showfliers=None, boxprops=None, labels=None, flierprops=None,
medianprops=None, meanprops=None, capprops=None, whiskerprops=None,
manage_ticks=True, autorange=False, zorder=None, capwidths=None, *,
data=None)
```

Parámetros

▼ **x**: *datos de entrada. Si es una matriz 2D, se dibuja un gráfico de caja para cada columna de x. Si es una secuencia de matrices 1D, se dibuja un boxplot para cada matriz de x.*

▼ **notch**: *se dibuja un gráfico de caja con marcas (True), o un gráfico de caja rectangular (False). Las marcas representan el intervalo de confianza alrededor de la mediana. Por defecto False.*

▼ **sym**: *símbolo por defecto para los valores atípicos. Una cadena vacía ('') los oculta. Si es None, serán por defecto 'b+'.*

▼ **vert**: *si es True, dibuja cajas verticales. Si es False, dibuja cajas horizontales. Por defecto True.*

▼ **whis**: *posición de los bigotes. El bigote inferior está en el dato más bajo por encima de Q1-whis*(Q3-Q1), y el bigote superior en el dato más alto por debajo de Q3+whis*(Q3-Q1). El valor por defecto es 1.5 que corresponde a la definición original de Tukey. Si son un par de valores, indican los percentiles en los que dibujar los bigotes. Si se establece en (0, 100) se obtienen bigotes que cubren todo el rango de los datos.*

▼ **bootstrap**: *especifica si se debe aplicar **bootstrap** a los intervalos de confianza alrededor de la mediana para los gráficos de caja con marcas. Opcional.*

▼ **usermedians**: *matriz tipo 1D de longitud len(x). Cada entrada que no sea None fuerza el valor de la mediana para el conjunto de datos correspondiente. Para las entradas que son None, se calcula las medianas como normales. Opcional.*

▼ **conf_intervals**: *matriz 2D de forma (len(x), 2). Cada entrada que no es None fuerza la ubicación de la marca correspondiente (que solo se dibuja si **notch** es True). Para las entradas que son None, las marcas se calculan mediante el método especificado por los otros parámetros. Opcional.*

▼ **positions**: *las posiciones de las cajas. Las muescas y los límites se establecen automáticamente para que coincidan con las posiciones. Opcional*

▼ **widths**: *ancho de las cajas. Por defecto es 0.5, o 0.15*(distancia entre posiciones extremas), si es menor.*

▼ **patch_artist**: *si es False produce cajas con el artista Line2D. En caso contrario, las cajas se dibujan con artistas Patch. Por defecto False.*

▼ **labels**: *etiquetas para cada conjunto de datos (una por conjunto de datos). Opcional.*

▼ **manage_ticks**: *si es True, las ubicaciones de las marcas y las etiquetas se ajustarán para coincidir con las posiciones del boxplot.bool. Por defecto True.*

▼ *autorange: si es True los datos se distribuyen de forma que los percentiles 25 y 75 son iguales, **whis** se establece en (0, 100) de forma que los extremos de los bigotes están en el mínimo y máximo de los datos. Por defecto False.*

▼ *meanline: si es True, intentará representar la media como una línea que abarca todo el ancho de la caja. Por defecto False.*

▼ *zorder: por defecto: line2D.zorder = 2.*

Devuelve

▼ *dict: diccionario que asigna cada componente del gráfico de caja a una lista de las instancias de Line2D creadas. Ese diccionario tiene las siguientes claves (suponiendo gráficos de caja verticales):*

- *boxes: el cuerpo principal del boxplot mostrando los cuartiles y los intervalos de confianza de la mediana si están habilitados.*

- *medians: líneas horizontales en la mediana de cada caja.*

- *whiskers: líneas verticales que se extienden hasta los puntos de datos más extremos que no son valores atípicos.*

- *caps: líneas horizontales en los extremos de los bigotes.*

- *fliers: puntos que representan datos que se extienden más allá de los bigotes.*

- *means: puntos o líneas que representan las medias.*

Vamos a ver un ejemplo en el que volveremos a emplear los datos que teníamos de edades y alturas de estudiantes. Dibujaremos un gráfico de caja para las alturas de los niños.

Hemos calculado los cuartiles y los hemos añadido a la lista de marcas para el eje Y, junto con los valores mínimo y máximo, con la intención de visualizar mejor las dimensiones de la caja.

matplotlib_03_18_box.py

```
1.   import matplotlib.pyplot as plt
2.
3.
4.   # relación de valores a visualizar
5.   # estaturas edad:altura
6.   ninos = {8:127.5, 9:133, 10:138, 11:143.5, 12:148.5,
7.            13:155.5, 14:162.5, 15:169, 16:172.5, 18:175.5}
8.   ninas = {8:127.5, 9:133, 10:138, 11:143.5, 12:150.5,
9.            13:156.5, 14:160, 15:161.5, 16:162.5, 18:162.5}
10.  alt_o = [a for a in ninos.values()]
11.
12.
13.  # dibujar los valores
14.  plt.boxplot(alt_o, labels=['Niños'])
```

```
15.
16.    # marcas en el eje Y
17.    # se han añadido los cuartiles para mostrarlos en el gráfico
18.    # cálculo de los quartiles según método de Freund y Perles
19.    # primer cuartil 139.375
20.    # segundo cuartil 152
21.    # tercer cuartil 167.375
22.    marcas = [127.5,          # valor mínimo
23.              139.38,         # Q1
24.              152,            # Q2 mediana
25.              167.38,         # Q3
26.              175.5]          # valor máximo
27.    plt.yticks(marcas)
28.
29.    # cuadrícula en el eje Y
30.    plt.grid(which='major', axis='y',
31.             linestyle='--', color='grey', alpha=0.8)
32.
33.    # mostrar el gráfico
34.    plt.show()
```

Las líneas de rejilla para el eje Y nos permiten observar mejor la caja trazada. El primer cuartil es la base de la caja, correspondiente al valor 139.38.

La mediana, segundo cuartil, está situada en el valor 152.00. Marcada con la línea que cruza la caja.

El tercer cuartil, la parte superior de la caja, se corresponde con el valor 167.38,

Vemos también, que los valores mínimo y máximo de los bigotes se corresponden con los valores 127.50 y 175.50, primer y último valor de nuestra serie.

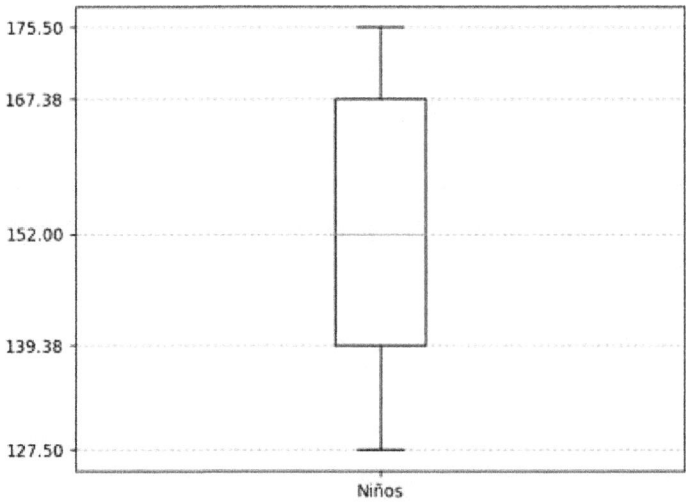

Gráfico de caja

Si disponemos de más de un grupo de valores debemos montarlos como una lista de listas para visualizar las diferentes cajas.

En el siguiente ejemplo vamos a presentar las series de alturas de niños y niñas.

Para poder ilustrar el ejemplo, y mostrar valores atípicos, incluiremos en las series un grupo extra de alturas, tanto por debajo del mínimo como por encima del máximo.

matplotlib_03_19_box2.py

```
1.    import matplotlib.pyplot as plt
2.
3.
4.    # relación de valores a visualizar
5.    # estaturas edad:altura
6.    ninos = {8:127.5, 9:133, 10:138, 11:143.5, 12:148.5,
7.            13:155.5, 14:162.5, 15:169, 16:172.5, 18:175.5}
8.    ninas = {8:127.5, 9:133, 10:138, 11:143.5, 12:150.5,
9.            13:156.5, 14:160, 15:161.5, 16:162.5, 18:162.5}
10.   # añadimos valores atípicos en ambas listas
11.   alt_o = [a for a in ninos.values()] + [75, 215, 225]
12.   alt_a = [a for a in ninas.values()] + [80, 195, 200]
13.   alturas = [alt_o, alt_a]     # lista de listas para dibujar más de una serie
14.
15.   # dibujar los valores
16.   plt.boxplot(alturas, labels=['Niños', 'Niñas'])
17.
18.   # cuadrícula en el eje Y
19.   plt.grid(which='major', axis='y',
20.           linestyle='--', color='grey', alpha=0.8)
21.
22.   # mostrar el gráfico
23.   plt.show()
```

En el gráfico vemos los valores atípicos representados con círculos por debajo y por encima de los bigotes.

En el gráfico correspondiente a las niñas, la caja presenta una asimetría negativa muy marcada, la parte inferior a la mediana es más grande que la superior, donde se concentran más datos.

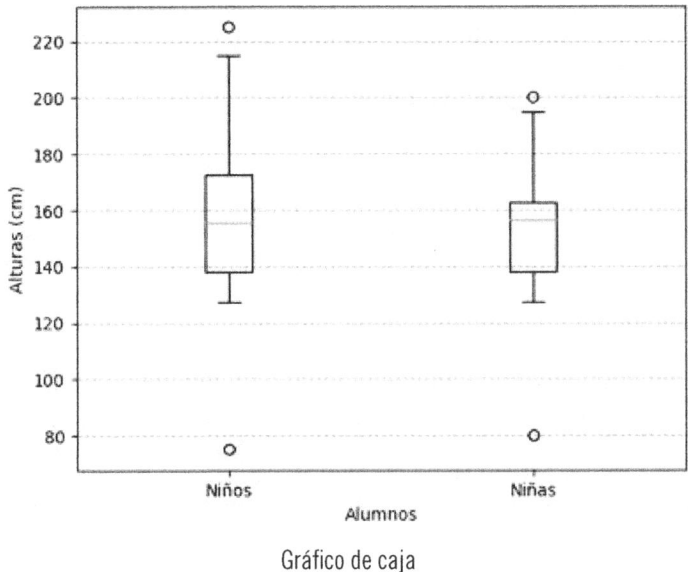

Gráfico de caja

5.1.5 Gráficos animados

En la introducción a este capítulo, señalábamos que el propósito de la visualización de datos es dar sentido a grandes cantidades de información numérica, resaltando patrones y relaciones de manera gráfica. Las animaciones potencian esta capacidad al presentar de manera dinámica la evolución de los datos, permitiendo una comprensión más profunda y fluida de su desarrollo a lo largo del tiempo.

Para animar un gráfico debemos empezar por el gráfico. Sí, lo que parece de cajón, a veces no lo es. El primer paso es conocer la función que vamos a visualizar antes de proceder con la animación. A continuación debemos definir el rango de valores en que se va a *mover* nuestra animación, determinando el primer y último valor, marcando así el inicio y el fin del movimiento. Las animaciones van a ser, en cierto modo, una película, compuesta por un conjunto de fotogramas (*frames*), cada uno de ellos una gráfica completa, que presentados uno tras otro (o uno sobre otro), con el retardo temporal adecuado, nos va a crear la ilusión de un movimiento animado.

La forma más sencilla de hacer un gráfico animado en *matplotlib* es utilizar una de las clases *Animation*(). Disponemos de:

▶ *Animation*(): clase base para animaciones.

▶ *FuncAnimation*(): subclase de *TimedAnimation*() que hace una animación llamando repetidamente a una función.

▶ *ArtistAnimation*(): subclase de *TimedAnimation*() que crea una animación utilizando un conjunto fijo de objetos *Artist*, elementos visibles de una figura

Vamos a centrarnos en el uso de la clase *FuncAnimation*(), que realmente no genera animaciones por sí misma, sino que se limita a transformar una serie de gráficos proporcionados a través de otra función, que se encarga de devolver un fotograma en cada llamada, estableciendo la velocidad de reproducción mediante la cantidad de fotogramas por segundo en el intervalo de microsegundos definido. La animación se construye mediante la secuencia de estos fotogramas, cada uno representando un estado específico. La función une y reproduce los gráficos en un flujo continuo.

La firma de *FuncAnimation*() es:

```
matplotlib.animation.FuncAnimation(fig, func, frames=None,
init_func=None, fargs=None, save_count=None, *,
cache_frame_data=True, **kwargs)
```

Parámetros

▼ *fig*: *un objeto figura que contendrá la imagen.*

▼ *func*: *función a llamar para cada fotograma. El primer argumento será el siguiente valor que actualice los datos que van en el gráfico. Cualquier argumento posicional adicional se suministra a través del parámetro **fargs**.*

   *La firma de la función debe ser: **def func(frame, *fargs)**.*

▼ *frames*: *fuente de datos para pasar a **func** y a cada fotograma de la animación. Puedes ser un iterable, un entero o una función generadora. Si es un entero, equivale a pasar range(frames).*

   *Si es una función generadora, entonces debe tener la firma: **def gen_function()**.*

   *En todos estos casos, los valores de **frames** simplemente se pasan a la función suministrada por el usuario y, por tanto, pueden ser de cualquier tipo.*

▼ *init_func*: *función que se llama una vez antes del primer fotograma. Si no se especifica, se utilizarán los resultados de dibujar desde el primer elemento de la secuencia.*

   *La firma de la función debe ser: **def init_func()**.*

▼ *fargs*: *argumentos adicionales a pasar a cada llamada a **func**.*

▼ *save_coun*: *número de valores de fotogramas a almacenar en cache.*

▼ *interval*: *retraso entre fotogramas en milisegundos. Marca el ritmo de actualización de la animación, cada cuanto tiempo se ejecutará la función de animación y actualizará la figura. Por defecto 200.*

▼ ***repeat_delay****: retardo en milisegundos entre ejecuciones de animación consecutivas. Por defecto 0.*

▼ ***repeat****: si True, la animación se repite cuando se completa la secuencia de fotogramas. Por defecto True.*

▼ ***blit****: si True, cualquier gráfico animado se dibuja encima de cualquier otro, sin importar su zorder. Por defecto False.*

▼ ***cache_frame_data****: si True, se almacenan en caché los datos de los fotogramas. Desactivar la caché puede ser útil cuando los fotogramas contienen objetos grandes. Por defecto True.*

Vamos a animar nuestro habitual gráfico del seno.

Preparamos una función de inicialización **init**(), que crea el fotograma a partir del que tendrá lugar la animación. En este caso la función de inicialización solo crea un fotograma vacío. Esta función debe devolver el objeto que el animador debe actualizar al generar cada cuadro.

Declaramos después una función de animación **animate**(), que toma un único parámetro que será el número de fotograma con el que calcularemos el trazado de nuestro gráfico. Establecemos la posición actual del punto en (i, sin(i)), y devolveremos la tupla que hace referencia al gráfico generado.

Una vez definidas las funciones creamos un ventana de figura con un solo eje sobre el que dibujaremos la función seno estática. Este gráfico solo tiene sentido aquí para que veamos por dónde va a ir nuestra animación.

Iniciamos la animación creando un objeto que nos servirá para trazar el gráfico modificándolo en cada fotograma de la animación. En el ejemplo lo iniciamos como un punto de color.

Finalmente creamos el objeto de animación, llamando a la función de animación del gráfico, a la que pasamos nuestra función de animación y la de inicialización.

Establecemos una animación de 360 fotogramas con un retardo de 20ms entre fotogramas. Indicamos con **blit** que solo se vuelvan a dibujar las partes del trazo que han cambiado, así la animación se mostrará mucho más rápido. Este objeto necesita persistir, por lo que debe ser asignado a una variable.

Acabamos el script mostrando el resultado. Y salvando el grafico animado como un fichero de tipo .gif.

matplotlib_04_01_anim.py

```
1.   import matplotlib.pyplot as plt
2.   from matplotlib.animation import FuncAnimation, PillowWriter
3.   import math
4.
5.
6.   # función de inicialización de la figura
7.   def init():
8.       # elimina la lista de imágenes
9.       trazo.set_data([], [])
10.      return trazo,
11.
12.  # función para crear cada fotograma
13.  def animate(i):
14.      # trazar un único valor
15.      trazo.set_data(i, math.sin(math.radians(i)))
16.      return trazo,
17.
18.
19.  # creación de los valores a visualizar
20.  grados = [i for i in range (0, 361, 10)]
21.  seno = [math.sin(math.radians(i)) for i in grados]
22.
23.  # establecer el área de trabajo
24.  fig = plt.figure()
25.  # marcas en los ejes X e Y
26.  axs = plt.axes(xlim=(0, 360), ylim=(-1, 1))
27.
28.  # dibujar el gráfico
29.  axs.plot(grados, seno)
30.
31.  # dibujar el primer trazo de la animación
32.  # trazo: lista que representa los datos trazados (líneas o marcas)
33.  trazo, = axs.plot([0], [0], 'ro')
34.
35.  # animar el gráfico
36.  anim = FuncAnimation(fig, animate, init_func=init,
37.                              frames=361, interval=20,
38.                              blit=True, repeat=True)
39.
40.  # mostrar el gráfico
41.  plt.show()
42.
43.  ##anim.save(r'c:\TestPython\matematicas\matplotlib\sine_wave.gif',
44.  ##            writer='imagemagick', fps=30)
```

```
45.
46.   # guardar el gráfico animado
47.   file = r'c:\TestPython\matematicas\matplotlib\sine_wave_dot.gif'
48.   writergif = PillowWriter(fps=30)    # método para guardar bajo Windows
49.   anim.save(file, writer=writergif)
50.   plt.close()
```

El gráfico presenta, además del trazado estático de la función seno, el trazado animado de un punto moviéndose según los valores del seno que generamos en cada llamada a la función de animación **animate**().

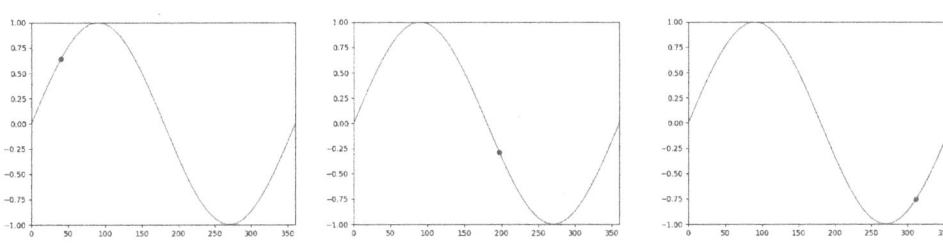

Sucesivas imágenes del punto moviendose a lo largo del seno

Disponemos de diferentes formatos para guardar la animación: gif, mp4, avi, mov, etc.

Dependiendo del formato, los parámetros para guardar el gráfico animado son diferentes.

Las opciones más comunes para guardar las animaciones son: *imageMagick* y *PillowWriter*.

Aunque *ImageMagick* es la opción más común, al menos bajo Unix, puede causar problemas en entornos Windows. La solución pasa por usar *PillowWriter*, como hemos hecho en el script.

En el siguiente ejemplo modificamos la función **animate**(), generando una serie de valores entre 0 y el número de fotograma que proporciona la función de animación, con lo que tendremos, fotograma a fotograma, una serie cada vez mayor de puntos.

En este ejemplo no hemos hecho uso de la función de inicialización, nos basta con el primer trazado que hacemos antes de proceder con la función de animación.

matplotlib_04_02_anim.py

```
1.   import matplotlib.pyplot as plt
2.   from matplotlib.animation import FuncAnimation
3.   import math
4.
5.
6.   # función para crear cada fotograma
7.   def animate(i):
```

```
 8.        # generar una serie de valores y trazarlos
 9.        x = [n for n in range (0, i, 10)]
10.        y = [math.sin(math.radians(n)) for n in x]
11.        trazo.set_data(x, y)
12.        return trazo,
13.
14.
15.   # creación de los valores a visualizar
16.   grados = [i for i in range (0, 361, 10)]
17.   seno = [math.sin(math.radians(i)) for i in grados]
18.
19.   # establecer el área de trabajo
20.   fig = plt.figure()
21.   # marcas en los ejes X e Y
22.   axs = plt.axes(xlim=(0, 360), ylim=(-1, 1))
23.
24.   # dibujar el gráfico
25.   axs.plot(grados, seno)
26.
27.   # dibujar el primer trazo de la animación
28.   # trazo: lista que representa los datos trazados (líneas o marcas)
29.   trazo, = axs.plot([0], [0], 'ro')
30.
31.   # animar el gráfico
32.   anim = FuncAnimation(fig, animate,
33.                        frames=362, interval=20,
34.                        blit=True, repeat=False)
35.
36.   # mostrar el gráfico
37.   plt.show()
```

El gráfico presenta, además del trazado estático de la función seno, el trazado animado de una serie de puntos correspondiente a las coordenadas de los puntos (x, y) calculados.

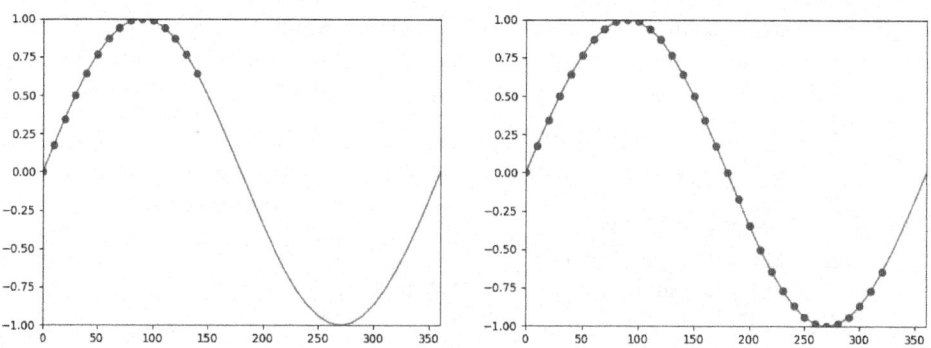

Sucesivas imágenes de los puntos animados sobre el trazado de seno

En el siguiente ejemplo trazamos la animación de la curva de la función seno exclusivamente, para ello modificamos la función **animate**() calculando cada uno de los puntos (x, y), y los vamos guardando en sendas listas para su trazado.

matplotlib_04_03_anim.py

```
1.   import matplotlib.pyplot as plt
2.   from matplotlib.animation import FuncAnimation, PillowWriter
3.   import math
4.
5.
6.   def animate(i):
7.       # generar un valor y trazarlo
8.       x.append(i)
9.       y.append(math.sin(math.radians(i)))
10.      trazo.set_data(x, y)
11.      return trazo,
12.
13.
14.  # establecer el área de trabajo
15.  fig = plt.figure()
16.  # marcas en los ejes X e Y
17.  axs = plt.axes(xlim=(0, 360), ylim=(-1, 1))
18.
19.  # valores a trazar
20.  x, y = [], []
21.
22.  # dibujar el primer trazo de la animación
23.  # trazo: lista que representa los datos trazados (líneas o marcas)
24.  trazo, = axs.plot(x, y)
25.
26.  # animar el gráfico
27.  anim = FuncAnimation(fig, animate,
28.                       frames=361, interval=20,
29.                       blit=True, repeat=False)
30.
31.  # mostrar el gráfico
32.  plt.show()
```

En el gráfico resultante vemos como avanza el trazado de la curva según vamos generando más puntos.

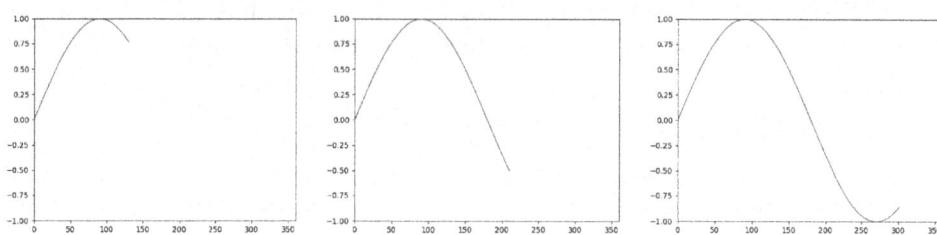

Varias imágenes del trazado animado de la función seno

En el siguiente ejemplo no definimos marcas para los ejes, por lo que el gráfico y el trazado irán modificándose según vayamos añadiendo puntos en cada fotograma.

Vamos a pasar a la función **animate**() las listas de valores (x, y) mediante parámetros extras con **fargs**, con la única intención de ver su uso.

matplotlib_04_04_anim.py

```
1.   import matplotlib.pyplot as plt
2.   from matplotlib.animation import FuncAnimation, PillowWriter
3.   import math
4.
5.
6.   # función para crear cada fotograma
7.   def animate(i, xx, yy):
8.       # generar un valor y acumularlo
9.       xx.append(i*10)
10.      yy.append(math.sin(math.radians(i*10)))
11.      # trazar el gráfico
12.      plt.plot(xx, yy)
13.
14.  # establecer el área de trabajo
15.  fig = plt.figure()
16.
17.  # no se establecen valores para las marcas de los ejes
18.
19.  # valores a trazar
20.  x, y = [], []
21.
22.  # animar el gráfico
23.  anim = FuncAnimation(fig, animate, fargs=(x, y),
24.                       frames=72, interval=300,
25.                       repeat=False)
26.
27.  # mostrar el gráfico
28.  plt.show()
```

En las sucesivas capturas de la evolución del gráfico podemos observar como van cambiando las marcas de los ejes X e Y, según se van generando más valores.

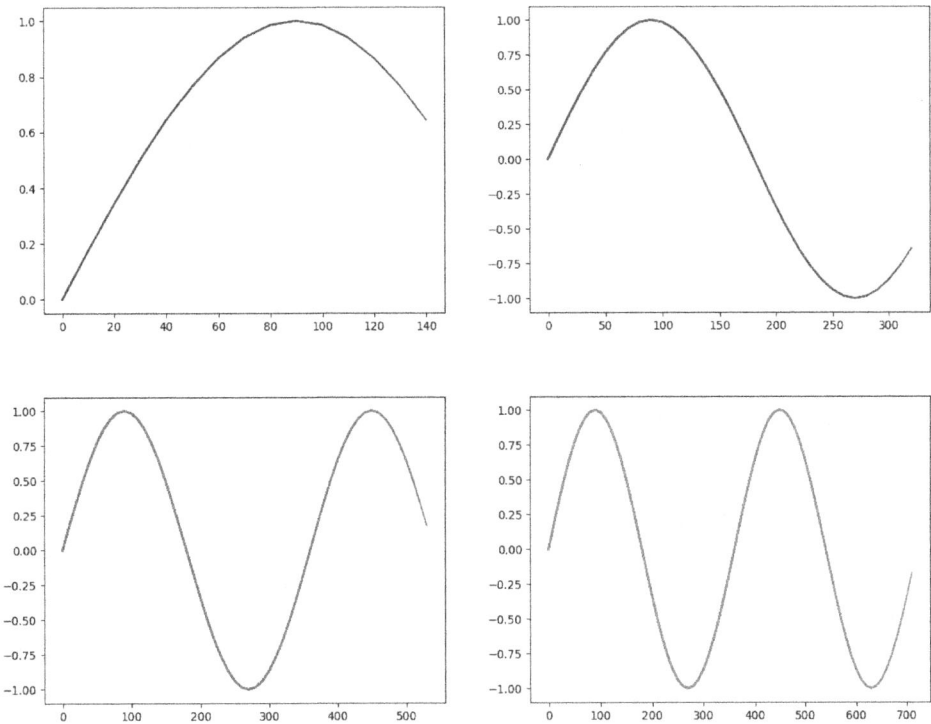

Diversas vistas del trazado incremental animado de la función seno

Y por último vamos ver como animar más de un trazado en el mismo gráfico.

En la función **animate**(), vamos a calcular datos para dos curvas, el seno y el coseno, trazando a continuación cada uno de los conjuntos de valores.

matplotlib_04_05_anim.py

```
1.   import matplotlib.pyplot as plt
2.   from matplotlib.animation import FuncAnimation, PillowWriter
3.   import math
4.
5.
6.   # función para crear cada fotograma
7.   def animate(i):
8.       # generar un valor y acumularlo
9.       x1.append(i*10)
10.      y1.append(math.sin(math.radians(i*10)))
11.      y2.append(math.cos(math.radians(i*10)))
12.      # trazar el gráfico
```

```
13.        plt.plot(x1, y1, 'b')
14.        plt.plot(x1, y2, 'r')
15.
16.
17.  # establecer el área de trabajo
18.  fig = plt.figure()
19.  # marcas en los ejes X e Y
20.  axs = plt.axes(xlim=(0, 360), ylim=(-1, 1))
21.
22.  # valores a trazar
23.  x1, y1, y2 = [], [], []
24.
25.  # animar el gráfico
26.  anim = FuncAnimation(fig, animate,
27.                         frames=37, interval=300,
28.                         repeat=False)
29.
30.  # mostrar el gráfico
31.  plt.show()
```

El resultado son dos curvas moviéndose a la par.

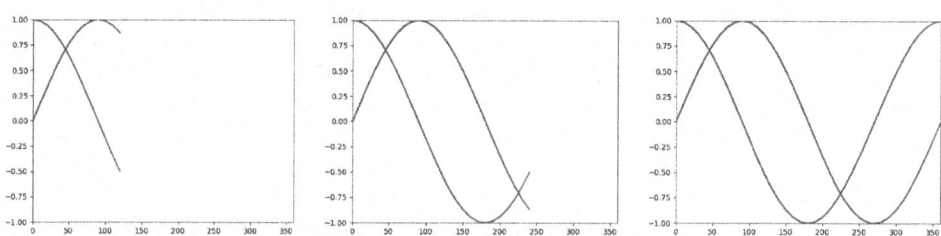

Sucesivas vistas del trazado animado de las funciones seno y coseno

5.1.6 Controles interactivos

Una animación puede ayudarnos a mostrar la evolución de los datos dinámicamente, pero un gráfico interactivo puede contar esa evolución con mayor eficacia, ya que nos ofrece una exploración personalizada sobre la evolución de los datos adaptada a nuestras necesidades.

La falta de interactividad de *matplotlib* sigue siendo una rémora, que se ha solucionado con algunas bibliotecas de terceros. Pero también es posible crear gráficos interactivos tan solo con *matplotlib*, mediante el paquete *matplotlib.widget*, que permiten controlar diferentes propiedades de los gráficos mediante algunos de los controles (*widgets*) que ofrece.

Vamos a ver el deslizador (*slider*) que nos permitirá controlar las propiedades visuales del gráfico y modificarlo cada vez que cambiemos los valores del deslizador.

El deslizador establece un rango de valores en punto flotante, con un valor de paso para incrementar/decrementar el valor asociado según nos movamos hacia uno u otro extremo del mismo.

La firma del deslizador es:

```
matplotlib.widgets.Slider(ax, label, valmin, valmax, valinit=0.5,
valfmt=None, closedmin=True, closedmax=True, slidermin=None,
slidermax=None, dragging=True, valstep=None,
orientation='horizontal', **kwargs)
```

Parámetros

▶ **ax**: *instancia de ejes que marca la posición en la que se coloca el deslizador.*

▶ **label**: *etiqueta de texto del deslizador.*

▶ **valmin**: *valor mínimo del deslizador.*

▶ **valmax**: *valor máximo del deslizador.*

▶ **valinit**: *valor inicial del deslizador. El valor por defecto es 0.5.*

▶ **valfmt**: *cadena de formato del valor del deslizador (%-format). Por defecto None.*

▶ **closedmin**: *el intervalo del deslizador se cierra en la parte inferior o no.*

▶ **closedmax**: *el intervalo del deslizador se cierra en la parte superior o no.*

▶ **slidermin**: *prohíbe que el deslizador actual tenga un valor menor que el valor actual del deslizador. Por defecto None.*

▶ **slidermax**: *prohíbe que el deslizador actual tenga un valor mayor que el valor actual del deslizador. Por defecto None.*

▶ **dragging**: *el deslizador puede ser arrastrado por el ratón o no. Por defecto True.*

▶ **valstep**: *el deslizador se desplazará con valores en múltiplos del valor establecido. Por defecto None.*

▶ **orientation**: *orientación del deslizador, {'horizontal', 'vertical'}. Por defecto 'horizontal'.*

El método del deslizador *on_changed*(func) permite conectar con el evento del deslizador. Cuando se cambia el valor del deslizador se llama a la función **func**() correspondiente, que tomará el nuevo valor del deslizador como argumento para el cálculo del nuevo gráfico.

Los deslizadores se pueden manipular con el ratón para cambiar los valores de las variables, es una funcionalidad de *matplotlib* con los controles interactivos. Para observar su funcionamiento basta con copiar el código y ejecutarlo desde el IDLE.

Vamos a ver un ejemplo con nuestra clásica función seno. Añadiremos dos deslizadores para así modificar la frecuencia y amplitud de la curva.

Estableceremos las posiciones donde deben aparecer los deslizadores definiendo las coordenadas de los ejes. Para cada deslizador estableceremos distintos rangos de valores entre los que podrán moverse, el valor mínimo y máximo y el de paso con que se incrementará/decrementará según desplacemos el deslizador con el ratón.

La función a la que se llamará cuando cambie el valor de los deslizadores será la misma para ambos, **update**(), por lo que tomaremos los valores de los deslizadores dentro de la función en lugar de utilizar el valor que nos llega como parámetro. En la función calculamos el nuevo trazado del seno con los valores de frecuencia y amplitud de ese momento.

matplotlib_05_01_interactivo.py

```
1.   import matplotlib.pyplot as plt
2.   from matplotlib.widgets import Slider
3.   import math
4.
5.
6.   # creación de los valores a visualizar
7.   grados = [i for i in range (0, 361, 10)]
8.   seno = [math.sin(math.radians(i)) for i in grados]
9.
10.  # establecer el área de trabajo
11.  fig, ax = plt.subplots()
12.  plt.subplots_adjust(bottom=0.25)
13.
14.  # dibujar el gráfico
15.  linea, = plt.plot(grados, seno)
16.
17.  # ejes para los deslizadores de frecuencia y amplitud
18.  axfreq = plt.axes([0.25, 0.15, 0.6, 0.03])
19.  axampl = plt.axes([0.25, 0.1, 0.6, 0.03])
20.
21.  # crear deslizador frecuencias de 0.0 a 3.0
22.  # valor inicial de 1.0 y pasos de 0.01
23.  freq = Slider(axfreq, 'Frecuencia', 0.0, 3.0, valinit=1.0, valstep=0.01)
24.
25.  # crear deslizador de amplitud de 0.0 a 1.0
26.  # valor inicial de 1.0 y pasos de 0.01
27.  ampl = Slider(axampl, 'Amplitud', 0.0, 1.0, valinit=1.0, valstep=0.01)
```

```
28.
29.  # función a llamar cuando los deslizadores cambien
30.  def update(val):
31.      # recibimos el valor del deslizador, pero como tenemos dos
32.      # tomamos los valores de ambos deslizadores
33.      f = freq.val
34.      a = ampl.val
35.      # recalcular los valores de la curva
36.      seno = [a * math.sin(math.radians(i) * f) for i in grados]
37.      # redibujar la curva
38.      linea.set_ydata(seno)
39.
40.  # establecer función a llamar cuando cambien los deslizadores
41.  freq.on_changed(update)
42.  ampl.on_changed(update)
43.
44.  # mostar el gráfico
45.  plt.show()
```

En el arranque del gráfico vemos como los deslizadores aparecen con los valores iniciales establecidos.

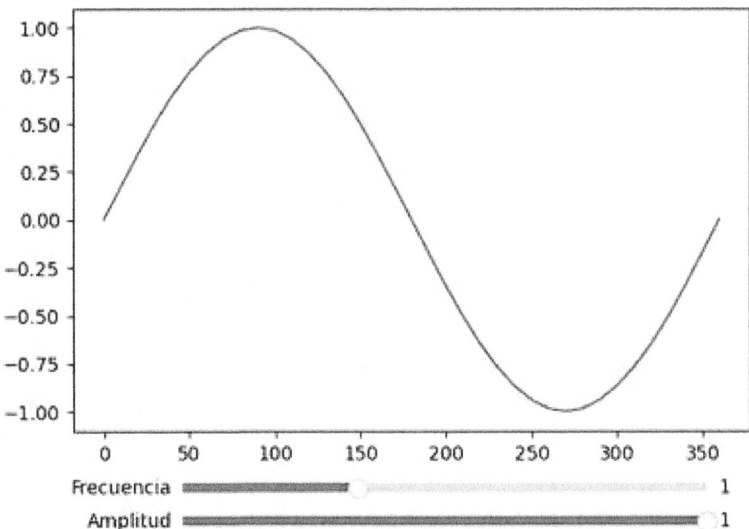

Situación inicial del gráfico y los deslizadores

Si desplazamos los deslizadores cambian su valor y esto se refleja en el trazado de la curva.

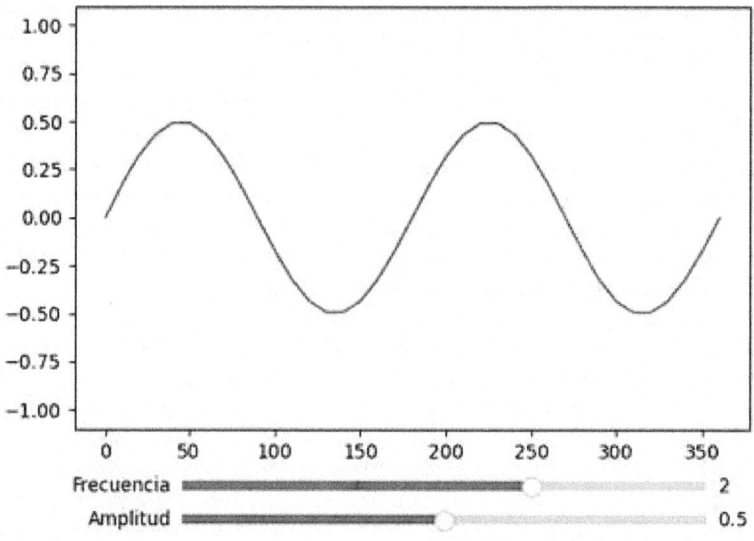

Estado del gráfico después de desplazar los deslizadores

5.1.7 Gráficos 3D

Originalmente *matplotlib* se diseñó para la generación de gráficos bidimensionales, pero en sucesivas versiones se han ido incluyendo capacidades para la generación de gráficos tridimensionales. Esta capacidad ayuda a visualizar más información, haciéndola además más atractiva.

Para generar gráficos 3D en *matplotlib* necesitamos crear una instancia de ejes de la clase *Axes3D*, empleando el argumento de palabra clave **projection='3d'** en cualquiera de las funciones de creación de ejes *add_axes*() o *add_subplot*().

Antes de *matplotlib* 3.2, era necesario importar explícitamente el módulo *mpl_toolkits.mplot3d* para hacer gráficos 3D. En sucesivas versiones basta con el submódulo *pyplot*.

> Todos los ejemplos se pueden manipular con el ratón para verlos desde distintos ángulos, es una funcionalidad de *matplotlib* con los gráficos en 3D. Para ello basta con copiar el código y ejecutarlo desde el IDLE.

En el siguiente código creamos unos ejes para un gráfico 3D con el parámetro clave **projection='3d'**. Esto basta para crear la figura de los ejes 3D vacíos. Vamos a titular el gráfico y disponer etiquetas para ver los ejes X, Y, Z.

matplotlib_06_01_3d.py

```
1.   import matplotlib.pyplot as plt
2.
3.
4.   # crear trazado en tres dimensiones
5.   ax = plt.axes(projection='3d')
6.
7.   # etiquetar los ejes
8.   ax.set_xlabel("Eje X", color='red')
9.   ax.set_ylabel("Eje Y", color='red')
10.  ax.set_zlabel("Eje Z", color='red')
11.
12.  # establecer título
13.  ax.set_title("Ejes en 3D", color='red')
14.
15.  # mostar el gráfico
16.  plt.show()
```

El resultado lo vemos en la siguiente imagen.

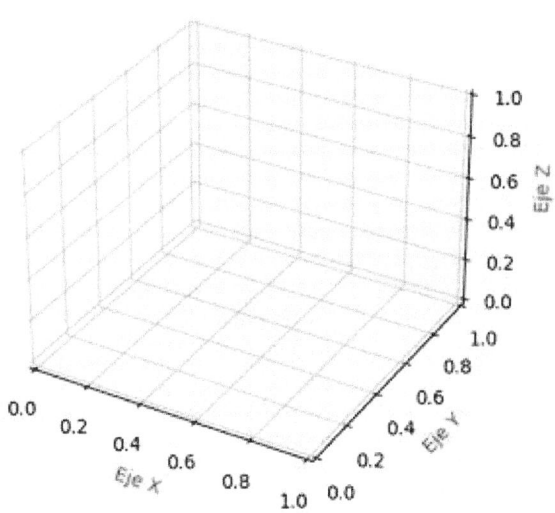

Ejes para representaciones 3D

Con los ejes 3D activados ya podemos trazar diversos gráficos tridimensionales. Como el ángulo de visión por defecto no siempre permite apreciar la figura, tenemos la posibilidad de girar los ejes, estableciendo la elevación, el acimut y el giro de los ejes en grados (no en radianes) utilizando el método *view_init*(), que tiene la firma:

```
Axes3D.view_init(elev=None, azim=None, roll=None, vertical_axis='z')
```

Parámetros

▼ **elev**: *ángulo de elevación en grados. Rota la cámara por encima del plano atravesado por el eje vertical predeterminado Z, la elevación define el ángulo de la ubicación de la cámara por encima del plano XY. Por defecto None.*

▼ **azim**: *ángulo azimutal en grados. Gira la cámara alrededor del eje vertical, con un ángulo positivo correspondiente a una rotación a derechas. Por defecto None.*

▼ **roll**: *ángulo de giro en grados. Rota la cámara alrededor del eje de visión. Un ángulo positivo gira la cámara en el sentido de las agujas del reloj, haciendo que la escena gire en sentido contrario. Por defecto None*

▼ **vertical_axis**: *eje a alinear verticalmente. **Azim** rota alrededor de este eje. Tiene los valores {'z', 'x', 'y'}. Por defecto 'z'.*

Procedemos a crear una grupo de ejes a los que aplicaremos diversos giros. En todos ellos señalaremos el origen de coordenadas (000), como referencia para observar los giros.

matplotlib_06_01_3d_1.py

```python
1.   import matplotlib.pyplot as plt
2.   import matplotlib.gridspec as gridspec
3.
4.
5.   # crear trazado en tres dimensiones
6.   fig = plt.figure(figsize=(8,5))
7.   gs = gridspec.GridSpec(nrows=2, ncols=3, figure=fig)
8.   ax1 = fig.add_subplot(gs[0, 0], projection='3d')
9.   ax2 = fig.add_subplot(gs[0, 1], projection='3d')
10.  ax3 = fig.add_subplot(gs[0, 2], projection='3d')
11.  ax4 = fig.add_subplot(gs[1, 0], projection='3d')
12.  ax5 = fig.add_subplot(gs[1, 1], projection='3d')
13.  ax6 = fig.add_subplot(gs[1, 2], projection='3d')
14.
15.  # etiquetar los ejes
16.  for ax in fig.get_axes():
17.      ax.set_xticklabels([])
18.      ax.set_yticklabels([])
19.      ax.set_zticklabels([])
20.      ax.text(0,0,0,'000')
21.
```

```
22.  # ajustar la posición de la cámara
23.  ax2.view_init(5, None)
24.  ax3.view_init(75, None)
25.  ax4.view_init(25, None, 25)
26.  ax5.view_init(None, 5)
27.  ax6.view_init(None, 75)
28.
29.  # establecer títulos
30.  ax1.set_title("Por defecto", color='red')
31.  ax2.set_title("(5, None)", color='red')
32.  ax3.set_title("(75, None)", color='red')
33.  ax4.set_title("(25, None, 25)", color='red', y=-0.1)
34.  ax5.set_title("(None, 5)", color='red', y=-0.1)
35.  ax6.set_title("(None, 75)", color='red', y=-0.1)
36.
37.  # mostar el gráfico
38.  plt.show()
```

El resultado nos muestralas distintas posiciones de los ejes 3D según los giros aplicados.

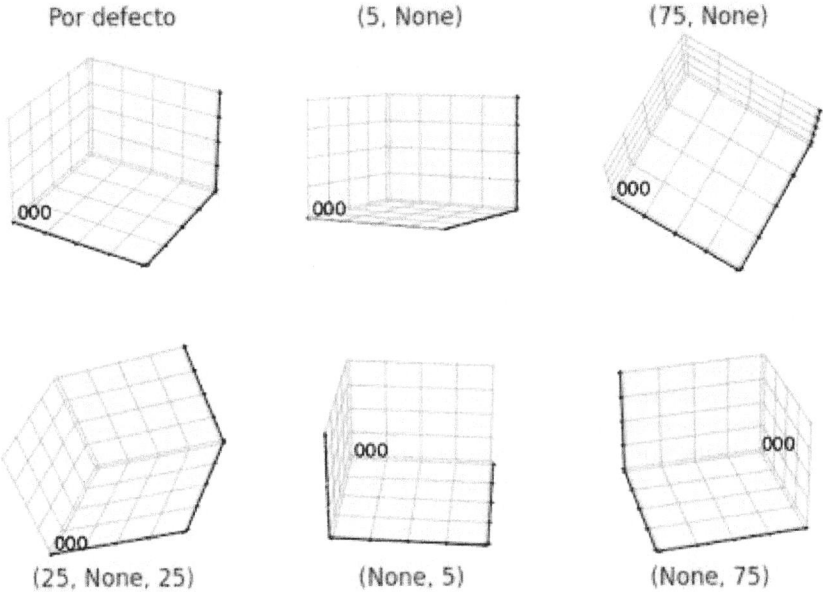

Distintas posiciones de los ejes 3D

A continuación mostraremos varios tipos de gráficos tridimensionales que nos facilita *matplotlib* para representar la información de la manera más adecuada a nuestros datos.

5.1.7.1 GRÁFICOS DE LÍNEAS

Para crear gráficos de líneas en un espacio tridimensional haremos uso de la función *plot*(), que tiene la firma:

```
plot(xs, ys, zs, zdir='z', **kwargs)
```

Parámetros

▸ **xs**: *vector con las coordenadas del eje X para cada punto.*

▸ **ys**: *vector con las coordenadas del eje Y para cada punto.*

▸ **zs**: *coordenadas Z de los vértices en forma de variable o vector; una para todos los puntos o una para cada punto.*

▸ **zdir**: *cuando se trazan datos 2D, la dirección a usar como z. {'x', 'y', 'z'}. Por defecto 'z'.*

Para el siguiente ejemplo generamos una secuencia de vértices para los ejes X, Y, Z, con las funciones seno y coseno.

Creamos una figura vacía con los ejes del gráfico indicando que será una proyección 3D.

Después, pasamos las coordenadas X, Y, Z a la función *plot*() para trazar el gráfico (también podemos usar *plot3D*()). Trazaremos las líneas en color.

matplotlib_06_02_3d_lineas.py

```python
1.  import matplotlib.pyplot as plt
2.  import math
3.
4.
5.  # relación de valores a visualizar
6.  grados = [i for i in range (-360, 361, 10)]
7.  seno = [math.sin(math.radians(i)) for i in grados]
8.  coseno = [math.cos(math.radians(i)) for i in grados]
9.
10. # crear trazado en tres dimensiones
11. ax = plt.axes(projection='3d')
12.
13. # dibujar los valores x, y, z
14. ax.plot(grados, seno, coseno, 'red')
15.
16. # mostar el gráfico
17. plt.show()
```

El resultado lo vemos en el gráfico siguiente.

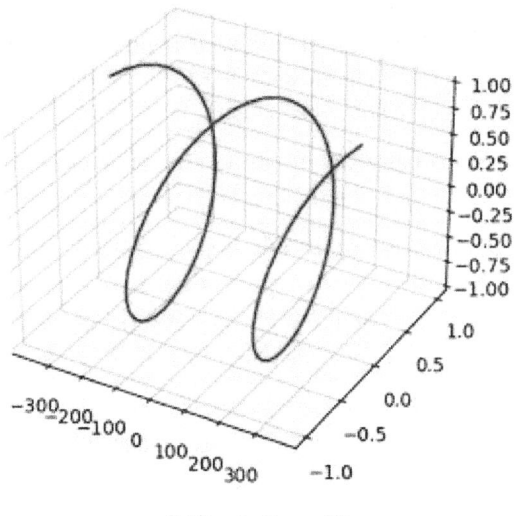

Gráfico de líneas 3D

5.1.7.2 GRÁFICOS DE BARRAS

Los gráficos de barras se utilizan para realizar comparativas entre diferentes series de valores. La extensión que ofrece la profundidad en el gráfico tridimensional amplía la capacidad de representación de información comparativa.

En un gráfico de barras en 3D necesitamos una posición y un tamaño que tenemos con los ejes X, Y, Z. Las posiciones X e Y representarán las coordenadas de la barra a través del plano (x, y), mientras que la altura de las barras será proporcional al valor a visualizar representado por el eje Z.

Para trazar un gráfico de barras tridimensional haremos uso de la función *bar3d*(), que tiene la firma:

```
bar3d(x, y, z, dx, dy, dz, color=None, zsort='average', shade=True,
lightsource=None, *args, data=None, **kwargs)
```

Parámetros

▸ ***x, y, z***: *coordenadas del punto de anclaje de las barras. X es el eje horizontal, Y es el eje de profundidad y Z es el eje vertical.*

▸ ***dx, dy, dz***: *datos de anchura, profundidad y altura de las barras.*

▸ ***color***: *color de las barras global o individual. Puede ser un único color, para colorear todas las barras del mismo color; o una matriz de colores de longitud el número de barras, para colorear cada barra independientemente.*

Cuando se generan barras múltiples, x, y, z tienen que ser vectores. dx, dy, dz pueden ser vectores o escalares.

Vamos a prepara un ejemplo en el que visualizaremos un gráfico de barras para presentar la producción de trigo, en millones de toneladas, de cinco países en un periodo de cuatro años. La información sobre producción la tenemos en un matriz de 4x5.

Decidimos presentar los países en el eje X, los años en el eje Y, con los valores de producción en el Z.

Primero vamos a preparar los valores de las coordenadas para las posiciones de las barras (x, y, z).

El valor de **x** será un vector con las posiciones de cinco barras, espaciadas a lo largo del eje X, que se repiten cuatro veces de acuerdo al número de años que tenemos para representar.

El valor de **y** será un vector con las posiciones espaciadas para las barras a lo largo del eje Y.

El valor de **z** es un vector inicializado a cero para el total de barras, ya que haremos que todas las barras partan del valor cero en el eje Z.

El siguiente paso es crear la información para la anchura, profundidad y altura de las barras (dx, dy, dz).

Para **dx** y **dy** creamos un vector con un valor de espaciado entre las barras, mientras que para **dz** vamos a utilizar los valores de producción. Como tenemos que pasar un vector a la función debemos de aplanar la matriz de producción original.

Para darle un poco de alegría al gráfico establecemos un vector con los colores para las barras.

Creamos una figura vacía con los ejes del gráfico indicando que será una proyección 3D.

Después, pasamos todos los vectores que hemos creado con los valores para x, y, z, dx, dy, dz y colores a la función *bar3d*().

Por último, para ilustrar un poco el gráfico, añadimos marcas y etiquetas en los ejes y terminamos poniendo un título al gráfico.

matplotlib_06_03_3d_bar.py

```
1.   import matplotlib.pyplot as plt
2.
3.
4.   # relación de valores a visualizar
5.   # producción de trigo en millones de toneladas
6.   paises = ['China', 'India', 'Rusia', 'EEUU', 'Canadá']
```

```
7.   annum = [2019, 2020, 2021, 2022]
8.   produccion =[[133.6, 103.59, 74.45, 52.58, 32.66],
9.             [134.25, 107.59, 85.89, 49.69, 35.18],
10.            [131.44, 99.70, 72.14, 51.29, 31.77],
11.            [138.00, 103.00, 91.00, 44.90, 33.82]]
12.
13.   # coordenadas de las barras
14.   x = [1.5, 2.5, 3.5, 4.5, 5.5]*4
15.   y = [0.5, 0.5, 0.5, 0.5, 0.5, 1.5, 1.5, 1.5, 1.5, 1.5,
16.        2.5, 2.5, 2.5, 2.5, 2.5, 3.5, 3.5, 3.5, 3.5, 3.5]
17.   z = [0 for i in range(20)]
18.
19.   # anchura, profundidad y altura de las barras
20.   dx = [0.5 for i in range(20)]
21.   dy = [0.5 for i in range(20)]
22.   # aplanamos la matriz de producción
23.   dz = [num for vector in produccion for num in vector]
24.
25.   # establecer colores
26.   colores = ['r','g','b', 'm', 'y'] * 4
27.
28.   # crear trazado en tres dimensiones
29.   ax = plt.axes(projection = "3d")
30.
31.   # dibujar los valores
32.   ax.bar3d(x, y, z, dx, dy, dz, color=colores, alpha=0.8)
33.
34.   # establecer marcas en los ejes
35.   ax.set_xticks([1,2,3,4,5])
36.   ax.set_xticklabels(paises)
37.   ax.set_yticks([1,2,3,4])
38.   ax.set_yticklabels(annum)
39.
40.   # establecer etiquetas en los ejes
41.   ax.set_xlabel('Paises', color='r')
42.   ax.set_ylabel('Años', color='r')
43.   ax.set_zlabel('Millones toneladas', color='r')
44.
45.   # establecer título
46.   ax.set_title('Producción de trigo', color='r')
47.
48.   # mostar el gráfico
49.   plt.show()
```

El resultado, como poco, es llamativo.

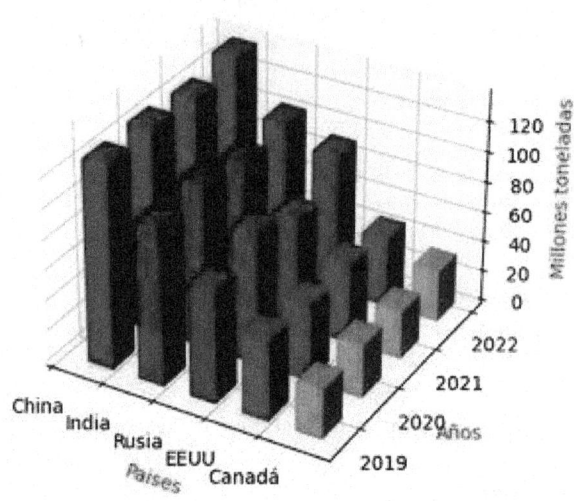

Gráfico de barras 3D

5.1.7.3 GRÁFICOS DE DISPERSIÓN

Un gráfico de dispersión muestra la correlación entre las variables como una colección de puntos en un eje cartesiano. En el caso de los gráficos de dispersión tridimensionales disponemos de tres variables para los ejes X, Y, Z.

El gráfico de dispersión 3D se crea utilizando la función *scatter3D*(), que tiene la firma:

```
scatter(xs, ys, zs=0, zdir='z', s=20, c=None, depthshade=True,
*args, data=None, **kwargs)
```

Parámetros

▶ *xs: vector con las coordenadas del eje X para cada punto.*

▶ *ys: vector con las coordenadas del eje Y para cada punto.*

▶ *zs: vector con las coordenadas del eje Z para cada punto. O un único valor para colocar todos los puntos en el mismo plano.*

▼ ***zdir****: la dirección del eje para los valores de zs. Esto es aplicable cuando se trazan datos 2D en un eje 3D. Los datos deben pasarse como xs, ys. Configurando zdir como 'y' los datos se trazan en el plano X-Z. Los posibles valores son: {'x', 'y', 'z', '-x', '-y', '-z'}. Por defecto 'z'.*

▼ ***s****: tamaño de las marcas en puntos**2. Puede ser una matriz de la misma longitud que **xs** e **ys** o un único valor para que todas las marcas tengan el mismo tamaño. Por defecto 20.*

▼ ***c****: color o secuencia de colores.*

Para nuestro ejemplo vamos a generar una secuencia de números para el eje X. Para obtener los de los ejes Y y Z, barajaremos los valores del eje X.

Generaremos de esta manera dos series que mostraremos en el mismo gráfico con la función *scatter3D()*.

matplotlib_06_04_3d_scatter.py

```
1.  import matplotlib.pyplot as plt
2.  import random
3.
4.
5.  # relación de valores a visualizar
6.  x = [i for i in range(-10, 20)]
7.  y = random.sample(x, k=30)
8.  z = random.sample(y, k=30)
9.
10. x2 = [i for i in range(-20, 10)]
11. y2 = random.sample(x2, k=30)
12. z2 = random.sample(y2, k=30)
13.
14. # crear trazado en tres dimensiones
15. ax = plt.axes(projection='3d')
16.
17. # dibujar los valores
18. ax.scatter3D(x, y, z, c='g', marker='o')
19. ax.scatter3D(x2, y2, z2, c ='r', marker='*')
20.
21. # mostar el gráfico
22. plt.show()
```

El resultado nos muestra los dos conjuntos de puntos, cada uno con el color asignado.

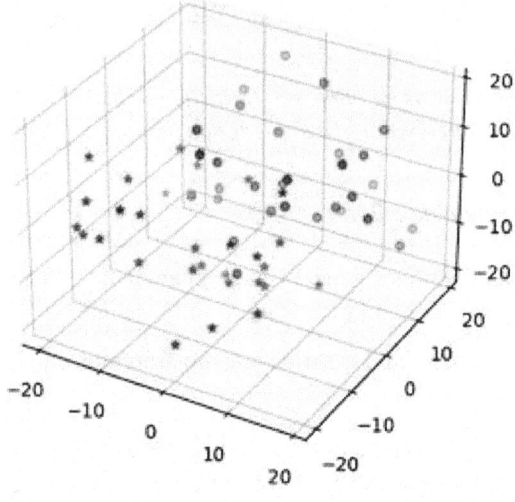

Gráfico de dispersión 3D

5.1.7.4 GRÁFICOS DE MALLA

El gráfico de malla es el esqueleto de un gráfico de superficie. Representa los datos mediante líneas, con huecos entre ellas.

En un gráfico bidimensional partimos de todos los pares de valores de los vectores X e Y. Para el gráfico tridimensional necesitamos un tercer vector Z en función de X e Y.

El gráfico de malla 3D se crea utilizando la función *plot_wireframe*(), que tiene la firma:

```
plot_wireframe(X, Y, Z, **kwargs)
```

Parámetros

▶ *X, Y, Z: vectores con las coordenadas de los vértices.*

Los siguientes parámetros opcionales nos facilitan el ajuste del gráfico.

▶ *rcount, ccount: número máximo de muestras utilizadas en cada dirección. Si hay más datos de entrada, se recortarán al número indicado. Si se establece un contador a cero, los datos no se muestrean en la dirección correspondiente, lo que producirá un gráfico lineal 3D en lugar de un gráfico de malla. Por defecto 50.*

▼ **rstride, cstride**: *reducción del muestreo en cada dirección. Estos argumentos se excluyen mutuamente con **rcount** y **ccount**. Si solo se define uno de los argumentos el otro se establece por defecto en 1. Si se establece un **stride** en cero, los datos no se muestrearán en la dirección correspondiente, lo que producirá un gráfico lineal 3D en lugar de un gráfico de malla.*

El modo general de trazado utiliza por defecto rstride=cstride=1 en lugar del nuevo valor por defecto rcount=ccount=50.

En el ejemplo vamos a hacer uso de la función *get_test_data*() que genera datos de prueba, para ello debemos importar la clase *axes3d*() del módulo *mpl_toolkits.mplot3d*, que amablemente nos proporciona esta facilidad.

Una vez tengamos los vectores para X, Y, Z, creamos una figura vacía con los ejes del gráfico indicando que será una proyección 3D.

Llamaremos dos veces a la función *plot_wireframe*(), con distintos valores en los parámetros opcionales, y distinto color, para observar cómo se crea la malla en cada caso.

matplotlib_06_05_3d_malla.py

```
1.   import matplotlib.pyplot as plt
2.   from mpl_toolkits.mplot3d import axes3d
3.
4.
5.   # obtener datos a trazar
6.   X, Y, Z = axes3d.get_test_data(0.053)
7.
8.   # crear trazado en tres dimensiones
9.   ax = plt.axes(projection='3d')
10.
11.  # dibujar los valores
12.  ax.plot_wireframe(X, Y, Z, rstride=7, cstride=7)
13.  ax.plot_wireframe(X, Y, Z, rcount=3, ccount=3, color='r')
14.
15.  # mostar el gráfico
16.  plt.show()
```

En el gráfico resultante tenemos las dos mallas que hemos dibujado, haciendo uso de más o menos puntos.

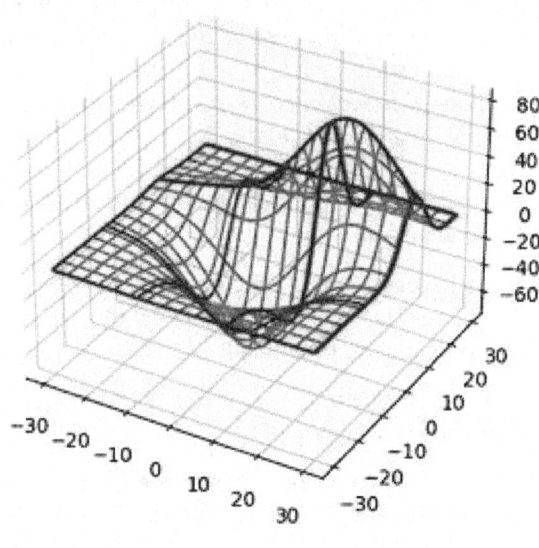

Gráfico de malla

5.1.7.5 GRÁFICOS DE SUPERFICIE

La generación de gráficos de superficie es similar a la de gráficos de malla en cuanto a la creación de los valores para X, Y, Z. Mientras que los gráficos de malla conectan puntos de datos mediante líneas, los gráficos de superficie rellenan el espacio entre los puntos con una superficie continua, que proporciona una representación más suave de los datos, especialmente cuando se tiene un conjunto de datos más grande y denso.

En el caso de gráficos de superficie hacemos uso de la función *plot_surface*(), que tiene la firma:

```
plot_surface(X, Y, Z, *, norm=None, vmin=None, vmax=None,
lightsource=None, **kwargs)
```

Parámetros

▶ *X, Y, Z: vectores con las coordenadas de los vértices.*

Los siguientes parámetros opcionales nos facilitan el ajuste del gráfico.

▶ *rcount, ccount: número máximo de muestras utilizadas en cada dirección. Si hay más datos de entrada, se recortarán al número indicado. Si se establece un contador a cero, los datos no se muestrearán en la dirección correspondiente, lo que producirá un gráfico lineal 3D en lugar de un gráfico de malla. Por defecto 50.*

▶ ***rstride*, *cstride***: *reducción del muestreo en cada dirección. Estos argumentos se excluyen mutuamente con **rcount** y **ccount**. Si solo se define uno de los argumentos, el otro se establece por defecto en 1. Si se establece un **stride** en cero, los datos no se muestrearán en la dirección correspondiente, lo que producirá un gráfico lineal 3D en lugar de un gráfico de malla.*

El modo general de trazado utiliza por defecto rstride=cstride=1 en lugar del nuevo valor por defecto rcount=ccount=50.

▶ ***color***: *color de los parches de superficie. Por defecto se colorea en un color sólido.*

▶ ***cmap***: *mapa de colores de los polígonos de la superficie.*

La elección entre gráficos de malla y gráficos de superficie dependerá de los datos y de cómo deseemos visualizarlos. De hecho, para el siguiente gráfico de superficie vamos a emplear los mismos datos que para el gráfico de malla visto anteriormente, dejando que extrapole el resto de puntos para la superficie.

matplotlib_06_06_3d_superficie.py

```
1.   import matplotlib.pyplot as plt
2.   from mpl_toolkits.mplot3d import axes3d
3.
4.
5.   # obtener datos a trazar
6.   X, Y, Z = axes3d.get_test_data(0.053)
7.
8.   # crear trazado en tres dimensiones
9.   ax = plt.axes(projection='3d')
10.
11.  # dibujar los valores
12.  ax.plot_surface(X, Y, Z, rstride=7, cstride=7)
13.
14.  # mostar el gráfico
15.  plt.show()
```

El resultado lo vemos en distintas tonalidades del color por defecto.

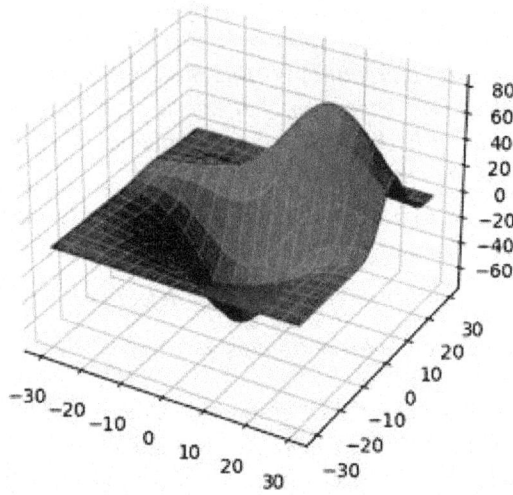

Gráfico de superficie monocromo

Como hemos comentado, es posible añadir un mapa de colores para que coloree la superficie, lo que va a dar más profundidad a la imagen, aportando más información visual.

Vamos a ampliar el ejemplo coloreando el gráfico e incluyendo una barra con la escala de colores para los valores del gráfico. Para ello basta con añadir un mapa de colores en la función *plot_surface*() con el parámetro opcional **cmap**.

La barra con la escala de colores la añadimos a la figura con la función *colorbar*(), aplicada sobre la superficie que nos devuelve la función *plot_surface*().

matplotlib_06_07_3d_superficie.py

```
1.   import matplotlib.pyplot as plt
2.   from mpl_toolkits.mplot3d import axes3d
3.
4.
5.   # obtener datos a trazar
6.   X, Y, Z = axes3d.get_test_data(0.053)
7.
8.   # crear trazado en tres dimensiones
9.   fig = plt.figure()
10.  ax = plt.axes(projection='3d')
11.
12.  # dibujar los valores
```

```
13.  # coloreando la superficie
14.  surf = ax.plot_surface(X, Y, Z, rstride=7, cstride=7, cmap='plasma')
15.
16.  # añadir una escala de colores
17.  fig.colorbar(surf, shrink=0.7)
18.
19.  # mostar el gráfico
20.  plt.show()
```

El nuevo gráfico ofrece una imagen con la misma información, pero visualmente más descriptiva.

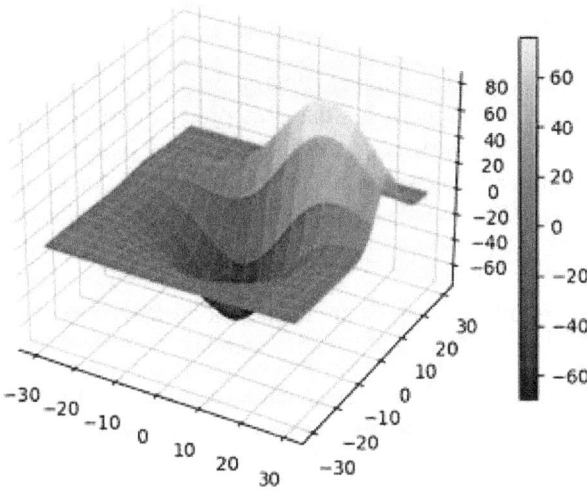

Gráfico de superficie coloreado

6

MÓDULOS MATEMÁTICOS AVANZADOS

El análisis de datos requiere el manejo de grandes cantidades de información de una forma eficiente. Una vez obtenidos los datos es preciso almacenarlos y manipularlos, generalmente en forma de matrices de una manera ágil y precisa. La disponibilidad de una gran cantidad de funciones integradas para realizar operaciones numéricas complejas han hecho que estos módulos sean esenciales en muchas aplicaciones científicas.

Python agrupa estas funcionalidades en diversos módulos.

- *NumPy* proporciona una base sobre la que se construyen otros paquetes de ciencia de datos, incluidos SciPy, Scikit-learn y Pandas.

- *SciPy* incluye diversas bibliotecas para cálculos científicos. Amplía NumPy incluyendo integración, interpolación, procesamiento de señales, más funciones de álgebra lineal, estadística descriptiva e inferencial, optimizaciones numéricas y mucho más.

- *Pandas* amplía NumPy proporcionando funciones para el análisis exploratorio de datos, estadística y visualización de datos.

- *Scikit-learn* amplía NumPy y SciPy con algoritmos avanzados de aprendizaje automático.

6.1 MÓDULO NUMPY

En un tiempo muy, muy lejano, hubo un paquete, **Numeric**, creado originalmente por Jim Hugunin en 1995. Para matrices grandes Numeric era muy lento, por lo que se escribió otro paquete, **Numarray**, como un reemplazo más flexible para Numeric, pero resultó ser más lento para matrices pequeñas. Durante un tiempo se utilizaron tanto Numeric como Numarray, ambos con diferentes formas de lograr objetivos similares. A principios de 2005 Travis Oliphant quiso unificarlos fusionando los dos, basándose en el código base de Numeric e implementando las nuevas características de Numarray. Este nuevo proyecto formó parte de SciPy. Para evitar instalar un paquete entero solo para trabajar con matrices, se separó con la denominación **NumPy**. La última versión de Numeric se publicó en 2005 y Numarray en 2006.

Python ha asimilado otros lenguajes, como el Fortran, que ha sido durante muchos años la referencia de leguaje de programación matemático, integrando sus bibliotecas, adaptándolas a la sintaxis y legibilidad propias de Python.

NumPy es el paquete fundamental para la computación científica en Python. Su nombre es un acrónimo de *Numeric Python* o *Numerical Python*. El núcleo del paquete NumPy es el objeto *ndarray* (*n dimensional array* - matriz n-dimensional), que encapsula **matrices n-dimensionales de tipos de datos homogéneos**, con muchas operaciones que se realizan en código compilado para un mejor rendimiento. El módulo proporciona una gran biblioteca de funciones matemáticas de alto nivel para operar con estas matrices.

Para poder usar *numpy* (lo escribiré en minúsculas a partir de aquí, tal cual se nombra el módulo) es necesario instalar la librería previamente, pues no está incluida en la distribución estándar de Python.

```
pip install numpy
```

Como siempre que vamos a hacer uso de un módulo debemos empezar con la importación del mismo. En el caso de *numpy* existe una convención que facilita la legibilidad del código.

```
1. import numpy as np
```

Una vez instalado *numpy* está bien comprobar la versión con la que vamos a trabajar.

```
1. >>> np.__version
2.    '1.24.1'
```

Así pues, todos los ejemplos de este capítulo se basan en la versión 1.24.1.

En los ejemplos solo visualizaremos la importación de *numpy* en el primero de cada sección, en los restantes se presupone.

Al ir en cada sección una serie de ejemplos espaciados entre el texto, procederemos a crear una o varias matrices en el primer ejemplo. Posteriormente haremos referencia a esas matrices, sin que aparezca la creación de las mismas en cada una de las piezas de código. Esperamos que el lector inteligente sepa disculpar nuestra pereza.

No vamos a ver aquí todas funciones y métodos de *numpy*, es recomendable revisar la *documentación de NumPy (https://numpy.org/doc/stable/index.html)* para comprobar todo lo que nos ofrece y estar a la última.

SciPy (Scientific Python) se menciona a menudo al mismo tiempo que NumPy. Scipy necesita a NumPy, ya que se basa en sus estructuras de datos y en sus funciones básicas de creación y manipulación. Amplía las capacidades de NumPy con otras funciones útiles para la minimización, la regresión, la transformación de Fourier y muchas otras.

Es probable que muchos lectores estén familiarizados con el software comercial de cálculo científico MATLAB. Cuando NumPy se emplea junto con otras bibliotecas de Python, como Matplotlib, puede considerarse una alternativa de pleno derecho a la funcionalidad básica de MATLAB.

Además, Python es un lenguaje libre y gratuito de código abierto, por lo que la práctica totalidad de sus numerosas librerías de cálculo científico son libres y gratuitas también, y es posible inspeccionar el código fuente, lo que permite aprender, aportar ideas e incluso sugerir modificaciones.

En conclusión, Python y NumPy ofrecen un ámplio abanico de funciones para la manipulación de datos, y son gratuitos, a diferencia de MATLAB, razón de más para utilizarlos.

En esta sección hemos agrupado las características más usuales del módulo en diecisiete áreas, para introducirse en el universo de numpy.

- ▼ *Arrays (vectores, matrices, tensores)*
- ▼ *Creación de matrices*
- ▼ *Presentación de matrices*
- ▼ *Indexación, cortes e iteraciones*
- ▼ *Manipulación del formato*
- ▼ *Copias y vistas*
- ▼ *Difusión (broadcasting)*
- ▼ *Funciones universales*
- ▼ *Funciones matemáticas*
- ▼ *Operaciones con cadenas*
- ▼ *Fecha y hora*
- ▼ *Ordenación, búsqueda y conteo*
- ▼ *Filtros y máscaras*
- ▼ *Agregación*
- ▼ *Estadística*
- ▼ *Números aleatorios*
- ▼ *Algebra lineal*

6.1.1 Arrays (vectores, matrices, tensores)

Las matrices multidimensionales, representadas por la clase *ndarray*, representan tanto matrices como vectores. Un *vector* es una matriz con una sola dimensión, mientras que una *matriz* posee dos dimensiones. Para matrices tridimensionales o de mayores dimensiones se suele utilizar el término *tensor*. A partir de aquí emplearemos el término matriz como más genérico para referirnos al *ndarray*, independientemente de su dimensión.

La **matriz multidimensional homogénea** (*ndarray*) es la estructura de datos básica del módulo *numpy*. Las matrices *ndarray* son una colección de elementos similares a las listas o tuplas, pero la flexibilidad de estas para contener elementos de distintos tipos las hace más lentas cuando hay que trabajar con un volumen grande de datos, mientras que las matrices de *numpy* almacenan **datos homogéneos en posiciones contiguas de memoria**, por lo que los procesos de manipulación sobre ellas mejoran significativamente la eficiencia, sobre todo cuando se trabaja con matrices de miles o cientos de miles de elementos, lo que las convierte en una herramienta esencial en el campo de la ciencia de datos y la computación científica.

Las matrices *ndarray* son más compactas que las listas, especialmente cuando hay más de una dimensión. Los datos en *numpy* se almacenan en bloques de memoria tipo POD (*Plain Old Data* – Datos Simples) que se caracterizan por emplear un área de memoria contigua, de longitud fija y sin formato.

Objeto Lista

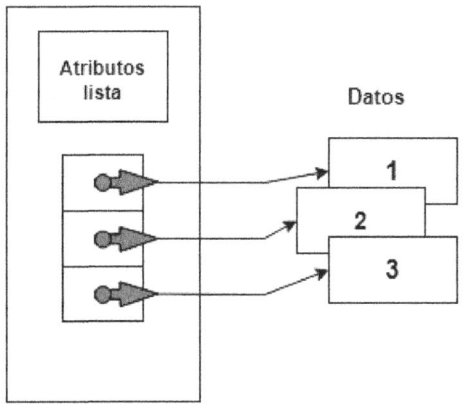

Las listas enlazan con objetos de datos en la memoria

Objeto ndarray

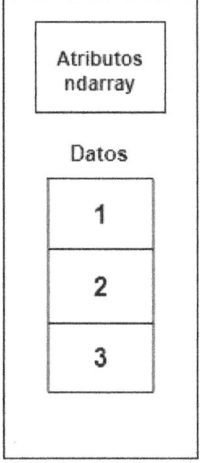

Las matrices ndarray emplean áreas de memoria contiguas

En algunas ocasiones es necesario trabajar con tipos de datos mixtos. En estos casos se dispone de un formato de matriz de registro en *numpy*, o en *Pandas* los *dataframes*. En este capítulo nos vamos a centrar en las matrices convencionales de *numpy* con sus datos homogéneos.

Como ocurre con otros objetos contenedores en Python disponemos de una sintaxis de indexación para referenciar la posición que ocupan los datos, con la que también podemos acceder a porciones de las matrices realizando cortes. Dependiendo de las dimensiones de la matriz se utilizan tantos índices como dimensiones existan. En *numpy* las dimensiones se denominan ejes (*axes*). Además, diferentes matrices pueden compartir los mismos datos, por lo que los cambios realizados en una pueden ser visibles en otra.

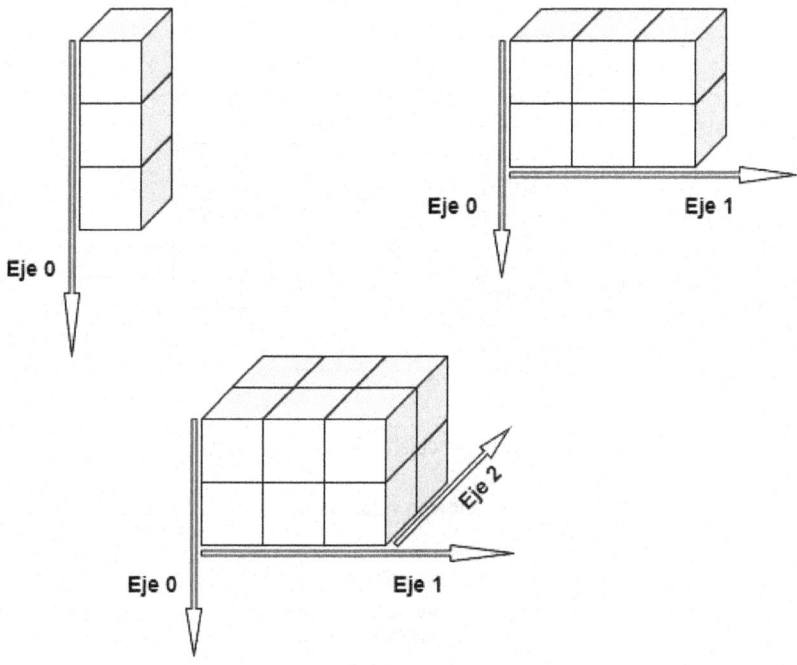

Representaciones de matrices con uno, dos o tres ejes

Los vectores suelen representarse generalmente de forma horizontal, por una cuestión de espacio en los libros.

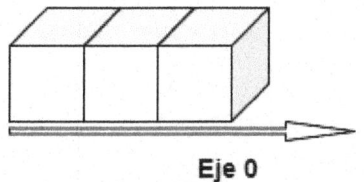

Vector representado horizontalmente

6.1.1.1 VECTORIZACIÓN

Las matrices *ndarray* son más compactas que las listas, especialmente cuando hay más de una dimensión. Los datos en *numpy* se almacenan en bloques de memoria tipo POD que emplean un área de memoria contigua, de longitud fija y sin formato. Al contener datos con una representación única, sin otra información accesoria ni metadatos, su tratamiento es más rápido, pues no necesita comprobar el tipo de los elementos. Si a esto añadimos que para superar el rendimiento de Python como lenguaje interpretado muchas operaciones se realizan en código C/C++ compilado, tenemos que *numpy* ofrece un mejor rendimiento en el tratamiento de grandes volúmenes de datos.

De hecho, la mayoría de las funciones de *numpy* son simplemente envoltorios para el código subyacente en C, que es donde ocurre el trabajo pesado.

Este aumento de la velocidad se debe al concepto de **vectorización** en *numpy*, que significa que las funciones se aplican simultáneamente sobre todos los elementos de una matriz sin necesidad de bucles explícitos, que se producen en C y no en Python.

Como podemos ver, en el caso de una lista actuamos elemento a elemento, aunque sea mediante una comprensión, que no deja de ser un bucle.

```
1.  >>> # crear una lista
2.  >>> a = [1, 2, 3, 4, 5, 6, 7, 8, 9]
3.  >>> # calcular los cuadrados de los elementos de la lista
4.  >>> a2 = [n**2 for n in a]
5.  >>> print(a2)
6.      [1, 4, 9, 16, 25, 36, 49, 64, 81]
```

Mientras que en el caso de *numpy* actuamos sobre la matriz.

```
1.  >>> import numpy as np
2.
3.  >>> # crear una matriz de numpy a partir de la lista
4.  >>> m = np.array(a)
5.  >>> # calcular los cuadrados de los elementos de la matriz
6.  >>> m2 = m ** 2
7.  >>> print(m2)
8.      [ 1 4 9 16 25 36 49 64 81]
```

Vamos a comprobar los tiempos de ejecución en ambos casos.

```
1.  >>> import timeit
2.
3.  >>> # creamos una lista con cien enteros consecutivos
4.  >>> lista = [x for x in range(100)]
5.  >>> # y una matriz con esa lista
6.  >>> matriz = np.array(lista)
7.  >>> # operando con la lista
8.  >>> print(timeit.timeit('[x**2 for x in lista]', globals=globals()))
```

```
 9.  │   3.7150715969999055
10.  │  >>> # operando con la matriz
11.  │  >>> print(timeit.timeit('matriz ** 2', globals=globals()))
12.  │     1.1669746319998922
```

El resultado nos ofrece una diferencia de un 31,41%, tres veces más rápido usando *numpy*. Y solo con 100 elementos.

La vectorización presenta ventajas significativas no solo por velocidad, sino que permite crear un **código más conciso**, lo que implica menos errores y facilita su lectura al ser **más parecido a la notación matemática**.

6.1.1.2 ATRIBUTOS DE LAS MATRICES

Los atributos de las matrices de *numpy* proporcionan información intrínseca de las mismas, y a veces permiten modificar algunas propiedades.

Los atributos más importantes de una matriz *ndarray* son:

Atributo	Descripción
ndarray.*ndim*	El número de ejes o dimensiones de la matriz.
ndarray.*shape*	Tupla de enteros que indica el tamaño de la matriz en cada dimensión. La longitud de la tupla es igual al número de ejes.
ndarray.*size*	Número total de elementos de la matriz. Es igual al producto de los elementos de *shape*.
ndarray.*dtype*	Tipo de los elementos de la matriz.
ndarray.*itemsize*	Tamaño en bytes de cada elemento de la matriz. Es equivalente a *ndarray.dtype.itemsize*.
ndarray.*data*	Búfer que contiene los elementos reales de la matriz. La forma normal de acceso es utilizando el sistema de indexación.
ndarray.*nbytes*	Total de bytes consumidos por los elementos de la matriz.
ndarray.*T*	Matriz traspuesta.
ndarray.*flat*	Iterador de una dimensión sobre la matriz.
ndarray.*real*	La parte real de la matriz en el caso de números imaginarios.
ndarray.*imag*	Parte imaginaria de la matriz.
ndarray.*flags*	Información sobre la disposición en memoria de la matriz.

El atributo *flags* se utiliza para obtener información sobre la disposición en memoria de la matriz.

Indicador	Descripción
C_CONTIGUOUS (C)	Los datos están en un único segmento contiguo estilo C.
F_CONTIGUOUS (F)	Los datos se encuentran en un único segmento contiguo estilo Fortran.
OWNDATA (O)	La matriz es propietaria de la memoria que utiliza o la toma prestada de otro objeto.
WRITEABLE (W)	Se puede escribir en el área de datos. Si se establece en *False*, los datos se bloquean y pasan a ser de solo lectura.
ALIGNED (A)	Los datos y todos los elementos están alineados adecuadamente para el hardware.
WRITEBACKIFCOPY (X)	La matriz es una copia de otra matriz.

Vamos a ver un ejemplo con los atributos en el punto siguiente, junto a la creación de matrices.

6.1.2 Creación de matrices

La forma de crear e inicializar matrices en *numpy* es variada:

▼ A partir de otras colecciones de datos de Python, como listas o tuplas.
▼ Mediante funciones específicas de numpy.
▼ Por replicación, unión o mutación de matrices.
▼ Leyendo los datos de un fichero.
▼ A partir de bytes sin procesar mediante cadenas o búferes.
▼ Mediante funciones especiales de biblioteca.

6.1.2.1 A PARTIR DE COLECCIONES DE DATOS

La forma más sencilla para crear una matriz en *numpy* es con la función *array*(), que nos facilita la creación e inicialización de matrices a partir de listas o tuplas de Python, utilizando listas anidadas para crear matrices de dos o más dimensiones.

Método	Descripción
np.*array*(object, dtype=None, *, copy=True, order='K', subok=False, ndmin=0, like=None)	Crea una matriz *numpy* a partir de cualquier objeto que exponga la interfaz *array*, o cualquier secuencia anidada. Si **object** es un escalar, se devuelve una matriz de 0 dimensiones que contiene el objeto. El **dtype** es el tipo de datos deseado para la matriz. Si no se indica, el tipo se determinará como el tipo mínimo necesario para contener los objetos de la secuencia. Si **copy** es *True*, se copiará el objeto. El **order** especifica la disposición en memoria de la matriz. {'K', 'A', 'C', 'F'}. Tipo C o tipo Fortran. Si **subok** es *True*, se pasarán las subclases. Con **ndmin** se indica el número mínimo de dimensiones que debe tener la matriz resultante. El objeto **like** es la referencia para permitir la creación de matrices que no sean matrices *numpy*.

Hay que asegurarse de que la lista sea homogénea para no perder la capacidad de operación de *numpy*.

```
1.   >>> import numpy as np
2.
3.   >>> # creación de un vector
4.   >>> m = np.array([1, 2, 3])
5.   >>> m
6.       array([1, 2, 3])
7.   >>> print(m)
8.       [1 2 3]
9.
10.  >>> # atributos de la matriz
11.  >>> m.ndim
12.      1
13.  >>> m.shape
14.      (3,)
15.  >>> m.size
16.      3
17.  >>> m.dtype
18.      dtype('int32')
19.  >>> m.itemsize
20.      4
21.  >>> m.data
22.      <memory at 0x00000222CF027A00>
23.  >>> m.nbytes
24.      12
25.  >>> print(m.flags)
26.    C_CONTIGUOUS : true
27.    F_CONTIGUOUS : true
28.    OWNDATA : true
29.    WRITEABLE : true
30.    ALIGNED : true
31.    WRITEBACKIFCOPY : false
32.
33.  >>> # creación de una matriz
34.  >>> m2 = np.array([[1, 2, 3], [4, 5, 6]])
35.  >>> m2
36.      array([[1, 2, 3],
37.             [4, 5, 6]])
38.  >>> print(m2)
39.      [[1 2 3]
40.       [4 5 6]]
41.  >>> m2.ndim
42.      2
43.  >>> m2.shape
44.      (2, 3)
```

```
45.  >>> m2.T
46.      array([[1, 4],
47.             [2, 5],
48.             [3, 6]])
49.  >>> print(m2.flags)
50.    C_CONTIGUOUS : true
51.    F_CONTIGUOUS : false
52.    OWNDATA : true
53.    WRITEABLE : true
54.    ALIGNED : true
55.    WRITEBACKIFCOPY : false
56.
57.  >>> # creación de una matriz con números complejos
58.  >>> mimag = np.array([[1+2j, 3-4j], [5-6j, 7-8j]])
59.  >>> mimag
60.      array([[1.+2.j, 3.-4.j],
61.             [5.-6.j, 7.-8.j]])
62.  >>> mimag.real
63.      array([[1., 3.],
64.             [5., 7.]])
65.  >>> mimag.imag
66.      array([[ 2., -4.],
67.             [-6., -8.]])
```

El vector **m** podemos verlo como:

1	2	3

Mientras que la matriz **m2** sería:

1	2	3
4	5	6

Los escalares en *numpy* tienen dimensión cero.

```
1.  >>> a = np.array(12)
2.  >>> a
3.      array(12)
4.  >>> a.shape
5.      ()
```

6.1.2.1.1 Definición de tipos

En el momento de la creación de la nueva matriz se establece el tipo de los datos, bien **implícitamente**, analizando los datos proporcionados para deducir el tipo de datos, o bien **explícitamente**, indicando el tipo y tamaño de los datos que va a contener con el argumento de palabra clave *dtype*, si van a ser de un tipo diferente al que puede deducirse de los propios datos.

Es importante establecer el tipo de datos correcto, ya que podríamos acabar realizando cálculos mezclando tipos que producirían resultados no deseados.

Siempre que se requiera un tipo de dato en *numpy* se puede suministrar un objeto *dtype* o algo que se pueda convertir a uno. Estas conversiones se realizan mediante el constructor *dtype*:

```
np.dtype(dtype, align=False, copy=False)
```

Parámetros

▼ **dtype**. *Objeto a convertir en un objeto de tipo de datos.*

▼ **align**. *solo puede ser True si el objeto es un diccionario o una cadena separada por comas.*

▼ **copy**. *Si es True crea una nueva copia del objeto. Si es False, el resultado puede ser solo una referencia a un objeto de tipo de datos incorporado.*

Muchos de los tipos numéricos de *numpy* están relacionados con los de C.

Tipo numpy	Alias	Abreviado	Tipo C	Descripción
np.*bool_*	np.bool8	'b1'	bool	Booleano (*True* o *False*) almacenado como un byte
np.*byte*	np.int8	'i1'	signed char	Definido por la plataforma (-128 a 127)
np.*ubyte*	np.uint8	'u1'	unsigned char	Definido por la plataforma (0 a 255)
np.*short*	np.int16	'i2'	short	Definido por la plataforma (-32768 a 32767)
np.*ushort*	np.uint16	'u2'	unsigned short	Definido por la plataforma (0 a 65535)
np.*intc*	np.int32	'i4'	int	Definido por la plataforma (-2147483648 a 2147483647)
np.*uintc*	np.uint32	'u4'	unsigned int	Definido por la plataforma (0 a 4294967295)

np.*int_*	np.int64	'i8'	long	Definido por la plataforma (-9223372036854775808 a 9223372036854775807)
np.*uint*	np.uint64	U8'	unsigned long	Definido por la plataforma (0 a 18446744073709551615)
np.*longlong*			long long	Definido por la plataforma
np.*ulonglong*			unsigned long long	Definido por la plataforma
np.*half*	np.float16	'f2'		Número en punto flotante de media precisión: bit de signo, exponente de 5 bits, mantisa de 10 bits
np.*single*	np.float32	'f4'	float	Número en punto flotante de precisión simple definido por la plataforma: normalmente bit de signo, exponente de 8 bits, mantisa de 23 bits
np.*double*	np.float64	'f8'	double	Número en punto flotante de doble precisión definido por la plataforma: típicamente bit de signo, exponente de 11 bits, mantisa de 52 bits.
np.*longdouble*	np.float96 np.float128		long double	Número en punto flotante de precisión extendida definido por la plataforma
np.*csingle*	np.complex64	'c8'	float complex	Número complejo, representado por dos float de precisión simple (componentes real e imaginario)
np.*cdouble*	np.complex128	'c16'	double complex	Número complejo, representado por dos float de doble precisión (componentes real e imaginario).
np.*clongdouble*	np.complex192 np.complex256		long double complex	Número complejo, representado por dos float de precisión extendida (componentes real e imaginario).

Los tipos abreviados son cadenas formadas por un carácter que representa el tipo y un número que expresa el tamaño o longitud del dato. Para especificar el orden de los bytes se les puede anteponer '>' (*big-endian*), '<' (*little-endian*), o '=' dependiendo del hardware (por defecto).

Vamos a ver la aplicación de los tipos de datos.

En el primer caso partimos de una lista con enteros, que se terminan almacenando convertidos a punto flotante de 32 bits.

En el segundo caso se almacenan como doble precisión en orden *little-endian*.

Y en el último, los valores proporcionados se convierten a números complejos.

```
1.    >>> # (1) enteros almacenados como float32
2.    >>> m = np.array([1, 2, 3], dtype=np.float32)
3.    >>> m
4.        array([1., 2., 3.], dtype=float32)
5.    >>> print(m)
6.        [1. 2. 3.]
7.
8.    >>> # (2) enteros almacenados en doble precisión
9.    >>> m = np.array([1, 2, 3], dtype='<f8') # little-endian double-precision float
10.   >>> m
11.       array([1., 2., 3.])
12.   >>> print(m)
13.       [1. 2. 3.]
14.
15.   >>> # (3) enteros almacenados como complejos
16.   >>> c = np.array([[1, 2, 3], [4, 5, 6]], dtype=np.complex64)
17.   >>> c
18.       array([[1.+0.j, 2.+0.j, 3.+0.j],
19.              [4.+0.j, 5.+0.j, 6.+0.j]], dtype=complex64)
```

Numpy también proporciona algunos tipos de datos especiales, como *npdatetime64* para trabajar con fechas y horas y *np.timedelta64* para representar unidades temporales.

6.1.2.2 MEDIANTE FUNCIONES ESPECÍFICAS

Disponemos de un grupo de métodos específicos para crear matrices e inicializarlas con valores predeterminados, que podemos clasificar según creen vectores, matrices bidimensionales o matrices multidimensionales.

6.1.2.2.1 Creación de vectores

Para la creación de vectores tenemos diversos métodos que generan valores en un intervalo dado.

Método	Descripción
np.*arange*([start,] stop, [step,] dtype=None, *, like=None)	Crea una matriz de valores espaciados uniformemente dentro de un intervalo. Si no se indica el parámetro **start**, se tomará como 0. Los valores se generan dentro del intervalo semiabierto [**start, stop**). El intervalo entre dos valores adyacentes de la matriz de salida se establece con el parámetro opcional **step**. El valor por defecto es 1. Si se da el parámetro **step**, el parámetro **start** es obligatorio. El tipo de la matriz de salida se puede especificar con el parámetro **dtype**. Si no se especifica, el tipo se deducirá automáticamente de los demás argumentos de entrada. Es similar a la función incorporada *range*(), permitiendo valores de punto flotante.
np.*linspace*(start, stop, num=50, endpoint=True, retstep=False)	Crea una matriz con valores espaciados linealmente en el intervalo cerrado [**start, stop**] o el intervalo semiabierto [**start, stop**), dependiendo de si **endpoint** es *True* o *False*. El parámetro **start** define el valor inicial de la secuencia y **stop** será el valor final. El número de elementos a generar se establece con el parámetro **num**, que por defecto es 50. Si el parámetro opcional **endpoint** es *True*, entonces **stop** es el último valor de la secuencia. Con el parámetro opcional **retstep**, la función devolverá también el valor del espaciado entre valores adyacentes, en forma de una tupla (muestras, paso).

En el primer caso creamos un vector de 5 elementos, mientras que en segundo establecemos un valor de inicio y un paso para los incrementos. El intervalo no incluye el valor de fin, excepto en algunos casos en los que el paso no es un entero y el redondeo afecte al último elemento.

El tipo de los valores dependerá, como siempre, de nuestras necesidades. En el segundo ejemplo no se ha incluido el *dtype*, pero se ha ajustado al tipo del paso, un *float64*.

```
1.   >>> m = np.arange(5)
2.   >>> m
3.       array([0, 1, 2, 3, 4])
4.   >>> m.dtype
5.       dtype('int32')
6.   >>> m = np.arange(1, 5, 0.5)
7.   >>> m
8.       array([1. , 1.5, 2. , 2.5, 3. , 3.5, 4. , 4.5])
9.   >>> m.dtype
10.      dtype('float64')
```

La función *arange*() tiene un pero, no es especialmente buena manejando decimales. Como vemos a continuación el valor de parada aparece incluido entre los valores de la matriz.

```
1.   >>> m = np.arange(0.5, 0.8, 0.1)
2.   >>> m
3.       array([0.5, 0.6, 0.7, 0.8])
```

Para eliminar esos errores de redondeo tenemos *linspace*(), que siempre genera el número de elementos solicitados.

En el primer caso con *linespace*() creamos un vector con 5 valores espaciados entre 0 y 10. La función *linespace*() nos garantiza el número de elementos y el punto inicial y final de los valores. En el segundo caso vemos que el valor de parada no aparece al establecer el parámetro **endpoint=False**. Y en el tercero tenemos, además de la matriz creada, el valor del espaciado entre valores adyacentes que se ha empleado.

```
 1.   >>> m = np.linspace(0, 10, 5)
 2.   >>> m
 3.       array([ 0. ,  2.5,  5. ,  7.5, 10. ])
 4.
 5.   >>> m = np.linspace(0, 10, 5, endpoint=False)
 6.   >>> m
 7.       array([0., 2., 4., 6., 8.])
 8.
 9.   >>> m, paso = np.linspace(0, 10, 5, retstep=True)
10.   >>> print(f'{m=} {paso=}')
11.       m=array([ 0. ,  2.5,  5. ,  7.5, 10. ]) paso=2.5
```

6.1.2.2.2 Creación de matrices bidimensionales

Para la creación de matrices bidimensionales disponemos de un grupo de métodos que nos proporcionan tanto matrices rellenas con valores predeterminados como con los que nosotros proporcionemos.

Método	Descripción
np.*identity*(n, dtype=None, *, like=None)	Crea una matriz identidad. La matriz identidad es una matriz cuadrada con unos en la diagonal principal.
np.*eye*(N, M=None, k=0, dtype=<class 'float'>, order='C', *, like=None)	Crea una matriz identidad. La matriz identidad es una matriz cuadrada con unos en la diagonal principal. El parámetro **k** establece la diagonal. El valor predeterminado es 0, la diagonal principal. Un valor positivo es una diagonal sobre la principal, y un valor negativo una diagonal por debajo de la principal.

np.*diag*(v, k=0)	Crea una matriz cuadrada con los valores dados a lo largo de la diagonal. **v** es la matriz que proporcionamos. Si **v** es una matriz, devuelve una copia de su diagonal k-ésima. Si v es un vector, devuelve una matriz con el vector en la k-ésima diagonal. El parámetro **k** establece la diagonal. El valor predeterminado es 0, la diagonal principal. Un valor positivo es una diagonal sobre la principal, y un valor negativo una diagonal por debajo de la principal.
np.*vander*(x, N=None, increasing=False)	Crea una matriz de Vandermonde. Las columnas de la matriz de salida son potencias del vector de entrada. **x** es el vector de entrada. **N** es el número de columnas en la salida. Si no se especifica, se devuelve una matriz cuadrada con N = len(x). increasing establece el orden de las potencias de las columnas. Si es *True*, las potencias aumentan de izquierda a derecha, si es *False* se invierten.

Dado que la función *identity*() llama a *eye*() para la construcción de la matriz, no hay diferencia en cómo se construyen las matrices, la única diferencia está en que con *eye*() la diagonal se puede desplazar, mientras que con *identity*() solo rellena la diagonal principal. La única ventaja de usar la función *identity*() es su nombre, al ser este un constructo matemático.

```
1.   >>> m = np.identity(4)
2.   >>> m
3.       array([[1., 0., 0., 0.],
4.              [0., 1., 0., 0.],
5.              [0., 0., 1., 0.],
6.              [0., 0., 0., 1.]])
7.   >>> m = np.eye(4, k=1)
8.   >>> m
9.       array([[0., 1., 0., 0.],
10.             [0., 0., 1., 0.],
11.             [0., 0., 0., 1.],
12.             [0., 0., 0., 0.]])
13.  >>> m = np.eye(4, k=-1)
14.  >>> m
15.      array([[0., 0., 0., 0.],
16.             [1., 0., 0., 0.],
17.             [0., 1., 0., 0.],
18.             [0., 0., 1., 0.]])
```

Creamos ahora una matriz cuadrada con los valores dados en la diagonal. Después obtenemos los valores de la diagonal.

```
1.  >>> m = np.diag([1, 2, 3, 4])
2.  >>> m
3.      array([[1, 0, 0, 0],
4.             [0, 2, 0, 0],
5.             [0, 0, 3, 0],
6.             [0, 0, 0, 4]])
7.  >>> n = np.diag(m)
8.  >>> n
9.      array([1, 2, 3, 4])
```

Cada columna de la matriz de Vandermonde es una potencia decreciente o creciente del vector de entrada, lista o tupla, donde el orden polinómico más alto es n-1. Esta rutina de creación de matrices es útil para generar modelos lineales de mínimos cuadrados. Procedemos a crear dos matrices, una decreciente y otra creciente.

```
1.   >>> m = np.vander((1, 2, 3, 4), 5)
2.   >>> m
3.       array([[  1,   1,   1,   1,   1],
4.              [ 16,   8,   4,   2,   1],
5.              [ 81,  27,   9,   3,   1],
6.              [256,  64,  16,   4,   1]])
7.   >>> m = np.vander((1, 2, 3, 4), 5, increasing=True)
8.   >>> m
9.       array([[  1,   1,   1,   1,   1],
10.             [  1,   2,   4,   8,  16],
11.             [  1,   3,   9,  27,  81],
12.             [  1,   4,  16,  64, 256]])
```

6.1.2.2.3 Creación de matrices multidimensionales

Las siguientes funciones pueden crear matrices con cualquier dimensión, especificando cuántas dimensiones y longitud a lo largo de esa dimensión en una tupla o lista. Un solo valor creará un vector con ese número de elementos. Para más dimensiones el argumento será una tupla.

Método	Descripción
np.*zeros*(shape, dtype=float, order='C', *, like=None)	Crea una matriz de la forma indicada rellena de ceros. **shape** es una tupla con las dimensiones. El tipo de los datos viene determinado por **dtype**. Por defecto es *float64*. **like** es una matriz de referencia de la que toma las dimensiones. **order** indica si los datos multidimensionales se almacenan en memoria en el orden fila-mayor (estilo C) o columna-mayor (estilo Fortran). Valores posibles {'C', 'F'}, por defecto: 'C'

np.*ones*(shape, dtype=None, order='C', *, like=None)	Crea una matriz rellena de unos. Ver parámetros en *zeros*().
np.*full*(shape, fill_value, dtype=None, order='C', *, like=None)	Crea una matriz inicializándola con un valor determinado. **fill_value** es el valor de relleno. Ver parámetros en *zeros*().
np.*empty*(shape, dtype=float, order='C', *, like=None)	Crea una matriz vacía con un contenido inicial aleatorio que depende del estado de la memoria. Es muy rápido, pero **debemos recordar inicializarla después**. Ver parámetros en *zeros*().

Todas las funciones que crean una matriz rellena con un valor constante tienen una contrapartida *_like*, que asumen la forma de otra matriz.

Método	Descripción
np.*zeros_like*(a, dtype=None, order='K', subok=True, shape=None)	Crea una matriz de ceros con la misma forma y tipo que una matriz dada. **a** es la matriz que proporciona la forma y los atributos de la matriz devuelta. **dtype** anula el tipo de datos del resultado. **order** anula la disposición en memoria del resultado. {'C', 'F', 'A', o 'K'} 'C' significa orden C, 'F' significa orden F, 'A' significa 'F' si la matriz dada es Fortran contiguo, 'C' en caso contrario. 'K' significa que la disposición es lo más parecida posible. Si **subok** es *True*, la matriz recién creada utilizará el tipo de subclase de **a**, de lo contrario será una matriz de clase base. Por defecto es *True*. **shapeint** modifica la forma del resultado. Si order='K' y el número de dimensiones no cambia, intentará mantener el orden, de lo contrario, order='C'.
np.*ones_like*(a, dtype=None, order='K', subok=True, shape=None)	Crea una matriz de unos con la misma forma y tipo que una matriz dada. Ver parámetros en *zeros_like*().
np.*full_like*(a, fill_value, dtype=None, order='C', *, like=None)	Crea una matriz con la misma forma y tipo que una matriz dada inicializándola con un valor determinado. Ver parámetros en *zeros_like*().
np.*empty_like*(a, dtype=float, order='C', *, like=None)	Crea una matriz vacía con la misma forma y tipo que una matriz dada con un contenido inicial aleatorio que depende del estado de la memoria. Es muy rápido, pero **debemos recordar inicializarla después**. Ver parámetros en *zeros_like*().

Unos ejemplos aclaran lo expuesto.

Creación de matrices rellenas con ceros.

```
1.  >>> m = np.zeros(3)
2.  >>> m
3.      array([0., 0., 0.])
4.  >>> m = np.zeros((2, 3))
5.  >>> m
6.      array([[0., 0., 0.],
7.             [0., 0., 0.]])
```

Creación de una matriz con unos.

```
1.  >>> m = np.ones(3)
2.  >>> m
3.      array([1., 1., 1.])
```

Creación de una matriz con un valor dado.

```
1.  >>> m = np.full(3, 15)
2.  >>> m
3.      array([15, 15, 15])
```

Creación de una matriz vacía. El valor depende del contenido de la memoria asignada en ese momento.

```
1.  >>> m = np.empty(5)
2.  >>> m
3.      array([3.06e-322, 3.95e-323, 3.95e-323, 3.95e-323, 0.00e+000])
```

Creación de una matriz de ceros con la forma de otra matriz. Creamos primero una matriz de 2x3 con enteros. A continuación creamos una matriz de ceros con la forma de la matriz anterior, el resultado será una matriz de ceros de 2x3.

```
1.  >>> m = np.array([[1, 2, 3], [4, 5, 6]])
2.  >>> m
3.      array([[1, 2, 3],
4.             [4, 5, 6]])
5.  >>> z = np.zeros_like(m)
6.  >>> z
7.      array([[0, 0, 0],
8.             [0, 0, 0]])
```

6.1.2.3 POR REPLICACIÓN, UNIÓN O MUTACIÓN

A partir de una matriz con datos es posible crear nuevas matrices por replicación, unión o mutación.

En cualquier caso debemos tener en cuenta que para nuevas matrices tenemos que proceder a realizar una copia profunda con el método *copy*(), de lo contrario estaremos contemplando la matriz original. Ver los puntos sobre *Manipulación de formato* y *Copias y vistas*.

Método	Descripción
np.*block*(arrays)	Crea una matriz a partir de listas anidadas de bloques. **arrays** es una lista anidada de matrices o escalares (pero no tuplas). Si se le pasa una única matriz o escalar, éste se devuelve sin modificar. Las formas de los elementos deben coincidir a lo largo de los ejes apropiados (sin difusión).

Los bloques de las listas más internas se concatenan (ver en *Manipulación de formato - Unir matrices*) a lo largo de la última dimensión (-1), luego se concatenan a lo largo de la penúltima dimensión (-2), y así sucesivamente hasta llegar a la lista más externa.

Crearemos tres matrices que uniremos en una única matriz combinándolas.

```
1.  >>> m0 = np.zeros((3, 3))
2.  >>> m1 = np.ones((3, 3))
3.  >>> m2 = np.full((3, 3), 15)
4.  >>> m0
5.      array([[0., 0., 0.],
6.             [0., 0., 0.],
7.             [0., 0., 0.]])
8.  >>> m1
9.      array([[1., 1., 1.],
10.            [1., 1., 1.],
11.            [1., 1., 1.]])
12. >>> m2
13.     array([[15, 15, 15],
14.            [15, 15, 15],
15.            [15, 15, 15]])
16. >>> m = np.block([[m0, m2], [m2, m1]]).copy() # una nueva matriz con copy()
17. >>> m
18.     array([[ 0.,  0.,  0., 15., 15., 15.],
19.            [ 0.,  0.,  0., 15., 15., 15.],
20.            [ 0.,  0.,  0., 15., 15., 15.],
21.            [15., 15., 15.,  1.,  1.,  1.],
22.            [15., 15., 15.,  1.,  1.,  1.],
23.            [15., 15., 15.,  1.,  1.,  1.]])
```

6.1.2.4 LEYENDO LOS DATOS DE UN FICHERO (Y ESCRIBIENDO)

Generalmente, los volúmenes de datos a tratar en *numpy* son demasiado grandes para introducirlos manualmente, en estos casos lo más sencillo es importar datos de un fichero a una matriz *ndarray*. La forma de hacerlo depende en gran medida del formato de los datos originales.

Igualmente existe la necesidad de guardar los datos en un fichero como información intermedia, para poder usarlos posteriormente o para intercambiarlos, incluso entre diferentes sistemas.

Los ficheros delimitados, tipo CSV (*Comma Separated Values* - Valores Separados por Coma) o TSV (*Tab Separated Values* - Valores Separados por Tabulación), empleados en Excel y LabView, se pueden procesar con las funciones *loadtxt()* si el fichero está completo, y con *genfromtxt()* en el caso de que falten valores.

También es posible tratar ficheros con datos delimitados por espacios en blanco, siempre que cada campo tenga una anchura fija.

Las funciones para tratar ficheros de texto son:

Método	Descripción
np.*loadtxt*(fname, dtype=<class 'float'>, comments='#', delimiter=None, converters=None, skiprows=0, usecols=None, unpack=False, ndmin=0, encoding='bytes', max_rows=None, *, quotechar=None, like=None)	Devuelve una matriz *ndarray* con los datos cargados desde un fichero de texto.
	fname, es el nombre de fichero, lista o generador a leer. Si la extensión del nombre del archivo es .gz o .bz2, primero se descomprime el fichero.
	El tipo de datos de la matriz resultante se especifica con **dtype**. Por defecto: *float*.
	Los comentarios en el fichero se indican con la lista de caracteres de inicio de comentario en **comments**. *None* implica que no hay comentarios. El valor por defecto es '#'.
	El carácter utilizado para separar los valores se indica con **delimiter**. El valor predeterminado es un espacio en blanco.
	Se puede personalizar el análisis de valores pasando en **converters** una función de conversión. Si es una función se aplica a todas las columnas; de lo contrario, debe ser un diccionario que asigne el número de columna a una función de análisis. Por defecto es *None*.
	Las primeras líneas, de cabecera o comentario, incluido las líneas vacías, se omiten con **skiprows**. Por defecto: 0.
	Con **usecols** se especifican las columnas a leer, siendo 0 la primera. Por ejemplo, usecols = (1,4,5) extraerá las columnas 2ª, 5ª y 6ª. El valor por defecto, *None*, hace que se lean todas las columnas.
	Si **unpack** es *True*, la matriz devuelta se transpone, de modo que los argumentos pueden descomprimirse utilizando x, y, z = loadtxt(...). Cuando se utiliza con un tipo de datos estructurado, se devuelven matrices para cada campo. Por defecto es *False*.
	La matriz devuelta tendrá al menos **ndmin** dimensiones. De lo contrario, se comprimirán los ejes unidimensionales. Valores permitidos: 0 (por defecto), 1 o 2.

Método	Descripción
	La codificación utilizada para descodificar el fichero de entrada se establece con **encoding**. No se aplica a los flujos de entrada. El valor especial 'bytes' habilita la compatibilidad con versiones anteriores y garantiza que se reciban matrices de bytes como resultados si es posible y que se pasen cadenas codificadas en 'latin1' a los conversores. Debe anularse este valor para recibir matrices unicode y pasar cadenas como entrada a los conversores. Si se establece como *None*, se utiliza el valor predeterminado del sistema. El valor por defecto es 'bytes'.
	Lee el número de filas indicado con **max_rows** después de saltarse **skiprows** líneas. Las filas vacías y las líneas de comentarios, no se tienen en cuenta en **max_rows**, mientras que dichas líneas se tienen en cuenta para **skiprows**. Por defecto se leen todas las filas.
	Con **quotechar** se establece el carácter utilizado para indicar el inicio y el final de un dato. El valor por defecto es *None*. Si en un campo entrecomillado aparecen dos caracteres **quotechar** consecutivos, el primero se tratará como un carácter de escape. El valor por defecto es *None*.
	Con **like** se indica un objeto de referencia para permitir la creación de matrices que no son matrices *numpy*. Si el objeto soporta el protocolo _array_function_, el resultado será definido por éste.
np.*genfromtxt*(fname, dtype=<class 'float'>, comments='#', delimiter=None, skip_header=0, skip_footer=0, converters=None, missing_values=None, filling_values=None, usecols=None, names=None, excludelist=None, deletechars=" !#$%&'()*+, -./:;<=>?@[\\]^{|}~'", replace_space='_', autostrip=False, case_sensitive=True, defaultfmt='f%i', unpack=None, usemask=False, loose=True, invalid_raise=True, max_rows=None, encoding='bytes', *, ndmin=0, like=None)	Devuelve una matriz *ndarray* con los datos cargados desde un fichero de texto. (Para los campos comunes, ver la descripción en la función *loadtxt*()) **skip_header** indica el número de líneas a saltar al principio del fichero. Por defecto 0. **skip_footer** indica el número de líneas a saltar al final del fichero. Por defecto 0 **missing_values** establece el conjunto de cadenas correspondientes a los datos que faltan. **filling_values** establece el conjunto de valores que se utilizarán por defecto cuando falten datos. Si **names** es *True*, los nombres de campo se leen de la primera línea después de las primeras líneas de **skip_header**. Esta línea puede ir precedida opcionalmente por un delimitador de comentario. Si es una secuencia o una única cadena de nombres separados por comas, los nombres se utilizarán para definir los nombres de campo en un **dtype** estructurado. Si es *None*, se utilizarán los nombres de los campos del **dtype**, si existen. **excludelist** es una lista de nombres a excluir. **deletechars** es una cadena que combina los caracteres no válidos que deben eliminarse de los nombres.

Método	Descripción
	Si **autostrip** es *True* se eliminan automáticamente los espacios en blanco de las variables. Los caracteres utilizados en sustitución de los espacios en blanco en los nombres de las variables se indican con **replace_space**. Por defecto un '_'.
	Si **case_sensitive** es *True*, los nombres de campo distinguen entre mayúsculas y minúsculas. Si es *False* o 'upper', los nombres de campo se convierten a mayúsculas. Si es 'lower', los nombres de campo se convierten a minúsculas.
	Con **defaultfmt** se establece el formato utilizado para definir nombres de campo. Por defecto, "f%i" o "f_%02i".
	Si **usemask** es *True*, devuelve una matriz enmascarada. Si es *False*, devuelve una matriz normal.
	Si **loose** es *True*, no se lanzan errores por valores no válidos.
	Si **invalid_raise** es *True*, se lanza una excepción sí se detecta una incoherencia en el número de columnas. Si es *False*, se lanza una advertencia y se omiten las líneas correspondientes.
np.*savetxt*(fname, X, fmt='%.18e', delimiter=' ', newline='\n', header='', footer='', comments='# ', encoding=None)	Guarda una matriz en un fichero de texto. **fname** es el nombre del fichero o un objeto *file* donde se guardan los datos. Si es un objeto *file*, el nombre del fichero no cambia. Si el nombre del fichero termina en ".gz", el fichero se guarda en formato comprimido gzip. **X** Matrices 1D o 2D a guardar en un fichero de texto. Con **fmt** se establece el formato de los datos. Puede ser un único formato ('%10.5f'), o una cadena de formatos para los datos ('%d - %10.5f'). Para los números complejos un único especificador, '%.4e', da como resultado números formateados como '(%s+%sj)'. **delimiter** indica la cadena o carácter que separa las columnas. **newline** especifica la cadena o carácter que separa las líneas. **header** cadena que se escribirá al principio del fichero. **footer** Cadena que se escribirá al final del fichero. **comments** cadena que se antepondrá a las cadenas de encabezado y pie de página, para marcarlas como comentarios. Por defecto: '# '. **encoding** Codificación empleada en el fichero de salida. No se aplica a los flujos de salida. Si la codificación es algo distinto de 'bytes' o 'latin1' no podrá cargar el archivo en versiones de *numpy* inferiores a 1.14. Por defecto es 'latin1'.

A continuación propondremos diferentes casos, según los ficheros dispongan de datos completos o incompletos, que trataremos con las funciones correspondientes. Y también procederemos a crear un fichero CSV con los datos.

6.1.2.4.1 Fichero completo

Cuando tenemos ficheros bien formados, esto es, con todos los campos conteniendo valores, la función *loadtxt*() es un lector rápido de ficheros para descargar los datos en una matriz *ndarray*.

Cada fila del archivo de texto de entrada debe tener el mismo número de valores para poder leerlos todos.

Vamos a trabajar con un fichero con estructura CSV, al que hemos denominado **datos_00.csv**, que tiene tres campos por fila, todos ellos con valores separados por comas.

---
datos_00.csv

```
1, 2, 3
11, 22, 33
111, 222, 333
```

Creamos un script en el que tan solo indicamos el nombre del fichero, con su ruta correspondiente, el tipo de datos que esperamos en la matriz con **dtype** y el carácter de separación de los datos con **delimiter**.

---
numpy_00_completo.py

```
1.   import numpy as np
2.
3.
4.   # fichero con los datos
5.   fname = 'c:/testpython/matematicas/numpy/datos_00.csv'
6.
7.   # cargar una matriz de datos con el contenido del fichero
8.   # como enteros separados por comas
9.   m = np.loadtxt(fname, dtype=np.int32, delimiter=',')
10.
11.  print('Datos cargados en la matriz')
12.  print(m)
```

En el resultado podemos ver que se han cargado todos los datos en una matriz *ndarray*.

```
Datos cargados en la matriz
[[  1   2   3]
 [ 11  22  33]
 [111 222 333]]
```

El siguiente fichero, al que hemos denominado **datos_01.csv**, tiene todos los campos con valores, separados por punto y coma, pero tiene una cabecera y algunos campos aparecen entrecomillados, e incluye comentarios.

datos_01.csv

```
valor1; valor2; valor3
"1"; 2; 3 # primera linea de datos
"11"; 22; 33
"111"; 222; 333
```

En el siguiente script cada línea, después de las primeras líneas que se ignoran con **skiprows**, se divide por el carácter delimitador según **delimiter**, y los caracteres que siguen al carácter de comentario **comments** se descartan. Solo cargaremos dos filas y tan solo las columnas primera (0) y tercera (2).

numpy_01_completo.py

```
1.   import numpy as np
2.
3.
4.   # fichero con los datos
5.   fname = 'c:/testpython/matematicas/numpy/datos_01.csv'
6.
7.   # cargar una matriz de datos con el contenido del fichero
8.   # como enteros separados por punto y coma y delimitados por ""
9.   # se ignora una fila de cabecera y los comentarios
10.  # y solo se cargarán dos filas y las columnas 1ª y 3ª
11.  m = np.loadtxt(fname, dtype=np.int32,
12.                 delimiter=';', quotechar='"',
13.                 skiprows=1, comments='#',
14.                 max_rows=2, usecols=(0,2))
15.
16.  print('Datos cargados en la matriz')
17.  print(m)
```

El resultado, el esperado.

```
Datos cargados en la matriz
[[ 1  3]
 [11 33]]
```

6.1.2.4.2 Fichero incompleto

Cuando el fichero contiene información incompleta, porque no todas las filas contienen el mismo número de campos, debemos hacer uso de la función *genfromtxt*(), que nos permite establecer distintas formas de tratamiento para cargar el máximo de datos.

Es más lento que *loadtxt* (), pero es capaz de hacer frente a los datos que faltan.

El valor de los campos que faltan se determina a partir del *dtype* esperado, salvo que se indique otro valor.

Tipo	Por defecto
bool	*False*
int	-1
float	np.nan
complex	np.nan+0j
string	'???'

Vamos a trabajar con un fichero con estructura CSV, al que hemos denominado, **datos_02.csv**, que está incompleto y tiene los campos separados por comas.

datos_02.csv

```
1, 2, 3 # unica fila con todos los campos
11, , 33
, 222, 333
```

En el script tan solo indicamos el nombre del fichero, con su ruta correspondiente, el tipo de datos que esperamos en la matriz con **dtype** y el carácter de separación de los datos según **delimiter** además del carácter que establece los textos de comentarios **comments** para su eliminación.

numpy_02_incompleto.py

```
1.   import numpy as np
2.
3.
4.   # fichero con los datos
5.   fname = 'c:/testpython/matematicas/numpy/datos_02.csv'
6.
7.   # cargar una matriz de datos con el contenido del fichero
8.   # como enteros separados por comas
9.   # se convierten a flotantes
10.  # se ignoran los comentarios
11.  m = np.genfromtxt(fname, dtype=np.float32,
12.                    delimiter=',', comments='#')
13.
14.  print('Datos cargados en la matriz')
15.  print(m)
```

Los datos que faltan se sustituyen por la indicación *nan* (*not a number*).

```
Datos cargados en la matriz
[[  1.    2.    3.]
 [ 11.   nan  33.]
 [ nan 222. 333.]]
```

En el siguiente ejemplo, el fichero también está incompleto, pero tiene una cabecera de la que tomaremos los nombres de los campos y los separadores son punto y coma. Le hemos denominado **datos_03.csv**.

---

datos_03.csv

```
# datos incompletos con nombres de campo valor_1; valor_2; valor_3
1; 2; 3.4
11; ; 33.44
; 222; 333.444
```

Como venimos haciendo, establecemos el tipo de datos **dtype** como enteros y de punto flotante. Tomaremos de la cabecera los nombres que indica **names**, pasándolos a mayúsculas según **case_sensitive**. Indicamos el carácter de separación de los campos en **delimiter** y el de inicio de comentarios en **comments**. Emplearemos un valor -1 para aquellos campos sin datos **filling_values** y saltaremos una línea en la cabecera del fichero como indicamos en **skip_header**.

---

numpy_03_incompleto.py

```
1.   import numpy as np
2.
3.
4.   # fichero con los datos
5.   fname = 'c:/testpython/matematicas/numpy/datos_03.csv'
6.
7.   # cargar una matriz de datos con el contenido del fichero
8.   # como enteros separados por punto y coma
9.   # se convierten a entero, entero, flotante
10.  # se toman los nombres de la cabecera pasandolos a mayúscula
11.  m = np.genfromtxt(fname, dtype='i8,i8,f8',
12.                    names=True, case_sensitive='upper',
13.                    delimiter=';', comments='#',
14.                    filling_values=-1, skip_header=1)
15.
16.  print('Datos cargados en la matriz')
17.  print(m)
18.  print('Columna de nombre "VALOR_2"')
19.  print(m['VALOR_2'])
20.  print('Tercer elemento de la columna')
21.  print(m['VALOR_2'][2])
```

En la salida del script, a parte de la tabla resultante, visualizamos una columna haciendo uso del nombre obtenido de la cabecera y recuperamos el tercer elemento de esa columna.

```
Datos cargados en la matriz
[( 1, 2, 3.4 ) (11, -1, 33.44 ) (-1, 222, 333.444)]
Columna de nombre "VALOR_2"
[ 2 -1 222]
Tercer elemento de la columna
222
```

6.1.2.4.3 Fichero delimitado por espacios

En el caso de ficheros con datos delimitados por espacios cada campo debe tener una anchura fija. No es necesario que los datos estén alineados al campo, será el tamaño del campo lo que nos sirva como delimitador.

El fichero con el que vamos a trabajar tiene campos de longitud fija, delimitado por espacios. También está incompleto. La cabecera nos sirve para mostrar el tamaño de los tres campos y el hecho de que los datos no tienen que estar necesariamente alineados a los campos. Le hemos denominado **datos_04.txt**.

---
datos_04.txt

```
.....x.....x.....x
1     2     3
  11        33
111   222   333
```

Tan solo indicamos el nombre del fichero, con su ruta correspondiente, y el tipo de datos que esperamos en la matriz con **dtype**.

El tamaño de los campos de datos que establecemos con **delimiter** indica que todos ellos serán de 6 caracteres.

Emplearemos un valor 999 para aquellos campos sin datos en **filling_values**.

Y con **skip_header** indicamos las cabeceras a ignorar.

---
numpy_04_espacios.py

```
1.   import numpy as np
2.
3.
4.   # fichero con los datos
5.   fname = 'c:/testpython/matematicas/numpy/datos_04.txt'
6.
7.   # cargar una matriz de datos con el contenido del fichero
```

```
 8.   # como enteros separados por espacios
 9.   m = np.genfromtxt(fname, dtype=np.int32, delimiter=6,
10.                     filling_values=999, skip_header=1)
11.
12.   print('Datos cargados en la matriz')
13.   print(m)
```

El resultado, el que esperábamos.

```
Datos cargados en la matriz
[[  1   2   3]
 [ 11 999  33]
 [111 222 333]]
```

6.1.2.4.4 Guardar matrices en ficheros de texto

El tipo de ficheros de texto más común para almacenar datos numéricos es el formato **CSV** (*Comma Separated Values* - Valores Separados por Coma). Es un tipo de fichero de texto legible y fácilmente tratable por multitud de programas, e incluso modificable a mano con un editor de texto sencillo.

Para guardar las matrices *numpy* en ficheros CSV utilizaremos la función *savetxt*(), que nos permite definir delimitadores personalizados. Para leerlos y cargar las matrices se pueden utilizar las funciones *loadtxt*(), si el fichero está completo, y *genfromtxt* (), en el caso de que falten valores (Ver la sección sobre *Ficheros incompletos*).

Las matrices multidimensionales de tres o más dimensiones no pueden guardarse directamente en archivos CSV y requieren un procesamiento previo, como la conversión de forma.

Por defecto los datos se almacenan en formato exponencial, para evitar el uso de la notación científica debemos especificar el formato *fmt* apropiado.

Vamos a ver esto en el siguiente ejemplo, donde hemos establecido un formato con **fmt** para guardar los datos como enteros. El separador para los datos, que indicamos con **delimiter**, será un punto y coma. Y añadiremos un comentario de cabecera con **header**.

Después, cargaremos los datos sin especificar un formato con *loadtxt*(), que los importará como punto flotante por defecto, por lo que definiremos un formato **dtype** para cargarlos como enteros, e indicaremos el separador de los datos y saltaremos la línea de comentario de la cabecera según **skiprows**.

numpy_05_savetxt_loadtxt_csv.py

```
1.   import numpy as np
2.
3.
```

```
 4.   # fichero con los datos
 5.   fname = 'c:/testpython/matematicas/numpy/datos_05.csv'
 6.
 7.   # crear una matriz con datos
 8.   m0 = np.zeros((3, 3), dtype=np.int8)
 9.   m1 = np.ones((3, 3), dtype=np.int8)
10.   m2 = np.full((3, 3), 15, dtype=np.int8)
11.   m = np.block([[m0, m2], [m2, m1]]).copy()
12.   print('Matriz de datos original')
13.   print(m)
14.
15.   # guardar los datos en un fichero de texto
16.   # como enteros
17.   np.savetxt(fname, m, fmt='%i', delimiter='; ',
18.              header='Datos legibles')
19.
20.   # cargar una matriz con el contenido del fichero
21.   n = np.loadtxt(fname, delimiter=';', dtype=np.int8,
22.                  skiprows=1)
23.
24.   print('Datos cargados en la matriz')
25.   print(n)
```

El fichero generado, al que hemos llamado **datos_05.csv**, contiene los datos como números enteros y un comentario en la cabecera, tal y como habíamos establecido en el script.

datos_05.csv

```
# Datos legibles
0; 0; 0; 15; 15; 15
0; 0; 0; 15; 15; 15
0; 0; 0; 15; 15; 15
15; 15; 15; 1; 1; 1
15; 15; 15; 1; 1; 1
15; 15; 15; 1; 1; 1
```

La ejecución del script nos proporciona la siguiente salida, en la que observamos que la matriz cargada, desde el fichero guardado previamente, es de enteros.

```
Matriz de datos original
[[ 0.  0.  0.  15. 15. 15.]
 [ 0.  0.  0.  15. 15. 15.]
 [ 0.  0.  0.  15. 15. 15.]
 [15. 15. 15.  1.  1.  1.]
 [15. 15. 15.  1.  1.  1.]
 [15. 15. 15.  1.  1.  1.]]
```

```
Datos cargados en la matriz
[[ 0  0  0 15 15 15]
 [ 0  0  0 15 15 15]
 [ 0  0  0 15 15 15]
 [15  15 15  1 1 1]
 [15  15 15  1 1 1]
 [15  15 15  1 1 1]]
```

En caso de no definir formatos específicos, el fichero CSV almacena los datos en notación científica. Modificaremos en el script previo las funciones *savetxt*() y *loadtxt*() para que actúen de esta manera.

```
1.  # guardar los datos en un fichero de texto
2.  np.savetxt(fname, m, delimiter='; ',
3.          header='Datos en formato exponencial')
4.
5.  # cargar una matriz con el contenido del fichero
6.  n = np.loadtxt(fname, delimiter=';',
7.          skiprows=1)
```

Con lo que el fichero tendría el siguiente contenido:

datos_05.csv

```
# Datos en formato exponencial
0.000000000000000000e+00; 0.000000000000000000e+00; 0.000000000000000000e+00;
1.500000000000000000e+01; 1.500000000000000000e+01; 1.500000000000000000e+01
0.000000000000000000e+00; 0.000000000000000000e+00; 0.000000000000000000e+00;
1.500000000000000000e+01; 1.500000000000000000e+01; 1.500000000000000000e+01
0.000000000000000000e+00; 0.000000000000000000e+00; 0.000000000000000000e+00;
1.500000000000000000e+01; 1.500000000000000000e+01; 1.500000000000000000e+01
1.500000000000000000e+01; 1.500000000000000000e+01; 1.500000000000000000e+01;
1.000000000000000000e+00; 1.000000000000000000e+00; 1.000000000000000000e+00
1.500000000000000000e+01; 1.500000000000000000e+01; 1.500000000000000000e+01;
1.000000000000000000e+00; 1.000000000000000000e+00; 1.000000000000000000e+00
1.500000000000000000e+01; 1.500000000000000000e+01; 1.500000000000000000e+01;
1.000000000000000000e+00; 1.000000000000000000e+00; 1.000000000000000000e+00
```

6.1.2.4.5 Ficheros numpy

Resulta importante poder guardar la información contenida en las matrices en un fichero, tanto por medidas de seguridad como para ser tratados por otros programas. Disponemos de un formato binario nativo que facilita su reutilización, incluso al transferirlo entre distintas máquinas con una arquitectura distinta, al hacer uso de los ficheros específicos de *numpy* (*.npy* o *.npz*), que conserva información como el tipo de datos y la forma de la matriz, necesarios para su reconstrucción. Como contrapartida estos ficheros no pueden editarse con otras aplicaciones, como sí puede hacerse con los ficheros de texto tipo CSV.

La forma más eficiente de almacenar y recuperar datos es emplear la combinación *save/load*, con el formato de ficheros *.npy*, o *formato numpy*, independiente de la plataforma.

Con otras opciones, como *tofile/fromfile*, los ficheros generados no son independientes de la plataforma y no guarda información sobre el orden de los bytes o el tipo de datos, por lo que no son adecuados para nada que no sea un almacenamiento temporal.

Para una información más extensa, ver el *formato de ficheros numpy (https://numpy. org/doc/stable/reference/generated/numpy.lib.format.html#module-numpy.lib.format)*.

Los métodos que nos permiten manejar ficheros numpy son:

Método	Descripción
np.*save*(file, arr, allow_pickle=True, fix_imports=True)	Guarda una matriz *ndarray* en un fichero binario en formato *.npy*.
	file es el nombre del fichero o un objeto *file* donde se guardan los datos. Si es un objeto *file*, el nombre del fichero no cambia. Si es una ruta, se agregará una extensión *.npy* al nombre del fichero si no la tiene.
	arr indica la matriz a guardar.
	Si **allow_pickle** es *True* permite guardar los datos serializados con *pickle*. Predeterminado: *true*.
	No es recomendable el uso de *pickle* por cuestiones de seguridad, pues puede ejecutar código arbitrario en la carga y la portabilidad de los datos no está garantizada. Debe emplearse la opción *False* para cargar datos que no contienen matrices de objetos, para un manejo más seguro de fuentes no fiables.
	Si **fix_imports** es *True*, *pickle* intentará mapear los nuevos nombres de Python 3 a los antiguos nombres de módulos usados en Python 2, para que el flujo de datos de *pickle* sea legible con Python 2.

Método	Descripción
np.*savez*(file, *args, **kwds)	Guarda varias matrices en un único archivo en formato *.npz* sin comprimir.
	file es el nombre del fichero o un objeto *file* donde se guardan los datos. Si es un objeto *file*, el nombre del fichero no cambia. Si es una ruta, se agregará una extensión *.npz* al nombre del fichero si no la tiene.
	args relación de matrices para guardar en el fichero. Las matrices especificadas como *args* se denominarán "arr_0", "arr_1", etc.
	kwds relación de matrices que se guardarán en el fichero. Cada matriz se guardará con su correspondiente nombre de palabra clave.
np.*savez_compressed*(file, *args, **kwds)	Guarda varias matrices en un único archivo en formato *.npz* comprimido.
	Ver los parámetros en *savez*().
np.*load*(file, mmap_mode=None, allow_pickle=False, fix_imports=True, encoding='ASCII', *, max_header_size=10000)	Devuelve los datos almacenados en el fichero.
	file es el nombre del fichero o un objeto *file* donde se encuentran los datos a cargar.
	Si es un objeto *file* debe soportar los métodos *seek*() y *read*() y deben abrirse siempre en modo binario.
	Si los datos están almacenados con *pickled* debe soportar también el método *readline*().
	mmap_mode mapea en memoria el archivo, usando el modo dado. Los valores permitidos son {None, 'r+', 'r', 'w+', 'c'}.
	allow_pickle ver *save*().
	Si **fix_imports** es *True*, *pickle* intentará mapear los viejos nombres de Python 2 a los nuevos nombres usados en Python 3.
	encoding solo es útil cuando se cargan ficheros encriptados generados por Python 2 en Python 3. Valores diferentes a 'latin1', 'ASCII', y 'bytes' no están permitidos, ya que pueden corromper datos numéricos. Por defecto: 'ASCII'.
	max_header_size establece el tamaño máximo permitido de la cabecera.

Vamos a ver una serie de ejemplos en los que primero crearemos una matriz de datos y la guardaremos en un fichero con una función de las descritas anteriormente, y después, procederemos a leer el fichero para reconstruir la matriz.

En el siguiente ejemplo empleamos el conjunto *save/load*. Nos limitamos a grabar la matriz y leerla sin hacer uso de ningún parámetro extra.

numpy_06_save_load.py

```
1.   import numpy as np
2.
3.
4.   # fichero con los datos
5.   fname = 'c:/testpython/matematicas/numpy/datos_06.npy'
6.
7.   # crear una matriz con datos
8.   m0 = np.zeros((3, 3))
9.   m1 = np.ones((3, 3))
10.  m2 = np.full((3, 3), 15)
11.  m = np.block([[m0, m2], [m2, m1]]).copy()
12.  print('Matriz de datos original')
13.  print(m)
14.
15.  # guardar los datos en un fichero numpy
16.  np.save(fname, m)
17.
18.  # cargar una matriz con el contenido del fichero
19.  n = np.load(fname)
20.
21.  print('Datos cargados en la matriz')
22.  print(n)
```

Visualizamos las matrices antes de grabar y después de leer para comprobar que son iguales.

```
Matriz de datos original
[[ 0.  0.  0. 15. 15. 15.]
 [ 0.  0.  0. 15. 15. 15.]
 [ 0.  0.  0. 15. 15. 15.]
 [15. 15. 15.  1.  1.  1.]
 [15. 15. 15.  1.  1.  1.]
 [15. 15. 15.  1.  1.  1.]]
Datos cargados en la matriz
[[ 0.  0.  0. 15. 15. 15.]
 [ 0.  0.  0. 15. 15. 15.]
 [ 0.  0.  0. 15. 15. 15.]
 [15. 15 15.  1.  1.  1.]
 [15. 15. 15.  1.  1.  1.]
 [15. 15. 15.  1.  1.  1.]]
```

Mostramos a continuación el contenido de la cabecera del fichero, donde aparece la información relativa a la matriz: los tipos de datos, el orden de almacenamiento en memoria y la forma de la matriz de 6x6.

```
ôNUMPY v {'descr': '<f8', 'fortran_order': false, 'shape': (6, 6), }
```

En un fichero *numpy* podemos almacenar más de una matriz con la función *save*(). Los sucesivos datos guardados en el fichero se añaden al final del mismo. Cada una de las lecturas con *load*() nos devuelven las matrices en el orden de carga.

En el ejemplo vamos a almacenar dos matrices. La segunda es una remodelación de la primera.

numpy_07_save_load.py

```
1.   import numpy as np
2.
3.
4.   # fichero con los datos
5.   fname = 'c:/testpython/matematicas/numpy/datos_07.npy'
6.
7.   # crear una matriz con datos
8.   m0 = np.zeros((3, 3))
9.   m1 = np.ones((3, 3))
10.  m2 = np.full((3, 3), 15, dtype=np.float64)
11.  m = np.block([[m0, m2], [m2, m1]]).copy()
12.  print(' Matrices de datos originales')
13.  print(m)
14.  # otra matriz de datos, una remodelación de la primera
15.  mm = m.reshape(4,9)
16.  print(mm)
17.
18.  # guardar los datos de las dos matrices
19.  # en un fichero numpy
20.  with open(fname, 'wb') as fobj:
21.      np.save(fobj, m, allow_pickle=False)
22.      np.save(fobj, mm, allow_pickle=False)
23.
24.  # cargar dos matrices con el contenido del fichero
25.  with open(fname, 'rb') as fobj:
26.      n1 = np.load(fobj)
27.      n2 = np.load(fobj)
28.
29.  print('Datos leídos y cargados en las matrices')
30.  print(n1)
31.  print(n2)
```

En el resultado impreso tenemos las matrices antes y después de su almacenamiento.

```
Matrices de datos originales
[[ 0.  0.  0. 15. 15. 15.]
 [ 0.  0.  0. 15. 15. 15.]
 [ 0.  0.  0. 15. 15. 15.]
 [15. 15. 15.  1.  1.  1.]
 [15. 15. 15.  1.  1.  1.]
 [15. 15. 15.  1.  1.  1.]]
[[ 0.  0.  0. 15. 15. 15.  0.  0.  0.]
 [15. 15. 15.  0.  0.  0. 15. 15. 15.]
 [15. 15. 15.  1.  1.  1. 15. 15. 15.]
 [ 1.  1.  1. 15. 15. 15.  1.  1.  1.]]
Datos leídos y cargados en las matrices
[[ 0.  0.  0. 15. 15. 15.]
 [ 0.  0.  0. 15. 15. 15.]
 [ 0.  0.  0. 15. 15. 15.]
 [15. 15. 15.  1.  1.  1.]
 [15. 15. 15.  1.  1.  1.]
 [15. 15. 15.  1.  1.  1.]]
[[ 0.  0.  0. 15. 15. 15.  0.  0.  0.]
 [15. 15. 15.  0.  0.  0. 15. 15. 15.]
 [15. 15. 15.  1.  1.  1. 15. 15. 15.]
 [ 1.  1.  1. 15. 15. 15.  1.  1.  1.]]
```

En el caso de matrices muy grandes podemos crear un mapa de la matriz almacenada, y posteriormente acceder a partes de la misma directamente desde el disco.

Con el parámetro **mmap_mode** leemos la estructura de la matriz. A continuación nos vamos a referir a porciones de la misma con el sistema de corte (*slice*) o mediante funciones.

numpy_08_mem_map.py

```python
1.   import numpy as np
2.
3.
4.   # fichero con los datos
5.   fname = 'c:/testpython/matematicas/numpy/datos_08.npy'
6.
7.   # crear una matriz con datos
8.   m = np.vander((1, 2, 3, 4), 5)
9.   print('Matriz de datos original')
10.  print(m)
11.
12.  # guardar los datos en un fichero numpy
13.  np.save(fname, m)
14.
15.  # cargar mapeando memoria con el contenido del fichero
```

```
16.   memoria = np.load(fname, mmap_mode='r')
17.
18.   print('Datos leídos y cargados')
19.   f1 = memoria[1, :]
20.   print('Fila 1:', f1)
21.   c3 = memoria[:, 3]
22.   print('Columna 3:', c3)
23.   diagonal = np.diag(memoria)
24.   print('Diagonal:', diagonal)
```

Vemos la matriz original (sí, es pequeña, pero poner un poco de imaginación) de donde hemos cargado solo aquellas partes que nos interesan.

```
Matriz de datos original
[[  1   1   1   1   1]
 [ 16   8   4   2   1]
 [ 81  27   9   3   1]
 [256  64  16   4   1]]
Datos leídos y cargados
Fila 1: [16  8  4  2  1]
Columna 3: [1 2 3 4]
Diagonal: [1 8 9 4]
```

Para guardar varias matrices en un único fichero binario sin comprimir empleamos *np.savez()*. En este caso el fichero tiene la extensión *.npz*.

Para recuperar una de entre varias matrices almacenadas en un fichero es necesario acceder a cada *ndarray* utilizando su nombre entre corchetes []. La relación de nombres de cada matriz la obtenemos con el atributo *files*.

numpy_09_savez_load.py

```
1.    import numpy as np
2.
3.
4.    # fichero con los datos
5.    fname = 'c:/testpython/matematicas/numpy/datos_09.npz'
6.
7.    # crear una matriz con datos
8.    m0 = np.zeros((3, 3))
9.    m1 = np.ones((3, 3))
10.   m2 = np.full((3, 3), 15)
11.   m = np.block([[m0, m2], [m2, m1]]).copy()
12.   print('Matriz de datos original')
13.   print(m)
14.   # otra matriz de datos, una remodelación de la primera
```

```
15.   mm = m.reshape(4,9)
16.   print(mm)
17.
18.   # guardar los datos de las dos matrices
19.   # con nombres estándar
20.   np.savez(fname, m, mm)
21.
22.   # cargar el contenido del fichero
23.   npz = np.load(fname)
24.
25.   print('Datos leídos y cargados')
26.   print('Matrices cargadas:', npz.files)
27.   print('Matriz arr_1:')
28.   m2 = npz['arr_1']
29.   print(m2)
```

Vemos, en el resultado de la ejecución, como se han empleado las denominaciones por defecto para los nombres de las matrices cargadas, ya que al guardarlas no hemos especificado nada al pasar la secuencia de matrices.

```
Matriz de datos original
[[ 0.  0.  0. 15. 15. 15.]
 [ 0.  0.  0. 15. 15. 15.]
 [ 0.  0.  0. 15. 15. 15.]
 [15. 15. 15.  1.  1.  1.]
 [15. 15. 15.  1.  1.  1.]
 [15. 15. 15.  1.  1.  1.]]
[[ 0.  0.  0. 15. 15. 15.  0.  0.  0.]
 [15. 15. 15.  0.  0.  0. 15. 15. 15.]
 [15. 15. 15.  1.  1.  1. 15. 15. 15.]
 [ 1.  1.  1. 15. 15. 15.  1.  1.  1.]]
Datos leídos y cargados
Matrices cargadas: ['arr_0', 'arr_1']
Matriz arr_1:
[[ 0.  0.  0. 15. 15. 15.  0.  0.  0.]
 [15. 15. 15.  0.  0.  0. 15. 15. 15.]
 [15. 15. 15.  1.  1.  1. 15. 15. 15.]
 [ 1.  1.  1. 15. 15. 15.  1.  1.  1.]]
```

En el siguiente ejemplo vamos a proporcionar los nombres de las matrices como argumentos de palabra clave para almacenarlas con nombres propios en el fichero de salida. Posteriormente haremos uso de esos nombres para referenciar las matrices.

numpy_10_savez_load.py

```python
1.   import numpy as np
2.
3.
4.   # fichero con los datos
5.   fname = 'c:/testpython/matematicas/numpy/datos_10.npz'
6.
7.   # crear una matriz con datos
8.   m0 = np.zeros((3, 3))
9.   m1 = np.ones((3, 3))
10.  m2 = np.full((3, 3), 15)
11.  m = np.block([[m0, m2], [m2, m1]]).copy()
12.  print('Matriz de datos original')
13.  print(m)
14.  # otra matriz de datos, una remodelación de la primera
15.  mm = m.reshape(4,9)
16.  print(mm)
17.
18.  # guardar los datos de las dos matrices
19.  # con los nombres indicados
20.  np.savez(fname, M01=m, M02=mm)
21.
22.  # cargar el contenido del fichero
23.  npz = np.load(fname)
24.
25.  print('Datos leídos y cargados')
26.  print('Matrices cargadas:', npz.files)
27.  print('Matriz M02:')
28.  m2 = npz['M02']
29.  print(m2)
```

En el resultado de la ejecución observamos como se han empleado las denominaciones que hemos indicado para las matrices.

```
Matriz de datos original
[[ 0.  0.  0. 15. 15. 15.]
 [ 0.  0.  0. 15. 15. 15.]
 [ 0.  0.  0. 15. 15. 15.]
 [15. 15. 15.  1.  1.  1.]
 [15. 15. 15.  1.  1.  1.]
 [15. 15. 15.  1.  1.  1.]]
[[ 0.  0.  0. 15. 15. 15.  0.  0.  0.]
 [15. 15. 15.  0.  0.  0. 15. 15. 15.]
 [15. 15. 15.  1.  1.  1. 15. 15. 15.]
 [ 1.  1.  1. 15. 15. 15.  1.  1.  1.]]
Datos leídos y cargados
Matrices cargadas: ['M01', 'M02']
```

```
Matriz M02:
[[ 0.  0.  0. 15. 15. 15.  0.  0.  0.]
 [15. 15. 15.  0.  0.  0. 15. 15. 15.]
 [15. 15. 15.  1.  1.  1. 15. 15. 15.]
 [ 1.  1.  1. 15. 15. 15.  1.  1.  1.]]
```

Para reducir el tamaño de los ficheros haremos uso de la función *savez_compressed*() que guarda los datos en un formato comprimido, lo que da como resultado ficheros de menor tamaño en comparación con la función *savez*(). Esto puede resultar muy interesante para aprovechar el espacio de almacenamiento o cuando hay que transmitir muchas información entre diferentes equipos.

La extensión del fichero *.npz* es la misma que la de *savez*(), y el proceso de carga de las matrices se realiza con *load*() de forma totalmente transparente.

El ejemplo siguiente es igual que el anterior, salvo por el uso de *savez_compressed*() para guardar las matrices.

numpy_11_savez_compressed.py

```python
1.   import numpy as np
2.
3.
4.   # fichero con los datos
5.   fname = 'c:/testpython/matematicas/numpy/datos_11.npz'
6.
7.   # crear una matriz con datos
8.   m0 = np.zeros((3, 3))
9.   m1 = np.ones((3, 3))
10.  m2 = np.full((3, 3), 15)
11.  m = np.block([[m0, m2], [m2, m1]]).copy()
12.  print('Matriz de datos original')
13.  print(m)
14.  # otra matriz de datos, una remodelación de la primera
15.  mm = m.reshape(4,9)
16.  print(mm)
17.  print(mm)
18.
19.  # guardar los datos de las dos matrices comprimidos
20.  # con los nombres indicados
21.  np.savez_compressed(fname, M01=m, M02=mm)
22.
23.  # cargar el contenido del fichero
24.  npz = np.load(fname)
25.
26.  print('Datos leídos y cargados')
27.  print('Matrices cargadas:', npz.files)
28.  print('Matriz  M02:')
29.  print(npz['M02'])
```

Y el resultado también es igual que el anterior. Comparando los ficheros generados con ambos ejemplos el fichero sin comprimir ocupa 1.04 KB, mientras que el fichero comprimido 418 bytes.

```
Matriz de datos original
[[ 0.  0.  0. 15. 15. 15.]
 [ 0.  0.  0. 15. 15. 15.]
 [ 0.  0.  0. 15. 15. 15.]
 [15. 15. 15.  1.  1.  1.]
 [15. 15. 15.  1.  1.  1.]
 [15. 15. 15.  1.  1.  1.]]
[[ 0.  0.  0. 15. 15. 15.  0.  0.  0.]
 [15. 15. 15.  0.  0.  0. 15. 15. 15.]
 [15. 15. 15.  1.  1.  1. 15. 15. 15.]
 [ 1.  1.  1. 15. 15. 15.  1.  1.  1.]]
Datos leídos y cargados
Matrices cargadas: ['M01', 'M02']
Matriz M02:
[[ 0.  0.  0. 15. 15. 15.  0.  0.  0.]
 [15. 15. 15.  0.  0.  0. 15. 15. 15.]
 [15. 15. 15.  1.  1.  1. 15. 15. 15.]
 [ 1.  1.  1. 15. 15. 15.  1.  1.  1.]]
```

6.1.2.5 A PARTIR DE BYTES SIN PROCESAR

NumPy está diseñado básicamente para trabajar con datos estructurados. Sin embargo, si los datos llegan sin procesar y no disponemos de información con un formato predefinido se hace necesario recurrir a bibliotecas específicas o implementar una solución personalizada.

Sin un formato específico, *numpy* no puede inferir los tipos de datos y la forma automáticamente, por lo que almacenará referencias a objetos en lugar de datos numéricos homogéneos, con el resultado de que las operaciones vectoriales no funcionarán.

El formato *HDF (https://support.hdfgroup.org/products/hdf4/whatishdf.html)* (*Hierarchical Data Format* - Formato de Datos Jerárquicos), tanto HDF4 como HDF5, es un formato de archivo de datos diseñado por el NCSA (*National Center for Supercomputing Applications* - Centro Nacional de Aplicaciones de Supercomputación) para ayudar a los usuarios a almacenar y manipular datos científicos en diversos sistemas operativos y máquinas. El NCSA desarrolló una biblioteca de rutinas y un conjunto de programas de utilidad y herramientas para crear y utilizar archivos HDF.

Algunas de las características de HDF son:

▶ Permite obtener información sobre los datos del propio fichero de datos, en lugar de obtenerla de otra fuente.

▶ Estandariza el formato y las descripciones de muchos tipos de conjuntos de datos de uso común.

▶ Es un formato de archivo independiente de la plataforma. Puede utilizarse en muchos ordenadores diferentes, independientemente del sistema operativo que ejecute la máquina.

▶ Permite añadir nuevos modelos de datos a HDF por parte de los usuarios.

Para importar archivos HDF5 necesitaremos la biblioteca *h5py*, que podemos instalar de la forma:

```
pip install h5py
```

Para cargar datos de archivos HDF5 usando *numpy*, haremos uso de la función *load()* junto con la librería *h5py*.

```
1.   import numpy as np
2.   import h5py
3.
4.
5.   with h5py.File('fichero.hdf5', 'r') as fh # abrir el fichero en modo lectura
6.       datos = np.array(fh['grupo'])           # cargar el conjunto de datos
```

6.1.3 Presentación de matrices

La visualización de una matriz *ndarray* se realiza de forma similar a las listas anidadas, atendiendo a las siguientes reglas:

▶ El último eje se imprime de izquierda a derecha.

▶ El penúltimo se imprime de arriba abajo.

▶ El resto se imprimen de arriba a abajo, con cada dimensión separada de la siguiente por una línea vacía.

Así, los vectores se imprimen como filas, las matrices de dos dimensiones como matrices y las matrices de más de dos dimensiones como listas de matrices.

```
1.   >>> # vector
2.   >>> m = np.array([1, 2, 3])
3.   >>> m.shape
4.       (3,)
5.   >>> print(m)
6.       [1 2 3]
7.
8.   >>> # matrices
9.   >>> # 3 filas x 1 columna
10.  >>> m = np.array([[1], [2], [3]])
11.  >>> m.shape
12.      (3, 1)
13.  >>> print(m)
14.      [[1]
15.       [2]
16.       [3]]
17.
18.  >>> # 2 filas x 3 columnas
19.  >>> m = np.array([[1, 2, 3], [4, 5, 6]])
20.  >>> m.shape
21.      (2, 3)
22.  >>> print(m)
23.      [[1 2 3]
24.       [4 5 6]]
25.
26.  >>> # matriz multidimensional
27.  >>> # 2 x 2 x 3
28.  >>> m = np.array([[[1, 2, 3], [4, 5, 6]], [[11, 22, 33], [44, 55, 66]]])
29.  >>> m.shape
30.      (2, 2, 3)
31.  >>> print(m)
32.      [[[ 1  2  3]
33.        [ 4  5  6]]
34.
35.       [[11 22 33]
36.        [44 55 66]]]
```

Para matrices muy grandes se ignora la parte central de la matriz y solo se imprimen las esquinas.

```
1.   >>> m = np.arange(10000).reshape(100, 100)
2.   >>> print(m)
3.       [[   0    1    2 ...   97   98   99]
4.        [ 100  101  102 ...  197  198  199]
5.        [ 200  201  202 ...  297  298  299]
6.        ...
7.        [9700 9701 9702 ... 9797 9798 9799]
8.        [9800 9801 9802 ... 9897 9898 9899]
9.        [9900 9901 9902 ... 9997 9998 9999]]
```

6.1.4 Indexación, cortes e iteraciones

El acceso a los elementos de una matriz se realiza igual que con otros tipos de datos secuenciales de Python, por lo que podemos indexarlas, dividirlas y recorrerlas, como hacemos con las listas y tuplas, facilitando la manipulación de datos en matrices multidimensionales, lo que nos permite acceder y manipular porciones específicas de datos sin necesidad de bucles explícitos.

La sintaxis para cortes en matrices unidimensionales en *numpy* es la misma que para listas y tuplas, pero también puede aplicarse a dimensiones múltiples.

La sintaxis de indexación es:

▶ Las comas separan los ejes de una matriz. Los dos puntos indican **a través de**.

▶ Los números negativos **desde el final** de la matriz.

▶ Los espacios en blanco antes o después de dos puntos significan **el resto de**.

▶ Cuando hay menos índices que ejes, los **índices que faltan** se consideran **cortes completos**.

▶ Los puntos suspensivos (...) significan **tantos dos puntos como sean necesarios** para producir una tupla de indexación completa.

NumPy utiliza indexación de orden C. Esto significa que el último índice suele representar la posición de memoria que cambia más rápidamente, a diferencia de Fortran o IDL, donde el primer índice representa la posición de memoria que cambia más rápidamente.

El corte en *numpy* crea una vista en lugar de una copia como en el caso de las secuencias incorporadas en Python como *string*, *tuple* y *list*. Hay que tener cuidado cuando se extrae una pequeña porción de una matriz, pués la porción extraída contiene una referencia a la matriz original cuya memoria no se liberará hasta que los cortes derivados de él sean liberados. En estos casos, se recomienda utilizar *copy*() explícitamente.

La sintaxis de índices para una matriz unidimensional es:

```
<matriz>[start:stop:step]
```

En el caso de matrices multidimensionales los rangos para cada dimensión van separados por comas.

```
<matriz>[start:stop:step, start:stop:step]
```

Vamos a ver como obtenemos partes de una matriz mediante indexación y cortes, y acabamos recorriendo una matriz en una comprensión.

```
1.   >>> m = np.array([1, 2, 3, 4, 5, 6, 7, 8, 9])
2.   >>> m
3.       array([1, 2, 3, 4, 5, 6, 7, 8, 9])
4.   >>> m[1]
5.       2
6.   >>> m[3:6]
7.       array([4, 5, 6])
8.   >>> m[6:-1]
9.       array([7, 8])
10.  >>> m[::-1]
11.      array([9, 8, 7, 6, 5, 4, 3, 2, 1])
12.  >>> print([e for e in m if e%2 == 0])
13.      [2, 4, 6, 8]
```

Gráficamente sería:

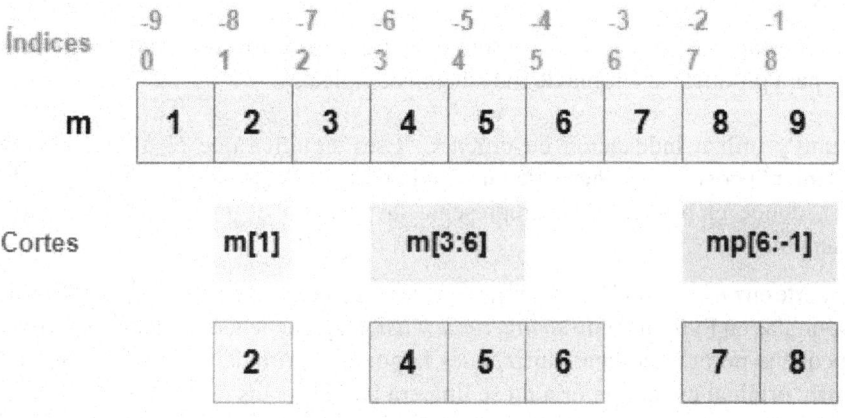

En un vector

La indexación de matrices con números enteros permite seleccionar elementos arbitrarios en función de su índice. Cada matriz de enteros representa un número de índices en esa dimensión. También podemos usar valores negativos.

Así, con la matriz del ejemplo anterior.

```
1.   >>> m[[1, 3, 5, 6]]
2.       array([2, 4, 6, 7])
3.   >>> m[[2, 3, 3, 3, -4, -2]]
4.       array([3, 4, 4, 4, 6, 8])
```

Todos **los cortes son mutables**, y permiten modificar el contenido original de la matriz mediante asignación.

```
1.  >>> m[2:5] = 0
2.  >>> m
3.      array([1, 2, 0, 0, 0, 6, 7, 8, 9])
```

Otra forma de obtener datos de las matrices es la **indexación booleana** , que permite utilizar todo tipo de operadores lógicos.

```
1.  >>> m[m > 7]
2.      array([8, 9])
3.  >>> m[(m >= 2) & (m <= 7)]
4.      array([2, 6, 7])
```

Las matrices multidimensionales tienen un índice por eje. Estos índices se indican en una tupla separada por comas.

```
1.  >>> m = np.array([[1, 2, 3], [4, 5, 6], [7, 8, 9]])
2.  >>> m
3.      array([[1, 2, 3],
4.             [4, 5, 6],
5.             [7, 8, 9]])
6.  >>> m[1, 2]
7.      6
8.  >>> m[-1, -1]
9.      9
10. >>> m[1]
11.     array([4, 5, 6])
12. >>> m[:, 1]
13.     array([2, 5, 8])
14. >>> m[1:, 1:]
15.     array([[5, 6],
16.            [8, 9]])
17. >>> m[1:3, :]
18.     array([[4, 5, 6],
19.            [7, 8, 9]])
20. >>> m[::2, ::2]
21.     array([[1, 3],
22.            [7, 9]])
```

Gráficamente sería:

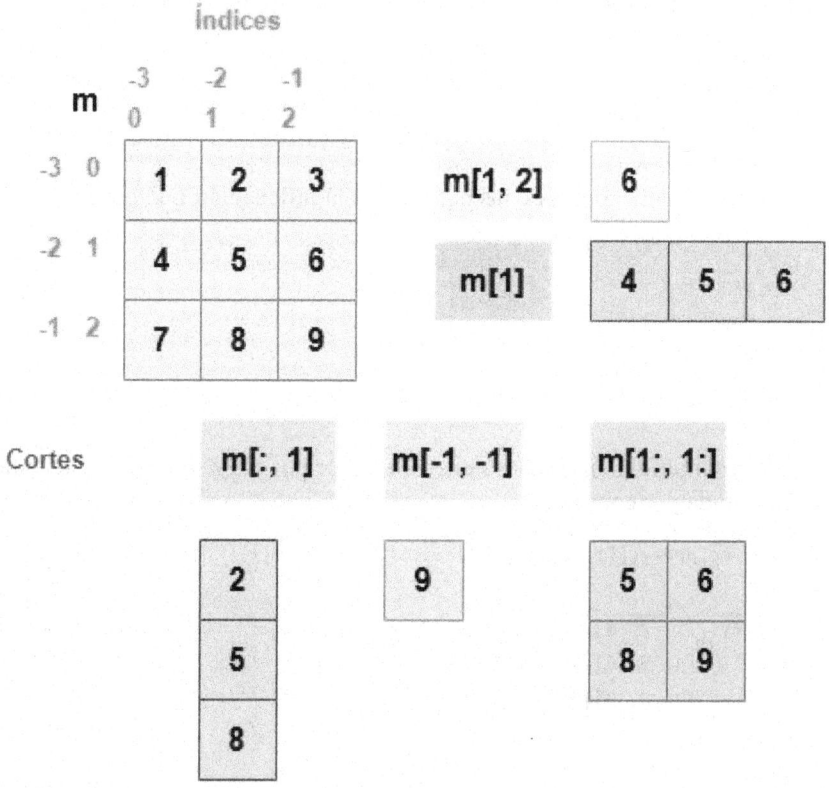

Matriz bidimensional

Cuando la matriz tiene más de un eje, el uso de un único índice se trata como si estuviera seguido de tantas instancias de dos puntos (:) como sean necesarias para representar los ejes restantes. También disponemos de la expresión de puntos suspensivos (...) que representan tantos dos puntos como sean necesarios para producir una tupla de indexación completa.

```
1.  >>> m[1, ...]
2.      array([4, 5, 6])
```

Con la indexación con matrices de enteros cada matriz de enteros representa un número de índices en esa dimensión.

```
1.  >>> m[[1], [0, 2]]
2.      array([4, 6])
3.  >>> m[[1, 2], [0, 2]]
4.      array([4, 9])
```

Otra forma de indexar secciones de una matriz es utilizar una **máscara**. Una **matriz de máscara** o **matriz lógica**, contiene valores booleanos, generalmente producidos por alguna expresión lógica. La indexación de un elemento de la matriz viene determinada por el valor del elemento *True* correspondiente de la matriz de máscara. (Ver la sección *Matrices enmascaradas*).

Definimos una matriz de máscara con los valores *True/False*, a continuación aplicamos la máscara sobre la matriz, con lo que obtendremos las filas que corresponden a los valores *True* de la máscara.

```
1.   >>> mascara = np.array([True, False, True])
2.   >>> m[mascara]
3.       array([[1, 2, 3],
4.               [7, 8, 9]])
```

La iteración sobre matrices multidimensionales se realiza siempre respecto al primer eje.

```
1.   >>> for row in m:
2.   ...     print(row)
3.
4.       [1 2 3]
5.       [4 5 6]
6.       [7 8 9]
```

Para recorrer cada elemento de la matriz en secuencia, ha de utilizarse el atributo *flat*.

```
1.   >>> for elemento in m.flat:
2.   ...     print(elemento)
3.
4.       1
5.       2
6.       3
7.       4
8.       5
9.       6
10.      7
11.      8
12.      9
```

6.1.5 Manipulación del formato

Diiversas funciones nos van a facilitar la manipulación del objeto *ndarray*, cambiando la forma de la matriz, la disposición de sus elementos, o para unir y dividir matrices.

6.1.5.1 CAMBIO DE FORMA

Una matriz tiene una forma determinada por el número de elementos a lo largo de cada eje, podemos añadir o eliminar dimensiones o cambiar el número de elementos en cada dimensión. En cualquier caso, el número de elementos de la matriz reformada debe coincidir con los de la matriz original.

Disponemos de los sigientes métodos para el cambio de forma de las matrices.

Método	Descripción
ndarray.*reshape*(a, newshape, order='C')	Devuelve una matriz con una nueva forma sin cambiar sus datos. **a** es la matriz a cambiar. Con **newshape** indicamos la nueva forma, que debe ser compatible con la forma original. Si es un entero, el resultado será un vector. Las dimensiones pueden tener el valor -1. En este caso, el valor se deduce de la longitud de la matriz y de las dimensiones restantes. Lee los elementos usando el **order** de índice indicado, y coloca los elementos en la matriz remodelada según el mismo orden de índice. Los posibles valores son {'C', 'F', 'A'}. 'C' ofrece el recorrido de los elementos de la matriz al estilo C, es decir, el índice situado más a la derecha es el que cambia más rápido. Por defecto, se utiliza el orden de índice 'C'. 'F' aplana al estilo Fortran, con el primer índice cambiando más rápido. 'A' lee los elementos en orden de índice tipo Fortran si la matriz es Fortran contiguo en memoria.
ndarray.*ravel*(a, order='C')	Devuelve un vector aplanado contiguo. **a** es la matriz a aplanar. Lee los elementos usando el **order** de índice indicado. Los posibles valores son {'C', 'F', 'A', 'K'}. Por defecto, se utiliza el orden de índice 'C'. 'K' aplana según el orden en que aparecen los elementos en memoria. Para 'C', 'F' y 'A', ver *reshape*().
ndarray.*flatten*(order='C')	Devuelve una copia de la matriz comprimida en una dimensión. Lee los elementos usando el **order** de índice indicado. Los posibles valores son {'C', 'F', 'A', 'K'}. Por defecto, se utiliza el orden de índice 'C'. Para 'C', 'F', 'A' y 'K' ver las funciones anteriores.
ndarray.*flat*	Devuelve un iterador 1-D sobre la matriz. Se comporta de forma similar al iterador incorporado de Python, pero no es una subclase del objeto *iterator*.

La función *reshape*() devuelve la matriz con una forma modificada.

Haremos uso de la matriz **m** en todos los ejemplos.

```
1.  >>> m = np.array([[1, 2, 3, 4], [5, 6, 7, 8], [9, 10, 11, 12]])
2.  >>> m
3.      array([[ 1,  2,  3,  4],
4.             [ 5,  6,  7,  8],
5.             [ 9, 10, 11, 12]])
6.  >>> m.shape
7.      (3, 4)
8.  >>> n = m.reshape(4, 3) # también podemos hacer n = np.reshape(m, (4, 3))
9.  >>> n
10.     array([[ 1,  2,  3],
11.            [ 4,  5,  6],
12.            [ 7,  8,  9],
13.            [10, 11, 12]])
14. >>> n.shape
15.     (4, 3)
```

Podemos omitir uno de los tamaños con un -1, con lo que se deducirán automáticamente según las dimensiones de la matriz. Pero no podemos pasar -1 a más de una dimensión.

```
1.  >>> m.reshape((2, -1, 2))
2.      array([[[ 1, 2],
3.              [ 3, 4],
4.              [ 5, 6]],
5.
6.             [[ 7,  8],
7.              [ 9, 10],
8.              [11, 12]]])
9.  >>> m.reshape((2, -1, 2)).shape
10.     (2, 3, 2)
11. >>> m.reshape((2, 2, -1))
12.     array([[[ 1,  2,  3],
13.             [ 4,  5,  6]],
14.
15.            [[ 7,  8,  9],
16.             [10, 11, 12]]])
17. >>> m.reshape((2, 2, -1)).shape
18.     (2, 2, 3)
```

La función *ravel*() nos ofrece el recorrido de los elementos de la matriz al estilo C, es decir, el índice situado más a la derecha es el que cambia más rápido.

```
1.  >>> m.ravel()
2.      array([ 1,  2,  3,  4,  5,  6,  7,  8,  9, 10, 11, 12])
3.  >>> m.ravel(order='F')
4.      array([ 1,  5,  9,  2,  6, 10,  3,  7, 11,  4,  8, 12])
```

También podemos convertir la matriz en un vector, aplanándola con *flatten*(), que devuelve una copia de la matriz comprimida en una dimensión.

```
1.  >>> m.flatten()
2.      array([ 1, 2, 3, 4, 5, 6, 7, 8, 9, 10, 11, 12])
```

Con el atributo *flat* podemos referenciar los elementos de la matriz como si esta estuviera aplanada. E incluso asignarle valores, mediante los índices de la matriz plana.

```
1.  >>> m.flat[4]
2.      5
3.  >>> m.flat[[1,6,11]] = 99
4.  >>> m
5.      array([[ 1, 99,  3,  4],
6.             [ 5,  6, 99,  8],
7.             [ 9, 10, 11, 99]])
```

6.1.5.2 OPERACIONES DE TRANSPOSICIÓN

Las operaciones de trasposición modifican la forma de la matriz, intercambiando sus dimensiones, estableciendo una nueva ordenación de los índices.

Función	Descripción
np.*moveaxis*(a, source, destination)	Mueve los ejes de una matriz a nuevas posiciones. **a** es la matriz cuyos ejes deben reordenarse. **source** indica las posiciones originales de los ejes a mover. Deben ser únicas. **destination** son las posiciones de destino de cada uno de los ejes originales. Deben ser únicas.
np.*rollaxis*(a, axis, start=0)	Desplaza el eje especificado hacia atrás, hasta que se encuentre en una posición dada. Esta función se mantiene por compatibilidad con versiones anteriores, pero se recomienda utilizar *moveaxis*().
np.*swapaxes*(a, axis1, axis2)	Intercambia dos ejes de una matriz. **a** es la matriz de entrada. **axis1** y **axis2** los ejes a intercambiar.
ndarray.*T*	Proporciona una vista de la matriz traspuesta.
np.*transpose*(a, axes=None)	Devuelve una matriz en la que las filas y columnas han sido intercambiadas. **a** es la matriz de entrada. Si se especifica **axes**, debe ser una tupla o lista que contenga una permutación de los ejes de la matriz. El eje *i* de la matriz devuelta corresponderá al eje numerado **axes**[i] de la entrada. Si no se especifica, por defecto es *range*(a.ndim) [::-1], que invierte el orden de los ejes.

Salvo indicación contraria haremos uso de la matriz **m** en todos los ejemplos. Empezamos cambiando el primer eje por el eje mayor.

```
1.   >>> m = np.array([[[1, 2, 3], [4, 5, 6]], [[7, 8, 9], [10, 11, 12]]])
2.   >>> m
3.       array([[[ 1,   2,   3],
4.               [ 4,   5,   6]],
5.
6.              [[ 7,   8,   9],
7.               [10, 11, 12]]])
8.   >>> m.shape
9.       (2, 2, 3)
10.
11.  >>> # primer eje al último
12.  >>> n = np.moveaxis(m, 0, -1)
13.  >>> n
14.      array([[[ 1,   7],
15.              [ 2,   8],
16.              [ 3,   9]],
17.
18.             [[ 4, 10],
19.              [ 5, 11],
20.              [ 6, 12]]])
21.  >>> n.shape
22.      (2, 3, 2)
23.
24.  >>> # último eje al primero
25.  >>> n = np.moveaxis(m, -1, 0)
26.  >>> n
27.      array([[[ 1,   4],
28.              [ 7, 10]],
29.
30.             [[ 2,   5],
31.              [ 8, 11]],
32.
33.             [[ 3,   6],
34.              [ 9, 12]]])
35.  >>> n.shape
36.      (3, 2, 2)
37.
38.  >>> # segundo eje al segundo y tercero al primero
39.  >>> n = np.moveaxis(m, [1,2], [1,0])
40.  >>> n
41.      array([[[ 1,   7],
42.              [ 4, 10]],
43.
44.             [[ 2,   8],
45.              [ 5, 11]],
46.
47.             [[ 3,   9],
48.              [ 6, 12]]])
49.  >>> n.shape
50.      (3, 2, 2)
```

También podemos intercambiar ejes con *swapaxes*(). Una vez ejecutada la función vemos que se han intercambiado los ejes primero por tercero.

```
1.   >>> m.shape
2.       (2, 2, 3)
3.   >>> n = np.swapaxes(m, 0, 2)
4.   >>> n
5.       array([[[ 1,  7],
6.               [ 4, 10]],
7.
8.              [[ 2,  8],
9.               [ 5, 11]],
10.
11.             [[ 3,  9],
12.              [ 6, 12]]])
13.  >>> n.shape
14.      (3, 2, 2)
```

Para obtener la transpuesta de una matriz lo podemos hacer con el atributo T.

```
1.   >>> m.T
2.       array([[[ 1,  7],
3.               [ 4, 10]],
4.
5.              [[ 2,  8],
6.               [ 5, 11]],
7.
8.              [[ 3,  9],
9.               [ 6, 12]]])
```

O también mediante la función *transpose*(), que además de realizar una transposición nos permite hacer otros cambios. En el ejemplo cambiamos los ejes primero por segundo, segundo por tercero y tercero por primero.

```
1.   >>> n = np.transpose(m, [1, 2, 0])
2.   >>> n
3.       array([[[ 1,  7],
4.               [ 2,  8],
5.               [ 3,  9]],
6.
7.              [[ 4, 10],
8.               [ 5, 11],
9.               [ 6, 12]]])
10.  >>> n.shape
11.      (2, 3, 2)
```

6.1.5.3 CAMBIO DE DIMENSIONES

Con el cambio de dimensiones podemos transformar matrices añadiendo o eliminando dimensiones.

Función	Descripción
np.*atleast_1d*(*arys)	Convierte las entradas en matrices con al menos una dimensión. **arys** una o más matrices de entrada. Las entradas escalares se convierten en matrices unidimensionales, mientras que las entradas de mayor dimensión se conservan.
np.*atleast_2d*(*arys)	Convierte las entradas en matrices con al menos dos dimensiones. **arys** una o más matrices de entrada. Las entradas que no son matrices se convierten en matrices. Las matrices que ya tienen dos o más dimensiones se conservan.
np.*atleast_3d*(*arys)	Convierte las entradas en matrices con al menos tres dimensiones. **arys** una o más matrices de entrada. Las entradas que no son matrices se convierten en matrices. Las matrices que ya tienen tres o más dimensiones se conservan.
np.*broadcast_to*(array, shape, subok=False)	Difunde una matriz en una nueva forma. El resultado es de solo lectura. **array** es la matriz de entrada. Con **shape** se indica la forma de la matriz deseada. Un único entero *i* se interpreta como (i,). Si **subok** es *True*, se pasarán las subclases, de lo contrario la matriz devuelta se forzará a ser una matriz de clase base (por defecto).
np.*expand_dims*(*args, subok=False)	Difunde cualquier número de matrices entre sí. **args** son las matrices de entrada. Si **subok** es *True*, se pasarán las subclases, de lo contrario la matriz devuelta se forzará a ser una matriz de clase base (por defecto).
np.*squeeze*(a, axis=None)	Comprime la matriz eliminando los ejes de longitud uno. **a** es la matriz de entrada. **axis** selecciona un subconjunto de las entradas de longitud uno.

Vamos a ver cómo convertir distintas entradas en matrices con al menos 1, 2 o 3 dimensiones.

```
 1.  >>> np.atleast_1d(1, [11, 22], [[111, 222]])
 2.      [array([1]), array([11, 22]), array([[111, 222]])]
 3.
 4.  >>> np.atleast_2d(1, [11, 22], [[111, 222]], [[[1111]], [[2222]]])
 5.      [array([[1]]), array([[11, 22]]), array([[111, 222]]), array([[[1111]],
 6.
 7.          [[2222]]])]
 8.  >>> np.atleast_3d(1, [11, 22], [[111, 222]], [[[1111]], [[2222]]])
 9.      [array([[[1]]]), array([[[11],
10.          [22]]]), array([[[111],
11.          [222]]]), array([[[[1111]],
12.
13.          [[2222]]])]
```

Difundiremos un vector en una matriz con *broadcast_to*().

```
 1.  >>> m = np.array([1, 2, 3]
 2.  >>> m.shape
 3.      (3,)
 4.  >>> m
 5.      array([1, 2, 3])
 6.  >>> n = np.broadcast_to(m, (3, 3))
 7.  >>> n.shape
 8.      (3, 3)
 9.  >>> n
10.      array([[1, 2, 3],
11.          [1, 2, 3],
12.          [1, 2, 3]])
```

Y difundiremos cualquier número de matrices entre sí.

```
 1.  >>> m = np.array([1, 2, 3])
 2.  >>> m
 3.      array([1, 2, 3])
 4.  >>> n = np.array([[4],[5], [6]])
 5.  >>> n
 6.    array([[4],
 7.          [5],
 8.          [6]])
 9.  >>> p = np.broadcast_arrays(m, n)
10.  >>> p
11.      [array([[1, 2, 3],
12.          [1, 2, 3],
13.          [1, 2, 3]]), array([[4, 4, 4],
14.          [5, 5, 5],
15.          [6, 6, 6]])]
```

Con *squeeze*() eliminamos todas las dimensiones de tamaño 1 de la matriz.

```
1.  >>> m = np.array([[1],[2],[3]])
2.  >>> m
3.      array([[1],
4.             [2],
5.             [3]])
6.  >>> n = np.squeeze(m)
7.  >>> n.shape
8.      (3,)
9.  >>> n
10.     array([1, 2, 3])
```

6.1.5.4 UNIR MATRICES

Unir matrices es poner el contenido de dos o más matrices en una única matriz.

Método	Descripción
np.*concatenate*((a1, a2, ...), axis=0, out=None, dtype=None, casting="same_kind")	Une una secuencia de matrices a lo largo de uno de los ejes. **a1**, **a2**, ... son la secuencia de matrices de entrada. Las matrices deben tener la misma forma, excepto en la dimensión correspondiente al eje (la primera, por defecto). **axis** es el eje a lo largo del cual se unirán las matrices. Si es *None*, las matrices se aplanan antes de su uso. Por defecto es 0. Con **out** se indica el destino para colocar el resultado. La forma debe coincidir con la que se habría devuelto si no se hubiera especificado **out** . **dtype** establece el tipo en la matriz de destino. No se puede indicar junto con **out** . **casting** controla el tipo de conversión de datos que puede producirse {'no', 'equiv', 'safe', 'same_kind', 'unsafe'}. Por defecto es 'same_kind'.
np.*stack*(arrays, axis=0, out=None, *, dtype=None, casting='same_kind')	Une una secuencia de matrices a lo largo de un nuevo eje. **arrays** es una secuencia de matrices que deben tener la misma forma. El parámetro **axis** especifica el índice del nuevo eje en las dimensiones del resultado. Si se proporciona la matriz de salida **out**, la forma debe coincidir con la que habría devuelto la función si no se hubiera especificado. **dtype** establece el tipo en la matriz de destino. No se puede indicar junto con **out** . **casting** controla el tipo de conversión de datos que puede producirse {'no', 'equiv', 'safe', 'same_kind', 'unsafe'}. Por defecto es 'same_kind'.

np.*hstack*(tup, *, dtype=None, casting='same_kind')	Apila matrices en secuencia horizontalmente. **tup** es una tupla de matrices que deben tener la misma forma a lo largo de todos los ejes excepto el segundo. Salvo las matrices 1-D que pueden tener cualquier longitud. **dtype** establece el tipo en la matriz de destino. **casting** controla el tipo de conversión de datos que puede producirse {'no', 'equiv', 'safe', 'same_kind', 'unsafe'}. Por defecto es 'same_kind'.
np.*vstack*(tup, *, dtype=None, casting='same_kind')	Apila matrices en secuencia verticalmente. **tup** es una tupla de matrices que deben tener la misma forma en todos los ejes excepto en el primero. Las matrices 1-D deben tener la misma longitud. **dtype** establece el tipo en la matriz de destino. **casting** controla el tipo de conversión de datos que puede producirse {'no', 'equiv', 'safe', 'same_kind', 'unsafe'}. Por defecto es 'same_kind'.
np.*column_stack*(tup)	Apila matrices 1-D como columnas en una matriz 2-D. **tup** es una tupla de matrices para apilar. Todas deben tener la misma primera dimensión.
np.*row_stack*(tup, *[, dtype, casting])	Apila matrices en secuencia verticalmente. Equivale a la concatenación a lo largo del primer eje. Reconstruye matrices divididas por *vsplit*(). **tup** es una tupla de matrices que deben tener la misma forma en todos los ejes excepto en el primero. Las matrices 1-D deben tener la misma longitud. **dtype** establece el tipo en la matriz de destino. **casting** controla el tipo de conversión de datos que puede producirse {'no', 'equiv', 'safe', 'same_kind', 'unsafe'}. Por defecto es 'same_kind'.

Vamos a unir dos matrices a lo largo de diferentes ejes.

```
1.  >>> m = np.array([[1, 2], [3, 4]])
2.  >>> m
3.      array([[1, 2],
4.             [3, 4]])
5.  >>> n = np.array([[5, 6]])
6.  >>> n
7.      array([[5, 6]])
8.
9.  >>> # eje 0
10. >>> p = np.concatenate((m, n), axis=0)
11. >>> p
12. array([[1, 2],
13.        [3, 4],
14.        [5, 6]])
15.
16. >>> # aplanar antes de concatenar
17. >>> p = np.concatenate((m, n), axis=None)
```

```
18.  >>> p
19.     array([1, 2, 3, 4, 5, 6])
20.
21.  >>> n = np.array([[5], [6]])
22.  >>> n
23.     array([[5],
24.            [6]])
25.
26.  >>> # eje 1
27.  >>> p = np.concatenate((m, n), axis=1)
28.  >>> p
29.  array([[1, 2, 5],
30.         [3, 4, 6]])
```

Ahora uniremos varios vectores a lo largo de un eje.

```
1.  >>> m = np.array([1, 2, 3])
2.  >>> n = np.array([4, 5, 6])
3.  >>> p = np.array([7, 8, 9])
4.
5.  >>> r = np.stack([m, n, p], axis=0)
6.  >>> r.shape
7.     (3, 3)
8.  >>> r
9.     array([[1, 2, 3],
10.            [4, 5, 6],
11.            [7, 8, 9]])
12.
13.  >>> r = np.stack([m, n, p], axis=1)
14.  >>> r.shape
15.     (3, 3)
16.  >>> r
17.     array([[1, 4, 7],
18.            [2, 5, 8],
19.            [3, 6, 9]])
```

Uniremos diferentes matrices apilándolas con la función *vstack*() o poniéndolas una al lado de la otra con *hstack*().

```
1.  >>> m = np.array([[1, 2, 3], [4, 5, 6]])
2.  >>> n = np.array([[11, 22, 33], [44, 55, 66]])
3.  >>> m
4.     array([[1, 2, 3],
5.            [4, 5, 6]])
6.  >>> n
7.     array [11, 22, 33],
8.            [44, 55, 66]])
9.
10.  >>> np.vstack((m, n))
11.     array ([[ 1,  2,  3],
12.             [ 4,  5,  6],
13.             [11, 22, 33],
```

```
14.             [44, 55, 66]])
15.
16.   >>> np.hstack((m, n))
17.       array ([[ 1,   2,   3, 11, 22, 33],
18.               [ 4,   5,   6, 44, 55, 66]])
```

Y terminamos apilando vectores por columnas o filas.

```
 1.   >>> m = np.array([1, 2, 3])
 2.   >>> n = np.array([4, 5, 6])
 3.
 4.   >>> p = np.column_stack([m, n])
 5.   >>> p
 6.       array([[1, 4],
 7.              [2, 5],
 8.              [3, 6]])
 9.
10.   >>> p = np.row_stack([m, n])
11.   >>> p
12.       array([[1, 2, 3],
13.              [4, 5, 6]])
```

6.1.5.5 DIVIDIR MATRICES

En este punto debemos entender dividir como separar partes de una matriz para obtener otras matrices.

Método	Descripción
np.*split*(ary, indices_or_sections, axis=0)	Divide una matriz en múltiples submatrices como vistas. **ary** es la matriz a subdividir. **indices_or_sections** es un entero, N, La matriz se dividirá en tantas matrices iguales como indique el entero **indices_or_sections** a lo largo del eje **axis**. Si esta división no es posible, se produce un error. Si **indices_or_sections** es un vector de enteros ordenados, las entradas indican en qué punto del eje se divide la matriz. Si un índice supera la dimensión de la matriz a lo largo del eje, se devuelve una matriz vacía. Con **axis** se indica el eje a lo largo del cual dividir. Por defecto es 0.
np.*hsplit*(ary, indices_or_sections)	Divide una matriz en varias submatrices horizontalmente (**por columnas**). Para **indices_or_sections** ver *split*().
np.*vsplit*(ary, indices_or_sections)	Divide una matriz en varias submatrices verticalmente (**por filas**). Para **indices_or_sections** ver *split*().
np.*dsplit*(ary, indices_or_sections)	Divide la matriz en varias submatrices a lo largo del 3er eje (**profundidad**). Para **indices_or_sections** ver *split*().

Procedemos a dividir la matriz de entrada en diferentes grupos de matrices. Primero en tres partes.

```
1.   >>> m = np.array([1, 2, 3, 4, 5, 6, 7, 8, 9])
2.   >>> m
3.       array([1, 2, 3, 4, 5, 6, 7, 8, 9])
4.
5.   >>> n = np.split(m, 3)
6.   >>> n
7.       [array([1, 2, 3]), array([4, 5, 6]), array([7, 8, 9])]
```

A continuación, según los índices indicados, se crea una matriz con el resto de elementos después del último índice.

```
1.   >>> n = np.split(m, [2, 3, 5, 8])
2.   >>> n
3.       [array([1, 2]), array([3]), array([4, 5]), array([6, 7, 8]), array([9])]
4.   >>> m[:2]
5.       array([1, 2])
6.   >>> m[2:3]
7.       array([3])
8.   >>> m[3:5]
9.       array([4, 5])
10.  >>> m[5:8]
11.      array([6, 7, 8])
12.  >>> m[8:]
13.      array([9])
14.
15.  >>> # si hubiéramos añadido el índice 10
16.  >>> # tendríamos una matriz vacía
17.  >>> m[10:]
18.      array([], dtype=int32)
```

Podemos dividir una matriz en varias más pequeñas con *hsplit*() a lo largo de su eje horizontal o con *vsplit*() a lo largo del eje vertical, especificando el número de matrices de igual forma a devolver.

```
1.   >>> m = np.array([[1, 2, 3, 4], [5, 6, 7, 8], [9, 10, 11, 12]])
2.   >>> m
3.       array([[ 1,  2,  3,  4],
4.              [ 5,  6,  7,  8],
5.              [ 9, 10, 11, 12]])
6.
7.   >>> n, p = np.split(m, 2, axis=1)
8.   >>> n
9.       array([[ 1,  2],
10.             [ 5,  6],
11.             [ 9, 10]])
12.  >>> p
```

```
13.        array([[ 3,   4],
14.               [ 7,   8],
15.               [11, 12]])
16.
17.  >>> n, p = np.hsplit(m, 2)
18.  >>> n
19.        array([[ 1,   2],
20.               [ 5,   6],
21.               [ 9, 10]])
22.  >>> p
23.        array([[ 3,   4],
24.               [ 7,   8],
25.               [11, 12]])
26.
27.  >>> n, p, q = np.vsplit(m, 3)
28.  >>> n
29.        array([[1, 2, 3, 4]])
30.  >>> p
31.        array([[5, 6, 7, 8]])
32.  >>> q
33.        array([[ 9, 10, 11, 12]])
```

La función *dsplit*() es equivalente a *split*() con **axis=2**. La matriz se divide a lo largo del tercer eje siempre que la dimensión sea mayor o igual a 3.

```
1.  >>> m = np.array([[[ 0,   1,   2,   3], [ 4,   5,   6,   7]],
2.                    [[ 8,   9, 10, 11], [12, 13, 14, 15]]])
3.  >>> m
4.        array([[[ 0, 1, 2, 3],
5.                [ 4, 5, 6, 7]],
6.
7.                [[ 8,   9, 10, 11],
8.                 [12, 13, 14, 15]]])
9.  >>> n, p = np.dsplit(m, 2)
10.  >>> n
11.        array([[[ 0,   1],
12.                [ 4,   5]],
13.
14.                [[ 8,   9],
15.                 [12, 13]]])
16.  >>> p
17.        array([[[ 2,   3],
18.                [ 6,   7]],
19.
20.                [[10, 11],
21.                 [14, 15]]])
```

6.1.5.6 AÑADIR / ELIMINAR ELEMENTOS

Disponemos de funciones para eliminar o insertar valores en una matriz.

Función	Descripción
np.*resize*(a, new_shape)	Devuelve una nueva matriz con la forma especificada. **a** es la matriz a redimensionar. **new_shape** es la nueva forma de la matriz redimensionada. La nueva matriz se forma a partir de los datos de la matriz anterior, repetidos en orden C, si es necesario para completar el número de elementos requerido.
np.*append*(arr, values, axis=None)	Añade valores al final de una matriz.. **arr** es la matriz a rellenar. Los valores contenidos en **values** se añaden a una copia de la matriz. Debe tener la misma forma que **arr**, excluyendo el eje. Si no se especifica **axis**, los valores pueden tener cualquier forma y se aplanarán antes de su uso. **axis** es el eje a lo largo del cual se añaden los valores.
np.*insert*(arr, obj, values, axis=None)	Inserta valores a lo largo del eje antes de los índices indicados. **arr** es la matriz de entrada. **obj** define el índice o índices por delante de los cuales se insertan los valores. Los valores a insertar están dados en **values**. Si el tipo es distinto se convierte al tipo de la matriz. **axis** es el eje a lo largo del cual se añaden los valores. Si es *None* la matriz se aplana primero.
np.*delete*(arr, obj, axis=None)	Devuelve una nueva matriz con las submatrices a lo largo de un eje eliminadas. **arr** es la matriz de entrada. **obj** define el índice o índices a eliminar de la matriz. **axis** es el eje a lo largo del cual se eliminan las submatrices. Si es *None* la matriz se aplana primero.
np.*trim_zeros*(filt, trim='fb')	Elimina los ceros iniciales y/o finales de un vector. **filt** es la matriz de entrada. El tipo de recorte está indicado por **trim**. Con 'f' (*front*) se elimina por delante y con 'b' (*back*) por detrás. Por defecto es 'fb'.
np.*unique*(ar, return_index=False, return_inverse=False, return_counts=False, axis=None, *, equal_nan=True)	Devuelve los elementos únicos ordenados de una matriz. Opcionalmente también: Los índices de la matriz de entrada que dan los valores únicos. Los índices de la matríz única que reconstruye la matriz de entrada. El número de veces que aparece cada valor único en la matriz de entrada. **a** es la matriz de entrada. Si no se especifique el eje, se aplanará si no es ya 1-D. Si **return** es *True*, también devuelve los índices de la matriz a lo largo del eje especificado, si se proporciona, o la matriz aplanada. Si **return_inverse** es *True*, devuelve también los índices de la matriz única que pueden utilizarse para reconstruir la matriz original. Si **return_counts** es *True*, devuelve también el número de veces que cada elemento único aparece en la matriz. **axis** es el eje sobre el que operar. Si es *None*, la matriz se aplanará. Si es un entero, las submatrices indexadas por el eje dado se aplanarán y se tratarán como los elementos de una matriz 1-D con la dimensión del eje dado. El valor por defecto es *None* . Si **equal_nan** es *True*, contrae múltiples valores NaN en la matriz de retorno en uno.

Si la nueva matriz es mayor que la matriz original, entonces la nueva matriz se rellena con copias repetidas de la matriz. Difiere de *numpy.resize*(new_shape) que se rellena con ceros.

Cuando el tamaño total de la matriz no cambia debe utilizarse *reshape*(). En la mayoría de los demás casos *indexing* (para reducir el tamaño) o *padding* (para aumentar el tamaño) es la solución más adecuada.

> Esta funcionalidad no considera los ejes por separado. Rellena la matriz de retorno con el número de elementos necesarios iterando sobre la matriz en orden C, sin tener en cuenta los ejes; por lo tanto, no es lo más adecuado para redimensionar imágenes o datos en los que cada eje representa una entidad separada y distinta.

```
1.  >>> m=np.array([[0, 1, 2],[3, 4, 5]])
2.  >>> m
3.      array([[0, 1, 2],
4.             [3, 4, 5]])
5.
6.  >>> n = np.resize(m, (3, 4))
7.  >>> n
8.      array([[0, 1, 2, 3],
9.             [4, 5, 0, 1],
10.            [2, 3, 4, 5]])
```

Si no se especifica **axis**, los valores pueden tener cualquier forma y se aplanarán antes de su uso.

Los nuevos valores se añaden a una copia de la matriz. Debe tener la misma forma que la matriz excluyendo el eje.

```
1.  >>> m = np.array([[1, 2, 3], [4, 5, 6]])
2.  >>> m
3.      array([[1, 2, 3],
4.             [4, 5, 6]])
5.
6.  >>> n = np.append(m, [7, 8, 9])
7.  >>> n
8.      array([1, 2, 3, 4, 5, 6, 7, 8, 9])
9.  >>> p = np.append(m, [[7, 8, 9]], axis=0)
10. >>> p
11.     array([[1, 2, 3],
12.            [4, 5, 6],
13.            [7, 8, 9]])
```

Los nuevos valores se insertan antes del índice indicado a lo largo del eje establecido.

```
1.  >>> m = np.arange(6).reshape(2, 3)
2.  >>> m
3.      array([[0, 1, 2],
4.             [3, 4, 5]])
5.
6.  >>> n = np.insert(m, 2, 9)
7.  >>> n
8.      array([0, 1, 9, 2, 3, 4, 5])
9.  >>> n = np.insert(m, 2, 9, axis=1)
10. >>> n
11.     array([[0, 1, 9, 2],
12.            [3, 4, 9, 5]])
13. >>> n = np.insert(m, [1, 2], [8, 9], axis=1)
14. >>> n
15.     array([[0, 8, 1, 9, 2],
16.            [3, 8, 4, 9, 5]])
```

A continuación eliminamos submatrices a lo largo de diferentes ejes.

```
1.  >>> m = np.arange(8).reshape(4, 2)
2.  >>> m
3.      array([[0, 1],
4.             [2, 3],
5.             [4, 5],
6.             [6, 7]])
7.  >>> n = np.delete(m, 2, axis=0)
8.  >>> n
9.      array([[0, 1],
10.            [2, 3],
11.            [6, 7]])
12. >>> n = np.delete(m, 1, axis=1)
13. >>> n
14.     array([[0],
15.            [2],
16.            [4],
17.            [6]])
```

Podemos eliminar los ceros no válidos en un vector por delante 'f' (*front*), por detrás 'b' (*back*) o en ambos lados.

```
1.  >>> m = np.array([0, 0, 3, 4, 5, 6, 0, 0, 0])
2.  >>> n = np.trim_zeros(m)
3.  >>> n
4.      array([3, 4, 5, 6])
5.  >>> n = np.trim_zeros(m, 'f')
6.  >>> n
7.      array([3, 4, 5, 6, 0, 0, 0])
8.  >>> n = np.trim_zeros(m, 'b')
9.  >>> n
10.     array([0, 0, 3, 4, 5, 6])
```

Limpiaremos el contenido de una matriz eliminado valores duplicados.

```
1.  >>> m = np.array([1, 1, 2, 3, 3, 4, 5, 5, 6])
2.  >>> m
3.      array([1, 1, 2, 3, 3, 4, 5, 5, 6])
4.
5.  >>> # valores únicos
6.  >>> n = np.unique(m)
7.  >>> n
8.      array([1, 2, 3, 4, 5, 6])
```

Obtendremos los índices de los valores de la matriz a lo largo del eje especificado, o de la matriz aplanada.

```
1.  >>> # valores únicos e índices
2.  >>> n, idx= np.unique(m, return_index=True)
3.  >>> n
4.      array([1, 2, 3, 4, 5, 6])
5.  >>> idx
6.      array([0, 2, 3, 5, 6, 8], dtype=int64)
7.
```

Y los índices de la matriz única, que pueden utilizarse para reconstruir la matriz original.

```
1.  >>> # reconstruir a partir de valores únicos y valores inversos
2.  >>> n, idx= np.unique(m, return_inverse=True)
3.  >>> idx
4.      array([0, 0, 1, 2, 2, 3, 4, 4, 5], dtype=int64)
5.  >>> n[idx]
6.      array([1, 1, 2, 3, 3, 4, 5, 5, 6])
```

Además del número de veces que cada elemento único aparece en la matriz.

```
1.  >>> # reconstruir a partir de valores únicos y cuenta de apariciones
2.  >>> n, count = np.unique(m, return_counts=True)
3.  >>> count
4.      array([2, 1, 2, 1, 2, 1], dtype=int64)
5.  >>> np.repeat(n, count)
6.      array([1, 1, 2, 3, 3, 4, 5, 5, 6])
```

6.1.5.7 REORGANIZACIÓN DE ELEMENTOS

Mediante la reorganización distribuimos los elementos de una matriz a lo largo de los ejes o rotando los datos dentro de la matriz.

Función	Descripción
np.*flip*(m, axis=None)	Invierte el orden de los elementos de una matriz a lo largo del eje dado. La forma de la matriz se conserva, pero los elementos se reordenan. **m** es la matriz de entrada. **axis** es el eje o ejes sobre los que voltear. Por defecto, *None*, se voltearán todos los ejes de la matriz de entrada. Si **axis** es una tupla, el volteo se realiza sobre todos los ejes especificados en la tupla.
np.*fliplr*(m)	Invierte el orden de los elementos a lo largo del eje 1 (izquierda/derecha). **m** es la matriz de entrada. Debe ser al menos 2D.
np.*flipud*(m)	Invierte el orden de los elementos a lo largo del eje 0 (arriba/abajo). **m** es la matriz de entrada. Debe ser al menos 2D.
np.*roll*(a, shift[, axis]) ·	Enrolla los elementos de la matriz a lo largo de un eje determinado. Los elementos que se desplazan más allá de la última posición se reintroducen en la primera. **a** es la matriz de entrada. **shift** es el número de posiciones en las que se desplazan los elementos. Si es una tupla, entonces **axis** debe ser una tupla del mismo tamaño, y cada uno de los ejes dados se desplaza el número correspondiente. Si es un entero y **axis** es una tupla, se utiliza el mismo valor para todos los ejes dados. **axis** es el eje o ejes a lo largo de los cuales se desplazan los elementos. Por defecto, la matriz se aplana antes del desplazamiento, tras lo cual se restaura la forma original.
np.*rot90*(m[, k, axes])	Rota una matriz 90 grados en el plano especificado por los ejes. La dirección de rotación es desde el primer eje hacia el segundo. **m** es la matriz de entrada. Debe ser al menos 2D. **k** indica el número de veces que se rota el array 90 grados. La matriz se rota en el plano definido por los ejes **axes**. Los ejes deben ser diferentes.
np.*reshape*(a, newshape[, order])	Da una nueva forma a una matriz sin cambiar sus datos. **a** es la matriz de entrada. **newshape** establece la nueva forma que debe ser compatible con la forma original. Si es un entero, el resultado será un vector de esa longitud. Si es -1 el valor se infiere a partir de la longitud de la matriz y las dimensiones restantes. Con **order** se indica el orden de lectura de los elementos de la matriz y su colocación en la matriz remodelada. {'C', 'F', 'A'}.

Según el eje que apliquemos en la función *flip*() podemos realizar los cambios por otras vías.

```
flip(m, 0) es equivalente a flipud(m).
flip(m, 1) equivale a fliplr(m).
flip(m, n) corresponde a m[...,::-1,...] con ::-1 en la posición n.
```

flip(m) corresponde a m[::-1,::-1,...,::-1] con ::-1 en todas las posiciones.
flip(m, (0, 1)) corresponde a m[::-1,::-1,...] con ::-1 en la posición 0 y en la
posición 1.

Vamos a cambiar el orden de los elementos de la matriz actuando sobre diferentes ejes.

```
1.   >>> m = np.arange(12).reshape(4, 3)
2.   >>> m
3.       array([[ 0,  1,  2],
4.              [ 3,  4,  5],
5.              [ 6,  7,  8],
6.              [ 9, 10, 11]])
7.   >>> np.flip(m)
8.       array([[11, 10,  9],
9.              [ 8,  7,  6],
10.             [ 5,  4,  3],
11.             [ 2,  1,  0]])
12.  >>> np.flip(m, 0)
13.      array([[ 9, 10, 11],
14.             [ 6,  7,  8],
15.             [ 3,  4,  5],
16.             [ 0,  1,  2]])
17.  >>> np.flip(m, 1)
18.      array([[ 2,  1,  0],
19.             [ 5,  4,  3],
20.             [ 8,  7,  6],
21.             [11, 10,  9]])
22.  >>> np.flip(m, (1, 0))
23.      array([[11, 10,  9],
24.             [ 8,  7,  6],
25.             [ 5,  4,  3],
26.             [ 2,  1,  0]])
```

Vemos que *fliplr*(m) equivale a *flip*(m, 1).

```
1.   >>> np.fliplr(m)
2.       array([[ 2,  1,  0],
3.              [ 5,  4,  3],
4.              [ 8,  7,  6],
5.              [11, 10,  9]])
```

Y que *flipud*(m) equivale a *flip*(m, 0).

```
1.   >>> np.flipud(m)
2.       array([[ 9, 10, 11],
3.              [ 6,  7,  8],
4.              [ 3,  4,  5],
5.              [ 0,  1,  2]])
```

Aplicaremos ahora distintos enrollamientos a la matriz.

```
 1.  >>> np.roll(m, 2)
 2.      array([[10, 11,  0],
 3.             [ 1,  2,  3],
 4.             [ 4,  5,  6],
 5.             [ 7,  8,  9]])
 6.  >>> np.roll(m, -2)
 7.      array([[ 2,  3,  4],
 8.             [ 5,  6,  7],
 9.             [ 8,  9, 10],
10.             [11,  0,  1]])
11.  >>> np.roll(m, 2, axis=0)
12.      array([[ 6,  7,  8],
13.             [ 9, 10, 11],
14.             [ 0,  1,  2],
15.             [ 3,  4,  5]])
16.  >>> np.roll(m, 2, axis=1)
17.      array([[ 1,  2,  0],
18.             [ 4,  5,  3],
19.             [ 7,  8,  6],
20.             [10, 11,  9]])
21.  >>> np.roll(m, 1, axis=1)
22.      array([[ 2,  0,  1],
23.             [ 5,  3,  4],
24.             [ 8,  6,  7],
25.             [11,  9, 10]])
26.  >>> np.roll(m, (1, 1), axis=(1, 0))
27.      array([[11,  9, 10],
28.             [ 2,  0,  1],
29.             [ 5,  3,  4],
30.             [ 8,  6,  7]])
```

Giraremos 90 grados la matriz, primero una vez, luego dos veces, para acabar girando una vez sobre los ejes 1 y 0.

```
 1.  >>> np.rot90(m)
 2.      array([[ 2,  5,  8, 11],
 3.             [ 1,  4,  7, 10],
 4.             [ 0,  3,  6,  9]])
 5.  >>> np.rot90(m, 2)
 6.      array([[11, 10,  9],
 7.             [ 8,  7,  6],
 8.             [ 5,  4,  3],
 9.             [ 2,  1,  0]])
10.  >>> np.rot90(m, 1, (1, 0))
11.      array([[ 9,  6,  3,  0],
12.             [10,  7,  4,  1],
13.             [11,  8,  5,  2]])
```

Y acabamos modificando la forma de la matriz que debe ser compatible con la forma original.

```
1.  >>> m = np.arange(12).reshape(4, 3)
2.  >>> m
3.      array([[ 0,  1,  2],
4.             [ 3,  4,  5],
5.             [ 6,  7,  8],
6.             [ 9, 10, 11]])
7.  >>> n = np.reshape(m, (3, 4))
8.  >>> n
9.      array([[ 0,  1,  2,  3],
10.            [ 4,  5,  6,  7],
11.            [ 8,  9, 10, 11]])
12. >>> n = np.reshape(m, (3, 4), order='F')
13. >>> n
14.     array([[ 0,  9,  7,  5],
15.            [ 3,  1, 10,  8],
16.            [ 6,  4,  2, 11]])
```

6.1.6 Copias y vistas

Trabajando con matrices, sus datos a veces se copian en una nueva matriz y a veces no. Existen tres posibilidades:

▶ No hay copia.
▶ Copia superficial.
▶ Copia profunda.

6.1.6.1 NO HAY COPIA

Las asignaciones **no crean una copia nueva**, son solo una referencia a los mismos datos. Después de la asignación ambas variables compartirán los mismos datos, haciendo uso de la misma área de memoria, y cualquier cambio que se produzca se refleja en ambas.

Como vemos, el *id*() de las dos variables es el mismo, y el operador *is* nos dice que son el mismo objeto.

```
1.  >>> m = np.array([[1, 2, 3], [4, 5, 6]])
2.  >>> # copia de la matriz
3.  >>> n = m
4.  >>> # comprobación de los objetos creados
5.  >>> print(id(m), id(n), m is n)
6.      48605104 48605104 True
```

6.1.6.2 VISTA O COPIA SUPERFICIAL

Diferentes objetos *ndarray* pueden compartir los mismos datos mediante copias superficiales.

Con el método *view*() se crea una vista, **un nuevo objeto que apunta sobre los mismos datos**. Datos que podemos modificar desde la variable creada por *view*().

```
1.  m = np.array([[1, 2, 3], [4, 5, 6]])
2.  >>> m_vista = m.view()
3.  >>> # modificar m desde la vista
4.  >>> m_vista[0, 1] = 222
5.  >>> m
6.      array([[  1, 222,   3],
7.             [  4,   5,   6]])
```

Los **cortes crean nuevos objetos**. Una operación de corte sobre una matriz crea una vista sobre la misma, lo que nos ofrece la posibilidad de acceder a una parte de la matriz, e incluso modificarla.

```
1.  >>> m_corte = m[:, 1:3]
2.  >>> m_corte
3.      array([[222,   3],
4.             [  5,   6]])
5.  >>> # modificar m desde el corte
6.  >>> m_corte[:, 0] = 555
7.  >>> m
8.      array([[  1, 555,   3],
9.             [  4, 555,   6]])
```

Con ambas operaciones tenemos objetos diferentes, ya que los *id*() tiene diferentes valores, pero apuntan a los mismos datos.

```
1.  >>> id(m)
2.      2164319162928
3.  >>> id(m_vista)
4.      2164319163216
5.  >>> id(m_corte)
6.      2164275434608
```

6.1.6.3 COPIA PROFUNDA

El método *copy*() **sí realiza una copia completa** de la matriz y sus datos en otra área de memoria.

Método	Descripción
np.*copy*(a, order='K', subok=False)	Devuelve una copia de la matriz dada. **a** es la matriz de entrada. Los valores posibles de **order** {'C', 'F', 'A', 'K'} controlan la disposición en memoria de los datos. 'C' - orden C. 'F' - orden Fortran. 'A' - 'F' si el objeto es Fortran contiguo, 'C' en caso contrario. 'K' - la disposición será lo más parecida posible.

Como vemos, el *id*() de las dos variables es distinto, y el operador *is* nos dice que NO son el mismo objeto.

```
1.  >>> r = m.copy()
2.  >>> print(id(m), id(r), m is r)
3.      96729488 96730160 False
```

Si vamos a eliminar una matriz, de la que hemos obtenido una vista o hemos extraído parte de los datos con un corte, debemos realizar una copia profunda antes de borrar la matriz original.

En el ejemplo, copiamos inicialmente el corte que hemos realizado en el punto anterior y después de borrar la matriz original **m** recibimos un *NameError* si intentamos usarla, pero la matriz **m_corte** sigue existiendo, pues se obtuvo con un corte, que crea un objeto nuevo.

```
1.  >>> m_corte
2.      array([[555,    3],
3.             [555,    6]])
4.  >>> m_copia = np.copy(m_corte)
5.  >>> m_copia
6.      array([[555,    3],
7.             [555,    6]])
8.  >>> del m
9.  >>> m
10.     Traceback (most recent call last):
11.     . . .
12.        m
13.     NameError: name 'm' is not defined
14. >>> m_corte
15.     array([[555,    3],
16.            [555,    6]])
```

6.1.7 Difusión (broadcasting)

Realizar operaciones aritméticas con matrices de diferentes tamaños no es posible. La difusión (*broadcasting*) es el nombre que recibe la capacidad de *numpy* para realizar aritmética de matrices con diferente forma o tamaño. De esta manera la matriz más pequeña se difunde según la matriz más grande para que tengan formas compatibles.

La difusión proporciona un medio de vectorizar las operaciones de matrices para que el bucle se produzca en C en lugar de Python. Hace esto sin hacer copias innecesarias de datos, lo que conduce a implementaciones de algoritmos más eficientes.

La matriz resultante tendrá el mismo número de dimensiones que la matriz de entrada con el mayor número de dimensiones, donde el tamaño de cada dimensión es el mayor tamaño de la dimensión correspondiente entre las matrices de entrada.

Vamos a ver la difusión de un escalar en un vector, continuamos con un escalar en una matriz, y acabaremos con la difusión de matrices de diferentes formas.

```
1.    >>> # difusión de un escalar en un vector
2.    >>> m = np.array([1, 2, 3])
3.    >>> m
4.        array([1, 2, 3])
5.    >>> m * 2
6.        array([2, 4, 6])
7.
8.    # difusión de un escalar en una matriz
9.    >>> m = np.array([[1, 2, 3], [4, 5, 6], [7, 8, 9]])
10.   >>> m
11.       array([[1, 2, 3],
12.              [4, 5, 6],
13.              [7, 8, 9]])
14.   >>> m * 2
15.       array([[ 2,  4,  6],
16.              [ 8, 10, 12],
17.              [14, 16, 18]])
18.
19.   # difusión de matrices de diferentes formas
20.   >>> n = np.array([0, 1, 2]).reshape(3, 1)
21.   >>> n
22.       array([[0],
23.              [1],
24.              [2]])
25.   >>> m + n
26.       array([[ 1,  2,  3],
27.              [ 5,  6,  7],
28.              [ 9, 10, 11]])
29.
30.   >>> p = np.array([0, 1, 2])
31.   >>> p
32.       array([0, 1, 2])
33.   >>> m + p
34.       array([[ 1,  3,  5],
35.              [ 4,  6,  8],
36.              [ 7,  9, 11]])
```

Gráficamente, con un escalar, sería:

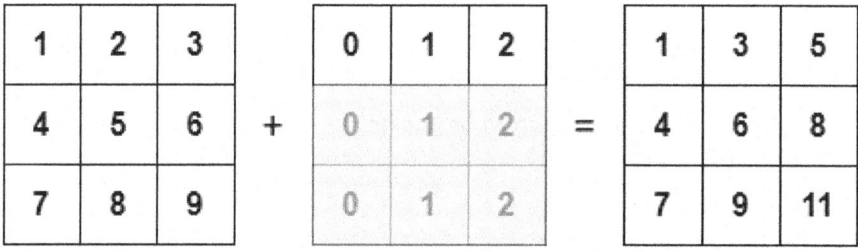

Difusión de un escalar

Y con más dimensiones:

Difusión de una matriz

Pero existe una regla estricta que debe cumplirse para que se pueda realizar la difusión. La difusión, **solo puede realizarse cuando la forma de cada dimensión en las matrices es igual o una tiene el tamaño de dimensión 1.**

Las dimensiones se consideran en orden inverso, empezando por la última dimensión; considerando las columnas antes que las filas en un caso bidimensional.

En el siguiente ejemplo podemos ver que las últimas dimensiones (columnas) no coinciden, por lo que la operación falla al no poder realizar la difusión.

```
1.  >>> m = np.array([[1, 2, 3], [4, 5, 6]])
2.  >>> m
3.      array([[1, 2, 3],
4.             [4, 5, 6]])
5.  >>> n = np.array([1, 2])
6.  >>> n
7.      array([1, 2])
8.  >>> # dimensiones
9.  >>> m.shape
10.     (2, 3)
11. >>> n.shape
12.     (2,)
13. # la difusión no es posible
14. >>> m + n
15.     Traceback (most recent call last):
16.       . . .
17.         m + n
18.     ValueError: operands could not be broadcast together with shapes (3,) (2,)
```

6.1.8 Funciones universales

Para dar soporte a la vectorización, *numpy* ha rediseñado las funciones matemáticas como **funciones universales** (*ufunc*) trabajando tanto con escalares como con matrices elemento a elemento, permitiendo la difusión y la conversión de tipos. Esto facilita la realización de operaciones matemáticas eficientes y cómodas, eliminando la necesidad de bucles explícitos y mejorando el rendimiento, especialmente cuando se trabaja con grandes conjuntos de datos.

Las *ufunc* toman argumentos adicionales, como:

▼ **where** condición o matriz booleana que define donde deben tener lugar las operaciones.

▼ **dtype** define el tipo de retorno de los elementos.

▼ **out** matriz de salida donde se almacena el valor de retorno.

Las funciones universales y la vectorización son conceptos esenciales para realizar operaciones eficientes con matrices en *numpy*.

6.1.9 Funciones matemáticas

El módulo *numpy* proporciona una amplia gama de operaciones aritméticas, trigonométricas, logarítmicas, exponenciales, estadísticas y otras para realizar cálculos sobre matrices multidimensionales, con escalares y con matrices de igual o distintas dimensiones, siempre que se ajusten a la capacidad de difusión de *numpy*.

Las funciones matemáticas disponibles hacen fundamental a *numpy* para la computación científica. Integrada con otras bibliotecas como Matplotlib, SciPy y Pandas resulta en un ecosistema esencial para diversas disciplinas científicas y de análisis de datos.

6.1.9.1 OPERACIONES ARITMÉTICAS

En *numpy* disponemos de funciones matemáticas básicas similares al módulo *math*, que actúan sobre las matrices elemento a elemento.

Las operaciones aritméticas solo son posibles si las matrices tienen la misma estructura y dimensiones. Aunque *numpy* nos ofrece una solución haciendo uso de la capacidad de difusión, siguiendo las reglas de manipulación de matrices.

Vamos a ver las operaciones aritméticas en base a funciones y después el uso de los operadores aritméticos habituales.

Función	Descripción
np.*add*(x1, x2, /, out=None, *, where=True, casting='same_kind', order='K', dtype=None, subok=True[, signature, extobj])	Suma los argumentos elemento a elemento. **x1**, **x2** son las matrices a sumar. Si no son del mismo tamaño debe ser posible aplicarles la difusión. **out** es la matriz en la que se almacena el resultado. Si se proporciona, debe tener una forma que se corresponda con las entradas. Si no se proporciona devuelve una matriz recién asignada. **where** es una matriz booleana. En las ubicaciones en las que la condición sea *True*, la matriz de salida se establecerá con el resultado. En otros lugares, la matriz de salida mantendrá su valor original. Si se crea una matriz de salida **out** no inicializada, las ubicaciones dentro de ella en las que la condición sea *False* permanecerán sin inicializar.
numpy.*reciprocal*(x, /, out=None, *, where=True, casting='same_kind', order='K', dtype=None, subok=True[, signature, extobj])	Devuelve el recíproco del argumento, elemento a elemento. **x** es la matriz de entrada. Para el resto de los parámetros ver *add*().
np.*negative*(x, /, out=None, *, where=True, casting='same_kind', order='K', dtype=None, subok=True[, signature, extobj])	Devuelve una matriz con el signo cambiado en cada elemento de la matriz original. **x** es la matriz de entrada. Para el resto de los parámetros ver *add*().
np.*positive*(x, /, out=None, *, where=True, casting='same_kind', order='K', dtype=None, subok=True[, signature, extobj])	Devuelve una matriz con los valores de cada elemento de la matriz original. Es equivalente a x.*copy*(), pero solo para tipos que soportan aritmética. **x** es la matriz de entrada. Para el resto de los parámetros ver *add*().
np.*multiply*(x1, x2, /, out=None, *, where=True, casting='same_kind', order='K', dtype=None, subok=True[, signature, extobj])	Multiplica los argumentos por elementos. **x1**, **x2** son las matrices de entrada que se van a multiplicar. Si x1.shape != x2.shape, deben poder difundirse a una forma común, que se convierte en la forma de la salida. Para el resto de los parámetros ver *add*().
np.*divide*(x1, x2, /, out=None, *, where=True, casting='same_kind', order='K', dtype=None, subok=True[, signature, extobj])	Divide los argumentos por elementos. **x1**, **x2** son las matrices de entrada que se van a multiplicar. Si x1.shape != x2.shape, deben poder difundirse a una forma común, que se convierte en la forma de la salida. Para el resto de los parámetros ver *add*().
np.*power*(x1, x2, /, out=None, *, where=True, casting='same_kind', order='K', dtype=None, subok=True[, signature, extobj])	Eleva los elementos de la primera matriz a las potencias de la segunda matriz, por elementos. **x1** es la matriz con las bases. **x2** es la matriz con los exponentes. Si x1.shape != x2.shape, deben difundirse a una forma común, que se convierte en la forma de la salida. Para el resto de los parámetros ver *add*().

np.*subtract*(x1, x2, /, out=None, *, where=True, casting='same_kind', order='K', dtype=None, subok=True[, signature, extobj])	Resta los argumentos, por elementos. **x1, x2** son las matrices a restar entre sí. Si x1.shape != x2.shape, deben ser difundibles a una forma común, que se convierte en la forma de la salida. Para el resto de los parámetros ver *add*().
np.*true_divide*(x1, x2, /, out=None, *, where=True, casting='same_kind', order='K', dtype=None, subok=True[, signature, extobj])	Es un alias de *divide*(x1, x2). **x1** es la matriz dividendo. **x2** es la matriz divisor. Si x1.shape != x2.shape, deben poder difundirse a una forma común, que se convierte en la forma de la salida. Para el resto de los parámetros ver *add*().
np.*floor_divide*(x1, x2, /, out=None, *, where=True, casting='same_kind', order='K', dtype=None, subok=True[, signature, extobj])	Devuelve el mayor entero menor o igual que la división de las entradas. Es equivalente al operador // de Python. **x1** es la matriz numerador. **x2** es la matriz denominador. Si x1.shape != x2.shape, deben poder difundirse a una forma común, que se convierte en la forma de la salida. Para el resto de los parámetros ver *add*().
np.*fmod*(x1, x2, /, out=None, *, where=True, casting='same_kind', order='K', dtype=None, subok=True[, signature, extobj])	Devuelve el resto de la división. **x1** es la matriz dividendo. **x2** es la matriz divisor. Si x1.shape != x2.shape, deben poder difundirse a una forma común, que se convierte en la forma de la salida. Es la implementación en *numpy* de la función *fmod* de la biblioteca C, el resto tiene el mismo signo que el dividendo **x1**. Para el resto de los parámetros ver *add*().
np.*mod*(x1, x2, /, out=None, *, where=True, casting='same_kind', order='K', dtype=None, subok=True[, signature, extobj])	Devuelve el resto de la división elemento a elemento. **x1** es la matriz dividendo. **x2** es la matriz divisor. Si x1.shape != x2.shape, deben poder difundirse a una forma común, que se convierte en la forma de la salida. Para el resto de los parámetros ver *add*().
np.*modf*(x, [out1, out2,]/, [out=(None, None),]*, where=True, casting='same_kind', order='K', dtype=None, subok=True[, signature, extobj])	Devuelve las partes fraccionaria y entera de una matriz, por elementos. Ambas son negativas si el número dado es negativo. **x** es la matriz de entrada. Para el resto de los parámetros ver *add*().
np.*divmod*(x1, x2, [out1, out2,]/, [out= (None, None),]*, where=True, casting='same_kind', order='K', dtype=None, subok=True[, signature, extobj])	Devuelve el cociente y el resto de la división en forma de tupla de matrices. Implementa la función incorporada *divmod*() en matrices. **x1** es la matriz dividendo. **x2** es la matriz divisor. Si x1.shape != x2.shape, deben poder difundirse a una forma común, que se convierte en la forma de la salida. Para el resto de los parámetros ver *add*().

Las operaciones aritméticas en *numpy* también pueden realizarse con los operadores aritméticos habituales.

Símbolo	Significado	Ejemplo	Función
+	Suma	a = x1 + x2	np.add(x1, x2)
-	Resta	a = x1 – x2	np.subtract(x1, x2)
*	Multiplicación	a = x1 * x2	np.multiply(x1, x2)
/	División	a = x1 / x2	np.divide(x1, x2) np.true_divide(x1, x2)
//	División entera	a = x1 // x2	np.floor_divide(x1, x2)
%	Módulo	a = x1 % x2	np.mod(x1, x2) Es una alias de np.remainder() np.fmod(x1, x2)
**	Potencia	a = x1 ** x2	np.power(x1, x2)
-	Negación	a = -x	np.negative(x)

	Cociente y Resto	c = x1 // x2
		r = x1 % x2
			np.divmod(x1, x2)

	Inverso multiplicativo	a = 1 / x	np.reciprocal(x) Esta función no está diseñada para trabajar con números enteros.
@	Multiplicación de matrices según el cálculo matricial A partir de Python 3.5, en *numpy* 1.10.	a = x1 @ x2	a = x1.dot(x2)

Los operadores aritméticos sobre matrices se realizan con cada elemento, proporcionando una nueva matriz con el resultado, tanto con escalares como con matrices entre sí.

```
1. >>> m = np.array([1, 2, 3, 4, 5, 6, 7, 8, 9])
2. >>> n = m ** 2
3. >>> n
4.    array([ 1,  4,  9, 16, 25, 36, 49, 64, 81])
```

Igual que el operador de negación, que realiza el cambio de signo a todos los elementos de la matriz.

```
1. >>> n = -m
2. >>> n
3.    array([-1, -2, -3, -4, -5, -6, -7, -8, -9])
```

Con matrices de las mismas dimensiones se aplican sobre los elementos de ambas matrices.

```
1.   >>> m = np.array([1, 2, 3])
2.   >>> n = np.array([4, 5, 6])
3.   >>> p = m + n     # suma con operador
4.   >>> p
5.       array([5, 7, 9])
6.   >>> np.add(m, n)  # suma con función
7.       array([5, 7, 9])
8.   >>> m - n
9.       array([-3, -3, -3])
10.  >>> m * n
11.      array([ 4, 10, 18])
12.  >>> m / n
13.      array([0.25, 0.4 , 0.5 ])
14.  >>> n // m
15.      array([4, 2, 2])
16.  >>> n % 3
17.      array([1, 2, 0], dtype=int32)
18.  >>> m ** 2
19.      array([1, 4, 9])
20.  >>> m ** n
21.      array([  1,  32, 729])
```

La función *divmod*() produce una tupla con el cociente y el resto. La función *mod*() o *remainder*() solo proporciona el resto de la división entera.

```
1.   >>> np.divmod(n, 3)
2.       (array([1, 1, 2], dtype=int32), array([1, 2, 0], dtype=int32))
3.   >>> np.divmod(n, m)
4.       (array([4, 2, 2]), array([0, 1, 0]))
5.
6.   >>> n % 3
7.       array([1, 2, 0], dtype=int32)
8.   >>> np.mod(n, 3)
9.       array([1, 2, 0], dtype=int32)
10.  >>> np.remainder(n, 3)
11.      array([1, 2, 0], dtype=int32)
12.  >>> n % m
13.      array([0, 1, 0])
14.  >>> np.mod(n, m)
15.      array([0, 1, 0])
16.  >>> np.remainder(n, m)
17.      array([0, 1, 0])
```

El inverso multiplicativo solo trabaja con números en punto flotante

```
1.   >>> p = n / m
2.   >>> p
3.       array([4. , 2.5, 2. ])
4.   >>> np.reciprocal(p)  # solo trabaja con punto flotante
5.       array([0.25, 0.4 , 0.5 ])
```

Para obtener las partes fraccionaria y entera de los elementos de una matriz disponemos de la función *modf*().

```
1.  >>> m = np.arange(1, 3, 0.5)
2.  >>> m
3.      array([1. , 1.5, 2. , 2.5])
4.  >>> np.modf(m)
5.      (array([0. , 0.5, 0. , 0.5]), array([1., 1., 2., 2.]))
```

Al trabajar con matrices de distintas dimensiones entra en juego la difusión, para operar así con matrices de iguales dimensiones.

```
1.  >>> q = np.array([[1, 2], [3, 4], [5, 6]])
2.  >>> q
3.      array([[1, 2],
4.             [3, 4],
5.             [5, 6]])
6.  >>> r = np.array([7, 8])
7.  >>> r
8.      array([7, 8])
9.  >>> r + q
10.     array([[ 8, 10],
11.            [10, 12],
12.            [12, 14]])
```

El operador producto (*) funciona como un operador aritmético normal en *numpy*. El producto matricial, según el cálculo matricial, se realiza utilizando el operador arroba (@) a partir de Python 3.5, en *numpy* 1.10, o con el método *dot*().

En cálculo matricial dos matrices se pueden multiplicar si el número de columnas de la primera coincide con el número de filas de la segunda.

```
1.  >>> m = np.array([(1, 2, 3), (4, 5, 6)])
2.  >>> n = np.array([(1, 2), (3, 4), (5, 6)])
3.  >>> m
4.      array([[1, 2, 3],
5.             [4, 5, 6]])
6.  >>> n
7.      array([[1, 2],
8.             [3, 4],
9.             [5, 6]])
10. >>> p = m @ n
11. >>> p
12.     array([[22, 28],
13.            [49, 64]])
14. >>> p = m.dot(n)
15. >>> p
16.     array([[22, 28],
17.            [49, 64]])
```

Cuando se opera con matrices de diferentes tipos el resultado siempre corresponde al tipo más general o preciso.

```
1.  >>> m = np.array([1, 2, 3])
2.  >>> m
3.      array([1, 2, 3])
4.  >>> n = np.ones(3)
5.  >>> n
6.      array([1., 1., 1.])
7.  >>> p = m + n
8.  >>> p
9.      array([2., 3., 4.])
```

Los operadores de asignación ampliada (*augmented assignment*) también funcionan en *numpy*, aunque debemos tener en cuenta lo que nos dice la *PEP 203 sobre asignaciones ampliadas (https://peps.python.org/pep-0203/)*

ⓘ PEP 203 asignaciones ampliadas

La idea detrás de la asignación ampliada en Python es que no es solo una forma más fácil de escribir la práctica común de almacenar el resultado de una operación binaria en su operando izquierdo, sino también una forma de que el operando izquierdo en cuestión sepa que debe operar sobre sí mismo, en lugar de crear una copia modificada de sí mismo.

Los operadores aritméticos de asignación ampliada en *numpy* son:

Operador	Descripción
+=	Suma el operando derecho al operando izquierdo y asigna el resultado al operando izquierdo
-=	Resta el operando derecho del operando izquierdo y asigna el resultado al operando izquierdo
*=	Multiplica el operando derecho por el operando izquierdo y asigna el resultado al operando izquierdo
/=	Divide el operando izquierdo con el operando derecho y asigna el resultado al operando izquierdo
//=	Realiza la división entera con los operandos y asigna el valor al operando izquierdo
%=	Calcula el módulo utilizando los dos operandos y asigna el resultado al operando izquierdo
**=	Realiza el cálculo exponencial (potencia) con los operadores y asigna el valor al operando izquierdo

Los operadores de asignación ampliada actúan **modificando la matriz existente** en lugar de crear una nueva.

```
1.    >>> m = np.array([1, 2, 3])
2.    >>> n = m
3.    >>> n += 2      # opera sobre sí mismo
4.    >>> m
5.        array([3, 4, 5])
6.    >>> n
7.        array([3, 4, 5])
8.
9.    >>> m = np.array([1, 2, 3])
10.   >>> n = m
11.   >>> n = n + 2  # crea una copia modificada
12.   >>> m
13.       array([1, 2, 3])
14.   >>> n
15.       array([3, 4, 5])
```

Vemos que al realizar una asignación aumentada con el operador suma (+=) sobre la copia de la matriz, tanto la copia como la original aparecen cambiadas. Sin embargo, si realizamos una suma simple (+) la matriz original no se ha modificado, pero sí la copia sobre la que hemos realizado la suma.

6.1.9.2 FUNCIONES LÓGICAS

Las funciones lógicas se utilizan para buscar relaciones entre matrices o entre matrices y escalares, y devuelven valores booleanos *True/False*. Estas funciones son especialmente útiles para trabajar con matrices booleanas y realizar operaciones lógicas con ellas.

Podemos agrupar las funciones lógicas, según su operativa, en funciones de comparación, lógicas, de contenido o tipo.

6.1.9.2.1 Funciones de comparación

Las funciones de comparación examinan elemento a elemento en las matrices *numpy*. Las matrices a comparar deben tener la misma forma o cumplir con las reglas de la difusión. El resultado es una matriz booleana con la forma común.

Función	Descripción
np.*allclose*(a, b, rtol=1e-05, atol=1e-08, equal_nan=False)	Devuelve *True* si dos matrices son iguales elemento a elemento dentro de un margen de tolerancia. Los valores de tolerancia son positivos, normalmente números muy pequeños. Si la siguiente ecuación es *True* elemento a elemento, entonces se devuelve *True*. **absolute(a - b) <= (atol + rtol * absolute(b))** **a** y **b** son las matrices a comparar. **rtol** es el parámetro de tolerancia relativa. **atol** es el parámetro de tolerancia absoluta. Si **equal_nan** es *True*, los NaN de **a** se considerarán iguales a los NaN de **b** en la matriz de salida. Los infs se consideran iguales si están en el mismo lugar y tienen el mismo signo en ambas matrices.
np.*isclose*(a, b, rtol=1e-05, atol=1e-08, equal_nan=False)	Devuelve una matriz booleana en la que dos matrices son iguales entre sí dentro de un margen de tolerancia. Para valores finitos, se utiliza la siguiente ecuación para comprobar si dos valores en coma flotante son equivalentes. **absolute(a - b) <= (atol + rtol * absolute(b))** Para los parámetros ver *allclose*().
np.*array_equal*(a1, a2, equal_nan=False)	Devuelve *True* si dos matrices tienen la misma forma y elementos, *False* en caso contrario. Para los parámetros ver *allclose*().
np.*array_equiv*(a1, a2)	Devuelve *True* si las matrices de entrada tienen la misma forma y todos los elementos son iguales. **a** y **b** son las matrices a comparar.
np. *greater*(x1, x2, /, out=None, *, where=True, casting='same_kind', order='K', dtype=None, subok=True[, signature, extobj])	Devuelve *True* de la comparación (x1 > x2) elemento a elemento. **x1**, **x2** son las matrices de entrada. **out** es la ubicación en la que se almacenará el resultado. Si no se proporciona o es *None*, se devuelve una matriz recién asignada. La condición **where** se difunde a través de la entrada. En las ubicaciones en las que la condición sea *True*, la matriz de salida se establecerá con el resultado de la función. En otros lugares, la matriz de salida mantendrá su valor original.
np.*greater_equal*(x1, x2, /, out=None, *, where=True, casting='same_kind', order='K', dtype=None, subok=True[, signature, extobj])	Devuelve *True* de la comparación (x1 >= x2) elemento a elemento. Para los parámetros ver *greater*().

np.*less*(x1, x2, /, out=None, *, where=True, casting='same_kind', order='K', dtype=None, subok=True[, signature, extobj])	Devuelve *True* de la comparación (x1 < x2) elemento a elemento. Para los parámetros ver *greater*().
np.*less_equal*(x1, x2, /, out=None, *, where=True, casting='same_kind', order='K', dtype=None, subok=True[, signature, extobj])	Devuelve *True* de la comparación (x1 <= x2) elemento a elemento. Para los parámetros ver *greater*().
np.*equal*(x1, x2, /, out=None, *, where=True, casting='same_kind', order='K', dtype=None, subok=True[, signature, extobj])	Devuelve *True* de la comparación (x1 == x2) elemento a elemento. Para los parámetros ver *greater*().
np.*not_equal*(x1, x2, /, out=None, *, where=True, casting='same_kind', order='K', dtype=None, subok=True[, signature, extobj])	Devuelve *True* de la comparación (x1 != x2) elemento a elemento. Para los parámetros ver *greater*().

También podemos emplear los operadores relacionales habituales en *numpy* para realizar comparaciones entre matrices. Comparan los valores a ambos lados del operador y siempre devuelven como resultado un valor booleano: *true* (cierto) o *False* (falso).

Operador	Significado	Función	Descripción
<	menor que	np.less(a1, a2)	Devuelve *True* si el elemento de la primera matriz es menor que el segundo.
<=	menor o igual que	np.less_equal(a1, a2)	Devuelve *True* si el elemento de la primera matriz es menor o igual que el de la segunda.
>	mayor que	np.greather(a1, a2)	Devuelve *True* si el elemento de la primera matriz es mayor que el de la segunda.
>=	mayor o igual que	np.greather_equal(a1, a2)	Devuelve *True* si el elemento de la primera matriz es mayor o igual que el de la segunda.
==	igual a	np.equal(a1, a2)	Devuelve *True* si el elemento de la primera matriz es igual al de la segunda
!=	no igual a	np.not_equal(a1, a2)	Devuelve *True* si el elemento de la primera matriz no es igual al de la segunda.

Los operadores relacionales hacen uso de la vectorización para comparar elemento a elemento de las matrices.

Podemos emplear los operadores relacionales o las funciones de comparación equivalentes.

```
1. >>> a1 = np.array([1, 2, 3])
2. >>> a2 = np.array([1, 2, 3])
3. >>> a1 == a2
4.     array([ True, True, True])
5. >>> np.equal(a1, a2)
6.     array([ True, True, True])
```

Para comparar matrices con escalares *numpy* hace uso de la difusión. El resultado siempre tendrá la forma de la matriz original.

```
 1. >>> np.equal(a1, 1)
 2.     array([ True, False, False])
 3. >>> a3 = np.ones((3,4), dtype=int)
 4. >>> a3
 5.     array([[1, 1, 1, 1],
 6.            [1, 1, 1, 1],
 7.            [1, 1, 1, 1]])
 8. >
 9. >> np.equal(a3, 1)
10.     array([[ True, True, True, True],
11.            [ True, True, True, True],
12.            [ True, True, True, True]])
```

6.1.9.2.2 Operaciones lógicas

Las operaciones lógicas se utilizan para encontrar la relación entre dos matrices.

Función	Descripción
np.*logical_and*(x1, x2, /, out=None, *, where=True, casting='same_kind', order='K', dtype=None, subok=True[, signature, extobj])	Calcula el valor verdadero de x1 AND x2 elemento a elemento. **x1, x2** son las matrices de entrada. **out** es la ubicación en la que se almacenará el resultado. Si no se proporciona o es *None*, se devuelve una matriz recién asignada. La condición **where** se difunde a través de la entrada. En las ubicaciones en las que la condición sea *True*, la matriz de salida se establecerá con el resultado de la función. En otros lugares, la matriz de salida mantendrá su valor original.

np.*logical_or*(x1, x2, /, out=None, *, where=True, casting='same_kind', order='K', dtype=None, subok=True[, signature, extobj])	Calcula el valor verdadero de x1 OR x2 elemento a elemento. Para los parámetros ver *logical_and*().
np.*logical_not*(x, /, out=None, *, where=True, casting='same_kind', order='K', dtype=None, subok=True[, signature, extobj])	Calcula el valor verdadero de NOT x elemento a elemento. Para los parámetros ver *logical_and*().
np.*logical_xor*(x1, x2, /, out=None, *, where=True, casting='same_kind', order='K', dtype=None, subok=True[, signature, extobj])	Calcula el valor verdadero de x1 XOR x2, elemento a elemento. Para los parámetros ver *logical_and*().

En el siguiente ejemplo empezamos con un AND entre el resultado de dos comparaciones de matrices; seguimos con un OR entre dos matrices booleanas; y terminamos con un NOT de una matriz booleana.

```
1.  >>> m = np.array([0, 1, 2, 3])
2.  >>> np.logical_and(m > 1, m < 3)
3.      array([False, False, True, False])
4.
5.  >>> a1 = np.array([True, True, False])
6.  >>> a2 = np.array([False, True, False])
7.  >>> np.logical_or(a1, a2)
8.      array([True, True, False])
9.
10. >>> np.logical_not(a1)
11.     array([False, False,  True])
```

6.1.9.2.3 Funciones de verdad

Las funciones de verdad comprueban si todos o algunos elementos de la matriz son ciertos (*True*).

Función	Descripción
np.*all*(a, axis=None, out=None, keepdims=<no value>, *, where=<no value>)	Comprueba si **todos los elementos** de la matriz a lo largo de un eje dado se evalúan como *True*. **a** es la matriz de entrada. **axis** es el eje o ejes a lo largo de los cuales se realiza una reducción lógica AND. Si es None es realizar sobre todas las dimensiones de la matriz de entrada. Si es negativo, cuenta desde el último hasta el primer eje. **out** es la ubicación en la que se almacenará el resultado. Si no se proporciona o es *None*, se devuelve una matriz recién asignada.
np.*any*(a, axis=None, out=None, keepdims=<no value>, *, where=<no value>)	Comprueba si **cualquier elemento** de la matriz a lo largo de un eje dado es *True*. Para los parámetros ver *all*().

En las comparaciones sobre la existencia de todos los elementos de la matriz a *True* se asume que cualquier valor igual a 0 es *False*.

```
1.  >>> a = np.array([True, True, False])
2.  >>> np.all(a)
3.      False
4.  >>> np.any(a)
5.      True
6.  >>> n = np.array([1, 2, 3])
7.  >>> np.all(n)
8.      True
9.  >>> m = np.array([0, 1, 2, 3])
10. >>> np.all(m)
11.     False
```

6.1.9.2.4 Funciones de contenido

Las funciones de contenido comprueban la existencia de elementos finitos en la matriz. Se consideran no finitos NaN, el infinito positivo y el infinito negativo. El resultado se devuelve como una matriz booleana.

Función	Descripción
np.*isfinite*(x, /, out=None, *, where=True, casting='same_kind', order='K', dtype=None, subok=True[, signature, extobj])	Comprueba la finitud de los elementos (no infinito y no NaN). **x** es la matriz de entrada. **out** es la ubicación en la que se almacenará el resultado. Si no se proporciona o es *None*, se devuelve una matriz recién asignada. La condición **where** se difunde a través de la entrada. En las ubicaciones en las que la condición sea *True*, la matriz de salida se establecerá con el resultado de la función. En otros lugares, la matriz de salida mantendrá su valor original.
np.*isinf*(x, /, out=None, *, where=True, casting='same_kind', order='K', dtype=None, subok=True[, signature, extobj])	Comprueba la existencia de infinito positivo o negativo. Para los parámetros ver *isfinite*().
np.*isnan*(x, /, out=None, *, where=True, casting='same_kind', order='K', dtype=None, subok=True[, signature, extobj])	Comprueba la presencia de NaN. Para los parámetros ver *isfinite*().
np.*isnat*(x, /, out=None, *, where=True, casting='same_kind', order='K', dtype=None, subok=True[, signature, extobj])	Comprueba la presencia de NaT (Not a Time). **x** es la matriz de entrada con tipo de datos *datetime* o *timedelta*. Para el resto de parámetros ver *isfinite*().
np.*isneginf*(x, out=None)	Prueba elemento a elemento para infinito negativo. Para los parámetros ver *isfinite*().
np.*isposinf*(x, out=None)	Prueba elemento a elemento para infinito positivo. Para los parámetros ver *isfinite*().

Vamos a emplear distintas funciones de contenido sobre una matriz.

```
1.  >>> m = np.array([0, np.nan, 2, np.inf])
2.  >>> m
3.      array([ 0., nan, 2., inf])
4.
5.  >>> np.isfinite(m)
6.      array([ True, False, True, False])
7.
8.  >>> np.isinf(m)
9.      array([False, False, False,  True])
10.
11. >>> np.isnan(m)
12.     array([False,  True, False, False])
13.
14. >>> t = np.array(["2023-07-05", "NaT"], dtype="datetime64")
15. >>> t
16.     array(['2023-07-05',         'NaT'], dtype='datetime64[D]')
17. >>> np.isnat(t)
18.     array([False, True])
19.
20. >>> x = np.array([-np.inf, 0., np.inf])
21. >>> np.isneginf(x)
22.     array([ True, False, False])
23.
24. >>> np.isposinf(x)
25.     array([False, False,  True])
```

6.1.9.2.5 Comprobación del tipo

Las funciones de comprobación de tipo se emplean para analizar el tipo de los datos en la matriz.

Función	Descripción
np.*iscomplex*(x)	Devuelve *True* si el elemento de entrada es complejo. Se comprueba si la entrada tiene una parte imaginaria distinta de cero, no si el tipo de entrada es complejo. **x** es la matriz de entrada.
np.*iscomplexobj*(x)	Comprueba si la matriz es de tipo complejo o tiene al menos un elemento complejo, incluso si la entrada tiene una parte imaginaria igual a cero. **x** es la matriz de entrada.
np.*isfortran*(x)	Devuelve *True* si la matriz es contigua Fortran, pero no C. **x** es la matriz de entrada.
np.*isreal*(x)	Devuelve *True* si el elemento de entrada es real. Si el elemento es de tipo complejo con parte compleja cero, el valor devuelto para ese elemento es *True*. **x** es la matriz de entrada.

np.*isrealobj*(x)	Devuelve *True* si la entrada es un tipo no complejo o una matriz de números complejos. **x** es la matriz de entrada. Se comprueba el tipo de la entrada, no el valor. Si la entrada tiene una parte imaginaria igual a cero, se evalúa a *False* si el tipo de datos es complejo.
np.*isscalar*(element)	Devuelve *True* si el tipo del elemento es un tipo escalar. **element** es el argumento de entrada, puede ser de cualquier tipo y forma.

A continuación realizamos diferentes comprobaciones sobre los elementos de una matriz o sobre el tipo en su conjunto.

```
1.   >>> x = np.array([1+1j, 2+0j, 4, 5.6, 3j])
2.   >>> np.iscomplex(x)
3.       array([ True, False, False, False, True])
4.
5.   >>> np.iscomplexobj(x)
6.       True
7.
8.   >>> np.isreal(x)
9.       array([False, True, True, True, False])
10.
11.  >>> np.isrealobj(x)
12.      False
13.
14.  >>> np.isscalar(3.14)
15.      True
```

Al trasponer una matriz de orden C el resultado se evalúa como matriz de orden Fortran.

```
1.   >>> c = np.array([[1, 2, 3], [4, 5, 6]], order='C')
2.   >>> c
3.       array([[1, 2, 3],
4.              [4, 5, 6]])
5.   >>> np.isfortran(c)
6.       False
7.   >>> # transponer la matriz
8.   >>> f = c.T
9.   >>> f
10.      array([[1, 4],
11.             [2, 5],
12.             [3, 6]])
13.  >>> np.isfortran(f)
14.      True
```

6.1.9.3 FUNCIONES EXPONENCIALES Y LOGARÍTMICAS

El módulo *numpy* nos proporciona las siguientes funciones exponenciales y logarítmicas.

Función	Descripción
np.*exp*(x, /, out=None, *, where=True, casting='same_kind', order='K', dtype=None, subok=True[, signature, extobj])	Calcula la exponencial de todos los elementos de la matriz. **x** es la matriz de entrada. **out** es la matriz de salida alternativa en la que se colocará el resultado. Debe tener la misma forma que la salida esperada, pero el tipo de los valores de salida se convertirá si es necesario. La condición **where** se difunde a través de la entrada. En las ubicaciones en las que la condición sea *True*, la matriz de salida se establecerá con el resultado de la función. En otros lugares, la matriz de salida mantendrá su valor original.
np.*expm1*(x, /, out=None, *, where=True, casting='same_kind', order='K', dtype=None, subok=True[, signature, extobj])	Calcula exp(x) - 1 para todos los elementos de la matriz. **x** es la matriz de entrada. Para los parámetros ver *exp*().
np.*exp2*(x, /, out=None, *, where=True, casting='same_kind', order='K', dtype=None, subok=True[, signature, extobj])	Calcula 2**p para todos los p de la matriz. **x** es la matriz de entrada. Para los parámetros ver *exp*().
np.*log*(x, /, out=None, *, where=True, casting='same_kind', order='K', dtype=None, subok=True[, signature, extobj])	Calcula el logaritmo natural, elemento a elemento. **x** es la matriz de entrada. Para los parámetros ver *exp*().
np.*log10*(x, /, out=None, *, where=True, casting='same_kind', order='K', dtype=None, subok=True[, signature, extobj])	Devuelve el logaritmo de base 10 de la matriz de entrada, elemento a elemento. **x** es la matriz de entrada. Para los parámetros ver *exp*().
np.*log2*(x, /, out=None, *, where=True, casting='same_kind', order='K', dtype=None, subok=True[, signature, extobj])	Calcula el logaritmo en base 2 de x, elemento a elemento. **x** es la matriz de entrada. Para los parámetros ver *exp*().
np.*log1p*(x, /, out=None, *, where=True, casting='same_kind', order='K', dtype=None, subok=True[, signature, extobj])	Devuelve el logaritmo natural de uno más la matriz de entrada, elemento a elemento. Calcula log(1 + x) **x** es la matriz de entrada. Para los parámetros ver *exp*().

np.*logaddexp*(x1, x2, /, out=None, *, where=True, casting='same_kind', order='K', dtype=None, subok=True[, signature, extobj])	Calcula el logaritmo de la suma de exponenciaciones de las entradas. Calcula log(exp(x1) + exp(x2)). **x1** y **x2** son las matrices de entrada. Esta función es útil en estadística, donde las probabilidades calculadas de los sucesos pueden ser tan pequeñas que excedan el rango de los números normales de coma flotante. En tales casos, se almacena el logaritmo de la probabilidad calculada. Esta función permite sumar probabilidades almacenadas de esta forma. Para los parámetros ver *exp*().
np.*logaddexp2*(x1, x2, /, out=None, *, where=True, casting='same_kind', order='K', dtype=None, subok=True[, signature, extobj])	Calcula el logaritmo de la suma de exponenciaciones de las entradas en base-2. Calcula log2(2**x1 + 2**x2). **x1** y **x2** son las matrices de entrada. Esta función es útil en el aprendizaje automático cuando las probabilidades calculadas de los eventos pueden ser tan pequeñas que excedan el rango de los números normales de coma flotante. En tales casos, puede utilizarse el logaritmo de base 2 de la probabilidad calculada. Esta función permite sumar probabilidades almacenadas de esta forma. Para los parámetros ver *exp*().

Calcularemos el exponencial de los elementos de una matriz y el exponencial de la potencia 2**p y lo representaremos en un gráfico con *matplotlib*.

```
1.  >>> import numpy as np
2.  >>> import matplotlib.pyplot as plt
3.
4.
5.  >>> m = np.arange(1, 10)
6.  >>> m
7.      array([1, 2, 3, 4, 5, 6, 7, 8, 9])
8.  >>> me = np.exp(m)
9.  >>> me
10.     array([2.71828183e+00, 7.38905610e+00, 2.00855369e+01, 5.45981500e+01,
11.            1.48413159e+02, 4.03428793e+02, 1.09663316e+03, 2.98095799e+03,
12.            8.10308393e+03])
13. >>> me2 = np.exp2(m)
14. >>> me2
15.     array([  2.,   4.,   8.,  16.,  32.,  64., 128., 256., 512.])
16.
17. >>> plt.plot(m, me)
18. >>> plt.plot(m, me2)
19. >>> plt.legend(['Exponencial', 'Exponencial 2**p'])
20. >>> plt.show()
```

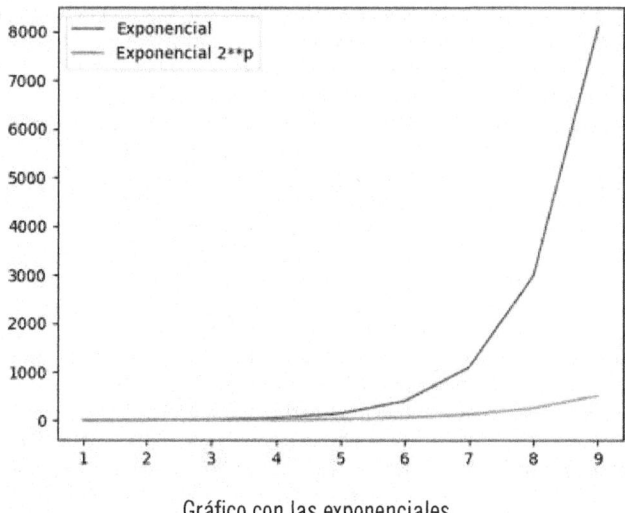

Gráfico con las exponenciales

6.1.9.4 FUNCIONES TRIGONOMÉTRICAS E HIPERBÓLICAS

Todas las funciones trigonométricas en *numpy* reciben los **angulos en radianes**. Entre las funciones trigonométricas tenemos:

Función	Descripción
np.*sin*(x, /, out=None, *, where=True, casting='same_kind', order='K', dtype=None, subok=True[, signature, extobj])	Calcula el seno trigonométrico, elemento a elemento. **x** es la matriz de entrada. Valores de los ángulos en radianes. **out** es la matriz de salida alternativa en la que se colocará el resultado. Debe tener la misma forma que la salida esperada, pero el tipo de los valores de salida se convertirá si es necesario. La condición **where** se difunde a través de la entrada. En las ubicaciones en las que la condición sea *True*, la matriz de salida se establecerá con el resultado de la función. En otros lugares, la matriz de salida mantendrá su valor original.
np.*cos*(x, /, out=None, *, where=True, casting='same_kind', order='K', dtype=None, subok=True[, signature, extobj])	Calcula el coseno trigonométrico, elemento a elemento. **x** es la matriz de entrada. Valores de los ángulos en radianes. Para los parámetros ver *sin*().
np.*tan*(x, /, out=None, *, where=True, casting='same_kind', order='K', dtype=None, subok=True[, signature, extobj])	Calcula la tangente, elemento a elemento. **x** es la matriz de entrada. Valores de los ángulos en radianes. Para los parámetros ver *sin*().

np.*arcsin*(x, /, out=None, *, where=True, casting='same_kind', order='K', dtype=None, subok=True[, signature, extobj])	Calcula el arcoseno, elemento a elemento. **x** es la matriz de entrada. Valores de los ángulos en radianes. Para los parámetros ver *sin*().
np.*arccos*(x, /, out=None, *, where=True, casting='same_kind', order='K', dtype=None, subok=True[, signature, extobj])	Calcula el arcocoseno, elemento a elemento. **x** es la matriz de entrada. Valores de los ángulos en radianes. Para los parámetros ver *sin*().
np.*arctan*(x, /, out=None, *, where=True, casting='same_kind', order='K', dtype=None, subok=True[, signature, extobj])	Calcula el arcotangente, elemento a elemento. **x** es la matriz de entrada. Valores de los ángulos en radianes. Para los parámetros ver *sin*().
np.*hypot*(x1, x2, /, out=None, *, where=True, casting='same_kind', order='K', dtype=None, subok=True[, signature, extobj])	Dados los catetos de un triángulo rectángulo, devuelve su hipotenusa. **x1** y **x2** son los catetos. Para los parámetros ver *sin*().
np.*arctan2*(x1, x2, /, out=None, *, where=True, casting='same_kind', order='K', dtype=None, subok=True[, signature, extobj])	Calcula el arcotangente de x1/x2 eligiendo correctamente el cuadrante. **x1** y **x2** son las matrices de entrada. Para los parámetros ver *sin*().
np.*degrees*(x, /, out=None, *, where=True, casting='same_kind', order='K', dtype=None, subok=True[, signature, extobj])	Convierte ángulos de radianes a grados. **x** es la matriz de entrada. Valores de los ángulos en radianes. Para los parámetros ver *sin*().
np.*radians*(x, /, out=None, *, where=True, casting='same_kind', order='K', dtype=None, subok=True[, signature, extobj])	Convierte ángulos de grados a radianes. **x** es la matriz de entrada. Valores de los ángulos en grados. Para los parámetros ver *sin*().
np.*unwrap*(p, discont=None, axis=-1, *, period=6.283185307179586)	Suaviza los valores de fase en la matriz de entrada cambiando los elementos que tienen una diferencia absoluta respecto a su predecesor superior a max(discont, period/2) a sus valores complementarios respecto al periodo. **p** es el vector de entrada con ángulos en radianes. **discont** es el umbral para detectar discontinuidades en los ángulos. Por defecto, está fijado en pi, que corresponde a 180 grados. Si la diferencia entre ángulos consecutivos es mayor que **discont**, se asume que se ha producido una discontinuidad de fase, y la fase se desenvuelve. **axis** es el eje a lo largo del cual se desenvuelven los valores de fase. Por defecto, axis=-1, lo que significa que el desenvolvimiento se realiza a lo largo del último eje. **period** es el tamaño del intervalo sobre el que se envuelve la entrada. Por defecto, es 2 pi.

np.*deg2rad*(x, /, out=None, *, where=True, casting='same_kind', order='K', dtype=None, subok=True[, signature, extobj])	Convierte ángulos de grados a radianes. **x** es la matriz de entrada. Valores de los ángulos en grados. Para los parámetros ver *sin*().
np.*rad2deg*(x, /, out=None, *, where=True, casting='same_kind', order='K', dtype=None, subok=True[, signature, extobj])	Convierte ángulos de radianes a grados. **x** es la matriz de entrada. Valores de los ángulos en radianes. Para los parámetros ver *sin*().

Representaremos las funciones seno y coseno de los elementos de una matriz en un gráfico con *matplotlib*. Generaremos valores en radianes para el cálculo de seno y en grados, que transformaremos en radianes, para el cálculo del coseno.

```
1.   >>> import numpy as np
2.   >>> import matplotlib.pyplot as plt
3.
4.
5.   >>> # generar valores en radianes
6.   >>> r = np.linspace(-np.pi, np.pi, 100)
7.   >>> # calcular el seno de los valores
8.   >>> seno = np.sin(r)
9.   >>> # generar valores de ángulos
10.  >>> a = np.linspace(0, 361, 100)
11.  >>> # calcular el coseno convirtiendo los ángulos a radianes
12.  >>> coseno = np.cos(np.radians(a))
13.
14.  >>> # realizar el gráfico
15.  >>> plt.plot(r, seno)
16.  >>> plt.plot(r, coseno)
17.  >>> plt.legend(['Seno', 'Coseno'])
18.  >>> plt.show()
```

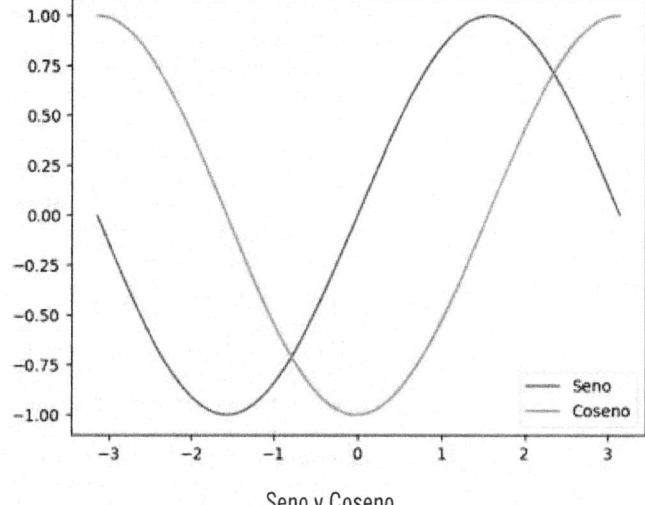

Seno y Coseno

Calculamos ahora la tangente de una secuencia de 95 valores de 0 a 9.4 radianes.

```
1.  >>> import numpy as np
2.  >>> import matplotlib.pyplot as plt
3.
4.  >>> x = np.arange(0, 3*np.pi, 0.1)
5.  >>> y = np.tan(x)
6.
7.  >>> plt.plot(x, y)
8.  >>> plt.show()
```

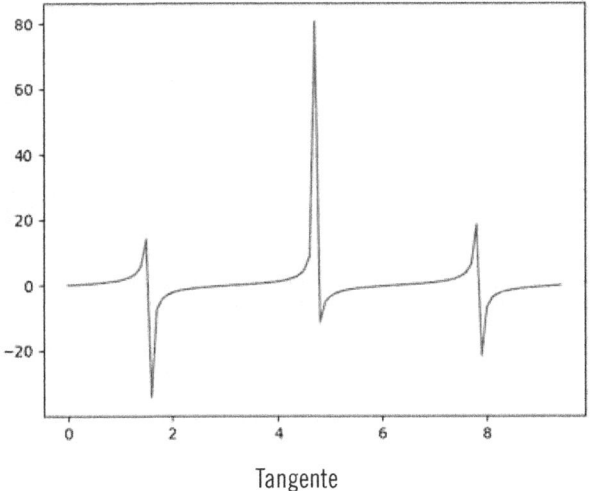

Tangente

Los valores para el cálculo de la hipotenusa pueden ser matrices o un escalar, que se difundirá para cubrir la forma de la matriz. Vamos a proceder con el clásico triángulo equilátero con los catetos 3 y 4, cuya hipotenusa sabemos que es 5.

Para darle un poco más de importancia al ejemplo haremos uso de nueve triángulos iguales, en forma de una matriz con 3x3 valores iguales. Esto nos demuestra, una vez más, que la vectorización funciona.

```
1.  >>> x1 = np.ones((3, 3)) * 3
2.  >>> x2 = np.full(9, 4).reshape(3,3)
3.  >>> np.hypot(x1, x2)     # con dos matrices
4.      array([[5., 5., 5.],
5.             [5., 5., 5.],
6.             [5., 5., 5.]])
7.  >>> np.hypot(x1, 4)      # con un escalar
8.      array([[5., 5., 5.],
9.             [5., 5., 5.],
10.            [5., 5., 5.]])
```

La función *unwrap*() se utiliza para eliminar discontinuidades de fase en una matriz con datos que representan ángulos.

La función desenvuelve los valores de fase en la matriz de entrada, de modo que la matriz resultante tiene una progresión suave de ángulos sin saltos repentinos. Se utiliza habitualmente en el procesamiento de señales y el análisis de datos, especialmente en aplicaciones que implican mediciones de ángulos.

Siempre que el salto entre ángulos consecutivos sea mayor o igual a pi radianes, *unwrap*() cambia los ángulos sumando múltiplos de 2 pi hasta que el salto sea menor que pi.

En el ejemplo la función de desenvoltura ha eliminado la discontinuidad de fase entre -3.1 y -2.5 añadiendo 2*pi (aproximadamente 6.28318531) a -3.1, lo que da como resultado una progresión suave de ángulos.

```
1.   >>> import numpy as np
2.   >>> import matplotlib.pyplot as plt
3.
4.
5.   >>> a = np.array([0.5, 1.2, 2.9, -3.1, -2.5, -1.7, 0.3, 2.5, 3.8])
6.   >>> b = np.unwrap(a)
7.   >>> a
8.       array([ 0.5,  1.2,  2.9, -3.1, -2.5, -1.7,  0.3,  2.5,  3.8])
9.   >>> b
10.      array([ 0.5       ,  1.2       ,  2.9       ,  3.18318531,  3.78318531,
11.              4.58318531,  6.58318531,  8.78318531, 10.08318531])
12.
13.  >>> # realizar el gráfico
14.  >>> plt.plot(a)
15.  >>> plt.plot(b)
16.  >>> plt.legend(['Discontinuo', 'Continuo'])
17.  >>> plt.show()
```

En el gráfico podemos observar como el resultado continuo es más suave.

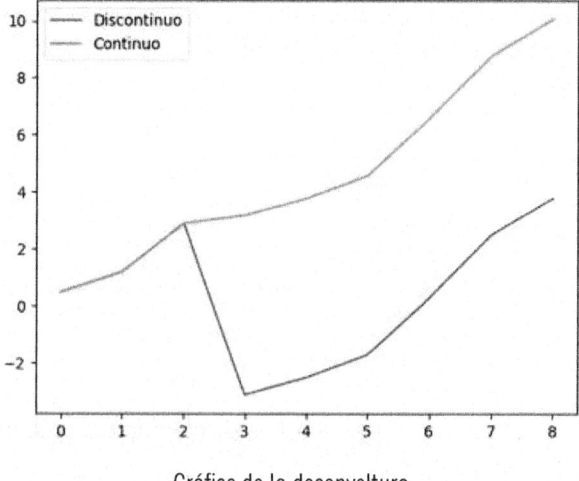

Gráfico de la desenvoltura

Entre las funciones hiperbólicas tenemos:

Función	Descripción
np.*sinh*(x, /, out=None, *, where=True, casting='same_kind', order='K', dtype=None, subok=True[, signature, extobj])	Calcula de seno hiperbólico, elemento a elemento. **x** es la matriz de entrada. **out** es la matriz de salida alternativa en la que se colocará el resultado. Debe tener la misma forma que la salida esperada, pero el tipo de los valores de salida se convertirá si es necesario. La condición **where** se difunde a través de la entrada. En las ubicaciones en las que la condición sea *True*, la matriz de salida se establecerá con el resultado de la función. En otros lugares, la matriz de salida mantendrá su valor original.
np.*cosh*(x, /, out=None, *, where=True, casting='same_kind', order='K', dtype=None, subok=True[, signature, extobj])	Calcula el coseno hiperbólico, elemento a elemento. **x** es la matriz de entrada. Para los parámetros ver *sinh*().
np.*tanh*(x, /, out=None, *, where=True, casting='same_kind', order='K', dtype=None, subok=True[, signature, extobj])	Calcula la tangente hiperbólica, elemento a elemento. **x** es la matriz de entrada. Para los parámetros ver *sinh*().
np.*arcsinh*(x, /, out=None, *, where=True, casting='same_kind', order='K', dtype=None, subok=True[, signature, extobj])	Calcula el seno hiperbólico inverso, elemento a elemento. **x** es la matriz de entrada. Para los parámetros ver *sinh*().
np.*arccosh*(x, /, out=None, *, where=True, casting='same_kind', order='K', dtype=None, subok=True[, signature, extobj])	Calcula el coseno hiperbólico inverso, elemento a elemento. **x** es la matriz de entrada. Para los parámetros ver *sinh*().
np.*arctanh*(x, /, out=None, *, where=True, casting='same_kind', order='K', dtype=None, subok=True[, signature, extobj])	Calcula la tangente hiperbólica inversa, elemento a elemento. **x** es la matriz de entrada. Para los parámetros ver *sinh*().

Vamos a calcular el seno y coseno hiperbólico y representarlo con *matplotlib*.

```
1.  >>> import numpy as np
2.  >>> import matplotlib.pyplot as plt
3.
4.
5.  >>> x = np.linspace(-np.pi, np.pi, 12)
6.  >>> senoh = np.sinh(x)
7.  >>> cosenoh = np.cosh(x)
```

```
8.
9.   >>> # realizar el gráfico
10.  >>> plt.plot(x, senoh)
11.  >>> plt.plot(x, cosenoh)
12.  >>> plt.legend(['Seno Hip.', 'Coseno Hip.'])
13.  >>> plt.show()
```

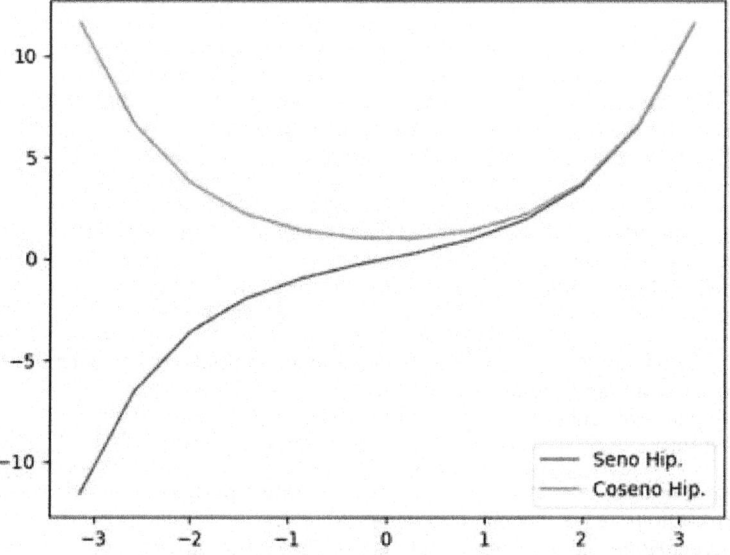

Gráfico del seno y coseno hiperbólicos

6.1.9.5 REDONDEO

El redondeo nos permite ajustar la parte decimal de un número, e incluso la parte entera, para lo que aumentamos o reducimos el valor de una cifra de acuerdo a unas normas preestablecidas. De forma habitual se redondea el .5 al entero más cercano.

Se utiliza con el fin de facilitar los cálculos intermedios, aunque presenta el inconveniente de la acumulación de errores de redondeo que pueden variar significativamente el resultado obtenido.

Función	Descripción
np.*around*(a, decimals=0, out=None)	Redondea uniformemente al número de decimales dado. **a** es la matriz de entrada. **decimals** es el número de posiciones decimales a las que redondear (por defecto: 0). Si decimales es negativo, especifica el número de posiciones a la izquierda del punto decimal. **out** es la matriz en la que se almacena el resultado. Si se proporciona, debe tener una forma que se corresponda con las entradas.
np.*rint*(x, /, out=None, *, where=True, casting='same_kind', order='K', dtype=None, subok=True[, signature, extobj])	Redondea los elementos de la matriz al entero más próximo. **x** es la matriz de entrada. **out** Es la ubicación en la que se almacena el resultado. Si se proporciona, debe tener una forma que corresponda con las entradas. Si no se proporciona o es *None*, se devuelve una matriz recién asignada. **where** es una matriz booleana. En las ubicaciones en las que la condición sea True, la matriz de salida se establecerá con el resultado. En otros lugares, la matriz de salida mantendrá su valor original.
np.*fix*(x, out=None)	Redondea una matriz de elementos flotantes al entero más cercano a cero. Los valores redondeados se devuelven como flotantes. **x** es la matriz de entrada. **out** es la matriz en la que se almacena el resultado. Si se proporciona, debe tener una forma que se corresponda con la entrada.
np.*floor*(x, /, out=None, *, where=True, casting='same_kind', order='K', dtype=None, subok=True[, signature, extobj])	Devuelve el mayor entero menor o igual que x, elemento a elemento. **x** es la matriz de entrada. Para los demás parámetros ver *rint*(),
np.*ceil*(x, /, out=None, *, where=True, casting='same_kind', order='K', dtype=None, subok=True[, signature, extobj])	Devuelve el menor entero mayor o igual que x, elemento a elemento. **x** es la matriz de entrada. Para los demás parámetros ver *rint*(),
np.*trunc*(x, /, out=None, *, where=True, casting='same_kind', order='K', dtype=None, subok=True[, signature, extobj])	Devuelve el valor truncado de la entrada, elemento a elemento. **x** es la matriz de entrada. Para los demás parámetros ver *rint*(),

Crearemos a continuación una matriz con una secuencia de números decimales y veremos los diferentes resultados que se producen según las funciones que empleemos.

```
1.  >>> x = np.arange(-3., 3., 0.25)
2.  >>> x
3.      array([-3.  , -2.75, -2.5 , -2.25, -2.  , -1.75, -1.5 , -1.25, -1.  ,
4.             -0.75, -0.5 , -0.25,  0.  ,  0.25,  0.5 ,  0.75,  1.  ,  1.25,
5.              1.5 ,  1.75,  2.  ,  2.25,  2.5 ,  2.75])
6.  >>> np.around(x)
```

```
 7.     array([-3., -3., -2., -2., -2., -2., -2., -1., -1., -1., -0. , -0., 0.,
 8.            0.,  0.,  1.,  1.,  1.,  2.,  2.,  2.,  2.,  2.,  3.])
 9.  >>> np.around(x, decimals=1)
10.     array([-3. , -2.8, -2.5, -2.2, -2. , -1.8, -1.5, -1.2, -1. , -0.8, -0.5,
11.            -0.2, 0. ,  0.2, 0.5, 0.8, 1. , 1.2, 1.5, 1.8, 2. , 2.2,
12.             2.5, 2.8])
13.  >>> np.rint(x)
14.     array([-3., -3., -2., -2., -2., -2., -2., -1., -1., -1., -0., -0., 0.,
15.            0.,  0.,  1.,  1.,  1.,  2.,  2.,  2.,  2.,  2.,  3.])
16.  >>> np.floor(x)
17.     array([-3., -3., -3., -3., -2., -2., -2., -2., -1., -1., -1., -1., 0.,
18.            0.,  0.,  0.,  1.,  1.,  1.,  1.,  2.,  2.,  2.,  2.])
19.  >>> np.ceil(x)
20.     array([-3., -2., -2., -2., -2., -1., -1., -1., -1., -0., -0., -0., 0.,
21.            1.,  1.,  1.,  1.,  2.,  2.,  2.,  2.,  3.,  3.,  3.])
```

6.1.9.6 SUMAS, PRODUCTOS Y DIFERENCIAS

La reducción de la dimensionalidad es una técnica de preparación de datos para producir una representación más compacta, centrando la atención en las variables más relevantes. Puede realizarse después de la limpieza y el escalado de los datos y antes de entrenar un modelo predictivo.

Ver las secciones *Agregación* y *Estadística* para otras funciones no especificadas en este punto, como: min, max, argmin, argmax, mean, average, median, standard deviation, variance, percentile y corrcoef.

Función	Descripción
np.*prod*(a, axis=None, dtype=None, out=None, keepdims=<no value>, initial=<no value>, where=<no value>)	Devuelve el producto de los elementos de una matriz sobre un eje dado. **a** es la matriz de entrada. **axis** es el eje o ejes a lo largo de los cuales se realiza el producto. Si es *None* calculará el producto de todos los elementos de la matriz de entrada. Si es negativo, cuenta del último al primer eje. **dtype** es el tipo de la matriz devuelta, así como del acumulador en el que se multiplican los elementos. **out** es la matriz de salida alternativa en la que se colocará el resultado. Debe tener la misma forma que la salida esperada, pero el tipo de los valores de salida se convertirá si es necesario. Si **keepdims** se establece a *True*, los ejes que se reducen se dejan en el resultado como dimensiones con tamaño uno. **initial** es el valor inicial para este producto. **where** son los elementos a incluir en el producto.

np.*sum*(a, axis=None, dtype=None, out=None, keepdims=<no value>, initial=<no value>, where= <no value>)	Suma de los elementos de una matriz sobre un eje dado. **a** es la matriz de entrada. **axis** es el eje o ejes a lo largo de los cuales se realiza la suma. Si es *None* calculará la suma de todos los elementos de la matriz de entrada. Si es negativo, cuenta del último al primer eje. **dtype** es el tipo de la matriz devuelta, así como del acumulador en el que se suman los elementos. **out** es la matriz de salida alternativa en la que se colocará el resultado. Debe tener la misma forma que la salida esperada, pero el tipo de los valores de salida se convertirá si es necesario. Si **keepdims** se establece a *True*, los ejes que se reducen se dejan en el resultado como dimensiones con tamaño uno. **initial** es el valor inicial para esta suma. **where** son los elementos a incluir en la suma.
np.*nanprod*(a, axis=None, dtype=None, out=None, keepdims=<no value>, initial=<no value>, where= <no value>)	Devuelve el producto de los elementos de una matriz sobre un eje dado, tratando los NaN como unos. Ver parámetros en *prod*().
np.*nansum*(a, axis=None, dtype=None, out=None, keepdims=<no value>, initial=<no value>, where= <no value>)	Devuelve la suma de los elementos de una matriz sobre un eje dado, tratando los NaN como ceros. Ver parámetros en *sum*().
np.*cumprod*(a, axis=None, dtype=None, out=None)	Devuelve el producto acumulativo de elementos a lo largo de un eje dado. **a** es la matriz de entrada. **axis** es el eje a lo largo del cual se calcula el producto acumulativo. Por defecto, la entrada se aplana. **dtype** es el tipo de la matriz devuelta, así como del acumulador en el que se multiplican los elementos. **out** es la matriz de salida alternativa en la que se colocará el resultado. Debe tener la misma forma que la salida esperada, pero el tipo de los valores de salida se convertirá si es necesario.
np.*cumsum*(a, axis=None, dtype=None, out=None)	Devuelve la suma acumulada de los elementos a lo largo de un eje dado. **a** es la matriz de entrada. **axis** es el eje a lo largo del cual se calcula la suma acumulativa. Por defecto, la entrada se aplana. **dtype** es el tipo de la matriz devuelta, así como del acumulador en el que se suman los elementos. **out** es la matriz de salida alternativa en la que se colocará el resultado. Debe tener la misma forma que la salida esperada, pero el tipo de los valores de salida se convertirá si es necesario.

np.*nancumprod*(a, axis=None, dtype=None, out=None)	Devuelve el producto acumulativo de elementos a lo largo de un eje dado tratando los NaN como unos. Ver parámetros en *cumprod*().
np.*nancumsum*(a, axis=None, dtype=None, out=None)	Devuelve la suma acumulada de los elementos a lo largo de un eje dado tratando los NaN como ceros. Ver parámetros en *cumsum*().
np.*diff*(a, n=1, axis=-1, prepend=\<no value\>, append=\<no value\>)	Calcula la diferencia discreta de orden n-ésimo a lo largo de un eje dado. La primera diferencia viene dada por out[i] = a[i+1] - a[i] a lo largo del eje dado, las diferencias superiores se calculan de forma recursiva. **a** es la matriz de entrada. **n** es el número de veces que se diferencian los valores. Si es cero, la entrada se devuelve tal cual. **axis** es el eje a lo largo del cual se toma la diferencia. Por defecto es el último eje. **prepend** y **append** son valores para añadir a lo largo del eje antes de realizar la diferencia.
np.*ediff1d*(ary, to_end=None, to_begin=None)	Calcula las diferencias entre elementos consecutivos de una matriz. Las diferencias se tratan como ary.flat[1:] - ary.flat[:-1]. **ary** es la matriz de entrada. Si es necesario, se aplanará antes de realizar las diferencias. **to_end** son los número(s) a añadir al final de las diferencias devueltas. **to_begin** son los número(s) a añadir al principio de las diferencias devueltas.
np.*gradient*(f, *varargs, axis=None, edge_order=1)	Devuelve el gradiente de una matriz N-dimensional. El gradiente se calcula utilizando diferencias centrales precisas de segundo orden en los puntos interiores y diferencias unilaterales precisas de primer o segundo orden (hacia delante o hacia atrás) en los límites. Por lo tanto, el gradiente devuelto tiene la misma forma que la matriz de entrada. **f** es la matriz de entrada que contiene muestras de una función escalar. **varargs** espaciado entre valores de **f**. Espaciado unitario por defecto para todas las dimensiones. El espaciado puede especificarse utilizando: • Un solo escalar para especificar una distancia muestral para todas las dimensiones. • Múltiples escalares para especificar una distancia de muestreo constante para cada dimensión. • Matrices para especificar las coordenadas de los valores a lo largo de cada dimensión de **f**. La longitud de la matriz debe coincidir con el tamaño de la dimensión correspondiente. • Cualquier combinación de N escalares/matrices con el significado de 2. y 3. **axis** es el eje a lo largo del cual se toma la diferencia. Por defecto es el último eje. Si se da **axis**, el número de **varargs** debe ser igual al número de ejes. Por defecto: 1. **edge_order** el gradiente se calcula utilizando diferencias exactas de orden n-ésimo en los bordes. Por defecto: 1

np.*cross*(a, b, axisa=-1, axisb=-1, axisc=-1, axis=None)	Devuelve el producto cruzado de dos vectores. El producto cruzado de a y b es un vector perpendicular a a y b. Si a y b son matrices de vectores, los vectores están definidos por el último eje de a y b por defecto, y estos ejes pueden tener dimensiones 2 o 3. Cuando la dimensión de a o b es 2, se supone que la tercera componente del vector de entrada es cero y el producto cruzado se calcula en consecuencia. En los casos en que ambos vectores de entrada tienen dimensión 2, se devuelve el componente z del producto cruzado. **a** y **b** son las matrices de entrada. **axisa** es el eje de **a** que define el vector o vectores. Por defecto, el último eje. **axisb** es el eje de **b** que define el vector o vectores. Por defecto, el último eje. **axisc** es el eje de c que contiene el vector o vectores del producto cruzado. Ignorado si ambos vectores de entrada tienen dimensión 2, ya que el retorno es escalar. Por defecto, el último eje. Si **axis** está definido, es el eje de **a**, **b** y **c** que define el vector o vectores y el producto o productos cruzados. Anula **axisa**, **axisb** y **axisc**.
np.*trapz*(y, x=None, dx=1.0, axis=-1)	Integra a lo largo del eje dado utilizando la regla trapezoidal compuesta. Si se proporciona **x**, la integración ocurre en secuencia a lo largo de sus elementos - no se ordenan. **y** matriz de entrada a integrar. **x** son los puntos de muestra correspondientes a los valores **y**. Si es *None*, se supone que los puntos de muestra están espaciados uniformemente. Por defecto es *None*. **dx** es el espaciado entre los puntos de muestra cuando **x** es *None*. Por defecto es 1. **axis** es el eje a lo largo del cual se integra.

Todas estas operaciones se aplican a la matriz como si fuera una lista de números, independientemente de sus dimensiones. Sin embargo, con el parámetro *axis* se puede aplicar una operación a lo largo del eje especificado de la matriz.

```
1.  >>> m = np.array([[ 2,  9, 10,  5],
2.  ...                [ 9,  6, 12,  8]])
3.  >>> # suma
4.  >>> np.sum(m)
5.      61
6.  >>> np.sum(m, axis=0)
7.      array([11, 15, 22, 13])
8.  >>> np.sum(m, axis=1)
9.      array([26, 35])
```

```
10.  >>> # suma acumulativa
11.  >>> np.cumsum(m)
12.      array([ 2, 11, 21, 26, 35, 41, 53, 61])
13.  >>> # diferencia de orden 1
14.  >>> np.diff(m, n=1)
15.      array([[ 7,  1, -5],
16.              [-3,  6, -4]])
```

6.1.9.7 NÚMEROS COMPLEJOS

Un número complejo se representa como la suma de un número real y un número imaginario de la forma **a+bi**, donde **a** es el número real y **bi** es el número imaginario, siendo **i** la raíz cuadrada de -1.

En matemáticas, la unidad imaginaria se suele denotar con **i**, pero en Python los números complejos se representan con la parte imaginaria seguida de una **j**.

Para trabajar con números complejos en *numpy* se puede utilizar el *dtype=complex* o la función *complex*() para crear números complejos. Disponemos de funciones específicas para el tratamiento de números complejos.

Función	Descripción
np.*angle*(z, deg=False)	Devuelve el ángulo del argumento complejo. **z** es la matriz de entrada. Si **deg** es *True* devuelve el ángulo en grados, si es *False* en radianes. Por defecto, *False*. Devuelve el ángulo, en sentido antihorario, desde el eje real positivo en el plano complejo en el rango (-pi, pi], con dtype como *float64*.
np.*real*(val)	Devuelve la parte real de los elementos de la matriz. **val** es la matriz de entrada.
np.*imag*(val)	Devuelve la parte imaginaria de los elementos de la matriz. **val** es la matriz de entrada.
np.*conj*(x, /, out=None, *, where=True, casting='same_kind', order='K', dtype=None, subok=True[, signature, extobj])	Devuelve el conjugado complejo, elemento a elemento. El conjugado complejo de un número complejo se obtiene cambiando el signo de su parte imaginaria. **x** es la matriz de entrada. *conj*() es un alias para *conjugate*().
np.*conjugate*(x, /, out=None, *, where=True, casting='same_kind', order='K', dtype=None, subok=True[, signature, extobj])	Devuelve el conjugado complejo, elemento a elemento. El conjugado complejo de un número complejo se obtiene cambiando el signo de su parte imaginaria. **x** es la matriz de entrada.

Vamos a ver las distintas vías que tenemos para crear matrices de números complejos. Empezamos creando una matriz directamente desde una lista de números complejos.

```
1.  >>> m = np.array([1+2j, 3-4j, 5+6j], dtype=complex)
2.  >>> m
3.      array([1.+2.j, 3.-4.j, 5.+6.j])
```

O bien a partir de dos matrices de enteros, una para la parte real y otra para la imaginaria.

```
1.  >>> a = np.array([1, 3, 5])
2.  >>> b = np.array([2, -4, 6])
3.  >>> m = a + b * 1j
4.  >>> m
5.      array([1.+2.j, 3.-4.j, 5.+6.j])
```

Obtenemos ahora las partes real e imaginaria vía atributo y función.

```
1.   >>> # parte real
2.   >>> m.real
3.       array([1., 3., 5.])
4.   >>> np.real(m)
5.       array([1., 3., 5.])
6.   >>> # parte imaginaria
7.   >>> m.imag
8.       array([ 2., -4.,  6.])
9.   >>> np.imag(m)
10.      array([ 2., -4.,  6.])
```

Y terminamos con el conjugado de la matriz.

```
1.  >>> np.conj(m)
2.      array([1.-2.j, 3.+4.j, 5.-6.j])
3.  >>> np.conjugate(m)
4.      array([1.-2.j, 3.+4.j, 5.-6.j])
```

6.1.9.8 FUNCIONES ESPECIALES

Existen otras muchas funciones especiales en *numpy* que son útiles en diversas áreas de las matemáticas y la física. A continuación relacionamos algunas de ellas. Para obtener más información sobre estas y otras funciones, es recomendable consultar la *documentación oficial de numpy (https://numpy.org/)*.

Función	Descripción
np.*copysign*(x1, x2, /, out=None, *, where=True, casting='same_kind', order='K', dtype=None, subok=True[, signature, extobj])	Cambia el signo de la primera matriz por el de la segunda, elemento a elemento. **x1** es la matriz cuyos valores van a cambiar el signo. **x2** es la matriz cuyo signo se copia en **x1**. Si x1.shape != x2.shape, deben difundirse a una forma común (que se convierte en la forma de la salida). **out** es la matriz de salida alternativa en la que se colocará el resultado. **where** es la condición que se aplica sobre la entrada.
i0(x)	Función de Bessel modificada de primer orden, orden 0. **x** es el argumento de la función de Bessel.
sinc(x)	Devuelve la función sinc normalizada. La función sinc equivale a **sin(x * np.pi) / (x * np.pi)**. **x** es la matriz de valores para los que calcular sinc(x).
np.*convolve*(a, v, mode='full')	Devuelve la convolución discreta y lineal de dos secuencias unidimensionales. **a** es el primer vector de entrada. **v** es el segundo vector de entrada. **mode** {'full', 'valid', 'same'} 'full' devuelve la convolución en cada punto de solapamiento, con una forma de salida de (N+M-1,). En los puntos finales de la convolución, las señales no se solapan completamente, y pueden verse efectos de frontera. 'same' devuelve una salida de longitud max(M, N). Los efectos de contorno siguen siendo visibles. 'valid' devuelve una salida de longitud max(M, N) - min(M, N) + 1. El producto de convolución solo se da para los puntos en los que las señales se solapan completamente. Los valores fuera del límite de la señal no tienen ningún efecto.
np.*clip*(a, a_min, a_max, out=None, **kwargs)	Recorta (limita) los valores de una matriz. Dado un intervalo, los valores fuera del intervalo se recortan a los bordes del intervalo. Por ejemplo, si se especifica un intervalo de [0, 1], los valores menores que 0 se convierten en 0, y los valores mayores que 1 se convierten en 1. Es equivalente pero más rápido que np.minimum(a_max, np.maximum(a, a_min)). No se realiza ninguna comprobación para asegurar que a_min < a_max. **a** es la matriz que contiene los elementos a recortar. **a_min**, **a_max** son los valores mínimo y máximo. Si es *None*, el recorte no se realiza en la arista correspondiente. solo uno puede ser *None*. Ambos se difunden contra **a**. **out** es la matriz de salida alternativa en la que se colocará el resultado.

np.*sqrt*(x, /, out=None, *, where=True, casting='same_kind', order='K', dtype=None, subok=True[, signature, extobj])	Devuelve la raíz cuadrada positiva de una matriz, por elementos. **x** Es la matriz con los valores cuyas raíces cuadradas se requieren. **out** es la matriz de salida alternativa en la que se colocará el resultado. **where** es la condición que se difunde sobre la entrada.
np.*square*(x, /, out=None, *, where=True, casting='same_kind', order='K', dtype=None, subok=True[, signature, extobj])	Devuelve el cuadrado de los elementos de la entrada. **x** Es la matriz con los valores de entrada.
np.*absolute*(x, /, out=None, *, where=True, casting='same_kind', order='K', dtype=None, subok=True[, signature, extobj])	Calcula el valor absoluto elemento a elemento. **x** Es la matriz con los valores de entrada.
np.*fabs*(x, /, out=None, *, where=True, casting='same_kind', order='K', dtype=None, subok=True[, signature, extobj])	Calcula los valores absolutos elemento a elemento. **x** Es la matriz con los valores de entrada.
np.*sign*(x, /, out=None, *, where=True, casting='same_kind', order='K', dtype=None, subok=True[, signature, extobj])	Devuelve una indicación elemento a elemento del signo de un número. La función devuelve -1 si x < 0, 0 si x==0, 1 si x > 0. NaN se devuelve para entradas NaN. **x** Es la matriz con los valores de entrada.
np.*maximum*(x1, x2, /, out=None, *, where=True, casting='same_kind', order='K', dtype=None, subok=True[, signature, extobj])	Máximo por elemento de los elementos de una matriz. Compara dos matrices y devuelve una nueva matriz que contiene los máximos por elemento. Si uno de los elementos comparados es un NaN, se devuelve ese elemento. Si ambos elementos son NaN, se devuelve el primero. Esta última distinción es importante para los NaN complejos, que se definen cuando al menos una de las partes reales o imaginarias es un NaN. El efecto neto es que los NaN se propagan. **x1**, **x2** son las matrices que contienen los elementos a comparar. Si x1.shape != x2.shape, deben cumplir con la difusión.
np.*minimum*(x1, x2, /, out=None, *, where=True, casting='same_kind', order='K', dtype=None, subok=True[, signature, extobj])	Mínimo por elemento de los elementos de una matriz. Compara dos matrices y devuelve una nueva matriz que contiene los mínimos por elemento. Si uno de los elementos comparados es un NaN, se devuelve ese elemento. Si ambos elementos son NaN, se devuelve el primero. Esta última distinción es importante para los NaN complejos, que se definen cuando al menos una de las partes reales o imaginarias es un NaN. El efecto neto es que los NaN se propagan. **x1**, **x2** son las matrices que contienen los elementos a comparar. Si x1.shape != x2.shape, deben cumplir con la difusión.

np.*fmax*(x1, x2, /, out=None, *, where=True, casting='same_kind', order='K', dtype=None, subok=True[, signature, extobj])	Máximo por elemento de los elementos de una matriz. Compara dos matrices y devuelve una nueva matriz que contiene los máximos por elemento. Si uno de los elementos comparados es un NaN, se devuelve el elemento que no lo es. Si ambos elementos son NaN, se devuelve el primero. Esta última distinción es importante para los NaN complejos, que se definen cuando al menos una de las partes reales o imaginarias es un NaN. El efecto neto es que los NaN se ignoran siempre que es posible. **x1**, **x2** son las matrices que contienen los elementos a comparar. Si x1.shape != x2.shape, deben cumplir con la difusión.
np.*fmin*(x1, x2, /, out=None, *, where=True, casting='same_kind', order='K', dtype=None, subok=True[, signature, extobj])	Mínimo por elemento de los elementos de una matriz. Compara dos matrices y devuelve una nueva matriz que contiene los mínimos por elemento. Si uno de los elementos comparados es un NaN, se devuelve el elemento que no lo es. Si ambos elementos son NaN, se devuelve el primero. Esta última distinción es importante para los NaN complejos, que se definen cuando al menos una de las partes reales o imaginarias es un NaN. El efecto neto es que los NaN se ignoran siempre que es posible. **x1**, **x2** son las matrices que contienen los elementos a comparar. Si x1.shape != x2.shape, deben cumplir con la difusión.
np.*nan_to_num*(x, copy=True, nan=0.0, posinf=None, neginf=None)	Sustituye NaN por cero e inf por números finitos o por los números definidos por el usuario mediante las palabras clave nan, posinf y/o neginf. **x** es la matriz con los valores de entrada. Si **copy** es *True* se crea una copia de la matriz. Si es *False* se reemplazan los valores en la misma matriz. La operación de reemplazo solo se produce si la conversión a una matriz no requiere una copia. **nan** es el valor que se utilizará para reemplazar los valores NaN. Si no se pasa ningún valor, los valores NaN se sustituirán por 0.0. **posinf** es el valor que se utilizará para rellenar los valores infinitos positivos. Si no se pasa ningún valor, los valores se sustituirán por un número muy grande. **neginf** es el valor que se utilizará para rellenar los valores infinitos negativos. Si no se pasa ningún valor, los valores se sustituirán por un número muy pequeño o negativo.
np.*real_if_close*(a, tol=100)	Si la entrada es compleja con todas las partes imaginarias cercanas a cero, devuelve las partes reales. **a** es la matriz con los valores de entrada. **tol** es la tolerancia para la parte compleja de los elementos de la matriz. Si la tolerancia es <=1, se utiliza la tolerancia absoluta.

np.*interp*(x, xp, fp, left=None, right=None, period=None)	Interpolación lineal unidimensional para puntos de muestra monotónicamente crecientes. **x** es la matriz con los valores de entrada. **xp** vector con las coordenadas de los puntos de datos, deben ser crecientes si no se especifica el argumento **period**. En caso contrario, **xp** se ordena internamente después de normalizar los límites periódicos con xp = xp % period. **fp** vector con las coordenadas y de los puntos de datos, de la misma longitud que **xp** . **left** valor a devolver para x < xp[0], por defecto es fp[0]. **righ** valor a devolver para x > xp[-1], por defecto es fp[-1]. **period** es el periodo para las coordenadas de **x**. Este parámetro permite la interpolación adecuada de las coordenadas x angulares. Los parámetros **left** y **right** se ignoran si se especifica **period**.

Calculamos el cuadrado de los elementos de una matriz y a continuación su raíz cuadrada.

```
1.   >>> m = np.array([[2, 9, 10, 5],
2.   ...               [9, 6, 12, 8]])
3.   >>> # cuadrado
4.   >>> m2 = np.square(m)
5.   >>> m2
6.       array([[  4,  81, 100,  25],
7.              [ 81,  36, 144,  64]])
8.   >>> # raíz cuadrada
9.   >>> n = np.sqrt(m2)
10.  >>> n
11.      array([[ 2.,  9., 10.,  5.],
12.             [ 9.,  6., 12.,  8.]])
```

Obtenemos los valores absolutos de los elementos de una matriz y el signo de cada uno de ellos, vemos que los valores positivos aparecen representados por un 1 y los negativos por un -1.

```
1.   >>> m = np.array([[2, -9, 10, -5],
2.   ...               [9, -6, 12, -8]])
3.   >>> m
4.       array([[ 2, -9, 10, -5],
5.              [ 9, -6, 12, -8]])
6.   >>> # valor absoluto
7.   >>> a = np.absolute(m)
8.   >>> a
9.       array([[ 2,  9, 10,  5],
10.             [ 9,  6, 12,  8]])
11.  >>> # signo de los elementos
12.  >>> s = np.sign(m)
13.  >>> s
14.      array([[ 1, -1,  1, -1],
15.             [ 1, -1,  1, -1]])
```

Dadas dos matrices obtenemos la que contiene el valor mayor y la que lo tiene menor.

```
1.  >>> m1 = np.array([[ 2,   9, 10,   5],
2.  ...                 [ 9,   6, 12,   8]])
3.  >>> m2 = np.array([[ 3,   9, 10,   5],
4.  ...                 [ 9,   6, 12, 18]])
5.  >>># matriz con el valor máximo
6.  >>> mx = np.maximum(m1, m2)
7.  >>> mx
8.      array([[ 3,   9, 10,   5],
9.             [ 9,   6, 12, 18]])
10. >>> # matriz con el valor mínimo
11. >>> mn = np.minimum(m1, m2)
12. >>> mn
13.     array([[ 2,   9, 10,   5],
14.            [ 9,   6, 12,   8]])
```

Vamos a realizar una interpolación lineal sobre un conjunto de puntos de una función seno, que visualizaremos posteriormente mediante el módulo *matplotlib*.

```
1.  import numpy as np
2.  import matplotlib.pyplot as plt
3.
4.
5.  # generar valores en radianes
6.  r = np.linspace(-np.pi, np.pi, 10)
7.  # calcular el seno de los valores
8.  seno = np.sin(r)
9.  # interpolar valores
10. valores = np.linspace(-np.pi, np.pi, 100)
11. val_interp = np.interp(valores, r, seno)
12.
13. # visualizar valores
14. plt.plot(r, seno, 'o')            # función seno
15. plt.plot(valores, val_interp, '+') # valores interpolados
16. plt.show()
```

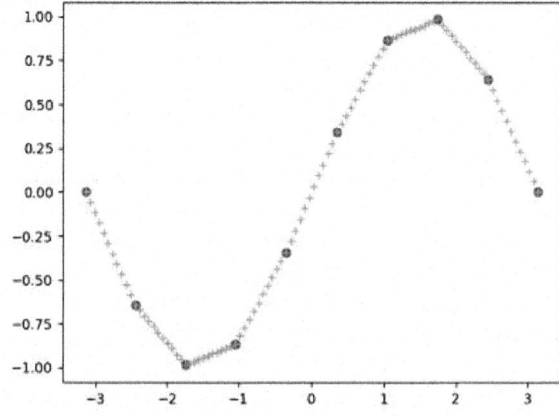

Valores de seno y valores interpolados

6.1.10 Operaciones con cadenas

Además de las capacidades numéricas, *numpy* nos ofrece, mediante el módulo *numpy. char*, un conjunto de operaciones de cadena vectorizadas para matrices de tipo *numpy. str_* o *numpy.bytes_*. Todas las operaciones se basan en los métodos de cadena de la biblioteca estándar de Python.

El objeto especializado *chararray* tiene la capacidad de contener cadenas. Es una subclase de *ndarray*, que dispone de métodos especiales para tratar cadenas.

6.1.10.1 CREACIÓN DE MATRICES CON CADENAS

Existen clases específicas para la creación de matrices no numéricas en el módulo *numpy.char*.

Clase	Descripción
np.*char.array*(obj[, itemsize, copy, unicode, order])	Crea un *chararray*. **obj** es una matriz de tipo string o Unicode. **itemsize** es el número de caracteres por escalar en la matriz resultante. Si **itemsize** es *None*, y **obj** es una matriz de objetos o una lista, el tamaño se determinará automáticamente. Si se proporciona **itemsize** y **obj** es de tipo cadena o Unicode, la cadena se dividirá según **itemize**. Si **copy** es *True* (por defecto), se copia el objeto. Si **unicode** es *True*, la matriz de caracteres resultante puede contener caracteres Unicode, Si es *False*, solo caracteres de 8 bits. Si es *None* se determinará automáticamente la configuración Unicode de la matriz de salida. El **order** especifica la disposición en memoria de la matriz. Los posibles valores son {'C', 'F', 'A'}. El orden 'C' dispone los elementos de la matriz al estilo C, es decir, el índice situado más a la derecha es el que cambia más rápido. Es el valor por defecto. Con 'F' hace uso del estilo Fortran, con el primer índice cambiando más rápido. Si el orden es 'A', entonces la matriz devuelta puede estar en cualquier orden.
np.*char.asarray*(obj[, itemize, unicode, order])	Convierte la entrada en un *chararray*, copiando los datos solo si es necesario. Para los parámetros ver *char.array*(). El **order** solo admite los valores {'C', 'F'}.
class np.*char.chararray*(shape, itemsize=1, unicode=False, buffer=None, offset=0, strides=None, order=None)	Proporciona una vista de matrices con valores de tipo cadena y Unicode. Para los parámetros ver *char.array*().

La clase *char.array()* se proporciona por compatibilidad con el *array()* numérico. Debería usar cadenas de tipo *string_* o *unicode_* y las funciones de *numpy.char* para operaciones vectoriales con cadenas.

Estas clases añaden las siguientes funcionalidades:

⯈ El espacio en blanco del final de los elementos se recorta automáticamente al indexar.

⯈ Los operadores de comparación eliminan automáticamente los espacios en blanco del final al comparar valores.

⯈ Las operaciones vectoriales de cadena se proporcionan como métodos.

⯈ Todos los métodos de cadena devuelven nuevos valores. No modifican la cadena original.

La clase *chararray()* se mantiene por compatibilidad con *numarray*. A partir de numpy 1.4, se recomienda usar las funciones del módulo *numpy.char* para operaciones vectorizadas de cadenas.

Vamos a ver distintas formas de creación de matrices no numéricas.

Creamos una matriz de tipo carácter con *char.array()* sin especificar el tamaño de los elementos. Al visualizar la matriz vemos que los ha creado de tipo Unicode de longitud 3, que corresponde con la longitud de la cadena más larga.

```
1.  >>> a = np.char.array(["aa", "b", "abc"])
2.  >>> a
3.      chararray(['aa', 'b', 'abc'], dtype='<U3')
```

En el siguiente caso creamos la matriz con una longitud de 6 caracteres. Cuando queremos modificar el contenido de la matriz con una cadena de 10 caracteres comprobamos que tan solo se han introducido 6 que es el tamaño de los elementos de la matriz original.

```
1.  >>> a = np.char.array(["aa", "ab", "ac"], itemsize=6)
2.  >>> a
3.      chararray(['aa', 'ab', 'ac'], dtype='<U6')
4.  >>> a[:] = 'qwertyuiop'
5.  >>> a
6.      chararray(['qwerty', 'qwerty', 'qwerty'], dtype='<U6')
```

Creamos ahora una matriz con *char.asarray()* sin especificar tamaño y con caracteres de 8 bits, tipo no Unicode.

```
1.  >>> b = np.char.asarray(["BA", "BB", "BC"], unicode=False)
2.  >>> b
3.      chararray([b'BA', b'BB', b'BC'], dtype='|S2')
```

Vamos a ver un ejemplo con *chararray*(), aunque ya no se recomienda su uso.

Vemos que la creación se realiza empleando caracteres de 8 bits (no Unicode). Como no se especifica ningún valor para la creación, el contenido de los elementos depende del contenido de la memoria en ese momento. En los elementos no se pueden introducir más caracteres que los indicados por el tamaño en la creación.

```
1.  >>> c = np.chararray((3, 3))
2.  >>> c
3.      chararray([[b'j', '', b'i'],
4.                 [b'8', b'5', ''],
5.                 [b'd', b'a', b't']], dtype='|S1')
6.  >>> c[:1] = 'ABC'
7.  >>> c
8.      chararray([[b'A', b'A', b'A'],
9.                 [b'8', b'5', ''],
10.                [b'd', b'a', b't']], dtype='|S1')
11.
12. >>> c = np.chararray((3, 3), itemsize=6)
13. >>> c
14.     chararray([[b'\xff\xff', '', ''],
15.                ['', '', ''],
16.                ['', '', b'bution']], dtype='|S6')
17. >>> c[:] = 'ABC'
18. >>> c
19.     chararray([[b'ABC', b'ABC', b'ABC'],
20.                [b'ABC', b'ABC', b'ABC'],
21.                [b'ABC', b'ABC', b'ABC']], dtype='|S6')
```

6.1.10.2 OPERACIONES CON CADENAS

En el módulo *numpy.char* tenemos un conjunto de operaciones de cadena vectorizadas para matrices no numéricas basadas en los métodos de *String*.

Método	Descripción
np.*char.add*(x1, x2)	Devuelve la concatenación de cadenas elemento a elemento para dos matrices de cadena o Unicode. **x1** y **x2** son las matrices de entrada. Las matrices x1 y x2 deben tener la misma forma.
np.*char.multiply*(a, i)	Devuelve (a * i), es decir, la concatenación múltiple de cadenas, elemento a elemento. **a** es la matriz de entrada. Los valores en i menores que 0 se tratan como 0 (lo que produce una cadena vacía). **i** es el multiplicador.
np.*char.mod*(a, values)	Devuelve el formato de cadena elemento a elemento. **a** es el formato de tipo %. Los valores **value** se editan según el formato.

np.*char.capitalize*(a)	Devuelve una copia de la matriz con solo el primer carácter de cada elemento en mayúsculas. Para cadenas de 8 bits, este método depende de la localización. **a** es la matriz de entrada.
np.*char.center*(a, width, fillchar=' ')	Devuelve una copia de la matriz con sus elementos centrados en una cadena de la anchura indicada. **a** es la matriz de entrada. **width** es la longitud de la cadena resultante **fillchar** es el carácter de relleno a utilizar. Por defecto el espacio.
np.*char.decode*(a, encoding=None, errors=None)	Devuelve las cadenas decodificadas como bytes. El conjunto de códecs disponibles proviene de la biblioteca estándar de Python, y puede ampliarse en tiempo de ejecución. **a** es la matriz de entrada. **encoding** es el nombre de una codificación. **errors** especifica cómo tratar los errores de codificación.
np.*char.encode*(a, encoding=None, errors=None)	Devuelve los bytes codificados como cadenas. El conjunto de códecs disponibles proviene de la biblioteca estándar de Python, y puede ampliarse en tiempo de ejecución. **a** es la matriz de entrada. **encoding** es el nombre de una codificación. **errors** especifica cómo tratar los errores de codificación.
np.*char.join*(sep, seq)	Devuelve una cadena que es la concatenación de las cadenas indicadas. **sep** es la cadena de separadores. **seq** es la secuencia de valores.
np.*char.ljust*(a, width, fillchar=' ')	Devuelve una copia de la matriz con los elementos ajustados a la izquierda en una cadena de la anchura indicada. Para los parámetros ver *char.center*().
np.*char.lower*(a)[	Devuelve una matriz con los elementos convertidos a minúsculas. Para cadenas de 8 bits, este método depende de la localización. **a** es la matriz de entrada.
np.*char.lstrip*(a, chars=None)	Por cada elemento de la matriz, devuelve una copia con los caracteres iniciales eliminados. Para los parámetros ver *char.strip*().
np.*char.partition*(a, sep)	Divide cada elemento de la matriz por el separador. Para cada elemento en la matriz, divide el elemento por la primera ocurrencia del separador, y devuelve 3 cadenas que contienen la parte que antecede al separador, el propio separador, y la parte posterior al separador. Si no se encuentra el separador, devuelve 3 cadenas que contienen la propia cadena, seguida de dos cadenas vacías. **a** es la matriz de entrada. **sep** es el separador para dividir cada elemento de la cadena.
np.*char.replace*(a, old, new, count=None)	Para cada elemento de la matriz, devuelve una copia de la cadena en la que se han sustituido las ocurrencias antiguas por las nuevas. **a** es la matriz de entrada. **old** es la subcadena a reemplazar. **new** es la subcadena que reemplaza la antigua. Si se indica **count**, solo se realiza el número indicado de sustituciones.

np.*char.rjust*(a, width, fillchar=' ')	Devuelve una copia de la matriz con los elementos ajustados a la derecha en una cadena de la anchura indicada. Para los parámetros ver *char.center*().
np.*char. rpartition*(a, sep)	Divide cada elemento de la matriz por el separador más a la derecha. Para cada elemento en la matriz, divide el elemento por la última ocurrencia del separador, y devuelve 3 cadenas que contienen la parte que antecede al separador, el propio separador, y la parte posterior al separador. Si no se encuentra el separador, devuelve 3 cadenas que contienen dos cadenas vacías seguida de la propia cadena. Para los parámetros ver *char.partition*().
np.*char.rsplit*(a, sep=None, maxsplit=None)	Para cada elemento de la matriz, devuelve una lista de las palabras de la cadena, utilizando el separador como delimitador, desde la derecha. Para los parámetros ver *char.split*().
np.*char.rstrip*(a, chars=None)	Para cada elemento de la matriz, devuelve una copia sin los caracteres finales. Para los parámetros ver *char.strip*().
np.*char.split*(a, sep=None, maxsplit=None)	Para cada elemento de la matriz, devuelve una lista de las palabras de la cadena, utilizando el separador como delimitador. **a** es la matriz de entrada. **sep** es el separador para dividir cada elemento de la cadena. Si no se especifica o es *None*, cualquier cadena con espacios en blanco es un separador. Si se indica **maxsplit**, se realizan como máximo ese número de divisiones en cada cadena.
np.*char.splitlines*(a, keepends=None)	Para cada elemento de la matriz, devuelve una lista de las líneas en el elemento, rompiendo en los saltos de línea. **a** es la matriz de entrada. Los saltos de línea no se incluyen en la lista resultante a menos que **keepends** sea *True*.
np.*char.strip*(a, chars=None)	Para cada elemento de la matriz, devuelve una copia con los caracteres iniciales y finales eliminados. **a** es la matriz de entrada. El argumento **chars** es una cadena que especifica el conjunto de caracteres que deben eliminarse. Si se omite o es *None*, se eliminan por defecto los espacios en blanco. El argumento **chars** no es un prefijo ni un sufijo, sino que se eliminan todas las combinaciones de sus valores.
np.*char. swapcase*(a)	Devuelve una copia de la matriz con los caracteres en mayúsculas convertidos a minúsculas y viceversa. Para cadenas de 8 bits, este método depende de la localización. **a** es la matriz de entrada.
np.*char.title*(a)	Devuelve la versión tipo título de la matriz. Las palabras en mayúsculas comienzan con mayúsculas, el resto de caracteres en minúsculas. Para cadenas de 8 bits, este método depende de la localización. **a** es la matriz de entrada.

np.*char.translate*(a, table, deletechars=None)	Para cada elemento de la matriz, devuelve una copia de la cadena en la que se han convertido todos los caracteres mediante la tabla de traducción dada. **a** es la matriz de entrada. **table** es la tabla de conversión. Longitud máxima de 256. Todos los caracteres que aparecen en el argumento **deletechars** son eliminados.
np.*char.upper*(a)	Devuelve una matriz con los elementos convertidos a mayúsculas. Para cadenas de 8 bits, este método depende de la localización. **a** es la matriz de entrada.
np.*char.zfill*(a, width)	Devuelve la cadena rellenada con ceros a la izquierda. **a** es la matriz de entrada. **width** indica la anchura de la cadena para rellenar a la izquierda.

La suma de dos matrices nos devuelve otra matriz con las cadenas concatenadas elemento a elemento.

```
1. >>> a = np.char.array(['aa', 'ab', 'ac'])
2. >>> a
3.     chararray(['aa', 'ab', 'ac'], dtype='<U2')
4. >>> b = np.array(['BA', 'BB', 'BC'])
5. >>> b
6.     array(['BA', 'BB', 'BC'], dtype='<U2')
7. >>> c = np.char.add(a, b)
8. >>> c
9.     array(['aaBA', 'abBB', 'acBC'], dtype='<U4')
```

La multiplicación devuelve una matriz concatenando múltiples copias de la misma cadena, elemento a elemento.

```
1. >>> a = np.char.array(['a', 'ab', 'abc'])
2. >>> a
3.     chararray(['a', 'ab', 'abc'], dtype='<U3')
4. >>> # concatenar la cadena sobre si misma 3 veces
5. >>> np.char.multiply(a, 3)
6.     array(['aaa', 'ababab', 'abcabcabc'], dtype='<U9')
7. >>> # concatenar tantas veces como indique la lista adjunta
8. >>> np.char.multiply(a, [1, 2, 3])
9.     array(['a', 'abab', 'abcabcabc'], dtype='<U9')
```

Con *mod*() obtenemos los elementos de la matriz formateados según el valor indicado.

```
1. >>> m = np.array([123, 3.45, 67.89])
2. >>> m
3.     array([123. , 3.45, 67.89])
4. >>> # formato de dos decimales en notación científica
5. >>> np.char.mod('%2.2e', m)
6.     array(['1.23e+02', '3.45e+00', '6.79e+01'], dtype='<U8')
7. >>> # formato de dos enteros
8. >>> np.char.mod('%2d', m)
9.     array(['123', ' 3', '67'], dtype='<U3')
```

Realizamos a continuación diversos cambios en la caja de los caracteres de cada uno de los elementos de una matriz: (1) La letra inicial de la cadena a mayúscula; (2) cambiar mayúsculas por minúsculas; (3) todo a minúsculas; (4) la primera letra de cada palabra a mayúscula; y terminamos con (5) todo a mayúsculas.

```
1.   >>> a = np.array(['quijote', 'sancho', 'dulcinea', 'ingenioso hidalgo'])
2.   >>> a
3.       array(['quijote', 'sancho', 'dulcinea', 'ingenioso hidalgo'], dtype='<U17')
4.   >>> # (1) primer carácter a mayúscula
5.   >>> A = np.char.capitalize(a)
6.   >>> A
7.       array(['Quijote', 'Sancho', 'Dulcinea', 'Ingenioso hidalgo'], dtype='<U17')
8.   >>> # (2) cambiar mayúsculas por minúsculas y viceversa
9.   >>> B = np.char.swapcase(A)
10.  >>> B
11.      array(['qUIJOTE', 'sANCHO', 'dULCINEA', 'iNGENIOSO HIDALGO'], dtype='<U17')
12.  >>> # (3) cambiar todo a minúsculas
13.  >>> b = np.char.lower(B)
14.  >>> b
15.      array(['quijote', 'sancho', 'dulcinea', 'ingenioso hidalgo'], dtype='<U17')
16.  >>> # (4) primera letra de todas las palabras a mayúsculas
17.  >>> t = np.char.title(b)
18.  >>> t
19.      array(['Quijote', 'Sancho', 'Dulcinea', 'Ingenioso Hidalgo'], dtype='<U17')
20.  >>> # (5) cambiar todo a mayúsculas
21.  >>> C = np.char.upper(t)
22.  >>> C
23.      array(['QUIJOTE', 'SANCHO', 'DULCINEA', 'INGENIOSO HIDALGO'], dtype='<U17')
```

Procedemos a codificar los elementos de la matriz según la codificación 'cp037' y el resultado lo decodificamos desde 'cp037'.

```
1.   >>> a = np.array(['Python', 'por ejemplo'])
2.   >>> a
3.       array(['Python', 'por ejemplo'], dtype='<U11')
4.   >>> c = np.char.encode(a, encoding='cp037')
5.   >>> c
6.       array([b'\xd7\xa8\xa3\x88\x96\x95',
7.              b'\x97\x96\x99@\x85\x91\x85\x94\x97\x93\x96'], dtype='|S11')
8.   >>> b = np.char.decode(c, encoding='cp037')
9.   >>> b
10.      array(['Python', 'por ejemplo'], dtype='<U11')
```

Ahora eliminaremos los espacios que preceden y/o suceden a los elementos de la matriz, así como a determinados caracteres.

```
1.  >>> a = np.array(['abbc', '  ab  ', 'ccbbaa'])
2.  >>> a
3.      array(['abbc', '  ab  ', 'ccbbaa'], dtype='<U6')
4.  >>> # eliminar espacios a derecha e izquierda
5.  >>> np.char.strip(a)
6.      array(['abbc', 'ab', 'ccbbaa'], dtype='<U6')
7.  >>> # eliminar el carácter 'c' a ambos lados
8.  >>> np.char.strip(a, 'c')
9.      array(['abb', '  ab  ', 'bbaa'], dtype='<U6')
10. >>> # eliminar el carácter 'a' a la izquierda
11. >>> np.char.lstrip(a, 'a')
12.     array(['bbc', '  ab  ', 'ccbbaa'], dtype='<U6')
13. >>> # eliminar los caracteres 'cb' por la derecha
14. >>> np.char.rstrip(a, 'cb')
15.     array(['a', '  ab  ', 'ccbbaa'], dtype='<U6')
```

Alinearemos las cadenas de las matrices en un espacio dado, centrándolas o situándolas a izquierda o derecha, rellenando con espacios o con un carácter establecido.

```
1.  >>> a = np.char.array(['a', 'ab', 'abc'])
2.  >>> a
3.      chararray(['a', 'ab', 'abc'], dtype='<U3')
4.  >>> # centrar en un ancho de 7 caracteres
5.  >>> np.char.center(a, width=7)
6.      array(['   a   ', '   ab  ', '  abc  '], dtype='<U7')
7.  >>> # centrar en un ancho de 7 caracteres, rellenando con el signo igual
8.  >>> np.char.center(a, width=7, fillchar='=')
9.      array(['===a===', '===ab==', '==abc=='], dtype='<U7')
10. >>> # ajustar a la izquierda
11. >>> np.char.ljust(a, width=7)
12.     array(['a      ', 'ab     ', 'abc    '], dtype='<U7')
13. >>> # ajustar a la derecha
14. >>> np.char.rjust(a, width=7)
15.     array(['      a', '     ab', '    abc'], dtype='<U7')
```

Concatenamos las cadenas intercalando los caracteres.

```
1.  >>> np.char.join(['-',':'],['ymd','hms'])
2.      array(['y-m-d', 'h:m:s'], dtype='<U5')
```

La división de los elementos de una matriz con *char.partition*() se realiza por la primera ocurrencia del separador establecido.

Se devuelven siempre tres cadenas que contienen la parte que antecede al separador, el propio separador, y la parte posterior al separador. Si no se encuentra el separador devuelve tres cadenas que contienen la propia cadena seguida de dos cadenas vacías.

En el caso de la división por la derecha con *char.rpartition*(), si no se encuentra el separador devuelve tres cadenas que contienen dos cadenas vacías seguidas de la propia cadena.

```
1.   >>> a = np.char.array(['abc', 'aabbcc', 'aaabbbccc'])
2.   >>> a
3.       chararray(['abc', 'aabbcc', 'aaabbbccc'], dtype='<U9')
4.
5.   >>> # dividir las cadenas
6.   >>> np.char.partition(a, 'bb')
7.       array([['abc', '', ''],
8.              ['aa', 'bb', 'cc'],
9.              ['aaa', 'bb', 'bccc']], dtype='<U4')
10.
11.  >>> # dividir desde la derecha
12.  >>> np.char.rpartition(a, 'bb'
13.      array([['', '', 'abc'],
14.             ['aa', 'bb', 'cc'],
15.             ['aaab', 'bb', 'ccc']], dtype='<U4')
```

La división de cada uno de los elementos de una matriz devuelve una lista de las palabras de la cadena utilizando el espacio o el separador indicado como delimitador

La división por los saltos de línea '\n' permite perder el carácter de fin de línea o mantenerlo.

```
1.   >>> a = np.char.array(['Hola Mundo', 'Hello Python'])
2.   >>> a
3.       chararray(['Hola Mundo', 'Hello Python'], dtype='<U12')
4.   >>> # dividir por los espacios
5.   >>> np.char.split(a)
6.       array([list(['Hola', 'Mundo']), list(['Hello', 'Python'])], dtype=object)
7.   >>> # dividir por el carácter 'o'
8.   >>> np.char.split(a, sep='o')
9.      array([list(['H', 'la Mund', '']), list(['Hell', ' Pyth', 'n'])], dtype=object)
10.  >>> # dividir por el carácter 'o' no mas de una vez
11.  >>> np.char.split(a, sep='o', maxsplit=1)
12.      array([list(['H', 'la Mundo']), list(['Hell', ' Python'])], dtype=object)
13.
14.  >>> # dividir desde la derecha
15.  >>> np.char.rsplit(a, sep='o', maxsplit=1)
16.      array([list(['Hola Mund', '']), list(['Hello Pyth', 'n'])], dtype=object)
17.
18.  >>> a = np.char.array(['Hola\nMundo\nPython', 'Hello\nWorld\nPython'])
19.  >>> a
20.      chararray(['Hola\nMundo\nPython', 'Hello\nWorld\nPython'], dtype='<U18')
```

```
21.   >>> # dividir por los saltos de línea
22.   >>> np.char.splitlines(a)
23.       array([list(['Hola', 'Mundo', 'Python']),
24.              list(['Hello', 'World', 'Python'])], dtype=object)
25.   >>> # dividir por los saltos de línea
26.   >>> # manteniendo el carácter de fin de línea
27.   >>> np.char.splitlines(a, keepends=True)
28.       array([list(['Hola\n', 'Mundo\n', 'Python']),
29.              list(['Hello\n', 'World\n', 'Python'])], dtype=object)
```

Podemos reemplazar una subcadena por otra en cada elemento de la matriz con la función *replace*().

Y realizar una traducción de caracteres según una tabla de traducción con la función *translate*(). Previamente a la traducción debemos crear una tabla de equivalencias con la función *str.maketrans*().

En el ejemplo realizamos una traducción del alfabeto latino a escritura '1337' (*leet (http://www.tugurium.com/gti/termino.php?Tr=leet)*).

```
1.   >>> a = np.char.array(['Hola Mundo', 'Hola Python'])
2.   >>> np.char.replace(a, 'Hola', 'Hello')
3.       array(['Hello Mundo', 'Hello Python'], dtype='<U12')
4.
5.   >>> # crear tabla de traducción
6.   >>> trans_dicc = {'H':'#', 'e':'3', 'l':'1', 'o':'0', 't':'7'}
7.   >>> tabla_trans = str.maketrans(trans_dicc)
8.   >>> np.char.translate(a, tabla_trans)
9.       array(['#3110 Mund0', '#3110 Py7h0n'], dtype='<U12')
```

La function *zfill*() devuelve la cadena rellenada con ceros a la izquierda, adaptándola a un tamaño determinado.

```
1.   >>> a = np.char.array(['a', 'ab', 'abc'])
2.   >>> b = np.char.zfill(a, 5)
3.   >>> b
4.       array(['0000a', '000ab', '00abc'], dtype='<U5')
```

6.1.10.3 COMPARACIONES DE CADENAS

Los operadores de comparación del módulo *numpy.char* eliminan los espacios en blanco antes de realizar la comparación.

La matriz de salida es de tipo booleano con la misma forma que las matrices a comparar.

Método	Descripción
np.*char.equal*(x1, x2)	Devuelve (x1 == x2) elemento a elemento. A diferencia de *numpy.equal*, esta comparación se realiza eliminando primero los espacios en blanco del final de la cadena. Este comportamiento se proporciona por compatibilidad con *numarray*. **x1** y **x2** son las matrices de entrada de la misma forma.
np.*char.not_equal*(x1, x2)	Devuelve (x1 != x2) elemento a elemento. **x1** y **x2** son las matrices de entrada de la misma forma.
np.*char.greater_equal*(x1, x2)	Devuelve (x1 >= x2) elemento a elemento. **x1** y **x2** son las matrices de entrada de la misma forma.
np.*char.less_equal*(x1, x2)	Devuelve (x1 <= x2) elemento a elemento. **x1** y **x2** son las matrices de entrada de la misma forma.
np.*char.greater*(x1, x2)	Devuelve (x1 > x2) elemento a elemento. **x1** y **x2** son las matrices de entrada de la misma forma.
np.*char.less*(x1, x2)	Devuelve (x1 < x2) elemento a elemento. **x1** y **x2** son las matrices de entrada de la misma forma.
np.*char.compare_chararrays*(a1, a2, cmp, rstrip)	Realiza la comparación por elementos de dos matrices de cadenas utilizando el operador de comparación especificado. **a1** y **a2** son las matrices de entrada de la misma forma. **cmp** es el operador de comparación. Puede ser:{"<", "<=", "==", ">=", ">", "!="} Si **rstrip** es *True*, los espacios al final de las cadenas se eliminan antes de la comparación.

Realizaremos las distintas operaciones de comparación con dos matrices. El resultado es una matriz con los valores booleanos producto de la comparación elemento a elemento entre ambas cadenas.

```
1.  >>> a = np.array(['quijote', 'SANCHO', 'dulcinea'])
2.  >>> b = np.array(['quijote', 'Sancho', 'dulcina'])
3.
4.  >>> e = np.char.equal(a, b)
5.  >>> e
6.      array([ True, False, False])
7.
8.  >>> e = np.char.not_equal(a, b)
9.  >>> e
10.     array([False, True, True])
11.
12. >>> e = np.char.greater_equal(a, b)
13. >>> e
14.     array([ True, False, True])
15.
16. >>> e = np.char.less_equal(a, b)
```

```
17.  >>> e
18.      array([ True, True, False])
19.
20.  >>> e = np.char.greater(a, b)
21.  >>> e
22.      array([False, False,  True])
23.
24.  >>> e = np.char.less(a, b)
25.  >>> e
26.      array([False,  True, False])
27.
28.  >>> e = np.char.compare_chararrays(a, b, '>=', True)
29.  >>> e
30.      array([ True, False, True])
```

6.1.10.4 INFORMACIÓN DE LAS CADENAS

El módulo *numpy.char* nos proporciona un conjunto de métodos que facilitan información sobre las cadenas.

Método	Descripción
np.*char.count*(a, sub, start=0, end=None)	Devuelve una matriz con el número de ocurrencias no solapadas de la subcadena en el rango indicado. **a** es la matriz de entrada. **sub** es la subcadena a buscar. Los argumentos **start** y **end** se interpretan como notación de corte para especificar el rango en el que contar.
np.*char.endswith*(a, suffix, start=0, end=None)	Devuelve una matriz booleana que es *True* cuando el elemento de la cadena termina con el sufijo, en caso contrario *False*. **a** es la matriz de entrada. **sufix** es el sufijo. Los argumentos **start** y **end** se interpretan como notación de corte para especificar el rango en el que contar.
np.*char.find*(a, sub, start=0, end=None)	Para cada elemento de la matriz, devuelve el índice más bajo de la cadena donde se encuentra la subcadena, de forma que la subcadena esté contenida en el rango establecido. **a** es la matriz de entrada. **sub** es la subcadena a buscar. Los argumentos **start** y **end** se interpretan como notación de corte para especificar el rango en el que buscar.

np.*char.index*(a, sub, start=0, end=None)	Actúa como *char.find*(), pero genera un error *ValueError* cuando no se encuentra la subcadena. Para los parámetros ver *char.find*().
np.*char.isalpha*(a)	Devuelve una matriz booleana que es *True* si todos los caracteres de la cadena son alfabéticos y hay al menos un carácter, en caso contrario *False*. Para cadenas de 8 bits, este método depende de la localización. **a** es la matriz de entrada.
np.*char.isalnum*(a)	Devuelve una matriz booleana que es *True* si todos los caracteres de la cadena son alfanuméricos y hay al menos un carácter, en caso contrario *False*. **a** es la matriz de entrada.
np.*char.isdecimal*(a)	Devuelve una matriz booleana que es *True* si solo hay caracteres decimales, en caso contrario *False*. **a** es la matriz de entrada. Devuelve *True* si solo hay caracteres decimales en el elemento.
np.*char.isdigit*(a)	Devuelve una matriz booleana que es *True* si todos los caracteres de la cadena son dígitos y hay al menos un carácter, en caso contrario *False*. Para cadenas de 8 bits, este método depende de la localización. **a** es la matriz de entrada.
np.*char.islower*(a)	Devuelve una matriz booleana que es *True* si todos los caracteres de la cadena son minúsculas y hay al menos un carácter, en caso contrario *False*. Para cadenas de 8 bits, este método depende de la localización. **a** es la matriz de entrada.
np.*char.isnumeric*(a)	Devuelve una matriz booleana que es *True* si todos los caracteres de la cadena son numéricos y hay al menos un carácter, en caso contrario *False*. **a** es la matriz de entrada.
np.*char.isspace*(a)	Devuelve una matriz booleana que es *True* si todos los caracteres de la cadena son espacios en blanco y hay al menos un carácter, en caso contrario *False*. Para cadenas de 8 bits, este método depende de la localización. **a** es la matriz de entrada.
np.*char.istitle*(a)	Devuelve una matriz booleana que es *True* si la cadena es de tipo título y hay al menos un carácter, en caso contrario *False*. Para cadenas de 8 bits, este método depende de la localización. **a** es la matriz de entrada.

np.*char.isupper*(a)	Devuelve una matriz booleana que es *True* si todos los caracteres de la cadena son mayúsculas y hay al menos un carácter, en caso contrario *False*. Para cadenas de 8 bits, este método depende de la localización. **a** es la matriz de entrada.
np.*char.rfind*(a, sub, start=0, end=None)[	Para cada elemento de la matriz, devuelve el índice más alto de la cadena donde se encuentra la subcadena, de forma que la subcadena esté contenida en el rango establecido. Para los parámetros ver *char.find*().
np.*char.rindex*(a, sub, start=0, end=None)	Actúa como *char.rfind*(), pero genera un error *ValueError* cuando no se encuentra la subcadena. Para los parámetros ver *char.find*().
np.*char.startswith*(a, prefix, start=0, end=None)	Devuelve una matriz booleana que es *True* cuando el elemento de la cadena empieza con el prefijo, en caso contrario *False*. **a** es la matriz de entrada. **prefix** es el prefijo. Los argumentos **start** y **end** se interpretan como notación de corte para especificar el rango en el que contar.
np.*char.str_len*(a)	Devuelve las longitudes de los elementos de la matriz. **a** es la matriz de entrada.

En el siguiente ejemplo contaremos el número de apariciones de distintos caracteres o de una subcadena.

```
1.  >>> a = np.array(['Hola Mundo', 'Hello Python', 'Hi Numpy'])
2.  >>> np.char.count(a, 'o')
3.      array([2, 2, 0])
4.  >>> np.char.count(a, 'l')
5.      array([1, 2, 0])
6.  >>> np.char.count(a, 'Mundo')
7.      array([1, 0, 0])
```

Buscaremos la aparición, esto es, el índice donde se encuentra el primer carácter que coincida, bien desde el principio o entre unas posiciones marcadas al efecto.

Si no se encuentra nada obtenemos un -1.

```
1.  >>> a = np.array(['Don Quijote', 'Sancho Panza', 'Dulcinea del Toboso'])
2.  >>> np.char.find(a, 'o')
3.      array([ 1,   5, 14])
4.  >>> np.char.find(a, 'o', start=5, end=None)
5.      array([ 8,   5, 14])
6.  >>> np.char.find(a, 'o', start=7, end=None)
7.      array([ 8, -1, 14])
```

```
 8.
 9.   >>> np.char.rfind(a, 'o', start=10, end=None)
10.       array([-1, -1, 18])
```

Con *char.index*() buscamos como con *char.find*(), pero si no se encuentra nada se genera un *ValueError*.

```
1.   >>> np.char.index(a, 'o', start=5, end=None)
2.       array([ 8,  5, 14])
3.   >>> np.char.index(a, 'Z', start=5, end=None)
4.       Traceback (most recent call last):
5.       . . .
6.       ValueError: substring not found
```

Buscaremos que cadenas empiezan o termina por determinados valores.

```
1.   >>> a = np.array(['Don Quijote', 'Sancho', 'Dulcinea del Toboso'])
2.   >>> np.char.startswith(a, 'D')
3.       array([ True, False, True])
4.   >>> np.char.endswith(a, 'o')
5.       array([False, True, True])
```

Obtendremos las longitudes de las cadenas de la matriz.

```
1.   >>> np.char.str_len(a)
2.       array([11,  6, 19])
```

Acabamos obteniendo distintas informaciones sobre el contenido de las cadenas de la matriz.

```
 1.   >>> a = np.array(['Abcd', '123', '3.45', '678xyz', ''])
 2.   >>> np.char.isalpha(a)
 3.       array([ True, False, False, False, False])
 4.   >>> np.char.isalnum(a)
 5.       array([ True, True, False, True, False])
 6.   >>> np.char.isdecimal(a)
 7.       array([False,  True, False, False, False])
 8.   >>> np.char.isdigit(a)
 9.       array([False,  True, False, False, False])
10.   >>> np.char.islower(a)
11.       array([False, False, False,  True, False])
12.   >>> np.char.isnumeric(a)
13.       array([False,  True, False, False, False])
14.   >>> np.char.isspace(a)
15.       array([False, False, False, False, False])
16.   >>> np.char.istitle(a)
17.       array([ True, False, False, False, False])
18.   >>> np.char.isupper(a)
19.       array([False, False, False, False, False])
```

La creación de matrices booleanas mediante el uso de funciones lógicas nos facilita la selección de elementos al usarlas como índices.

```
1.   >>> a = np.array(['Abcd', '123', '3.45', '678xyz', ''])
2.   >>> # verificar cadenas alfanuméricas
3.   >>> alfanum = np.char.isalnum(a)
4.   >>> alfanum
5.       array([ True, True, False, True, False])
6.   >>> # obtener solo las cadenas alfanuméricas
7.   >>> # empleando la matriz booleana resultante
8.   >>> alfanumerico = a[alfanum]
9.   >>> alfanumerico
10.      array(['Abcd', '123', '678xyz'], dtype='<U6')
```

6.1.11 Fecha y hora

Las matrices *numpy* soportan de forma nativa la funcionalidad de fecha y hora bajo la clase *datetime64*, ya que *datetime* está incluida en la biblioteca estándar de Python.

6.1.11.1 CREACIÓN DE FECHAS Y HORAS

Para crear fechas-horas partiremos de cadenas en formato ISO 8601. La norma ISO 8601 establece un estándar internacional para representar instantes e intervalos de tiempo de forma inequívoca, especialmente cuando se transfieren entre países con diferentes convenciones para escribir fechas y horas. En las representaciones, las fechas y horas se ordenan de forma que el término temporal mayor se coloca a la izquierda y cada término sucesivamente menor se coloca a la derecha del anterior.

El estándar usa el calendario Gregoriano, mientras que para el tiempo hace uso del sistema horario de 24 horas.

No se admiten más que caracteres numéricos, mientras que los caracteres '-', ':', 'T', 'Z' y 'W', tienen un significado específico en la norma. Los elementos de fecha van separados por guiones '-'. Los elementos de tiempo por dos puntos ':'. La fecha y el tiempo llevan como separador un carácter 'T'. Con 'W' se indica el número de la semana en el año.

Desde la versión 1.11 no se almacena información de zona horaria. Por compatibilidad con versiones anteriores, aún se analizan los desfases de zona horaria, convirtiendo a UTC±00:00 (hora Zulú). En el futuro se generará un error.

Así, una fecha completa tendrá: año, mes, día, hora, minutos, segundos y milisegundos.

Las unidades inferiores a 1 segundo se expresan según el SI (Sistema Internacional de unidades), utilizando el punto decimal a continuación de los segundos.

Se usan siempre cuatro dígitos para el año y dos dígitos para representar meses, días, horas, minutos y segundos.

Así, el quince de mayo de 2023 a las 22 horas, 6 minutos y 48 segundos, con 15 milisegundos se representa, según ISO 8601, de la forma:

```
2023-05-15T22:06:48.15
```

La representación completa permite especificar un día concreto del calendario.

La representación de precisión reducida permite especificar un mes (YYYY-MM) o un año (YYYY). Igualmente podemos indicar la semana dentro del año (YYYY-Www) o el ordinal del día en el año (YYYY-DDD)

En *numpy* las fechas se expresan en el calendario gregoriano, extendido indefinidamente tanto en el futuro como en el pasado, admitiendo fechas antes de Cristo (AC) y después de Cristo (DC). Esto nos da un rango de años desde 9.2e18 AC hasta 9.2e18 DC. Los años AC siguen la convención de numeración de años astronómicos, así, el año 2 AC se numera -1, mientras que el año 1 AC se numera 0 y el año 1 DC se numera 1.

Al crear en *numpy* las fechas-horas, la unidad de almacenamiento interno se selecciona automáticamente a partir de la forma de la cadena, o bien se puede especificar una unidad de fecha o una unidad de tiempo.

Unidades para las fechas.

Código	Descripción
Y	Años
M	Meses
W	Semanas
D	Días

Unidades para el tiempo.

Código	Descripción
h	horas
m	minutos
s	segundos
Ms	milisegundos
Us	microsegundos
Ns	nanosegundos
Ps	picosegundos
Fs	femtosegundos
As	attosegundos

Las fechas en *numpy* se crean con la clase *datetime64*.

Clase	Descripción
np.*datetime64*(date[, unit])	Crea una fecha de tipo *datetime64* con la unidad indicada. **date** es la fecha en formato ISO 8601. **unit** es la unidad de fecha u hora.

Podemos crear fechas sin especificar unidades:

```
1.  >>> np.datetime64('2023-05-15')
2.      numpy.datetime64('2023-05-15')
3.  >>> np.datetime64('2023-05-15T22:36')
4.      numpy.datetime64('2023-05-15T22:36')
```

También podemos indicar las unidades en la creación, en cuyo caso vemos como se amplía el formato de la fecha-hora según la unidad establecida.

```
1.  >>> # crear una fecha
2.  >>> np.datetime64('2023-05-15', 'D')
3.      numpy.datetime64('2023-05-15')
4.  >>> # crear una fecha con hora
5.  >>> np.datetime64('2023-05-15', 'h')
6.      numpy.datetime64('2023-05-15T00','h')
7.  >>> # crear una fecha que incluye segundos
8.  >>> np.datetime64('2023-05-15T22:36', 's')
9.      numpy.datetime64('2023-05-15T22:36:00')
```

El tipo *datetime64* puede especificar también las unidades como un *dtype*, de la forma:

```
dtype='datetime64[<cuenta><unidad>]'
```

Donde **cuenta** es el número de unidades base. Si no se indica se asume que es una unidad.

Indicando el tipo con *dtype*, lo almacena interpretando el formato.

Podemos hacer uso del tipo *datetime64* con muchas funciones *numpy* comunes, como *array()* o *arange()* para generar fechas o rangos de fechas.

```
1.  >>> t = np.array(['2023-05-15', '2023-05-15T22:36'], dtype='datetime64')
2.  >>> t
3.      array(['2023-05-15T00:00', '2023-05-15T22:36'], dtype='datetime64[m]')
```

Indicándo las unidades, ajustará la fecha a la unidad correspondiente.

```
1.  >>> t = np.array(['2023-05-15', '2023-05-15T22:36'], dtype='datetime64[s]')
2.  >>> t
3.      array(['2023-05-15T00:00:00', '2023-05-15T22:36:00'],
4.          dtype='datetime64[s]')
```

En el siguiente ejemplo generaremos un rango de fechas con la función *arrange()*. Partimos de una representación reducida de año-mes y en el *dtype* indicamos la unidad para días.

```
 1. >>> mes = np.arange('2023-05', '2023-06', dtype='datetime64[D]')
 2. >>> mes
 3.     array(['2023-05-01', '2023-05-02', '2023-05-03', '2023-05-04',
 4.            '2023-05-05', '2023-05-06', '2023-05-07', '2023-05-08',
 5.            '2023-05-09', '2023-05-10', '2023-05-11', '2023-05-12',
 6.            '2023-05-13', '2023-05-14', '2023-05-15', '2023-05-16',
 7.            '2023-05-17', '2023-05-18', '2023-05-19', '2023-05-20',
 8.            '2023-05-21', '2023-05-22', '2023-05-23', '2023-05-24',
 9.            '2023-05-25', '2023-05-26', '2023-05-27', '2023-05-28',
10.            '2023-05-29', '2023-05-30', '2023-05-31'], dtype='datetime64[D]')
```

Generaremos ahora un rango de fechas alternas con un paso de dos días.

```
 1. >>> matriz = np.arange('2023-05', '2023-06', dtype='datetime64[2D]')
 2. >>> matriz
 3.     array(['2023-05-01', '2023-05-03', '2023-05-05', '2023-05-07',
 4.            '2023-05-09', '2023-05-11', '2023-05-13', '2023-05-15',
 5.            '2023-05-17', '2023-05-19', '2023-05-21', '2023-05-23',
 6.            '2023-05-25', '2023-05-27', '2023-05-29'], dtype='datetime64[2D]')
```

Debemos prestar atención a las comparaciones, ya que las fechas con diferentes unidades todavía pueden estar representando el mismo momento de tiempo, y la conversión de una unidad más grande como meses a una unidad más pequeña como días se puede considerar el mismo momento de tiempo.

```
 1. >>> np.datetime64('2023') == np.datetime64('2023-01-01')
 2.     True
```

El año y el primer día del año se consideran iguales, no así otras fechas.

```
 1. >>> np.datetime64('2023') == np.datetime64('2023-05-01')
 2.     False
```

Esto se debe a la incoherencia existente entre el número de días de los meses y el número de días de un año

Es posible obtener la fecha actual, o la hora actual utilizando los argumentos de entrada *'today'* o *'now'* en *datetime64()*, e incluso especificar la unidad temporal.

```
 1. >>> np.datetime64('today')
 2.     numpy.datetime64('2023-05-15')
 3. >>> np.datetime64('now')
 4.     numpy.datetime64('2023-05-15T14:52:28')
 5. >>> np.datetime64('now','ms')
 6.     numpy.datetime64('2023-05-15T14:52:45.000')
```

Al igual que existe el valor *NaN* que representa un elemento *no-número* para los valores numéricos, en el caso de los valores de fechas tenemos el marcador de posición especial *NaT*, (*Not a Time* - No fecha) que aparece en las matrices *datetime64* cuando tenemos valores *None* o cadenas vacías.

```
1.  >>> np.datetime64('')
2.      numpy.datetime64('NaT')
```

6.1.11.2 FUNCIONES PARA FECHA Y HORA

En *numpy* disponemos de funciones específicas para el manejo de fechas y horas.

Función	Descripción
np.*datetime_as_string*(arr, unit=None, timezone='naive', casting='same_kind')	Convierte una matriz de fecha-hora en una matriz de cadenas. **arr** es la matriz de tiempo UTC a formatear. **unit** es una unidad de *datetime*, 'auto' o *None*. **timezone** es la información de la zona horaria que se utilizará al mostrar la fecha y hora. Puede ser {'naive', 'UTC', 'local'}. Si es 'UTC', termina con una Z para indicar la hora UTC. Si es 'local', convierte primero a la zona horaria local y añade un sufijo +-####. Si es un objeto *tzinfo*, emplea la zona horaria especificada. **casting** se emplea cuando se cambia entre unidades datetime. Puede ser {'no', 'equiv', 'safe', 'same_kind', 'unsafe'}
np.*datetime_data*(dtype, /)	Obtiene información sobre el tamaño de paso de un tipo de fecha u hora. El objeto **dtype**, debe ser un tipo *datetime64* o *timedelta64*. Devuelve una tupla (unit, count), donde unit es la unidad datetime en la que se basa y count es el número de unidades base en un paso. La tupla puede pasarse como segundo argumento de *datetime64* y *timedelta64*.

Vamos a convertir una matriz de fecha-hora en una matriz de cadenas. En la conversión llegaremos a los segundos con la hora como UTC.

```
1.  >>> d = np.arange('2023-05-15T15:30', 5, dtype='datetime64[m]')
2.  >>> d
3.      array(['2023-05-15T15:30', '2023-05-15T15:31', '2023-05-15T15:32',
4.             '2023-05-15T15:33', '2023-05-15T15:34'], dtype='datetime64[m]')
5.  >>> np.datetime_as_string(d, unit='s', timezone='UTC')
6.      array(['2023-05-15T15:30:00Z', '2023-05-15T15:31:00Z',
7.             '2023-05-15T15:32:00Z', '2023-05-15T15:33:00Z',
8.             '2023-05-15T15:34:00Z'], dtype='<U38')
```

Consultamos el tamaño y unidades de paso para un minuto y para dos días. En un caso obtenemos la tupla y en el segundo desempaquetamos ambos valores

```
1.   >>> dt = np.datetime_data('datetime64[m]')
2.   >>> dt
3.      ('m', 1)
4.
5.   >>> unidad, cuenta = np.datetime_data('datetime64[2D]')
6.   >>> unidad
7.      'D'
8.   >>> cuenta
9.      2
```

Para permitir que la fecha-hora se utilice en contextos en los que solo son válidos ciertos días de la semana, se dispone de funciones para establecer los denominados *busday* (*business day*) o días laborables.

Función	Descripción
np.*numpy.busdaycalendar*(weekmask='1111100', holidays=None)	Devuelve un objeto calendario de tipo *busdaycalendar* de días laborables que contiene los valores especificados de máscara de semana y días festivos para la familia de funciones *busday*. **weekmask** es una matriz de siete elementos que indica, de lunes a domingo, los días válidos. **holidays** es una matriz de fechas datetime64[D], que se considerarán no válidas, independientemente del día de la semana en que caigan. Pueden especificarse en cualquier orden.
np.*is_busday*(dates, weekmask='1111100', holidays=None, busdaycal=None, out=None)	Devuelve una matriz booleana que contiene *True* para cada día válido y *False* en caso contrario. **dates** es la matriz de fechas a comprobar. **weekmask** es una matriz de siete elementos que indica, de lunes a domingo, los días válidos. Puede especificarse como una lista o matriz de longitud siete, como [1,1,1,1,1,0,0]; una cadena de longitud siete, como '1111100'; o una cadena formada por abreviaturas de tres caracteres para los días de la semana, opcionalmente separadas por espacios en blanco. Las abreviaturas válidas son: 'Mon' 'Tue' 'Wed' 'Thu' 'Fri' 'Sat' 'Sun'. **holidays** es una matriz de fechas datetime64[D], que se considerarán no válidas. **busdaycal** es un objeto calendario de tipo *busdaycalendar* que especifica los días válidos. Si se proporciona este parámetro, no se pueden proporcionar ni la máscara de semana ni los días festivos. **out** matriz que se rellenará con el resultado.

np.*busday_offset*(dates, offsets, roll='raise', weekmask='1111100', holidays=None, busdaycal=None, out=None)	Devuelve una matriz que contiene las fechas con los desplazamientos aplicados. **dates** es la matriz de fechas a procesar. **offsets** es una matriz de desplazamientos. **roll** establece como tratar las fechas que no caen en un día válido. Por defecto es 'raise'. Los posibles valores son: 'raise' lanza una excepción si el día no es válido. 'nat' devuelve un NaT para un día no válido. 'forward' y 'following' toman el primer día válido posterior en el tiempo. 'backward' y 'preceding' toman el primer día válido antes en el tiempo. 'modifiedfollowing' toma el primer día válido posterior en el tiempo, a menos que se encuentre en el límite de un mes, en cuyo caso se tomará el primer día válido antes en el tiempo. 'modifiedpreceding' toma el primer día válido antes en el tiempo, a menos que se encuentre en el límite de un mes, en cuyo caso se tomará el primer día válido posterior en el tiempo. Para el resto de parámetros ver *is_busday*(). Cuando una fecha cae en fin de semana o festivo, primero se aplica una de las reglas para convertir la fecha en un día laborable válido y, a continuación el desfase.
np.*busday_count*(begindates, enddates, weekmask='1111100', holidays=[], busdaycal=None, out=None)	Cuenta el número de días válidos entre dos fechas. No se incluye la fecha final. **begindates** es la fecha inicial. **enddates** es la fecha final final para el recuento, que se excluye del propio recuento. Para el resto de parámetros ver *is_busday*(). Si **enddates** especifica un valor de fecha anterior al valor de fecha **begindates** correspondiente, el recuento será negativo.

El objeto calendario establece los días laborables, que por defecto son de lunes a viernes, con una máscara de semana que contiene siete indicadores booleanos donde indicamos con *True* los días válidos. Puede incorporarse una lista de fechas festivas opcionales que siempre serán inválidas.

El primero de mayo es festivo y el día 2 y 15, son festivos en Madrid. Generamos un calendario con esos datos y los valores por defecto para los días laborables.

```
1.  >>> bdc = np.busdaycalendar(holidays=['2023-05-01', '2023-05-02', '2023-05-
    15'])
2.  >>> # días laborables
3.  >>> bdc.weekmask
4.      array([ True, True, True, True, True, False, False])
5.  >>> # fechas festivas
6.  >>> bdc.holidays
7.      array(['2023-05-01', '2023-05-02', '2023-05-15'], dtype='datetime64[D]')
```

Emplearemos este calendario en los sucesivos ejemplos.

Dada una matriz de fechas obtenemos una matriz booleana que nos dice los días que son hábiles.

```
1.  >>> # 10 miércoles a 16 martes
2.  >>> m = np.arange(np.datetime64('2023-05-10'), np.datetime64('2023-05-17'))
3.  >>> m
4.      array(['2023-05-10', '2023-05-11', '2023-05-12', '2023-05-13',
5.             '2023-05-14', '2023-05-15', '2023-05-16'], dtype='datetime64[D]')
6.  >>> # el 15 fue festivo
7.  >>> np.is_busday(m, holidays=['2023-05-15'])
8.      array([ True, True, True, False, False, False, True])
9.  >>> # empleando el calendario de días laborables
10. >>> np.is_busday(m, busdaycal=bdc)
11.     array([ True, True, True, False, False, False, True])
```

La función *busday_offset*() permite aplicar compensaciones especificas en días hábiles con unidades de días.

Con el calendario de días laborables y festivos obtenemos el siguiente día laborable para una fecha.

```
1.  >>> # primer día laborable después de una fecha
2.  >>> np.busday_offset('2023-05-12', 1, busdaycal=bdc, roll='forward')
3.      numpy.datetime64('2023-05-16')
4.  >>> # primer día laborable retrocediendo dos fechas
5.  >>> np.busday_offset('2023-05-16', -2, busdaycal=bdc, roll='backward')
6.      numpy.datetime64('2023-05-11')
```

Calculamos el número de días de trabajo entre dos fechas, ajustando con el calendario de días laborables, o bien el número de días de la semana, individualmente o en grupo.

```
1.  >>> # número de días de trabajo en mayo 2023
2.  >>> np.busday_count('2023-05', '2023-06', busdaycal=bdc)
3.      20
4.  >>> # número de sábados en mayo
5.  >>> np.busday_count('2023-05', '2023-06', weekmask='Sat')
6.      4
7.  >>> # total de miércoles y jueves en mayo 2023
8.  >>> np.busday_count('2023-05', '2023-06', weekmask='Wed Thu')
9.      9
```

6.1.11.3 ARITMÉTICA DE FECHAS

La clase *timedelta64*() complementa a *datetime64*() para la realización de operaciones aritméticas básicas sobre los valores de fecha-hora. Se utiliza para especificar la diferencia entre dos tiempos o la duración de un evento.

Los incrementos de tiempo (*timedelta*) en *numpy* se crean con la clase *timedelta64*.

Clase	Descripción
np.*timedelta64*(count=1, unit)	Crea un delta de tipo timedelta64. **count** indica cuantas unidades de van a emplear. **unit** establece la unidad de date time en que se basa el incremento de tiempo.

La función *timedelta64*() hace uso de las mismas unidades de tiempo que *datetime64*().

Los operadores aritméticos suma (+) y resta (-) nos permiten realizar cálculos simples con fechas-horas y los incrementos de tiempo.

Cuando necesitemos realizar operaciones con fechas u horas, debemos hacer uso de un objeto *timedelta64* como referencia.

Al calcular la diferencia de dos fechas siempre obtenemos un objeto de tipo *timedelta64*. Si restamos a la fecha más reciente la más antigua el incremento de tiempo es positivo, mientras que al cambiar los operandos obtendremos un valor negativo.

Si sumamos a una fecha un incremento de tiempo negativo, el resultado es una fecha anterior.

```
1. >>>t_delta = np.datetime64('2023-05-31') - np.datetime64('2023-05-10')
2. >>>t_delta
3.    numpy.timedelta64(21,'D')
4. >>># obtención de un timedelta negativo
5. >>>t_delta = np.datetime64('2023-05-10') - np.datetime64('2023-05-31')
6. >>>t_delta
7.    numpy.timedelta64(-21,'D')
8. >>>np.datetime64('2023-05-31') + t_delta
9.    numpy.datetime64('2023-05-10')
```

Así pues, para avanzar o retroceder en el tiempo, esto es, incrementar o decrementar una fecha-hora, basta con crear un objeto *timedelta64* con las unidades específicas de nuestra operación y sumarlo o restarlo a la fecha.

```
1. >>> np.datetime64('2023-05-01') + np.timedelta64(20, 'D')
2.    numpy.datetime64('2023-05-21')
```

O a la hora.

```
1. >>> np.datetime64('2023-05-15T16:30') + np.timedelta64(20, 'h')
2.    numpy.datetime64('2023-05-16T12:30')
```

Vemos ahora los resultados de incrementar a una fecha-hora periodos de milisegundos, microsegundos y nanosegundos.

```
1.   >>>np.datetime64('2023-05-15T22:06:48.15')
2.      numpy.datetime64('2023-05-15T22:06:48.150')
3.   >>>np.datetime64('2023-05-15T22:06:48.15') + np.timedelta64(20, 'ms')
4.      numpy.datetime64('2023-05-15T22:06:48.170')
5.   >>>np.datetime64('2023-05-15T22:06:48.15') + np.timedelta64(20, 'us')
6.      numpy.datetime64('2023-05-15T22:06:48.150020')
7.   >>>np.datetime64('2023-05-15T22:06:48.15') + np.timedelta64(20, 'ns')
8.      numpy.datetime64('2023-05-15T22:06:48.150000020')
```

Igualmente incrementamos días, horas, minutos segundos microsegundos y nanosegundos.

```
1.   >>> np.datetime64('2023-05-15') + \
                np.timedelta64(1,'D') + \
                np.timedelta64(2,'h') + \
                np.timedelta64(3,'m') + \
                np.timedelta64(4,'s') + \
                np.timedelta64(5,'ms') + \
                np.timedelta64(6,'us')
2.      numpy.datetime64('2023-05-16T02:03:04.005006')
```

La vectorización en *numpy* funciona igualmente con *timedelta64*. A la matriz creada la incrementaremos en 20 días.

```
1.   >>> mes = np.arange('2023-05', '2023-06', dtype='datetime64[D]')
2.   >>> mes
3.      array(['2023-05-01', '2023-05-02', '2023-05-03', '2023-05-04',
4.             '2023-05-05', '2023-05-06', '2023-05-07', '2023-05-08',
5.             '2023-05-09', '2023-05-10', '2023-05-11', '2023-05-12',
6.             '2023-05-13', '2023-05-14', '2023-05-15', '2023-05-16',
7.             '2023-05-17', '2023-05-18', '2023-05-19', '2023-05-20',
8.             '2023-05-21', '2023-05-22', '2023-05-23', '2023-05-24',
9.             '2023-05-25', '2023-05-26', '2023-05-27', '2023-05-28',
10.            '2023-05-29', '2023-05-30', '2023-05-31'], dtype='datetime64[D]')
11.  >>> mes2 = mes + np.timedelta64(20, 'D')
12.  >>> mes2
13.     array(['2023-05-21', '2023-05-22', '2023-05-23', '2023-05-24',
14.            '2023-05-25', '2023-05-26', '2023-05-27', '2023-05-28',
15.            '2023-05-29', '2023-05-30', '2023-05-31', '2023-06-01',
16.            '2023-06-02', '2023-06-03', '2023-06-04', '2023-06-05',
17.            '2023-06-06', '2023-06-07', '2023-06-08', '2023-06-09',
18.            '2023-06-10', '2023-06-11', '2023-06-12', '2023-06-13',
19.            '2023-06-14', '2023-06-15', '2023-06-16', '2023-06-17',
20.            '2023-06-18', '2023-06-19', '2023-06-20'], dtype='datetime64[D]')
```

Al igual que podemos crear una matriz de fechas de tipo *datetime64* podemos crear una matriz con periodos de tiempo de tipo *timedelta64*.

Creamos una matriz con elementos de tipo *timedelta64* de 0 hasta 31 segundos con pasos de 1 segundo.

```
1. >>> duracion = np.arange(np.timedelta64(0,'s'), np.timedelta64(31,'s'),
                       np.timedelta64(1,'s'))
2. >>> duracion
3.     array([ 0,  1,  2,  3,  4,  5,  6,  7,  8,  9, 10, 11, 12, 13, 14, 15, 16,
4.            17, 18, 19, 20, 21, 22, 23, 24, 25, 26, 27, 28, 29, 30],
5.            dtype='timedelta64[s]')
```

Para operar con matrices de fecha-hora de tipo *datetime64*, y de incrementos de tipo *timedelta64*, tenemos el condicionante de que ambas matrices deben tener la misma forma para poder realizar las operaciones, pues en estos casos no se efectúa ninguna difusión.

Así, con las matrices anteriores.

```
1. >>> mes.shape
2.     (31,)
3. >>> duracion.shape
4.     (31,)
```

Al tener la misma forma la operación no produciría ningún error.

```
1.  >>> mes3 = mes + duracion
2.  >>> mes3
3.  array(['2023-05-01T00:00:00', '2023-05-02T00:00:01',
4.         '2023-05-03T00:00:02', '2023-05-04T00:00:03',
5.         '2023-05-05T00:00:04', '2023-05-06T00:00:05',
6.         '2023-05-07T00:00:06', '2023-05-08T00:00:07',
7.         '2023-05-09T00:00:08', '2023-05-10T00:00:09',
8.         '2023-05-11T00:00:10', '2023-05-12T00:00:11',
9.         '2023-05-13T00:00:12', '2023-05-14T00:00:13',
10.        '2023-05-15T00:00:14', '2023-05-16T00:00:15',
11.        '2023-05-17T00:00:16', '2023-05-18T00:00:17',
12.        '2023-05-19T00:00:18', '2023-05-20T00:00:19',
13.        '2023-05-21T00:00:20', '2023-05-22T00:00:21',
14.        '2023-05-23T00:00:22', '2023-05-24T00:00:23',
15.        '2023-05-25T00:00:24', '2023-05-26T00:00:25',
16.        '2023-05-27T00:00:26', '2023-05-28T00:00:27',
17.        '2023-05-29T00:00:28', '2023-05-30T00:00:29',
18.        '2023-05-31T00:00:30'], dtype='datetime64[s]')
```

Hay dos unidades *timedelta64* que se tratan de forma especial, 'Y', años y 'M', meses, porque la cantidad de tiempo que representan cambia dependiendo de cuándo se utilicen. Mientras que una unidad *timedelta64* día equivale a 24 horas, no hay forma de convertir una unidad mes en días, porque los distintos meses tienen diferente número de días.

Y lo mismo pasa con los años, que no todos tienen el mismo número de días. Estas incoherencias con meses y años pueden producir errores.

```
1.  >>> x = np.timedelta64(1,'Y') + np.timedelta64(1, 'M')
2.  >>> x
3.     numpy.timedelta64(13,'M')
4.  >>> x = np.timedelta64(1,'Y') + np.timedelta64(1, 'D')
5.     Traceback (most recent call last):
6.     . . .
7.     TypeError: Cannot get a common metadata divisor for Numpy datetime
    metadata [Y] and [D] because they have incompatible nonlinear base time units.
```

Los valores de fecha-hora se pueden comparar con los operadores relacionales estándar para determinar cuál es anterior y cuál posterior. El resultado de la comparación siempre será un valor booleano: *true* (cierto) o *False* (falso).

Para realizar comparaciones de fecha-hora ambos operandos deben de tener la misma unidad. Para ello disponemos del método *astype*() para convertir entre diferentes unidades.

Método	Descripción
ndarray.*astype*(dtype, order='K', casting='unsafe', subok=True, copy=True)	Copia de la matriz a un tipo especificado. **dtype** es el tipo de datos al que se convierte la matriz. **order** controla el orden de disposición en memoria del resultado. {'C', 'F', 'A', 'K'}. **casting** controla el tipo de asignación de datos que puede producirse. {'no', 'equiv', 'safe', 'same_kind', 'unsafe'}. Por defecto es 'unsafe' por compatibilidad con versiones anteriores. 'no' significa que los tipos de datos no deben ser convertidos en absoluto. 'equiv' significa que solo se permiten cambios en el orden de los bytes. 'safe' significa que solo se permiten cambios que puedan preservar los valores. 'same_kind' significa que solo se permiten conversiones seguras o conversiones dentro de un tipo. 'unsafe' significa que se puede hacer cualquier conversión de datos. Si **subok** es *True*, se pasarán las subclases, de lo contrario la matriz devuelta se forzará a ser de clase base. Si **copy** es *True*, devuelve una matriz recién asignada. Si se define como *False* y se cumplen los requisitos **dtype**, **order** y **subok**, se devuelve la matriz de entrada en lugar de una copia.

Según el tipo empleado ampliamos o reducimos el formato de fecha-hora.

```
1.  >>> np.datetime64('2023-05-01').astype('datetime64[M]')
2.      numpy.datetime64('2023-05')
3.  >>> np.datetime64('2023-05-01').astype('datetime64[ms]')
4.      numpy.datetime64('2023-05-01T00:00:00.000')
```

Con la conversión adecuada sí podremos hace comparaciones correctas.

Así, si queremos compara dos fechas, independientes del tiempo, primero debemos pasar todas las fechas a la mima unidad de fecha para que los resultados de las comparaciones sean correctos.

```
1.  >>> a = np.datetime64('2023-05-15T22:06')
2.  >>> b = np.datetime64('2023-05-15')
3.  >>> a == b
4.      False
5.  >>> c = a.astype('datetime64[D]')
6.  >>> b == c
7.      True
8.  >>> c
9.      numpy.datetime64('2023-05-15')
```

Al igual que con *datatime64* podemos emplear *astype*() con *timedelta64*.

```
1.  >>> duracion = np.arange(np.timedelta64(0,'s'), np.timedelta64(31,'s'),
                         np.timedelta64(1,'s'))
2.  >>> duracion
3.      array([ 0,  1,  2,  3,  4,  5,  6,  7,  8,  9, 10, 11, 12, 13, 14, 15, 16,
4.             17, 18, 19, 20, 21, 22, 23, 24, 25, 26, 27, 28, 29, 30],
5.             dtype='timedelta64[s]')
6.  >>> duracion.astype('timedelta64[ms]')
7.      array([    0,  1000,  2000,  3000,  4000,  5000,  6000,  7000,  8000,
8.              9000, 10000, 11000, 12000, 13000, 14000, 15000, 16000, 17000,
9.             18000, 19000, 20000, 21000, 22000, 23000, 24000, 25000, 26000,
10.            27000, 28000, 29000, 30000], dtype='timedelta64[ms]')
```

6.1.12 Ordenación, búsqueda y conteo

El paquete *numpy* dispone de una serie de funciones que ofrecen toda la capacidad necesaria para ordenar, buscar y contar.

Las funciones relacionadas con la ordenación implementan diferentes algoritmos para organizar los elementos de las matrices.

Las funciones de búsqueda permiten encontrar el máximo, el mínimo y los elementos que cumplan una condición determinada.

El conteo nos informa del número de elementos distintos de cero en la matriz.

6.1.12.1 ORDENACIÓN

La ordenación consiste en organizar los datos de una forma determinada mediante un algoritmo específico. Los órdenes más habituales son el numérico y el lexicográfico.

Disponemos de varias opciones para ordenar el contenido de una matriz.

Método	Descripción
np.*sort*(a, axis=-1, kind=None, order=None)	Devuelve una matriz del mismo tipo y forma ordenada. **a** es la matriz de entrada. **axis** es el eje a lo largo del cual ordenar. Si es *None*, la matriz se aplana antes de ordenar. El valor predeterminado es -1, que ordena según el último eje. Con **kind** se indica el algoritmo de ordenación. {'quicksort', 'mergesort', 'heapsort', 'stable'}. Por defecto es 'quicksort'. El parámetro **order** establece el campo, o una lista de campos, que se emplearán en las comparaciones.
ndarray.*sort*(axis=-1, kind=None, order=None)	Ordena la matriz in situ. Para los parámetros ver *sort*().
np.*argsort*(a, axis=-1, kind=None, order=None)	Devuelve una matriz de índices de la misma forma que la matriz de entrada, que indexan datos a lo largo del eje dado según el orden indicado. Para los parámetros ver *sort*().
np.*partition*(a, kth, axis=-1, kind='introselect', order=None)	Devuelve una copia particionada de un array. **a** es la matriz de entrada. **kth** es el índice del elemento ordenado por el que se va a realizar la partición. Todos los elementos menores se moverán delante de él y todos los elementos iguales o mayores detrás. **axis** es el eje a lo largo del cual ordenar. Si es *None*, la matriz se aplana antes de ordenar. El valor predeterminado es -1, que ordena según el último eje. **kind** es el algoritmo de selección. Por defecto 'introselect'. El parámetro **order** establece el campo, o una lista de campos, que se emplearán en las comparaciones.
np.*argpartition*(a, kth, axis=-1, kind='introselect', order=None)	Devuelve una matriz de índices de la misma forma que la matriz de entrada, que indexan datos a lo largo del eje dado según el orden particionado. Para los parámetros ver *partition*().
np.*lexsort*(keys, axis=-1)	Devuelve una matriz de índices que ordenan las claves a lo largo del eje especificado. Realiza una ordenación estable indirecta utilizando una secuencia de claves. **keys** contiene una matriz o tupla con las secuencias que hay que ordenar. La última columna (o fila si es una matriz 2D) es la clave de ordenación primaria. **axis** es el eje a lo largo del cual ordenar. Por defecto, ordena sobre el último eje.

Todos los algoritmos de ordenación hacen copias temporales de los datos cuando ordenan a lo largo de cualquier eje excepto el último. La ordenación por el último eje es la más rápida y ocupa menos memoria que la ordenación por cualquier otro eje.

El orden de los números complejos es lexicográfico. Si tanto la parte real como la imaginaria no son *None*, el orden viene determinado por la parte real, excepto cuando son iguales, en cuyo caso el orden viene determinado por la parte imaginaria.

Vamos a ordenar una matriz bidimensional, primero sin especificar ejes, que es equivalente al último eje; después con la indicación de ningún eje (*None*) y finalmente por el eje 0.

```
1.    >>> m = np.array([(3, 5, 4), (2, 6, 1)])
2.    >>> m
3.        array([[3, 5, 4],
4.               [2, 6, 1]])
5.
6.    >>> # ordenar sin indicar ejes
7.    >>> n = np.sort(m)
8.    >>> n
9.        array([[3, 4, 5],
10.              [1, 2, 6]])
11.
12.   >>> # ordenar con ejes a None
13.   >>> n = np.sort(m, axis=None)
14.   >>> n
15.       array([1, 2, 3, 4, 5, 6])
16.
17.   >>> # ordenar por el eje 0
18.   >>> n = np.sort(m, axis=0)
19.   >>> n
20.       array([[2, 5, 1],
21.              [3, 6, 4]])
```

También podemos ordenar la matriz sobre si misma con el método *sort()*.

```
1.    >>> m.sort()
2.    >>> m
3.        array([[3, 4, 5],
4.               [1, 2, 6]])
```

El orden de los elementos siempre es ascendente, si necesitamos los elementos en orden descendente podemos hacer uso de la función *flip()* con el resultado obtenido de la ordenación.

```
1.    >>> m = np.array([1, -2,  3, -4,  5, -6,  7])
2.    >>> a = np.sort(m)
3.    >>> a
4.        array([-6, -4, -2,  1,  3,  5, 7])
```

```
5.  >>> d = np.flip(np.sort(m))
6.  >>> d
7.      array([ 7,  5,  3,  1, -2, -4, -6])
```

Crearemos una matriz de tuplas con datos de países y producción de trigo en millones de toneladas. Definiremos unos *dtypes* con nombre a los que haremos referencia para la ordenación. Ordenaremos primero por países y después por la producción.

```
1.  >>> trigo = [(b'China', 138.00), (b'India', 103.00), (b'Rusia',  91.00),
2.  ...             (b'EEUU', 44.90), (b'Canada', 33.82)]
3.  >>> dtypes = [('pais', 'S10'), ('mton', float)]
4.  >>> m = np.array(trigo, dtype=dtypes)
5.  >>> m
6.      array([(b'China', 138. ), (b'India', 103. ), (b'Rusia', 91. ),
7.             (b'EEUU', 44.9 ), (b'Canada', 33.82)],
8.            dtype=[('pais', 'S10'), ('mton', '<f8')])
9.
10. >>> # ordenado por país
11. >>> n = np.sort(m, order='pais')
12. >>> n
13.     array([(b'Canada', 33.82), (b'China', 138. ), (b'EEUU', 44.9 ),
14.            (b'India', 103. ), (b'Rusia', 91. )],
15.           dtype=[('pais', 'S10'), ('mton', '<f8')])
16.
17. >>> # ordenado por producción
18. >>> p = np.sort(n, order='mton')
19. >>> p
20.     array([(b'Canada', 33.82), (b'EEUU', 44.9 ), (b'Rusia', 91. ),
21.            (b'India', 103. ), (b'China', 138. )],
22.           dtype=[('pais', 'S10'), ('mton', '<f8')])
```

Con *argsort*() obtenemos una matriz con los índices de los elementos resultantes de la ordenación de la matriz.

```
1.  >>> m = np.array([(3, 5, 4), (2, 6, 1)])
2.  >>> m
3.      array([[3, 5, 4],
4.             [2, 6, 1]])
5.  >>> s = np.argsort(m)
6.  >>> s
7.      array([[0, 2, 1],
8.             [2, 0, 1]], dtype=int64)
9.  >>> s = np.argsort(m, axis=0)
10. >>> s
11.     array([[1, 0, 1],
12.            [0, 1, 0]], dtype=int64)
```

Con la función *partition*() tomamos un elemento de la posición que ocuparía en la matriz ordenada y reorganizamos los elementos menores o iguales a su izquierda y el resto a su derecha.

```
1.    >>> m = np.array([7, 0, 7, 6, 1, 6, 5, 7, 2, 3, 2, 6, 2, 6, 3, 0])
2.    >>> # ordenamos para ver cuál sería el elemento para la partición
3.    >>> np.sort(m)
4.        array([0, 0, 1, 2, 2, 2, 3, 3, 5, 6, 6, 6, 6, 7, 7, 7])
5.
6.    >>> # partición por el quinto elemento: 2
7.    >>> p = np.partition(m, 5)
8.    >>> p
9.        array([1, 0, 0, 2, 2, 2, 3, 3, 5, 6, 6, 6, 6, 7, 7, 7])
10.
11.   >>> # partición por el sexto elemento: 3
12.   >>> p = np.partition(m, 6)
13.   >>> p
14.       array([1, 0, 0, 2, 2, 2, 3, 3, 5, 6, 6, 6, 6, 7, 7, 7])
15.
16.   >>> # partición por el noveno elemento: 6
17.   >>> p = np.partition(m, 9)
18.   >>> p
19.       array([2, 2, 3, 2, 1, 3, 0, 0, 5, 6, 6, 6, 6, 7, 7, 7])
```

Con *argpartition*() obtenemos una matriz con los índices de los elementos resultado de la partición.

```
1.    >>> m = np.array([7, 0, 7, 6, 1, 6, 5, 7, 2, 3, 2, 6, 2, 6, 3, 0])
2.    >>> p = np.partition(m, 5)
3.    >>> p
4.        array([1, 0, 0, 2, 2, 2, 3, 3, 5, 6, 6, 6, 6, 7, 7, 7])
5.    >>> np.argpartition(m, 5)
6.        array([ 4,  1, 15,  8, 10, 12, 14,  9,  6,  5,  3, 11, 13,  0,  2,  7],
7.              dtype=int64)
```

La función *lexsort*() proporciona una matriz de índices enteros que describe el orden de ordenación por varias columnas. La última clave de la secuencia se utiliza para el orden primario, la penúltima para el secundario y así sucesivamente.

```
1.    >>> nombres = ('Diego', 'Pablo', 'Francisco')
2.    >>> apellidos = ('Velazquez', 'Picasso', 'Goya')
3.    >>> ind = np.lexsort((nombres, apellidos))
4.    >>> ind
5.        array([2, 1, 0], dtype=int64)
6.    >>> [nombres[i] + ", " + apellidos[i] for i in ind]
7.        ['Francisco, Goya', 'Pablo, Picasso', 'Diego, Velazquez']
```

6.1.12.2 BÚSQUEDA

La búsqueda es una operación que ayuda a encontrar el lugar de un elemento o valor dado en la matriz.

Disponemos de varias opciones para buscar en el contenido de una matriz.

Método	Descripción
np.*argmax*(a, axis=None, out=None, *, keepdims=<no value>)	Devuelve los índices de los valores máximos a lo largo de un eje. **a** es la matriz de entrada. **axis** es el eje a lo largo del cual realizar la búsqueda. Si se proporciona **out**, el resultado se insertará en la matriz indicada. Debe tener la forma y el tipo apropiados. Si **keepdims** se establece a *True*, los ejes que se reducen se dejan en el resultado como dimensiones con tamaño uno.
np.*nanargmax*(a, axis=None, out=None, *, keepdims=<no value>)	Devuelve los índices de los valores máximos en el eje especificado ignorando los NaN. Para los parámetros ver *argmax*().
np.*argmin*(a, axis=None, out=None, *, keepdims=<no value>)	Devuelve los índices de los valores mínimos a lo largo de un eje. Para los parámetros ver *argmax*().
np.*nanargmin*(a, axis=None, out=None, *, keepdims=<no value>)	Devuelve los índices de los valores mínimos en el eje especificado ignorando NaNs. Para los parámetros ver *argmax*().
np.*nonzero*(a)	Devuelve los índices de los elementos que son distintos de cero. **a** es la matriz de entrada.
np.*argwhere*(a)	Encuentra los índices de los elementos de la matriz que son distintos de cero, agrupados por elemento. **a** es la matriz de entrada.
np.*flatnonzero*(a)	Devuelve los índices que son distintos de cero en la versión aplanada de la matriz. **a** es la matriz de entrada.
np.*where*(condition, [x, y,]/)	Devuelve elementos elegidos entre las matrices dependiendo de la condición. Si **condition** es *True*, emplea la matriz **x**; si no, lo hace con la matriz **y**. Las matrices **x** e **y** contienen los valores entre los que elegir.

np.*searchsorted*(a, v, side='left', sorter=None)	Devuelve los índices donde deben insertarse los elementos para mantener el orden. **a** es la matriz de entrada. **v** son los valores a insertar en la matriz. Si **side** es 'left', devuelve el índice de la primera ubicación adecuada encontrada. Si es 'right', devuelve el último índice de este tipo. Si no hay ningún índice adecuado, devuelve 0 o la longitud de la matriz. **sorter** son los índices enteros que ordenan la matriz en orden ascendente. Si es *None*, la matriz debe ordenarse en orden ascendente.
np.*extract*(condition, arr)	Devuelve los elementos de la matriz que cumplen alguna condición. **condition** es una matriz cuyas entradas no nulas o *True* indican los elementos a extraer. **arr** es la matriz de entrada, del mismo tamaño que la condición, donde se buscan los elementos.

En caso de que los valores máximos o mínimos aparezcan varias veces, solo se devuelve el índice correspondiente a la primera aparición.

```
1.  >>> m = np.array([(3, 5, 1), (2, 6, 4)])
2.  >>> m
3.      array([[3, 5, 1],
4.             [2, 6, 4]])
5.  >>> np.argmax(m)
6.      4
7.  >>> np.argmin(m)
8.      2
9.
10. >>> m = np.array([[(3, 5, 1), (2, 16, 4)], [(13, 15, 11), (1, 16, 14)]])
11. >>> m
12.     array([[[ 3,  5,  1],
13.             [ 2, 16,  4]],
14.
15.            [[13, 15, 11],
16.             [ 1, 16, 14]]])
17. >>> np.argmax(m)
18.     4
19. >>> np.argmin(m)
20.     2
```

Podemos realizar búsquedas obviando los valores *Nan*.

```
1.  >>> m = np.array([(3, np.nan, 1), (2, 6, 4)])
2.  >>> np.nanargmax(m)
3.      4
4.  >>> np.nanargmin(m)
5.      2
```

La función *nonzero*() devuelve una tupla de matrices, una por cada dimensión de la matriz, que contiene los índices de los elementos distintos de cero en esa dimensión. Los valores de la matriz siempre se comprueban y devuelven en orden de fila mayor, estilo C.

Para agrupar los índices por elemento, en lugar de por dimensión, debemos utilizar *argwhere*(), que devuelve una fila con los índices por cada elemento distinto de cero. La salida de *argwhere*() no se puede emplear para indexar matrices, debemos utilizar *nonzero*() en su lugar.

La matriz de salida de *flatnonzero*() contiene los índices de los elementos de la matriz aplanada que son distintos de cero.

```
1.   >>> m = np.array([(3, 5, 0), (0, 0, 4)])
2.   >>> m
3.       array([[3, 5, 0],
4.              [0, 0, 4]])
5.   >>> np.nonzero(m)
6.       (array([0, 0, 1], dtype=int64), array([0, 1, 2], dtype=int64))
7.   >>> m[np.nonzero(m)]
8.       array([3, 5, 4])
9.   >>> # transponiendo la matriz obtenemos una mejor imagen de los índices
10.  >>> np.transpose(np.nonzero(m))
11.      array([[0, 0],
12.             [0, 1],
13.             [1, 2]], dtype=int64)
14.
15.  >>> np.argwhere(m>1)
16.      array([[0, 0],
17.             [0, 1],
18.             [1, 2]], dtype=int64)
19.
20.  >>> np.flatnonzero(m)
21.      array([0, 1, 5], dtype=int64)
22.  >>> n = m.ravel()[np.flatnonzero(m)]
23.  >>> n
24.      array([3, 5, 4])
```

Con *where*() establecemos una condición, si se cumple se toman datos de la primera matriz y si no, de la segunda.

En el siguiente ejemplo, si se cumple la condición tomaremos un valor de la primera cambiada de signo y si no, duplicamos el valor de la segunda matriz.

```
1.   >>> m = np.array([(3, 5, 1), (2, 6, 4)])
2.   >>> np.where(m < 4, -m, m*2)
3.       array([[-3, 10, -1],
4.              [-2, 12,  8]])
```

En una matriz ordenada podemos obtener, para un valor dado, el índice que ocuparía para que, una vez insertado el elemento, se mantenga el orden de la matriz.

```
1.  >>> m = np.array([1, 2, 3, 4, 5, 6])
2.  >>> m
3.      array([1, 2, 3, 4, 5, 6])
4.  >>> # insertar el valor 3
5.  >>> np.searchsorted(m, 3)
6.      2
7.  >>> # insertar el valor 3 a la derecha
8.  >>> np.searchsorted(m, 3, side='right')
9.      3
10. >>> # insertar varios valores
11. >>> np.searchsorted(m, [-5, 10, 5])
12.     array([0, 6, 4], dtype=int64)
```

Con *extract*() obtenemos los valores que cumplen una condición.

Vamos a crear primero una matriz booleana con el resultado de una condición con *where*() y haremos uso de ese resultado para extraer los elementos de la matriz numérica.

```
1.  >>> m = np.array([(3, 5, 1), (2, 6, 4)]
2.  >>> m
3.      array([[3, 5, 1],
4.             [2, 6, 4]])
5.  >>> c = np.where(m < 4, True, False)
6.  >>> c
7.      array([[ True, False,  True],
8.             [ True, False, False]])
9.  >>> n = np.extract(c, m)
10. >>> n
11.     array([3, 1, 2])
```

Si la condición es booleana también podemos hacer:

```
1.  >>> m[c]
2.      array([3, 1, 2])
```

6.1.12.3 CONTEO

El conteo devuelve el número de elementos distintos de cero en la matriz.

Método	Descripción
np.*count_nonzero*(a, axis=None, *, keepdims=False)	Devuelve el número total de elementos distintos de cero en la matriz completa o a lo largo de un eje. **a** es la matriz de entrada. **axis** es el eje a lo largo del cual realizar la búsqueda. Por defecto es *None*, lo que significa que los no ceros se contarán a lo largo de una versión aplanada de la matriz. Si **keepdims** es *True*, los ejes que se cuentan se dejan en el resultado como dimensiones con tamaño uno.

Cualquier número se considera verdadero si es distinto de cero, mientras que cualquier cadena se considera verdadera si no es la cadena vacía. Esta función cuenta cuántos elementos en la matriz se evalúan a *True*.

```
1.  >>> m = np.array([(3, 0, 5, 0), (1, 0, 6, 4)])
2.  >>> m
3.      array([[3, 0, 5, 0],
4.             [1, 0, 6, 4]])
5.  >>> np.count_nonzero(m)
6.      5
7.  >>> np.count_nonzero(m, axis=0)
8.      array([2, 0, 2, 1], dtype=int64)
9.  >>> np.count_nonzero(m, axis=1)
10.     array([2, 3], dtype=int64)
11. >>> np.count_nonzero(m, axis=1, keepdims=True)
12.     array([[2],
13.            [3]], dtype=int64)
```

Para obtener las coordenadas de los valores no cero debe emplearse la función *nonzero()*.

```
1.  >>> np.nonzero(m)
2.      (array([0, 0, 1, 1, 1], dtype=int64), array([0, 2, 0, 2, 3], dtype=int64))
3.  >>> # transponiendo la matriz obtenemos una mejor imagen de los índices
4.  >>> np.transpose(np.nonzero(m))
5.      array([[0, 0],
6.             [0, 2],
7.             [1, 0],
8.             [1, 2],
9.             [1, 3]], dtype=int64)
```

6.1.13 Filtros y máscaras

Las matrices pueden contener elementos con valores inválidos para realizar cálculos. Las máscaras permiten trabajar con esas matrices ignorando los valores no útiles.

Veremos primero el uso de las matrices de datos con máscaras o indexación booleana y a continuación el submódulo *numpy.ma* que proporciona mayor flexibilidad.

6.1.13.1 INDEXACIÓN BOOLEANA

No todos los datos que manejamos son de interés o válidos para trabajar con ellos. Con el uso de índices en *numpy* accedemos a elementos o porciones de matrices. La indexación booleana nos ofrece una funcionalidad extra al limitar o seleccionar solo aquellos datos que nos son de interés. Una máscara es una matriz de valores booleanos *True/False*, o **1/0**, que cuando se aplica a la matriz original devuelve los elementos que satisfacen la condición.

Para crear una máscara booleana basta utilizar un operador de comparación sobre la matriz con un valor escalar o con otra matriz. El resultado de la comparación es una matriz booleana con la misma forma que la matriz original, donde las posiciones que cumplen la condición estarán a *True* y las que no a *False*.

En el siguiente ejemplo seleccionamos los valores de la matriz superiores a 15. El resultado es una matriz booleana con valores *True* en las posiciones donde la matriz original es mayor que 15, y valores *False* en caso contrario.

Multiplicando la máscara por la matriz de datos obtenemos otra matriz del mismo tamaño, donde los elementos que no cumplen la condición pasan a ser 0. Así, la multiplicación por *True* es equivalente a multiplicar por 1 y con *False* a multiplicar por 0.

Si usáramos la máscara como índice, filtraríamos los datos, obteniendo una matriz con los elementos cuyo índice corresponde con *True*, ignorando los correspondientes a *False*.

```
1.   >>> a = np.array((5, 17, 10, 14, 16, 7, 22))
2.   >>> a
3.       array([ 5, 17, 10, 14, 16,  7, 22])
4.   >>> # obtener mascara para los valores superiores a 15
5.   >>> mascara = a > 15
6.   >>> mascara
7.       array([False,  True, False, False,  True, False,  True])
8.   >>> # cancelar los valores que no cumplen la condición
9.   >>> b = a * mascara
10.  >>> b
11.      array([ 0, 17,  0,  0, 16,  0, 22])
12.  >>> # obtener los valores que cumplen la condición
13.  >>> c = a[mascara]
14.  >>> c
15.      array([17, 16, 22])
16.
17.  >>> # sumar solo los elementos que nos proporciona la máscara
18.  >>> np.sum(a[mascara])
19.      55
```

También se pueden combinar máscaras booleanas utilizando operadores lógicos para crear condiciones más complejas.

Con la matriz del ejemplo anterior, utilizando el operador AND (&), seleccionamos los elementos comprendidos entre 10 y 20.

```
1.   >>> mascara = (a > 10) & (a < 20)
2.   >>> mascara
3.       array([False,  True, False,  True,  True, False, False])
4.   >>> a[mascara]
5.       array([17, 14, 16])
```

Podemos emplear la indexación booleana para actualizar los elementos de la matriz que cumplan una condición. Hacemos uso de la máscara booleana como índice para modificar los elementos seleccionados.

Continuando con el ejemplo anterior, vemos como solo se han actualizado los elementos correspondientes a los que cumplen la condición.

```
1.  >>> a[mascara] = -1
2.  >>> a
3.      array([ 5, -1, 10, -1, -1, 7, 22])
```

En el caso de matrices con más dimensiones podemos establecer criterios para cada columna y después creamos una máscara como producto de ambas y la aplicamos a la matriz.

```
1.  >>> m = np.array([[1, 2], [0, 4], [5, -6], [-7, 8]])
2.  >>> m
3.      array([[ 1,  2],
4.             [ 0,  4],
5.             [ 5, -6],
6.             [-7,  8]])
7.
8.  >>> # valores positivos en la columna 0
9.  >>> mask1 = m[:,0] > 0
10. >>> # valores inferiores a 7 en la columna 1
11. >>> mask2 = m[:,1] < 7
12. >>> # unir las dos máscaras
13. >>> mascara = mask1 & mask2
14. >>> # obtención de los valores
15. >>> m[mascara]
16.     array([[ 1,  2],
17.            [ 5, -6]])
```

6.1.13.2 MATRICES ENMASCARDAS

Para un tratamiento más complejo con matrices enmascaradas disponemos de un módulo especial en *numpy*, el módulo *numpy.ma* permite filtrar elementos de una matriz según ciertas condiciones y asociar esas condiciones a la matriz.

El módulo *numpy.ma* se debe importar junto a *numpy*.

```
1.  >>> import numpy as np
2.  >>> import numpy.ma as ma
```

En los ejemplos que aparecen en esta sección solo visualizaremos la importación de *numpy* y *numpy.ma* en el primero, en los restantes ejemplos su uso se presupone.

Cuando se manejan grandes cantidades de datos nos encontramos que pueden faltar valores o no ser válidos. Mediante una matriz enmascarada podemos **ocultar algunos**

elementos, sin tener que eliminarlos por completo de la matriz. La posibilidad de filtrar la información es una alternativa interesante. Con el módulo *numpy.ma* disponemos de las mismas funcionalidades de los *ndarrays* con una estructura añadida para asegurar que las entradas no válidas no se utilizan en el cálculo.

El módulo de máscaras actúa en sentido contrario a las máscaras booleanas expuestas en el punto anterior, cuando la máscara es False o 0, el valor correspondiente se considera válido. Si la máscara es True o 1, se considera que el elemento es prescindible.

Una matriz enmascarada (*MaskedArray*) es la combinación de un *ndarray* estándar y una máscara. La máscara es una matriz booleana que determina para cada elemento de la matriz asociada si el valor es válido o no. Cuando un elemento de la máscara es *False*, o 0, el elemento correspondiente de la matriz asociada es válido, está **desenmascarado**. Cuando un elemento de la máscara es *True*, o 1, se dice que el elemento correspondiente de la matriz asociada está **enmascarado**, está oculto y no es válido para los cálculos.

Así, una matriz enmascarada es una combinación de:

▼ Una matriz de datos *ndarray* normal.

▼ Una matriz de máscara booleana con la misma forma que los datos.

▼ Un valor de relleno para reemplazar las entradas inválidas.

El uso de matrices enmascaradas tiene ventajas cuando hay que manejar muchas matrices, cada una con su propia máscara, si la máscara está integrada en la matriz se evitan errores y el código resulta más compacto. Además, permiten conservar la matriz original con los valores no válidos, pero excluyéndolos de los cálculos. Una matriz enmascarada oculta elementos que no son válidos sin tener que eliminarlos por completo de la matriz. En general, depende de cada caso la solución más eficiente que se adapte al problema.

Las matrices enmascaradas disponen de una implementación específica de la mayoría de las funciones universales de *numpy*, aprovechando así el uso de funciones vectorizadas sobre los datos enmascarados.

Ver todas las funciones disponibles de *matriz enmascarada en numpy.ma (https:// numpy.org/doc/stable/reference/routines.ma.html).*

6.1.13.2.1 Construcción de matrices enmascaradas

Hay varias formas de construir una matriz enmascarada.

▼ Mediante la clase *MaskedArray*, que es una subclase de *np.ndarray*.

▼ Con los constructores de matrices enmascaradas, *array()* y *masked_array()* (alias de *MaskedArray*).

▶ Con la vista de un array existente. En ese caso, la máscara de la vista se establece en *nomask* si ningún valor de la matriz asociada es inválido, o en una matriz de booleanos con la misma estructura que la matriz que determina para cada elemento de la matriz asociada si el valor es válido o no.

Como *MaskedArray* es una subclase de *ndarray*, una matriz enmascarada también hereda todos los atributos y propiedades de una instancia de *ndarray*.

Clase	Descripción
ma.*MaskedArray*(data, mask=nomask, dtype=None, copy=False, subok=True, ndmin=0, fill_value=None, keep_mask=True, hard_mask=None, shrink=True, order=None)	Devuelve una clase de matriz con posibles valores enmascarados. Los valores enmascarados con *True* excluyen el elemento correspondiente de cualquier cálculo. **data** es la matriz con los datos de entrada. **mask** debe ser una matriz de booleanos con la misma forma que los datos. **dtype** es el tipo de datos de la salida. Si es *None*, se utiliza el tipo del argumento. Si no, y es diferente de **dtype**, se realiza una copia. **copy** Si es *True* indica si se copian los datos de entrada o si se utiliza una referencia en su lugar. Por defecto es *False*. **subok** indica si se devuelve una subclase de *MaskedArray*. Por defecto es *True*. **ndmin** número mínimo de dimensiones. Por defecto es 0. **fill_value** valor utilizado para rellenar los valores enmascarados cuando sea necesario. Si es *None*, se utiliza un valor por defecto basado en el tipo de datos. Si **keep_mask** es *True* permite combinar la máscara con la máscara de los datos de entrada. Si es *False* se utiliza solo la máscara para la salida. Por defecto es *True*. Si **hard_mask** es *True* los valores enmascarados no pueden desenmascararse. Por defecto es *False*. **shrink** fuerza o no la compresión de una máscara vacía. Por defecto es *True*. **order** {'C', 'F', 'A'} especifica el orden de la matriz. El orden 'C' dispone los elementos al estilo C, es decir, el índice situado más a la derecha es el que cambia más rápido. Con 'F' hace uso del estilo Fortran, con el primer índice cambiando más rápido. Si el orden es 'A', entonces la matriz devuelta puede estar en cualquier orden. Es el valor por defecto.
ma.*array*(data, dtype=None, copy=False, order=None, mask=False, fill_value=None, keep_mask=True, hard_mask=False, shrink=True, subok=True, ndmin=0)	Crea una clase de array con posibles valores enmascarados. Para los parámetros ver *MaskedArray*().

Vamos a ver la forma de construir una matriz enmascarada partiendo de una matriz *ndarray* y una máscara que pasamos a la clase *MaskedArray()*, para enmascarar los valores NaN, inf y negativos.

```
1.  >>> import numpy as np
2.  >>> import numpy.ma as ma
3.
4.  >>> m = np.array([1, 2, np.nan, 4, np.inf, -6])
4.  >>> m
6.      array([ 1.,   2., nan,   4., inf, -6.])
7.  >>> mascara=[False, False,  True, False, True, True]
8.  >>> mascara
9.      [False, False, True, False, True, True]
10.
11. >>> # crear matriz enmascarada
12. >>> mx = ma.MaskedArray(m, mascara, fill_value=0)
13. >>> mx
14.     masked_array(data=[1.0, 2.0, --, 4.0, --, --],
15.                  mask=[False, False,  True, False,  True,  True],
16.           fill_value=0.0)
17.
18. >>> # sumar solo los elementos que nos proporciona la máscara
19. >>> mx.sum()
20.     7.0
```

Vemos que la suma con la función *sum()* solo hace uso de los valores válidos.

Los valores enmascarados, o no válidos, se representan con un doble guión (--). La forma de la matriz enmascarada es la misma que la matriz original, lo que permite realizar operaciones aritméticas en matrices de igual longitud pero con diferentes máscaras.

Podemos crear máscaras mediante operaciones lógicas y emplearlas con matrices enmascaradas haciendo uso del operado NOT (~) para intercambiar los valores *True* y *False*.

En el siguiente ejemplo seguimos considerando inválidos los valores NaN, Inf y negativos. Usaremos operadores lógicos para definir estas condiciones y emplearemos la máscara así obtenida con el operador negación.

```
1.  >>> mascara = (m != np.nan) & (m != np.inf) & (m > 0)
2.  >>> mascara
3.      array([ True, True, False, True, False, False])
4.  >>> mx = ma.MaskedArray(m, ~mascara, fill_value=0)
5.  >>> mx
6.      masked_array(data=[1.0, 2.0, --, 4.0, --, --],
7.                   mask=[False, False,  True, False,  True,  True],
8.            fill_value=0.0)
```

Vemos que el resultado es el mismo del primer ejemplo.

También podemos hacer uso de una vista de la matriz que crea una matriz enmascarada que no tiene ninguna entrada no válida.

```
1.  >>> m = np.array([1, 2, np.nan, 4, np.inf, -6])
2.  >>> mx = m.view(ma.MaskedArray)
3.  >>> mx
4.      masked_array(data=[ 1.,   2.,  nan,   4.,  inf, -6.],
5.                  mask=False,
6.              fill_value=1e+20)
```

La máscara se puede inicializar de forma homogénea a *True* o *False*.

```
1.  >>> mx = ma.MaskedArray(m, mask=False)
2.  >>> mx
3.      masked_array(data=[1.0, 2.0, nan, 4.0, inf, -6.0],
4.                  mask=[False, False, False, False, False, False],
5.              fill_value=1e+20)
6.
7.  >>> mx = ma.MaskedArray(m, mask=True)
8.  >>> mx
9.      masked_array(data=[--, --, --, --, --, --],
10.                 mask=[ True, True, True, True, True, True],
11.             fill_value=1e+20,
12.                 dtype=float64)
```

En el módulo *numpy.ma* tenemos funciones para establecer condiciones en la creación de matrices enmascaradas.

Función	Descripción
ma.*asarray*(a, dtype=None, order=None)	Devuelve la entrada convertida en una matriz enmascarada del tipo de datos dado. **a** son los datos de entrada, en cualquier forma que pueda convertirse en una matriz enmascarada. Esto incluye listas, listas de tuplas, tuplas, tuplas de tuplas, tuplas de listas, *ndarrays* y matrices enmascaradas. **dtype** es el tipo de datos. Se deduce de los datos de entrada. **order** {'C', 'F'}, establece la representación de memoria de fila mayor ('C') o de columna mayor ('FORTRAN'). Por defecto es 'C'.
ma.*asanyarray*(a, dtype=None)	Convierte la entrada en una matriz enmascarada, conservando las subclases. Para los parámetros ver *asarray*().

ma.*fix_invalid*(a, mask=False, copy=True, fill_value=None)	Devuelve la entrada con los datos no válidos enmascarados y sustituidos por un valor de relleno. **a** es una matriz de entrada, una (subclase de) *ndarray*. **mask** es la máscara. Debe ser convertible a una matriz de booleanos con la misma forma que los datos. *True* indica un dato enmascarado, no válido. Si **copy** es *True* se utiliza una copia. Por defecto es *True*. **fill_value** es un escalar que actúa como valor de relleno para los datos no válidos. Por defecto es *None*, en cuyo caso se utiliza el valor establecido por defecto.
ma.*masked_equal*(x, value, copy=True)	Enmascara una matriz cuando es igual a un valor dado. **x** es la matriz a enmascarar. **value** es el valor a enmascarar. Si **copy** es *True* se utiliza una copia. Por defecto es *True*.
ma.*masked_greater*(x, value, copy=True)	Enmascara una matriz cuando es mayor que un valor dado. Para los parámetros ver *masked_equal*().
ma.*masked_greater_equal*(x, value, copy=True)	Enmascara una matriz cuando es mayor o igual que un valor dado. Para los parámetros ver *masked_equal*().
ma.*masked_inside*(x, v1, v2, copy=True)	Enmascara una matriz dentro de un intervalo dado. Para los parámetros ver *masked_equal*(). La condición es *True* para **x** dentro del intervalo [**v1,v2**] (v1 <= x <= v2). Los límites **v1** y **v2** pueden darse en cualquier orden.
ma.*masked_invalid*(x , copy=True)	Enmascara una matriz en la que aparecen valores no válidos (NaN o inf). Para los parámetros ver *masked_equal*().
ma.*masked_less*(x, value, copy=True)	Enmascara una matriz cuando es menor que un valor dado. Para los parámetros ver *masked_equal*().
ma.*masked_less_equal*(x, value, copy=True)	Enmascara una matriz cuando es menor o igual que un valor dado. Para los parámetros ver *masked_equal*().
ma.*masked_not_equal*(x, value, copy=True)	Enmascara una matriz cuando no es igual a un valor dado. Para los parámetros ver *masked_equal*().
ma.*masked_object*(x, value, copy=True, shrink=True)	Enmascara la matriz donde los datos son exactamente iguales al valor. **x** es la matriz a enmascarar. **value** es el valor de comparación. Si **copy** es *True* se utiliza una copia. Por defecto es *True*. Si **shrink** es *True* contrae una máscara llena de *False* a *nomask*. Por defecto es *True*.
ma.*masked_outside*(x, v1, v2, copy=True)	Enmascara una matriz fuera de un intervalo dado. La condición es *True* para **x** fuera del intervalo [**v1,v2**] (x < v1) | (x > v2). Los límites **v1** y **v2** pueden darse en cualquier orden.

ma.*masked_values*(x, value, rtol=1e-05, atol=1e-08, copy=True, shrink=True)	Enmascara usando igualdad en coma flotante. Devuelve una matriz enmascarada donde los datos de la matriz **x** son aproximadamente iguales al valor determinado usando *isclose*(). Las tolerancias por defecto son las mismas que para *isclose*(). **x** es la matriz a enmascarar. **value** es el valor a enmascarar. **rtol**, **atol** son los parámetros de tolerancia pasados a *isclose*(). Si **copy** es *True* se utiliza una copia. Por defecto es *True*. Si **shrink** es *True* contrae una máscara llena de *False* a *nomask*. Por defecto es *True*.
ma.*masked_where*(condition, a, copy=True)	Devuelve una matriz enmascarada cuando se cumple una condición. **condition** es la condición de enmascaramiento. Cuando se comprueben valores de coma flotante, es mejor emplear *masked_values*(). **a** es la matriz a enmascarar. Si **copy** es *True* se hace una copia de la matriz en el resultado. Si es *False* se modifica la matriz y se devuelve una vista.

Vamos a ver algunos ejemplos con estas funciones.

Enmascaramos valores inferiores, mayores o iguales a uno dado, y los que se encuentren dentro de un rango o bien fuera del mismo.

```
1.   >>> m = np.array([[1, 2, 3, 4, 5, 6]])
2.   >>> m
3.       array([1, 2, 3, 4, 5, 6])
4.
5.   >>> # menor que un valor dado
6.   >>> mx = ma.masked_less(m, 4)
7.   >>> mx
8.       masked_array(data=[--, --, --, 4, 5, 6],
9.                    mask=[ True,  True,  True, False, False, False],
10.            fill_value=999999)
11.  >>> # mayor o igual a un valor dado
12.  >>> mx = ma.masked_greater_equal(m, 4)
13.  >>> mx
14.      masked_array(data=[1, 2, 3, --, --, --],
15.                   mask=[False, False, False,  True,  True,  True],
16.            fill_value=999999)
17.  >>> # entre dos valores dados (ambos inclusive)
18.  >>> mx = ma.masked_inside(m, 2, 5)
19.  >>> mx
20.      masked_array(data=[1, --, --, --, --, 6],
21.                   mask=[False,  True,  True,  True,  True, False],
22.            fill_value=999999)
```

```
23.  >>> # fuera de dos valores dados (ambos inclusive)
24.  >>> mx = ma.masked_outside(m, 2, 5)
25.  >>> mx
26.      masked_array(data=[--, 2, 3, 4, 5, --],
27.                  mask=[ True, False, False, False, False,  True],
28.            fill_value=999999)
```

También podemos enmascarar una matriz sobre otra matriz enmascarada, lo que nos permite aplicar múltiples condiciones.

```
1.   >>> m = np.array([[1, 2, np.nan, 4, np.inf, -6]])
2.   >>> m
3.       array([ 1.,   2., nan,   4., inf, -6.])
4.
5.   >>> # excluir valores inválidos
6.   >>> mx = ma.masked_invalid(m)
7.   >>> mx
8.       masked_array(data=[1.0, 2.0, --, 4.0, --, -6.0],
9.                  mask=[False, False,  True, False,  True, False],
10.           fill_value=1e+20)
11.  >>> # establecer condición sobre una matriz enmascarada
12.  >>> mx = ma.masked_where(m < 0, mx)
13.  >>> mx
14.      masked_array(data=[1.0, 2.0, --, 4.0, --, --],
15.                  mask=[False, False,  True, False,  True,  True],
16.           fill_value=1e+20)
17.
18.  >>> # sumar solo los elementos que nos proporciona la máscara
19.  >>> mx.sum()
20.      7.0
```

Para extraer un *ndarray* que contenga solo los valores no enmascarados hacemos uso del método *compressed()*.

```
1.   >>> m = np.array([[1, 2, np.nan, 4], [5, np.inf, -7, 8]])
2.   >>> m
3.       array([[ 1.,   2., nan,   4.],
4.              [ 5., inf, -7.,   8.]])
5.
6.   >>> # excluir valores inválidos
7.   >>> mx = ma.masked_invalid(m)
8.   >>> mx
9.       masked_array(
10.        data=[[1.0, 2.0, --, 4.0],
11.              [5.0, --, -7.0, 8.0]],
12.        mask=[[False, False,  True, False],
13.              [False,  True, False, False]],
14.        fill_value=1e+20)
15.  >>> # obtener los valores no enmascarados
```

```
16.   >>> mx.compressed()
17.       array([ 1.,    2.,    4.,    5.,   -7.,    8.])
18.   >>> # mayor que un valor dado
19.   >>> mx = ma.masked_greater(m, 0)
20.   >>> mx
21.       masked_array(
22.         data=[[--, --, nan, --],
23.               [--, --, -7.0, --]],
24.         mask=[[ True,   True, False,   True],
25.               [ True,   True, False,   True]],
26.         fill_value=1e+20)
27.   >>> # menor que un valor dado
28.   >>> mx = ma.masked_less(m, 0)
29.   >>> mx
30.       masked_array(
31.         data=[[1.0, 2.0, nan, 4.0],
32.               [5.0, inf, --, 8.0]],
33.         mask=[[False, False, False, False],
34.               [False, False,  True, False]],
35.         fill_value=1e+20)
```

6.1.13.2.2 Atributos

Las matrices enmascaradas disponen de atributos específicos.

Atributo	Descripción
ma.*MaskedArray.data*	Devuelve los datos subyacentes, como una vista de la matriz enmascarada.
ma.*MaskedArray.mask*	Devuelve la máscara actual. Puede usarse para enmascarar otra matriz.
ma.*MaskedArray.recordmask*	Obtiene o establece la máscara de la matriz si no tiene campos con nombre. Para matrices estructuradas, devuelve una ndarray de booleanos donde las entradas son *True* si todos los campos están enmascarados, *False* en caso contrario.
ma.*MaskedArray.fill_value*	El valor de relleno de la matriz enmascarada es un escalar. Cuando se establece a *None* se usará un valor predeterminado basado en el tipo de datos.
ma.*MaskedArray.baseclass*	Clase de los datos subyacentes (sólo lectura).
ma.*MaskedArray.sharedmask*	Estado compartido de la máscara (sólo lectura).
ma.*MaskedArray.hardmask*	Especifica si los valores pueden desenmascararse mediante asignaciones. Por defecto, la asignación de valores definitivos a las entradas del array enmascarado las desenmascarará. Cuando es *True*, la máscara no cambiará a través de asignaciones.

Estableceremos una máscara sobre los valores inválidos, y procederemos a recuperar los distintos elementos de la matriz enmascarada mediante sus atributos.

```
1.  >>> m = np.array([1, 2, np.nan, 4, np.inf, -6])
2.  >>> mx = ma.masked_invalid(m)
3.  >>> mx.data
4.      array([ 1.,   2., nan,   4., inf, -6.])
5.  >>> mx.mask
6.      array([False, False,  True, False,  True, False])
7.  >>> mx.fill_value
8.      1e+20
```

6.1.13.2.3 Inspección de la matriz

Además de los atributos podemos inspeccionar diferentes características de las matrices enmascaradas.

Método	Descripción
ma.*all*(axis=None, out=None, keepdims=<no value>)	Devuelve *True* si todos los elementos son *True* . **axis** es el eje o ejes a lo largo de los cuales se realiza el recuento. El valor predeterminado, *None*, realiza el recuento sobre todas las dimensiones de la matriz de entrada. Puede ser negativo, en cuyo caso cuenta desde el último hasta el primer eje. **out** matriz de salida alternativa en la que colocar el resultado. Si **keepdims** es *True*, los ejes que se reducen se dejan en el resultado como dimensiones con tamaño uno. Con esta opción, el resultado se difunde correctamente contra la matriz.
ma.*any*(axis=None, out=None, keepdims=<no value>)	Devuelve *True* si alguno de los elementos de a se evalúa como *True*. Los valores enmascarados se consideran falsos durante el cálculo. Parámetros como en *any*().
ma.*count*(axis=None, keepdims=<no value>)	Cuenta los elementos no enmascarados de la matriz a lo largo del eje dado. Parámetros como en *any*().
ma.*count_masked*(axis=None, keepdims=<no value>)	Cuenta el número de elementos enmascarados a lo largo del eje dado. Parámetros como en *any*().
ma.*nonzero*()	Devuelve los índices de los elementos no enmascarados que no son cero. Devuelve una tupla de matrices, una por cada dimensión, que contiene los índices de los elementos distintos de cero en esa dimensión.

Contaremos el número de elementos no enmascarados que hay en la matriz y obtendremos los índices de los elementos no enmascarados que no son cero.

```
1.  >>> m = np.array([1, 2, np.nan, 4, np.inf, -6])
2.  >>> m
3.      array([ 1.,   2., nan,  4., inf, -6.])
4.  >>> mx = ma.masked_invalid(m)
5.  >>> mx
6.  masked_array(data=[1.0, 2.0, --, 4.0, --, -6.0],
7.              mask=[False, False,  True, False,  True, False],
8.        fill_value=1e+20)
9.
10. >>> # número de elementos no enmasacarados
11. >>> mx.count()
12.      4
13. >>> # índices de los elementos no cero
14. >>> mx.nonzero()
15.      (array([0, 1, 3, 5], dtype=int64),)
```

6.1.14 Agregación

Por agregación se entiende el proceso de combinar un conjunto de resultados para producir un único valor. En *numpy* disponemos de diversas funciones de agregación que, al funcionar bajo la cobertura de la vectorización, son perfectas para manejar grandes conjuntos de datos. El objetivo de la agregación suele ser simplificar conjuntos de datos complejos, facilitando la interpretación al hacerlos más manejables al unificarlos.

Las funciones de agregación en *numpy* son: sum, prod, cumprod, cumsum, min, max, argmin, argmax, mean, average, median, standard deviation, variance, percentile y corrcoef.

Ver las secciones *Sumas, productos y diferencias* y *Estadística* para las funciones no especificadas en este punto.

Function	Descripción
np.*min*(a, axis=None, out=None, keepdims=<no value>, initial=<no value>, where=<no value>)	Devuelve el valor mínimo entre los elementos de la matriz. **a** es la matriz con los datos de entrada. **axis** es el eje o ejes a lo largo de los cuales operar. Por defecto, se utiliza la matriz aplanada. **out** matriz de salida alternativa en la que colocar el resultado. Si **keepdims** es *True*, los ejes que se reducen se dejan en el resultado como dimensiones con tamaño uno. Con esta opción, el resultado se difunde correctamente contra la matriz de entrada. **initial** define el valor máximo de un elemento de salida. **where** establece los elementos a comparar para el mínimo.

np.*max*(a, axis=None, out=None, keepdims=<no value>, initial=<no value>, where=<no value>)	Devuelve el valor máximo entre los elementos de la matriz. **a** es la matriz con los datos de entrada. **axis** es el eje o ejes a lo largo de los cuales operar. Por defecto, se utiliza la matriz aplanada. **out** matriz de salida alternativa en la que colocar el resultado. Si **keepdims** es *True*, los ejes que se reducen se dejan en el resultado como dimensiones con tamaño uno. Con esta opción, el resultado se difunde correctamente contra la matriz de entrada. **initial** define el valor mínimo de un elemento de salida. **where** establece los elementos a comparar para el máximo.
np.*argmin*(a, axis=None, out=None, *, keepdims=<no value>)	Devuelve el índice del valor mínimo entre los elementos de la matriz. **a** es la matriz con los datos de entrada. **axis** es el eje o ejes a lo largo de los cuales operar. Por defecto, se utiliza la matriz aplanada. **out** matriz de salida alternativa en la que colocar el resultado. Si **keepdims** es *True*, los ejes que se reducen se dejan en el resultado como dimensiones con tamaño uno. Con esta opción, el resultado se difunde correctamente contra la matriz de entrada.
np.*argmax*(a, axis=None, out=None, *, keepdims=<no value>)	Devuelve el índice del valor máximo entre los elementos de la matriz. **a** es la matriz con los datos de entrada. **axis** es el eje o ejes a lo largo de los cuales operar. Por defecto, se utiliza la matriz aplanada. **out** matriz de salida alternativa en la que colocar el resultado. Si **keepdims** es *True*, los ejes que se reducen se dejan en el resultado como dimensiones con tamaño uno. Con esta opción, el resultado se difunde correctamente contra la matriz de entrada.

Identificaremos los valores mínimo y máximo para una matriz bidimensional aplanada, y por los ejes 0 y 1.

```
1.  >>> m = np.array([[2, 9, 10, 5], [9, 6, 12, 8]])
2.  >>> m
3.     array([[ 2,  9, 10,  5],
4.            [ 9,  6, 12,  8]])
5.
6.  >>> # mínimos
7.  >>> np.min(m)
8.     2
```

```
9.   >>> np.min(m, axis=0)
10.      array([ 2,  6, 10,  5])
11.  >>> np.min(m, axis=1)
12.      array([2, 6])
13.
14.  >>> # máximos
15.  >>> np.max(m)
16.      12
17.  >>> np.max(m, axis=0)
18.      array([ 9,  9, 12,  8])
19.  >>> np.max(m, axis=1)
20.      array([10, 12])
```

En ocasiones puede ser más interesante saber la posición de un elemento que su valor, para lo cual disponemos de funciones que nos devuelven el índice de un valor, mínimo o máximo. Con la misma matriz del ejemplo anterior vamos a obtener los índices para valores mínimos.

```
1.  >>> np.argmin(m)
2.      0
3.  >>> np.argmin(m, axis=0)
4.      array([0, 1, 0, 0], dtype=int64)
5.  >>> np.argmin(m, axis=1)
6.      array([0, 1], dtype=int64)
```

6.1.15 Estadística

La estadística facilita el análisis e interpretación crítica de la información escondida entre los datos, permitiendo extraer conclusiones significativas para la toma de decisiones y hacer inferencias a partir de esos datos, así como verificar la calidad de los mismos.

Disponemos en *numpy* de funciones para el cálculo estadístico, lo que facilita el procesamiento y análisis de grandes volúmenes de datos numéricos.

6.1.15.1 ESTADÍSTICOS DE ORDEN

Los estadísticos de orden son especialmente útiles cuando los datos pueden contener valores atípicos o cuando la distribución no es simétrica. Se obtienen al ordenar un conjunto de datos, proporcionando información sobre la posición relativa de un valor dentro del conjunto, permitiendo analizar la distribución sin necesidad de conocer su forma completa.

Entre los estadísticos de orden tenemos:

▶ **Rango**: diferencia entre el valor máximo y el valor mínimo. Proporciona una medida simple de la dispersión de los datos.

▶ **Cuartiles**: dividen el conjunto de datos en cuatro partes iguales.

▶ **Primer cuartil** (Q1): valor que divide los datos ordenados en cuatro partes iguales, dejando el 25% de los datos por debajo y el 75% por encima.

▶ **Mediana** o segundo cuartil (Q2): valor que separa los datos en dos partes iguales, dejando el 50% de los datos por debajo y el 50% por encima. Es el valor del medio cuando los datos están ordenados.

▶ **Tercer cuartil** (Q3): valor que divide los datos ordenados de manera similar al primer cuartil, pero dejando el 75% de los datos por debajo y el 25% por encima.

▶ **Rango intercuartil** (IQR): diferencia entre el tercer cuartil y el primer cuartil (IQR = Q3 - Q1). Indica la dispersión de los valores que se encuentran en la zona intermedia del conjunto de datos.

▶ **Percentiles**: dividen los datos en 100 partes iguales.

▶ **Valores atípicos** (Outliers): valores extremos que se alejan significativamente del resto de los datos. Estos valores pueden influir en los estadísticos de orden, como la mediana y los cuartiles.

▶ **Valor mínimo**: el valor más pequeño en el conjunto de datos.

▶ **Valor máximo**: el valor más grande en el conjunto de datos.

Para los valores mínimo y máximo ver la sección sobre *Agregación* .

Las siguientes funciones en *numpy* nos facilitan el cálculo de los estadísticos de orden.

Función	Descripción
np.*ptp*(a, axis=None, out=None, keepdims=<no value>)	Rango de valores como la diferencia entre el valor máximo y el valor mínimo. Es una medida de dispersión simple. El nombre de la función procede del acrónimo de *peak to peak* (pico a pico). **a** es la matriz con los valores de entrada. **axis** es el eje a lo largo del cual encontrar los picos. Por defecto, aplana la matriz. **axis** puede ser negativo, en cuyo caso cuenta del último al primer eje. Si se trata de una tupla de enteros, se realiza una reducción sobre múltiples ejes, en lugar de sobre un único eje o sobre todos los ejes. **out** es la matriz de salida alternativa en la que colocar el resultado. Debe tener la misma forma y longitud de búfer que la salida esperada, pero el tipo de los valores de salida se convertirá si es necesario. Si **keepdims** es *True*, los ejes que se reducen se dejan en el resultado como dimensiones con tamaño uno.

np.*percentile*(a, q, axis=None, out=None, overwrite_input=False, method='linear', keepdims=False, *, interpolation=None)	Calcula el percentil q-ésimo de los datos a lo largo del eje especificado. **a** es la matriz con los valores de entrada. **q** porcentaje o secuencia de porcentajes para los percentiles a calcular. Los valores deben estar comprendidos entre 0 y 100, ambos inclusive. **axis** eje o ejes a lo largo de los cuales se calculan los percentiles. Por defecto, los percentiles se calculan a lo largo de una versión plana de la matriz. **out** es la matriz de salida alternativa en la que colocar el resultado. Debe tener la misma forma y longitud de búfer que la salida esperada, pero el tipo de los valores de salida se convertirá si es necesario. Si **overwrite_input** es *True*, permite que la matriz de entrada sea modificada por cálculos intermedios, para ahorrar memoria. En este caso, el contenido de la matriz de entrada una vez finalizada la función es indeterminado. **method** es el método a utilizar para estimar el percentil. Entre los diferentes métodos se encuentran: • inverted_cdf • averaged_inverted_cdf • losest_observation • interpolated_inverted_cdf • hazen • weibull • linear (por defecto) • median_unbiased • normal_unbiased Los tres primeros métodos son discontinuos. Disponemos de las variaciones discontinuas de la opción 'linear': • lower • higher • midpoint • nearest Si **keepdims** es *True*, los ejes que se reducen se dejan en el resultado como dimensiones con tamaño uno.
np.*nanpercentile*(a, q, axis=None, out=None, overwrite_input=False, method='linear', keepdims=<no value>, *, interpolation=None)	Calcula el q-ésimo percentil de los datos a lo largo del eje especificado, ignorando los valores NaN. Para los parámetros ver *percentile*().
np.*quantile*(a, q, axis=None, out=None, overwrite_input=False, method='linear', keepdims=False, *, interpolation=None)	Calcula el cuartil q-ésimo de los datos a lo largo del eje especificado. Para los parámetros ver *percentile*(). **q** es la probabilidad o secuencia de probabilidades para los cuartiles a calcular. Los valores deben estar comprendidos entre 0 y 1, ambos inclusive. Esta función es la misma que la mediana si q=0.5, la misma que el mínimo si q=0.0 y la misma que el máximo si q=1.0.

np.*nanquantile*(a, q, axis=None, out=None, overwrite_input=False, method='linear', keepdims=<no value>, *, interpolation=None)	Calcula el cuartil q-ésimo de los datos a lo largo del eje especificado, ignorando los valores NaN. Para los parámetros ver *percentile*().

Calcularemos el rango y los valores máximo y mínimo de una distribución ejemplo.

```
1.  >>> m = np.array([[2, 9, 10, 5],
2.  ...                [9, 6, 12, 8]])
3.  >>> # rango y máximo y mínimo
4.  >>> rango = np.ptp(m)
5.  >>> maximo = np.max(m)
6.  >>> minimo = np.min(m)
7.  >>> print(f'{rango=}\n{maximo=}\n{minimo=}')
8.      rango=10
9.      maximo=12
10.     minimo=2
11.
12. >>> # rangos por ejes
13. >>> np.ptp(m, axis=0)
14.     array([7, 3, 2, 3])
15. >>> np.ptp(m, axis=1)
16.     array([8, 6])
```

Procedemos ahora con los cuartiles.

```
1.  >>> # primer cuartil
2.  >>> np.quantile(m, 0.25)
3.      5.75
4.  >>> # segundo cuartil (mediana)
5.  >>> np.quantile(m, 0.5)
6.      8.5
7.  >>> # tercer cuartil
8.  >>> np.quantile(m, 0.75)
9.       9.25
10. >>> # mínimo
11. >>> np.quantile(m, 0.0)
12.     2.0
13. >>> # máximo
14. >>> np.quantile(m, 1.0)
15.     12.0
16. >>> # todos los cuartiles
17. >>> np.quantile(m, [0.0, 0.25, 0.5, 0.75, 1.0])
18.     array([ 2. , 5.75, 8.5 , 9.25, 12. ])
```

Y terminamos con los percentiles. Calculamos cinco percentiles y tres métodos de cálculo, visualizando los resultados

```
1.  >>> import numpy as np
2.  >>> import matplotlib.pyplot as plt
3.
4.  >>> # porcentajes para los percentiles
5.  >>> p = np.linspace(0, 100, 5)
6.  >>> p
7.      array([ 0., 25., 50., 75., 100.])
8.
9.  >>> # diferentes métodos de cálculo y visualización
10. >>> plt.plot(p, np.percentile(m, p))
11. >>> plt.plot(p, np.percentile(m, p, method='averaged_inverted_cdf'))
12. >>> plt.plot(p, np.percentile(m, p, method='normal_unbiased'))
13. >>> plt.legend(('linear', 'averaged_inverted_cdf', 'normal_unbiased'))
14. >>> plt.show()
```

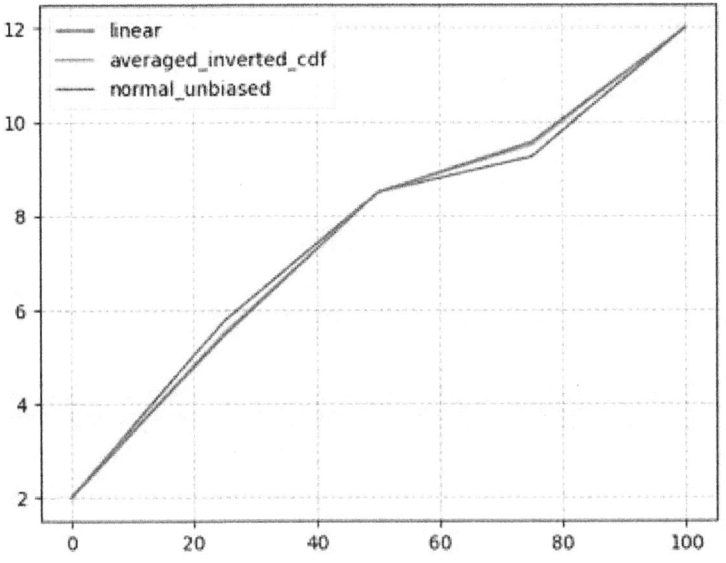

Tres métodos de cálculo de percentiles

6.1.15.2 MEDIDAS DE TENDENCIA CENTRAL

Las medidas de tendencia central proporcionan información sobre la ubicación o el valor central de un conjunto de datos. Sin embargo, antes de interpretar los resultados es necesario considerar el conjunto de los datos, ya que si contienen valores atípicos o una distribución sesgada la mediana puede ser más representativa que la media, aunque la media es más sensible a pequeñas variaciones en los valores en ciertos casos.

Las medidas de tendencia central más comunes son:

▶ **Media**: o promedio: es la suma de todos los valores en el conjunto de datos dividida por el número de observaciones. Existen distintos tipos de medias, tales como la media geométrica, la media ponderada y la media armónica aunque el término media se refiere generalmente a la media aritmética.

▶ **Mediana**: es el valor que se encuentra en el centro de un conjunto de datos ordenado, separando la mitad inferior de los datos de la mitad superior. Para calcular la mediana, es necesario ordenar los datos para encontrar el valor del medio. Si hay un número impar de datos, el valor del medio es la mediana. Si hay un número par de datos, la mediana es el promedio de los dos valores centrales. Se corresponde con el segundo cuartil (Q2).

▶ **Moda**: es el valor que ocurre con mayor frecuencia en un conjunto de datos. Puede haber una sola moda (unimodal) o varias modas (multimodal). En el caso de que no haya un valor repetido con mayor frecuencia se dice que el conjunto de datos no tiene moda.

▶ **Varianza**: cuantifica cuánto se alejan los valores individuales del conjunto de datos de la media. Una varianza más alta indica que los valores están más dispersos, mientras que una varianza más baja indica que los valores están más cercanos a la media. Es la esperanza del cuadrado de la desviación de dicha variable respecto a su media. Se expresa en unidades cuadradas de las unidades originales de los datos.

▶ **Desviación estándar**: cuantificar la dispersión o variabilidad de un conjunto de datos con respecto a su media. Se expresa en las mismas unidades que los datos de la variable objeto de estudio.

En *numpy* disponemos de las funciones siguientes para el cálculo de las medidas de tendencia central.

Función	Descripción
np.*mean*(a, axis=None, dtype=None, out=None, keepdims=<no value>, *, where=<no value>)	Calcula la media aritmética a lo largo del eje especificado. **a** es la matriz con los valores de entrada. **axis** es el eje o ejes a lo largo de los cuales se calculan las medias. Por defecto, se calcula la media de la matriz aplanada. **dtype** es el tipo que se utilizará para calcular la media. Para entradas de enteros, el valor predeterminado es *float64*; para entradas de coma flotante, es el mismo que el **dtype** de entrada. **out** es la matriz de salida alternativa en la que colocar el resultado. Debe tener la misma forma y longitud de búfer que la salida esperada, pero el tipo de los valores de salida se convertirá si es necesario. Si **keepdims** es *True*, los ejes que se reducen se dejan en el resultado como dimensiones con tamaño uno. **where** es una matriz de valores booleanos que establece los elementos a incluir en la media.

np.*average*(a, axis=None, weights=None, returned=False, *, keepdims=<no value>)	Calcula la media ponderada a lo largo del eje especificado. **a** es la matriz con los valores de entrada. **axis** es el eje o ejes a lo largo de los cuales se calcula la media. El valor por defecto es *None*, que promediará sobre todos los elementos de la matriz de entrada. Si es negativo, cuenta del último al primer eje. **weights** es la matriz de pesos asociada a los valores de la matriz de entrada. Cada valor contribuye a la media según su peso asociado. La matriz de pesos puede ser un vector con la longitud del eje indicado o de la misma forma que la matriz de entrada. Si **weights** es *None*, se supone que todos los pesos son igual a uno. El cálculo es: avg = sum(a * weights) / sum(weights) La única restricción sobre los pesos es que sum(weights) no debe ser 0. Si **returned** es *True*, se devuelve la tupla (media, suma_de_pesos); en caso contrario, solo se devuelve la media. Si **weights** es *None*, suma_de_pesos es equivalente al número de elementos sobre los que se toma la media. Si **keepdims** es *True*, los ejes que se reducen se dejan en el resultado como dimensiones con tamaño uno.
np.*median*(a, axis=None, out=None, overwrite_input=False, keepdims=False)	Calcula la mediana a lo largo del eje especificado. **a** es la matriz con los valores de entrada. **axis** es el eje o ejes a lo largo de los cuales se calculan las medianas. El valor predeterminado es calcular la mediana a lo largo de una versión aplanada de la matriz. **out** es la matriz de salida alternativa en la que colocar el resultado. Debe tener la misma forma y longitud de búfer que la salida esperada, pero el tipo de los valores de salida se convertirá si es necesario. Si **overwrite_input** es *True*, permite el uso de la memoria de la matriz de entrada para los cálculos. La matriz de entrada será modificada por la llamada a median. Esto ahorrará memoria cuando no necesite conservar el contenido de la matriz de entrada. Trata la entrada como indefinida, pero probablemente estará total o parcialmente ordenada. Por defecto es *False*. Si **keepdims** es *True*, los ejes que se reducen se dejan en el resultado como dimensiones con tamaño uno.

np.*std*(a, axis=None, dtype=None, out=None, ddof=0, keepdims=<no value>, *, where=<no value>)	Calcula la desviación estándar a lo largo del eje especificado. **a** es la matriz con los valores de entrada. **axis** es el eje o ejes a lo largo de los cuales se calcula la desviación estándar. Por defecto, se calcula la desviación estándar de la matriz aplanada. **dtype** es el tipo que se utilizará para calcular la desviación estándar. Para entradas de enteros, el valor predeterminado es *float64*; para entradas de coma flotante, es el mismo que el **dtype** de entrada. **out** es la matriz de salida alternativa en la que colocar el resultado. Debe tener la misma forma y longitud de búfer que la salida esperada, pero el tipo de los valores de salida se convertirá si es necesario. **ddof** son los grados de libertad delta. El divisor utilizado en los cálculos es N - ddof, donde N representa el número de elementos. Por defecto ddof es 0. Si **keepdims** es *True*, los ejes que se reducen se dejan en el resultado como dimensiones con tamaño uno. **where** es una matriz de valores booleanos que establece los elementos a incluir en la desviación estándar.
np.*var*(a, axis=None, dtype=None, out=None, ddof=0, keepdims=<no value>, *, where=<no value>)	Calcula la varianza a lo largo del eje especificado. **a** es la matriz con los valores de entrada. **axis** es el eje o ejes a lo largo de los cuales se calcula la varianza. Por defecto, se calcula la varianza de la matriz aplanada. **dtype** es el tipo que se utilizará para calcular la varianza. Para entradas de enteros, el valor predeterminado es *float64*; para entradas de coma flotante, es el mismo que el **dtype** de entrada. **out** es la matriz de salida alternativa en la que colocar el resultado. Debe tener la misma forma y longitud de búfer que la salida esperada, pero el tipo de los valores de salida se convertirá si es necesario. **ddof** son los grados de libertad delta. El divisor utilizado en los cálculos es N - ddof, donde N representa el número de elementos. Por defecto ddof es 0. Si **keepdims** es *True*, los ejes que se reducen se dejan en el resultado como dimensiones con tamaño uno. **where** es una matriz de valores booleanos que establece los elementos a incluir en la varianza.
np.*nanmean*(a, axis=None, dtype=None, out=None, keepdims=<no value>, *, where=<no value>)	Calcula la media aritmética a lo largo del eje especificado, ignorando los NaN. Ver parámetros en *mean*().
np.*nanmedian*(a, axis=None, out=None, overwrite_input=False, keepdims=<no value>)	Calcula la mediana a lo largo del eje especificado, ignorando NaNs. Ver parámetros en *median*().

np.*nanstd*(a, axis=None, dtype=None, out=None, ddof=0, keepdims=<no value>, *, where=<no value>)	Calcula la desviación estándar a lo largo del eje especificado, ignorando los NaN. Ver parámetros en *std*().
np.*nanvar*(a, axis=None, dtype=None, out=None, ddof=0, keepdims=<no value>, *, where=<no value>)	Calcula la varianza a lo largo del eje especificado, ignorando los NaN. Ver parámetros en *var*().

No hay una función específica en *numpy* para calcular la **moda**, pero podemos escribir una función como la siguiente:

```
1.  >>> def calcular_moda(arr):
2.  ...     valores_unicos, cuenta = np.unique(arr, return_counts=True)
3.  ...     moda_index = np.argmax(cuenta)
4.  ...     moda = valores_unicos[moda_index]
5.  ...     return moda
6.
7.  >>> # prueba de la función calcular_moda
8.  >>> m = np.array([[2, 9, 10, 5],
9.  ...               [9, 6, 12, 8]])
10. >>> moda = calcular_moda(m)
11. >>> print(f"{moda=}")
12.     moda=9
```

Si hay varios valores iguales esta función solo devuelve el primer valor encontrado. Para grandes conjuntos de datos es mejor hacer uso de bibliotecas especializadas como *SciPy* o *Pandas*, que proporcionan funciones estadísticas más completas.

Vamos a calcular la media aritmética y la media ponderada, con la misma distribución del ejemplo de la sección anterior.

```
1.  >>> m = np.array([[2, 9, 10, 5],
2.  ...               [9, 6, 12, 8]])
3.
4.  >>> # media
5.  >>> media = np.mean(m)
6.  >>> # media ponderada sin pesos == media
7.  >>> media_ponderada = np.average(m)
8.  >>> print(f'{media=}\n{media_ponderada=}')
9.      media=7.625
10.     media_ponderada=7.625
11.
12. >>> # media por un eje
13. >>> media = np.mean(m, axis=1)
14. >>> # media ponderada sin pesos por un eje
15. >>> media_ponderada = np.average(m, axis=1)
16. >>> print(f'{media=}\n{media_ponderada=}')
```

```
17.        media=array([6.5 , 8.75])
18.        media_ponderada=array([6.5 , 8.75])
19.
20.   >>> # pesos para la media ponderada
21.   >>> pesos = np.array([1., 0.25, 0.3, 0.45])
22.   >>> # media ponderada sobre un eje con pesos
23.   >>> media_ponderada = np.average(m, axis=1, weights=pesos)
24.   >>> print(f'{media_ponderada=}')
25.        media_ponderada=array([4.75, 8.85])
```

Continuamos con la mediana sobre diferentes ejes.

```
1.   >>> mediana = np.median(m)
2.   >>> print(f'{mediana=}')
3.        mediana=8.5
4.   >>> mediana = np.median(m, axis=0)
5.   >>> print(f'{mediana=}')
6.        mediana=8.5
7.   >>> mediana = np.median(m, axis=1)
8.   >>> print(f'{mediana=}')
9.        mediana=array([7. , 8.5])
```

Terminamos con la desviación estándar y la varianza, que nos indican que los valores de la distribución están muy dispersos.

```
1.   >>> desviacion_estandar = np.std(m)
2.   >>> print(f'{desviacion_estandar=}')
3.        desviacion_estandar=2.9553976043842223
4.   >>> varianza = np.var(m)
5.   >>> print(f'{varianza=}')
6.        varianza=8.734375
```

6.1.15.3 CORRELACIÓN

La correlación establece la relación o asociación entre dos variables que tienden a variar conjuntamente, como si hubiera una conexión entre ellas. La correlación no implica causalidad, tan solo muestra si existe una relación consistente entre las dos variables.

Se considera que dos variables cuantitativas están correlacionadas cuando los valores de una de ellas varían sistemáticamente con respecto a los valores de la otra. La correlación es **positiva** cuando los valores de las variables aumentan juntos; y es **negativa** si el valor de una variable se reduce cuando el valor de la otra variable aumenta.

La correlación indica la fuerza y la dirección de una relación lineal y la proporcionalidad entre dos variables estadísticas.

Los tipos de correlación más empleados son Pearson, Spearman y Kendall:

▼ **Correlación lineal**: cuando la relación entre dos variables se pueden aproximar mediante una línea recta. Se mide mediante el coeficiente de correlación de Pearson (r), que toma valores comprendido en el rango [+1 , -1]. Siendo +1 una correlación positiva perfecta y -1 una correlación negativa perfecta.

▼ **Correlación no lineal**: cuando la relación entre dos variables no puede aproximarse mediante una línea recta. En este caso, se emplean coeficientes de correlación como el de Spearman o el de Kendall.

Las funciones disponibles en *numpy* para el cálculo de la correlación son:

Función	Descripción
np.*corrcoef*(x, y=None, rowvar=True, bias=<no value>, ddof=<no value>, *, dtype=None)	Devuelve los coeficientes de correlación producto-momento de Pearson. **x** es la matriz que contiene múltiples variables y observaciones. Cada fila de **x** representa una variable, y cada columna una única observación de todas esas variables. **y** es un conjunto adicional de variables y observaciones con la misma forma que **x**. Si **rowvar** es *True*, cada fila representa una variable, con observaciones en las columnas. En caso contrario, la relación se transpone: cada columna representa una variable, mientras que las filas contienen observaciones. **bias** y **ddof** obsoletas desde la versión 1.10. **dtype** es el tipo de datos del resultado. Por defecto tendrá al menos una precisión *float64*.
np.*correlate*(a, v, mode='valid')	Correlación cruzada de dos secuencias unidimensionales. **a**, **v** son las secuencias de entrada. **mode** puede ser 'valid', 'same' o 'full'. 'full' Devuelve la convolución en cada punto de solapamiento, con una forma de salida de (N+M-1,). En los puntos finales de la convolución, las señales no se solapan completamente, y pueden observarse efectos de frontera. 'same' Devuelve una salida de longitud max(M, N). Los efectos de contorno siguen siendo visibles. 'valid' Devuelve una salida de longitud max(M, N) - min(M, N) + 1. El producto de convolución solo se da para los puntos en los que las señales se solapan completamente. Los valores fuera del límite de la señal no tienen ningún efecto.

np.*cov*(m, y=None, rowvar=True, bias=False, ddof=None, fweights=None, aweights=None, *, dtype=None)	Estima una matriz de covarianza, dados los datos y los pesos. **m** es una matriz que contiene múltiples variables y observaciones. Cada fila de **m** representa una variable, y cada columna una única observación de todas esas variables. **y** es un conjunto adicional de variables y observaciones, y tiene la misma forma que **m** . Si **rowvar** es *True*, cada fila representa una variable, con observaciones en las columnas. En caso contrario, la relación se transpone: cada columna representa una variable, mientras que las filas contienen observaciones. Si **bias** es *False* la normalización es por (N - 1), donde N es el número de observaciones dadas. Si es *True*, entonces la normalización es por N. Estos valores pueden anularse usando el parámetro **ddof** en versiones de numpy superiores a 1.5. Si **ddof** no es *None*, se anula el valor por defecto establecido por **bias**. Si **ddof** = 1 devolverá la estimación insesgada, incluso si se especifican **fweights** y **aweights**. Si **ddof** = 0 devolverá el promedio simple. **fweights** es un vector de ponderaciones de frecuencia enteras; el número de veces que debe repetirse cada vector de observación. **aweights** es un vector de pesos de vectores de observación. Estos pesos relativos suelen ser grandes para las observaciones consideradas importantes y más pequeños para las observaciones consideradas triviales. Si **ddof** = 0, la matriz de pesos puede utilizarse para asignar probabilidades a los vectores de observación.

Vamos a ver la correlación existente entre las edades y alturas de los niños. Tenemos dos matrices con la misma forma, una con las edades en meses y otra con las alturas en cm. Vamos a hacer uso de la función *corrcoef*().

```
1.  >>> import numpy as np
2.  >>> import matplotlib.pyplot as plt
3.
4.  >>> edades_meses = [3, 6, 9, 12, 15, 18, 24, 36, 48, 60, 72, 84, 96]
5.  >>> alturas_cm = [61.0, 68.0, 73.0, 76.0, 78.0, 82.0, 88.0, 96.0, 103.0,
    110.0, 116.0, 122.0, 126.0]
6.  >>> corr = np.corrcoef(edades_meses, alturas_cm)
7.  >>> corr
8.      array([[1.        , 0.98337939],
9.             [0.98337939, 1.        ]])
10.
11. >>> # visualizar un gráfico de dispersión
12. >>> plt.scatter(edades_meses, alturas_cm)
13. >>> plt.xlabel('Edades (meses)')
14. >>> plt.ylabel('Alturas (cm)')
15. >>> plt.show()
```

La diagonal principal de la matriz de salida siempre tiene todos los valores a uno. En nuestro caso, el valor del elemento superior izquierdo es uno, ya que devuelve el coeficiente de correlación de las edades entre sí, y el elemento inferior derecho devuelve el coeficiente de correlación de las alturas entre sí.

De la matriz de correlación anterior obtenemos un 98.33%, lo que significa que la variable tiene una correlación positiva alta.

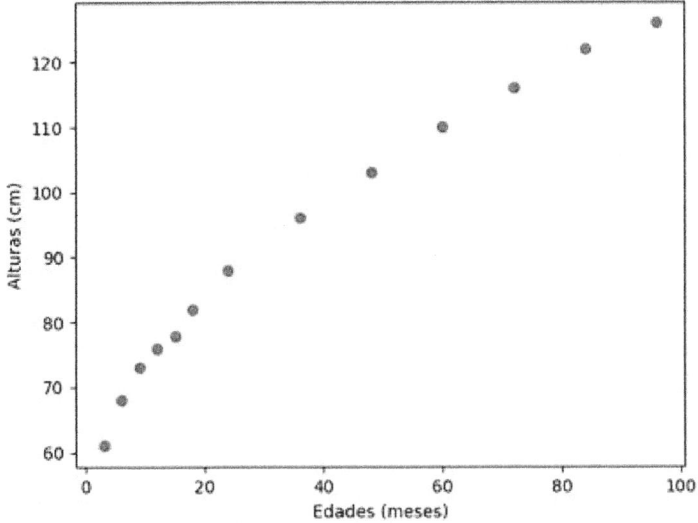

Altura y edad presentan una correlación positiva

6.1.15.4 HISTOGRAMAS

La estadística descriptiva no nos proporciona una imagen clara de los datos. Una representación visual de una serie de datos nos ofrece una vía para facilitar su interpretación. La representación gráfica más común de una distribución es un histograma, que muestra una variable en forma de barras de igual ancho y altura variable. El ancho representa un intervalo dentro del rango de datos, mientras que la altura de cada barra es proporcional a la frecuencia de los valores representados.

La construcción de un histograma se basa en determinar el rango de los datos. Preparar los intervalos de clases que resultan de dividir el rango de los datos en segmentos iguales y dibujar el histograma, donde todas las bases de las barras son los intervalos de clases y la altura es la frecuencia de las clases.

En *numpy* disponemos de un conjunto de funciones específicas para el diseño de histogramas que ampliamos con la función para el dibujo de histogramas disponible en el módulo de gráficos *matplotlib* (Ver la sección *Histogramas en matplotlib*).

Función	Descripción
np.*histogram*(a, bins=10, range=None, density=None, weights=None)	Calcula el histograma de un conjunto de datos. **a** es la matriz con los datos de entrada. El histograma se calcula sobre la matriz aplanada. **bins** es el número de barras o contenedores (hablaremos de contenedores como traducción de *bins*). Si **bins** es un entero, define el número de contenedores de igual anchura en el rango dado. Si **bins** es una secuencia, define una matriz monotónicamente creciente de bordes de contenedores, incluyendo el borde derecho, permitiendo anchos no uniformes. **range** especifica el rango inferior y superior de los contenedores. Si no se proporciona, el rango es simplemente (a.min(), a.max()). Los valores fuera del rango se ignoran. El primer elemento del rango debe ser menor o igual que el segundo. Si **density** es *False*, el resultado contendrá el número de muestras en cada contenedor. Si es *True*, el resultado es el valor de la función de densidad de probabilidad en la casilla, normalizada de forma que la integral sobre el rango sea 1.
np.*histogram2d*(x, y, bins=10, range=None, density=None, weights=None)	Calcula el histograma bidimensional de dos muestras de datos. **x** es la matriz que contiene las coordenadas x de los puntos para el histograma. **y** es la matriz que contiene las coordenadas y de los puntos para el histograma. **bins** es el número de barras o contenedores (hablaremos de contenedores como traducción de *bins*). Si es un entero indica el número de contenedores para las dos dimensiones (nx=ny=bins). Si es una matriz, marca los bordes de los contenedores para las dos dimensiones (x_edges=y_edges=bins). Si es una lista de enteros [int, int], es el número de contenedores en cada dimensión (nx, ny = bins). Si es una lista de matrices [array, array], los bordes de los contenedores en cada dimensión (x_edges, y_edges = contenedores). Si es una combinación [int, array] o [array, int], donde int es el número de bins y array son los bordes de los bins. **range** marca los bordes izquierdo y derecho de los contenedores a lo largo de cada dimensión (si no se especifica explícitamente en los parámetros bins): [[xmin, xmax], [ymin, ymax]]. Todos los valores fuera de este rango se considerarán valores atípicos y no se contabilizarán en el histograma. Si **density** es *False*, devuelve el número de muestras en cada contenedor. Si es *True*, devuelve la función de densidad de probabilidad en el contenedor: bin_count / sample_count / bin_area. **weights** es una matriz de valores de peso para cada muestra (x_i, y_i). Los pesos se normalizan a 1 si **density** es *True*. Si **density** es *False*, los valores del histograma devuelto son iguales a la suma de los pesos pertenecientes a las muestras en cada contenedor.

np.*histogramdd*(sample, bins=10, range=None, density=None, weights=None)	Calcula el histograma multidimensional de los datos. **sample** son los datos para el histograma. En la matriz cada fila es una coordenada en un espacio D-dimensional al estilo histogramdd(np.array([p1, p2, p3])). **bins** especifica los contenedores. Es una secuencia de matrices que describen los bordes de los contenedores monotónicamente crecientes a lo largo de cada dimensión. El número de contenedores para cada dimensión (nx, ny, ... =bins). El número de contenedores para todas las dimensiones (nx=ny=...=bins). **range** es una secuencia de tuplas (inferior, superior) que indica los bordes exteriores de los contenedores que se utilizarán si los bordes no se indican explícitamente en contenedores. Si se introduce *None* en la secuencia, se utilizarán los valores mínimo y máximo de la dimensión correspondiente. Si **density** es *False*, devuelve el número de muestras en cada contenedor. Si es *True*, devuelve la función de densidad de probabilidad en el contenedor, bin_count / sample_count / bin_volume. **weights** es una matriz de valores de peso para cada muestra (x_i, y_i). Los pesos se normalizan a 1 si **density** es *True*. Si **density** es *False*, los valores del histograma devuelto son iguales a la suma de los pesos pertenecientes a las muestras en cada contenedor.
np.*bincount*(x, /, weights=None, minlength=0)	Cuenta el número de apariciones de cada valor en una matriz de valores no negativos. **x** es la matriz de entrada. **weights** son los pesos en una matriz de la misma forma que **x**. **minlength** es el número mínimo de contenedores para la matriz de salida.
np.*histogram_bin_edges*(a, bins=10, range=None, weights=None)	Calcula solo los bordes de los contenedores utilizados por la función *histogram*(). **a** es la matriz con los datos de entrada. El histograma se calcula sobre la matriz aplanada. **bins** es el número de barras o contenedores (hablaremos de contenedores como traducción de *bins*). Si **bins** es un entero, define el número de contenedores de igual anchura en el rango dado. Si **bins** es una secuencia, define una matriz monotónicamente creciente de bordes de contenedores, incluyendo el borde derecho, permitiendo anchos no uniformes. Si **bins** es una cadena se utilizará el método elegido para calcular la anchura óptima de los contenedores y, en consecuencia, el número de los mismos. Los valores de estimación posibles son: • 'auto' Máximo de los estimadores 'sturges' y 'fd'. Ofrece un buen rendimiento general. • 'fd' (Estimador Freedman Diaconis) Es un estimador robusto que tiene en cuenta la variabilidad y el tamaño de los datos. • 'doane' Versión mejorada del estimador de Sturges que funciona mejor con conjuntos de datos no normales. • 'scott' Estimador menos robusto que tiene en cuenta la variabilidad y el tamaño de los datos.

	• 'stone' Basado en la estimación de validación cruzada leave-one-out del error cuadrático integrado. Puede considerarse una generalización de la regla de Scott. • 'rice' No tiene en cuenta la variabilidad, solo el tamaño de los datos. Suele sobrestimar el número de intervalos necesarios. • 'sturges' solo tiene en cuenta el tamaño de los datos. solo es óptimo para datos gaussianos y subestima el número de intervalos para grandes conjuntos de datos no gaussianos. • 'sqrt' Estimador de la raíz cuadrada del tamaño de los datos. **range** es el rango inferior y superior de los contenedores. Si no se proporciona, el rango es simplemente (a.min(), a.max()). Los valores fuera del rango se ignoran. El primer elemento del rango debe ser menor o igual que el segundo. **weights** es una matriz de pesos, de la misma forma que **a**. Cada valor de **a** solo contribuye con su peso asociado al recuento de contenedores.
np.*digitize*(x, bins, right=False)	Devuelve los índices de los contenedores a los que pertenece cada valor de la matriz de entrada. **x** es la matriz de entrada. **bins** matriz de contenedores. Tiene que ser unidimensional y monotónico. Si **right** es *False*, indica que el intervalo no incluye el borde derecho. El extremo izquierdo del contenedor está abierto en este caso, es decir, bins[i-1] <= x < bins[i] es el comportamiento por defecto para bins monotónicamente crecientes.

Vamos a obtener un histograma con los datos de las alturas de un grupo de colegiales. Los datos se presentan como una lista de tuplas, cada una de ellas contiene el número de alumnos de una determinada altura. Extraemos una lista con tantas alturas como alumnos por altura. Obtendremos los valores del histograma distribuidos en 8 contenedores o barras.

```
1.  >>> alumnos_altura = [(2, 140), (5, 145), (15, 151), (31, 157), (46, 163),
2.  ...                    (53, 168), (45, 173), (28, 179), (21, 185), (4, 190)]
3.  >>> alts = [[a]*n for n, a in alumnos_altura]  # tantas alturas como alumnos
4.  >>> alturas = [altura for sublist in alts for altura in sublist]   # aplanar
5.  >>> histograma, bins = np.histogram(alturas, bins=8)
6.  >>> print(f'{histograma=}\n{bins=}')
7.      histograma=array([ 7, 15, 31, 46, 53, 45, 28, 25], dtype=int64)
8.      bins=array([140. , 146.25, 152.5 , 158.75, 165. , 171.25, 177.5 , 183.75,
9.             190. ])
```

Dibujaremos ahora un histograma con los datos de alturas y los contenedores para tener una representación visual de los datos.

```
1.  >>> import matplotlib.pyplot as plt
2.
3.  >>> plt.hist(alturas, bins=bins)
4.  >>> plt.show()
```

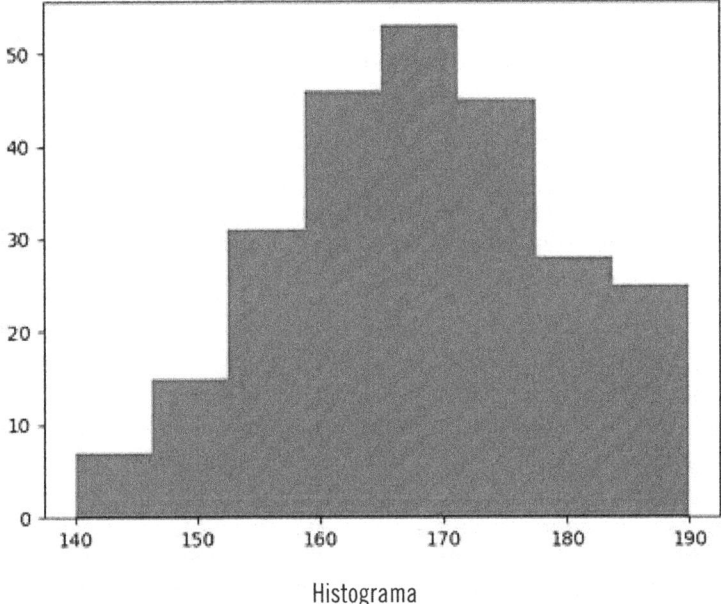

Histograma

6.1.16 Números aleatorios

Python incluye el submódulo *numpy.random* para la generación de números pseudoaleatorios simulando el azar. Este es un módulo determinista y reproducible, y al igual que el módulo incorporado *random*, hace uso del algoritmo de Mersenne Twister. El generador de números pseudoaleatorios parte de una semilla conocida y genera un número pseudoaleatorio a partir de ella, que puede ser reproducible especificando la misma semilla. Por defecto, sin semilla, esta se creará a partir del sistema operativo y, por tanto, generará números diferentes cada vez.

La misma documentación de *numpy* nos dice:

> Los generadores de números pseudoaleatorios implementados en este módulo están diseñados para modelado estadístico y simulación. No son adecuados para fines criptográficos o de seguridad. Consulte el módulo secrets de la biblioteca estándar para tales casos de uso.

Por razones históricas, el submódulo incluye muchas funciones obsoletas, conocidas como *legacy RandomState* (Estado aleatorio tradicional) en la documentación de *numpy*. Estas funciones se pueden utilizar todavía, pero a partir de numpy 1.17 se introdujeron generadores de números aleatorios explícitos, que pueden llegar a ser hasta diez veces más rápidos, recomendándose esta forma de trabajar.

El nuevo sistema de generación de números aleatorios parte de un algoritmo central para el Generador de números aleatorios (*Random Number Generator* - RNG). El generador dispone de un BitGenerator adicional para gestionar el estado y generar los bits aleatorios, que se transformaran en valores aleatorios a partir de diferentes distribuciones. El BitGenerator por defecto es PCG64, que puede cambiarse pasando un BitGenerator instanciado al generador.

El miembro específico de la familia PCG que se emplea es PCG XSL RR 128/64. Tiene mejores propiedades estadísticas y rendimiento que el algoritmo MT19937 utilizado en el estado aleatorio tradicional.

Tanto *default_rng*() como *BitGenerators* delegan internamente la conversión de semillas en estados RNG a *SeedSequence* que implementa un sofisticado algoritmo que intermedia entre la entrada del usuario y los detalles de implementación interna de cada algoritmo *BitGenerator*, cada uno de los cuales puede requerir diferentes cantidades de bits para su estado. Lo más importante es que permite usar enteros de tamaño arbitrario y secuencias arbitrarias de dichos enteros para mezclarlos en el estado RNG. Esta es una primitiva útil para construir un patrón flexible para flujos RNG paralelos.

Clase	Descripción
np.*random.default_rng*(seed=None)	Construye un nuevo Generador con el BitGenerator por defecto (PCG64). Devuelve el objeto generador inicializado. El parámetro **seed** es la semilla para inicializar el BitGenerator. Si es *None*, se extraerá del SO. Si se pasa un entero o una matriz de enteros, entonces se pasará a *SeedSequence* para derivar el estado inicial del BitGenerator. También se puede pasar una instancia de *SeedSequence*. Adicionalmente, cuando se pasa un BitGenerator, se devolverá por el Generator. Si se le pasa un Generator, se devolverá inalterado.
np.*random.Generator*(bit_generator)	Contenedor para los BitGenerators. El **bit_generator** es el generador del núcleo. El módulo *random* de la biblioteca estándar de Python contiene un generador de números pseudoaleatorios con una serie de métodos similares a los disponibles en *Generator*(). Utiliza Mersenne Twister, y se puede acceder a este generador de bits utilizando MT19937. Además de ser compatible con *numpy*, tiene la ventaja de que proporciona un número mucho mayor de distribuciones de probabilidad entre las que elegir.

6.1.16.1 DATOS ALEATORIOS SIMPLES

Las funciones disponibles para generar secuencias aleatorias son:

Función	Descripción
rng.*integers*(low, high=None, size=None, dtype=np.int64, endpoint=False)	Devuelve enteros aleatorios. Con **low** se especifica el menor número entero que producirá la distribución. Si se proporciona **high**, será el valor superior por debajo del cual se generará el mayor número entero que se producirá. Con **size** se indica el número de muestras a extraer. El tipo del resultado se indica con **dtype**, por defecto es *int64*. Si **endpoint** es *True*, muestrea el intervalo [low, high] en lugar del predeterminado [low, high). Por defecto es *False*.
rng.*random*(size=None, dtype=np.float64, out=None)	Devuelve valores aleatorios en punto flotante en el intervalo semiabierto [0.0, 1.0). Con **size** se indica el número de muestras a extraer. El tipo del resultado se indica con **dtype**. solo se admiten *float64* y *float32*. Por defecto es *float64*. Con **out** se indica donde almacenar el resultado.
rng.*choice*(a, size=None, replace=True, p=None, axis=0, shuffle=True)	Genera una muestra aleatoria a partir de una matriz dada **a** es la matriz a partir de la cual se genera una muestra aleatoria de sus elementos. Si es un entero, la muestra aleatoria se genera a partir de *np.arange*(a). Con **size** se indica el número de muestras a extraer. Si **replace** es *True* un valor de la matriz de entrada puede seleccionarse varias veces. Con **p** se establecen las probabilidades asociadas a cada entrada de **a**. Si no se indican, la muestra asume una distribución uniforme sobre todas las entradas. **axis** es el eje a lo largo del cual se realiza la selección. El valor predeterminado, 0, selecciona por fila. Si **shuffle** es *True* la muestra se baraja cuando se muestrea sin reemplazo. Si es *False* la generación es más rápida.
rng.*bytes*(length)	Devuelve bytes aleatorios. **length** es el número de bytes aleatorios a generar.

En el siguiente ejemplo vamos a generar (1) 10 números enteros con un valor máximo de 5; (2) una matriz de 2x4 con un valor máximo de 5; (3) un vector de tres elementos con tres límites superiores diferentes; y (4) terminamos generando cinco números aleatorios en punto flotante.

Empezamos instanciando un generador (RNG), que emplearemos en los sucesivos ejemplos.

```
1.   >>> # crear un generador
2.   >>> rng = np.random.default_rng()
3.
4.   >>> # (1) generar enteros con valor máximo de 5
5.   >>> rng.integers(5, size=10)
6.       array([0, 1, 2, 3, 0, 0, 3, 4, 3, 2], dtype=int64)
7.
8.   >>> # (2) matriz de 2x4 con valor máximo de 5
9.   >>> rng.integers(5, size=(2, 4))
10.      array([[1, 4, 0, 2],
11.             [3, 4, 0, 3]], dtype=int64)
12.
13.  >>> # (3) vector con tres límites superiores
14.  >>> rng.integers(5, [6, 8, 10])
15.      array([5, 7, 6], dtype=int64)
16.
17.  >>> # (4) generar decimales
18.  >>> rng.random(5)
19.      array([0.01419041, 0.42549521, 0.10876639, 0.63341742, 0.41872913])
```

Ahora vamos a generar una muestra aleatoria uniforme de tres elementos. Al pasar un entero se asume que la matriz de entrada equivale a $np.arange(5)$. La segunda generación es igual a la primera, pero sin reemplazamiento. Y la tercera es una muestra aleatoria no uniforme.

```
1.   >>> rng.choice(5, 3)
2.       array([4, 2, 2], dtype=int64)
3.   >>> rng.choice(5, 3, replace=False)
4.       array([4, 0, 3], dtype=int64)
5.   >>> rng.choice(5, 3, p=[0.1, 0.2, 0.3, 0, 0.4])
6.       array([2, 0, 4], dtype=int64)
```

Sobre una secuencia de elementos únicos obtenemos una lista de tres elementos sin reemplazamiento. Los elementos de la lista resultante estarán en el orden de selección.

```
1.   >>> dias = ['lunes', 'martes', 'miercoles', 'jueves', 'viernes', 'sabado',
         'domingo']
2.   >>> rng.choice(dias, 3, replace=False)
3.       array(['miercoles', 'domingo', 'jueves'], dtype='<U9')
```

Y terminamos generando 16 bytes aleatorios.

```
1.   >>> rng.bytes(16)
2.       b'_\x08\xf8\xf3\xb6\xe7G\xcd\x7f!\x1c\xb9y\xde\xa2\x18'
```

6.1.16.2 PERMUTACIONES

Los métodos disponibles para permutar aleatoriamente una secuencia son:

Función	Descripción
rng.*shuffle*(x, axis=0)	Modifica una matriz o secuencia barajando su contenido. El orden de los elementos cambia, pero su contenido sigue siendo el mismo. **x** es la matriz, lista o secuencia mutable que se va a barajar. **axis** es el eje a lo largo del cual se baraja **x**. Por defecto es 0. solo se admite en objetos *ndarray*.
rng.*permutation*(x, axis=0)	Permuta aleatoriamente una secuencia o devuelve un rango permutado. Si **x** es un entero, se permuta aleatoriamente *np.arange*(x). Si **x** es una matriz, se barajan los elementos de una copia. **axis** es el eje a lo largo del cual se baraja. Por defecto es 0.
rng.*permuted*(x, axis=None, out=None)	Permuta aleatoriamente a lo largo del eje indicado. Cada corte se baraja independientemente. **x** es la matriz que se va a barajar. **axis** es el eje a lo largo del cual se baraja. Si es *None*, se baraja la matriz aplanada. Si se especifica **out**, es el destino de la matriz barajada. Si es *None*, se devuelve una copia barajada de la matriz.

Procedemos a barajar los elementos de la matriz.

```
1.  >>> m = np.arange(10)
2.  >>> m
3.      array([0, 1, 2, 3, 4, 5, 6, 7, 8, 9])
4.
5.  >>> # barajar los elementos de la matriz
6.  >>> rng.shuffle(m)
7.  >>> m
8.      array([6, 3, 4, 1, 8, 9, 2, 0, 7, 5])
```

Ahora permutamos los elementos de la matriz obteniendo una nueva matriz con el resultado. Observamos como la matriz original no ha cambiado.

```
1.   >>> m = np.arange(10)
2.   >>> m
3.       array([0, 1, 2, 3, 4, 5, 6, 7, 8, 9])
4.
5.   >>> # permutar los elementos de la matriz
6.   >>> n = rng.permutation(m)
7.   >>> n
8.       array([7, 8, 3, 4, 2, 6, 1, 5, 0, 9])
9.   >>> # La matriz original no ha cambiado
10.  >>> m
11.      array([0, 1, 2, 3, 4, 5, 6, 7, 8, 9])
```

Terminamos realizando una permutación de valores lo largo del eje 1. Modificando además la matriz original al haberla especificado en el parámetro **out**.

```
1.   >>> x = m.reshape(2,5)
2.   >>> x
3.   array([[0, 1, 2, 3, 4],
4.          [5, 6, 7, 8, 9]])
5.
6.   >>> # permutar los elementos de la matriz
7.   >>> # y dejar el resultado sobre la matriz original
8.   >>> y = rng.permuted(x, axis=1, out=x)
9.   >>> y
10.      array([[3, 1, 4, 2, 0],
11.             [6, 9, 5, 7, 8]])
12.  >>> x
13.      array([[3, 1, 4, 2, 0],
14.             [6, 9, 5, 7, 8]])
```

6.1.16.3 DISTRIBUCIONES

En todas aquellas áreas que trabajan con grandes volúmenes de datos, que no son sino una muestra de la población total, y cuyas conclusiones se basan en hacer suposiciones (inferencia estadística) acerca de la forma en que los datos se distribuyen, se trata de ajustar esos datos a alguna de las distribuciones conocidas y estudiadas en profundidad.

Las distribuciones de probabilidad teóricas son útiles en la inferencia estadística, porque si la distribución real de esos datos se asemeja a una distribución conocida, muchos de los cálculos se pueden realizar utilizando hipótesis extraídas de la distribución teórica.

En *numpy* disponemos de un gran número de funciones de distribución.

Función	Descripción
rng.*beta*(a, b, size=None)	Extrae muestras de una distribución Beta. **a** matriz de entrada Alfa > 0. **b** matriz de entrada Beta > 0. **size** es el tamaño de la salida. Si **size** es *None*, se devuelve un único valor si **a** y **b** son ambos escalares. En caso contrario, se extraen np.broadcast(a, b).size muestras.
rng.*binomial*(n, p, size=None)	Extrae muestras de una distribución binomial. **n** número de muestras >= 0. **p** estimación de la población >= 0 y <= 1. Si **size** es *None*, se devuelve un único valor si **n** y **p** son escalares. En caso contrario, se extraen np.broadcast(n, p).size muestras.

rng.*chisquare*(df, size=None)	Extrae muestras de una distribución chi-cuadrado. Es un caso especial de la distribución gamma y es una de las distribuciones de probabilidad más usadas en pruebas de hipótesis y en la construcción de intervalos de confianza. **df** son variables aleatorias independientes con distribución normal estándar. Si **size** es *None*, se devuelve un único valor si **df** es un escalar. En caso contrario, se extraen np.array(df).size muestras.
rng.*dirichlet*(alpha, size=None)	Extrae muestras de la distribución Dirichlet. **alpha** parámetros de la distribución. Si **size** es *None*, se devuelve un vector de longitud la matriz de entrada.
rng.*exponential*(scale=1.0, size=None)	Extrae muestras de una distribución exponencial. **scale** es la escala de la distribución. Si **size** es *None*, se devuelve un único valor si **escale** es un escalar. De lo contrario, se obtienen tantas muestras como np.array(scale).size.
rng.*f*(dfnum, dfden, size=None)	Extrae muestras de una distribución F. **dfnum** son los grados de libertad en el numerador, debe ser > 0. **dfden** son los grados de libertad en el denominador, debe ser > 0. Si **size** es *None*, se devuelve un único valor si **dfnum** y **dfden** son ambos escalares. En caso contrario, se extraen np.broadcast(dfnum, dfden).size muestras.
rng.*gamma*(shape, scale=1.0, size=None)	Extrae muestras de una distribución Gamma. **shape** es la forma de la distribución gamma. Debe ser positivo. **scale** es la escala de la distribución gamma. Debe ser positivo. Por defecto es igual a 1. Si **size** es *None*, se devuelve un único valor si **shape** y **scale** son escalares. En caso contrario, se extraen np.broadcast(shape, scale).size muestras.
rng.*geometric*(p, size=None)	Extrae muestras de una distribución geométrica. **p** es la probabilidad de éxito de un ensayo individual. Si **size** es *None*, se devuelve un único valor si **p** es un escalar. En caso contrario, se extraen np.array(p).size muestras.
rng.*gumbel*(loc=0.0, scale=1.0, size=None)	Extrae muestras de una distribución Gumbel. **loc** es la ubicación de la moda de la distribución. Por defecto es 0. **escale** es el parámetro de escala de la distribución. Por defecto es 1. Debe ser no negativo. Si **size** es *None*, se devuelve un único valor si **loc** y **scale** son ambos escalares. En caso contrario, se extraen np.broadcast(loc, scale).size muestras.

rng.*hypergeometric*(ngood, nbad, nsample, size=None)	Extrae muestras de una distribución hipergeométrica. **ngood** es el número de maneras de hacer una buena selección. Debe ser no negativo y menor que 10**9. **nbad** es el número de maneras de hacer una mala selección. Debe ser no negativo y menor que 10**9. **nsample** es el número de elementos muestreados. Debe ser no negativo y menor que ngood + nbad. Si el **size** es *None*, se devuelve un único valor si **ngood**, **nbad** y **nsample** son todos escalares. En caso contrario, se extraen np.broadcast(ngood, nbad, nsample).size muestras.
rng.*laplace*(loc=0.0, scale=1.0, size=None)	Extrae muestras de la distribución de Laplace o exponencial doble. **loc** es la posición o media de la distribución. Por defecto es 0. **escale** es el decaimiento exponencial. Por defecto es 1. Debe ser no negativo. Si **size** es *None*, se devuelve un único valor si **loc** y **scale** son ambos escalares. En caso contrario, se extraen np.broadcast(loc, scale).size muestras.
rng.*logistic*(loc=0.0, scale=1.0, size=None)	Extrae muestras de una distribución logística. Las muestras se extraen de una distribución logística con parámetros especificados, **loc** (localización o media, también mediana) y **escale** (escala > 0). **loc** es la localización, media o mediana. Por defecto es 0. **scale** es la escala de la distribución. Debe ser no negativo. Por defecto es 1. Si **size** es *None*, se devuelve un único valor si **loc** y **scale** son ambos escalares. En caso contrario, se extraen np.broadcast(loc, scale).size muestras.
rng.*lognormal*(mean=0.0, sigma=1.0, size=None)	Extrae muestras de una distribución logarítmica normal. **mean** es el valor medio de la distribución normal subyacente. Por defecto es 0. **sigma** es la desviación estándar de la distribución normal subyacente. Debe ser no negativa. Por defecto es 1. Si **size** es *None*, se devuelve un único valor si **mean** y **sigma** son ambos escalares. En caso contrario, se extraen np.broadcast(mean, sigma).size muestras.
rng.*logseries*(p, size=None)	Extrae muestras de una distribución logarítmica en serie. **p** es el parámetro de forma de la distribución. Debe estar en el rango [0, 1]. Si **size** es *None*, se devuelve un único valor si **p** es un escalar. En caso contrario, se extraen np.array(p).size muestras.
rng.*multinomial*(n, pvals, size=None)	Extrae muestras de una distribución multinomial. **n** es el número de experimentos. **pvals** son las probabilidades de cada uno de los resultados diferentes con forma (k0, k1, ..., kn, p). Si **size** es *None*, el tamaño de salida está determinado por la forma de emisión de **n** y todo por la dimensión final de **pvals**, que se denota como b=(b0, b1, ..., bq). Si el tamaño no es *None*, debe ser compatible con la forma de difusión de **b**. En concreto, el tamaño debe tener q o más elementos y size[-(q-j):] debe ser igual a bj.

rng.*multivariate_hypergeometric*(colors, nsample, size=None, method='marginals')	Generar variantes de una distribución hipergeométrica multivariante. **colors** es el número de cada tipo de elemento de la colección de la que se extrae una muestra. Los valores deben ser no negativos. Para evitar pérdidas de precisión en el algoritmo, sum(colors) debe ser inferior a 10**9 cuando el método sea "marginals". **nsample** es el número de elementos seleccionados. No debe ser mayor que sum(colors). Size es el número de variantes a generar. Si el tamaño es un entero, la salida tiene forma (size, len(colors)). Si es *None*, se devuelve una única variante como una matriz con forma (len(colors),). **method** especifica el algoritmo utilizado para generar las variantes. Debe ser 'count' o 'marginals'.
rng.*multivariate_normal*(mean, cov, size=None, check_valid='warn', tol=1e-8, *, method='svd')	Extrae muestras aleatorias de una distribución normal multivariante. **mean** es la media de la distribución N-dimensional. **cov** es la matriz de covarianza de la distribución. Debe ser simétrica y semidefinida positiva para un muestreo correcto. **size** es la forma de salida. Dado que cada muestra tiene N dimensiones, la forma de salida es (m,n,k,N). Si no se especifica ninguna forma, se devuelve una sola muestra (N-D). **check_valid** establece el comportamiento cuando la matriz de covarianza no es semidefinida positiva. Puede ser {'warn', 'raise', 'ignore'}. **tol** es la tolerancia al comprobar los valores singulares en la matriz de covarianza. **cov** se convierte a doble antes de la comprobación. **method** selecciona el método utilizado para calcular la matriz de factores A tal que A @ A.T = cov. El método por defecto 'svd' es el más lento, mientras que 'cholesky' es el más rápido, pero menos robusto. El método 'eigh' utiliza la descomposición eigen para calcular A y es más rápido que 'svd' pero más lento que 'cholesky'.
rng.*negative_binomial*(n, p, size=None)	Extrae muestras de una distribución binomial negativa. **n** es el número de aciertos, donde n > 0. **p** es la probabilidad de acierto, en el intervalo (0, 1]. Si **size** es *None*, se devuelve un único valor si **n** y **p** son ambos escalares. En caso contrario, se extraen np.broadcast(n, p).size muestras.
rng.*noncentral_chisquare*(df, nonc, size=None)	Extrae muestras de una distribución chi-cuadrado no central. **df** son los grados de libertad, debe ser > 0. **nonc** la no centralidad, debe ser no negativo. Si **size** es *None*, se devuelve un único valor si **df** y **nonc** son ambos escalares. En caso contrario, se extraen np.broadcast(df, nonc).size muestras.

rng.*noncentral_f*(dfnum, dfden, nonc, size=None)	Extrae muestras de la distribución F no central. **dfnum** son los grados de libertad del numerador, debe ser > 0. **dfden** son los grados de libertad del denominador, debe ser > 0. **nonc** es el parámetro de no centralidad, la suma de los cuadrados de las medias del numerador, debe ser >= 0. Si **size** es *None*, se devuelve un único valor si dfnum, dfden y nonc son todos escalares. En caso contrario, se extraen np.broadcast(dfnum, dfden, nonc).size muestras.
rng.*normal*(loc=0.0, scale=1.0, size=None)	Extrae muestras aleatorias de una distribución normal (gaussiana). **loc** es la media de la distribución. **scale** es la desviación estándar de la distribución. Debe ser no negativo. Si **size** es *None*, se devuelve un único valor si **loc** y **scale** son ambos escalares. En caso contrario, se extraen np.broadcast(loc, scale).size muestras.
rng.*pareto*(a, size=None)	Extrae muestras de una distribución Pareto II o Lomax con la forma especificada. **a** es la forma de la distribución. Debe ser positiva. Si **size** es *None*, se devuelve un único valor si **a** es un escalar. En caso contrario, se extraen np.array(a).size muestras.
rng.*poisson*(lam=1.0, size=None)	Extrae muestras de una distribución de Poisson. **lam** es el número esperado de eventos que ocurren en un intervalo de tiempo fijo, debe ser >= 0. Si **size** es *None*, se devuelve un único valor si **lam** es un escalar. En caso contrario, se extraen np.array(lam).size muestras.
rng.*power*(a, size=None)	Extrae muestras en [0, 1] de una distribución de potencia con exponente positivo a - 1. La distribución de la función de potencia es la inversa de la distribución de Pareto. **a** parámetro de la distribución. Debe ser no negativo. Si **size** es *None*, se devuelve un único valor si **a** es un escalar. En caso contrario, se extraen np.array(a).size muestras.
rng.*rayleigh*(scale=1.0, size=None)	Extrae muestras de una distribución Rayleigh. **scale** es igual a la moda. Debe ser no negativo. Por defecto es 1. Si **size** es *None*, se devuelve un único valor si **scale** es un escalar. En caso contrario, se extraen np.array(scale).size muestras.
rng.*standard_cauchy*(size=None)	Extrae muestras de una distribución Cauchy estándar con modo = 0. Si **size** es *None* se devuelve un único valor.
rng.*standard_exponential*(size=None, dtype=np.float64, method='zig', out=None)	Extrae muestras de la distribución exponencial estándar. **size** es la forma de salida. Si es *None* , se devuelve un único valor. **dtype** es el tipo de los datos del resultado. Solo se admiten *float64* y *float32*. Byteorder debe ser nativo. **method** es el método de generación. Puede ser 'inv' o 'zig', 'inv' utiliza el método CDF inverso, mientras que 'zig' utiliza el método Ziggurat de Marsaglia y Tsang, mucho más rápido. **out** es la matriz de salida alternativa en la que colocar el resultado.

rng.*standard_gamma*(shape, size=None, dtype=np.float64, out=None)	Extrae muestras de una distribución Gamma estándar. **shape** es la forma (media), debe ser no negativo. Si **size** es *None*, se devuelve un único valor si **shape** es un escalar. En caso contrario, se extraen np.array(shape).size muestras. **dtype** es el tipo de los datos del resultado. Solo se admiten *float64* y *float32*. Byteorder debe ser nativo. **out** es la matriz de salida alternativa en la que colocar el resultado.
rng.*standard_normal*(size=None, dtype=np.float64, out=None)	Extrae muestras de una distribución normal estándar (media=0, stdev=1). Si **size** es *None*, se devuelve un único valor. **dtype** es el tipo de los datos del resultado. Solo se admiten *float64* y *float32*. Byteorder debe ser nativo. **out** es la matriz de salida alternativa en la que colocar el resultado.
rng.*standard_t*(df, size=None)	Extrae muestras de una distribución t de Student estándar. **df** son los grados de libertad, debe ser > 0. Si **size** es *None*, se devuelve un único valor si **df** es un escalar. En caso contrario, se extraen np.array(df).size muestras.
rng.*triangular*(left, mode, right, size=None)	Extrae muestras de la distribución triangular sobre el intervalo [left, right]. **left** es el límite inferior. **mode** es el valor donde se produce el pico de la distribución. El valor debe cumplir la condición left <= mode <= right. **right** es el límite superior, debe ser mayor que **left**. Si **size** es *None*, se devuelve un único valor si **left**, **mode** y **right** son escalares. En caso contrario, se extraen np.broadcast(left, mode, right).size muestras.
rng.*uniform*(low=0.0, high=1.0, size=None)	Extrae muestras de una distribución uniforme. **low** es el límite inferior del intervalo de salida. Todos los valores generados serán mayores o iguales que **low**. El valor por defecto es 0. **high** es el límite superior del intervalo de salida. Todos los valores generados serán menores que **high**. El límite superior puede estar incluido en la matriz de valores resultante debido al redondeo de punto flotante en la ecuación low + (high - low) * random_sample(). El resultado de high - low debe ser no negativo. El valor por defecto es 1.0. Si **size** es *None*, se devuelve un único valor si **low** y **high** son ambos escalares. En caso contrario, se extraen np.broadcast(low, high).size muestras.

rng.*vonmises*(mu, kappa, size=None)	Extrae muestras de una distribución de von Mises. **mu** es la moda de la distribución. **kappa** es la dispersión de la distribución, debe ser >= 0. Si **size** es *None*, se devuelve un único valor si **mu** y **kappa** son ambos escalares. En caso contrario, se extraen np.broadcast(mu, kappa).size muestras.
rng.*wald*(mean, scale, size=None)	Extrae muestras de una distribución Wald, o gaussiana inversa. **mean** es la media de la distribución, debe ser > 0. **scale** debe ser > 0. Si **size** es *None*, se devuelve un único valor si **mean** y **scale** son escalares. En caso contrario, se extraen np.broadcast(mean, scale).size muestras.
rng.*weibull*(a, size=None)	Extrae muestras de una distribución Weibull. **a** es la forma de la distribución. Debe ser no negativo. Si **size** es *None*, se devuelve un único valor si **a** es un escalar. En caso contrario, se extraen np.array(a).size muestras.
rng.*zipf*(a, size=None)	Extrae muestras de una distribución Zipf. **a** parámetro de la distribución, debe ser mayor que 1. Si **size** es *None*, se devuelve un único valor si **a** es un escalar. En caso contrario, se extraen np.array(a).size muestras.

El RNG puede generar números aleatorios a partir de muchas distribuciones diferentes. Vamos a ver algunas de las distribuciones más comunes.

En todos los casos realizaremos primero las importaciones:

```
1.  >>> import numpy as np
2.  >>> import matplotlib.pyplot as plt
```

Binomial

La distribución binomial sirve para calcular el número de éxitos en una secuencia de n ensayos tipo Bernouilli (2 opciones independientes entre sí), conociendo la probabilidad p de obtener éxito en cada uno de esos ensayos. Solo es posible cuando son posibles exactamente dos resultados para un evento separado.

Haciendo uso de una distribución de probabilidad binomial, para 30 intentos con una probabilidad de acierto de 0.2, si realizamos 200.000 ensayos, obtenemos un 0.114% de probabilidad de fallo.

```
1.  >>> rng = np.random.default_rng()
2.  >>> n, p = 30, 0.2 # número de intentos, probabilidad
3.  >>> sum(rng.binomial(n, p, 200000) == 0) / 200000
4.      0.00114
```

Exponencial

La distribución exponencial es una distribución continua que se utiliza para modelar tiempos de espera para la ocurrencia de un cierto evento que se produce a una velocidad constante, como la desintegración de un átomo radioactivo o el tiempo de llegada de clientes.

Sobre diez mil clientes la probabilidad de llegada en los próximos 4 minutos es de un 0.7114. Visualizamos el gráfico de la distribución

```
1.  >>> rng = np.random.default_rng()
2.  >>> time = rng.exponential(4, 10000)
3.  >>> sum(time < 5) / 10000
4.      0.7114
5.
6.  >>> plt.hist(time, bins=100)
7.  >>> plt.show()
```

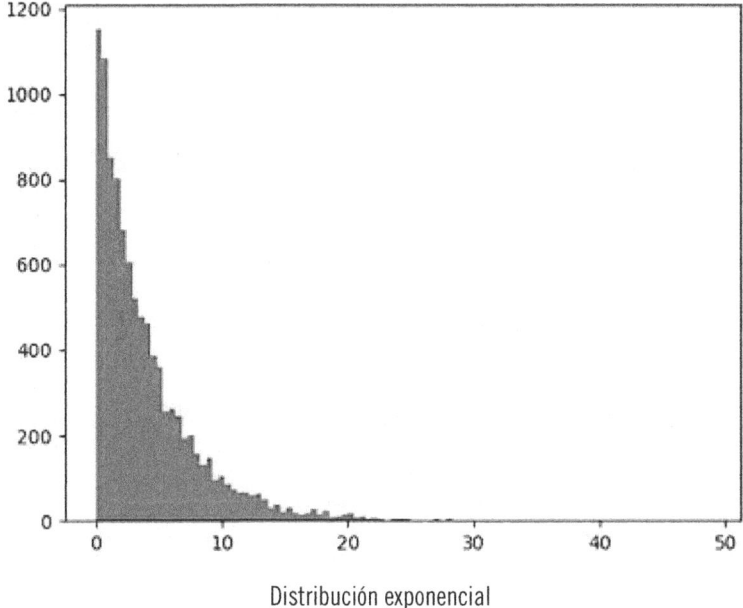

Distribución exponencial

Normal

La distribución normal, o distribución de Gauss, es una de las distribuciones de probabilidad de variable continua que con más frecuencia aparece en la teoría de probabilidades. Permite modelar numerosos fenómenos donde hay una gran cantidad de variables incontrolables y donde se asume que cada observación se obtiene como la suma de unas pocas causas independientes.

Generaremos diez mil números normalmente distribuidos que están centrados alrededor de la media y la desviación estándar es cercana a uno.

El gráfico de la distribución se ajusta a la típica Campana de Gauss.

```
1.  >>> rng = np.random.default_rng()
2.  >>> n = rng.normal(size=10_000)
3.  >>> n.mean()
4.      -0.010714304799203678
5.  >>> n.std()
6.      1.0146686217113279
7.
8.  >>> plt.hist(n, bins=100)
9.  >>> plt.show()
```

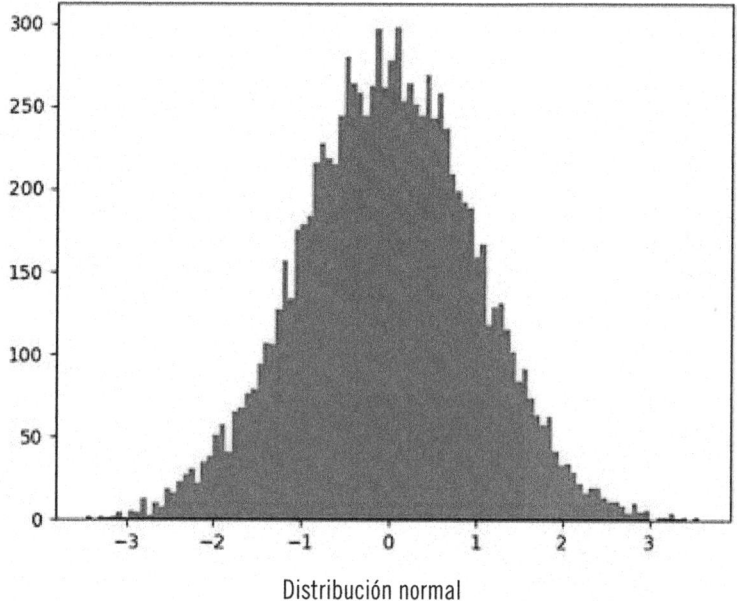

Distribución normal

Pareto

La distribución de Pareto es una distribución de probabilidad continua. Se describe a menudo como el principio de Pareto o la regla del 80-20, que dice que "el 20% de la población controla el 80% de la riqueza".

Esta distribución no se limita a describir la renta de las personas, si no a muchas situaciones en las que se encuentra un equilibrio en la distribución de lo pequeño a lo grande, como que el 80% de las quejas de los clientes dependen del 20% de los productos.

En el ejemplo generamos diez mil números según una distribución de Pareto. El histograma visualiza la distribución de las muestras.

```
1.  >>> rng = np.random.default_rng()
2.  >>> p = rng.pareto(4.3, 10000)
3.
4.  >>> plt.hist(p, bins=100)
5.  >>> plt.show()
```

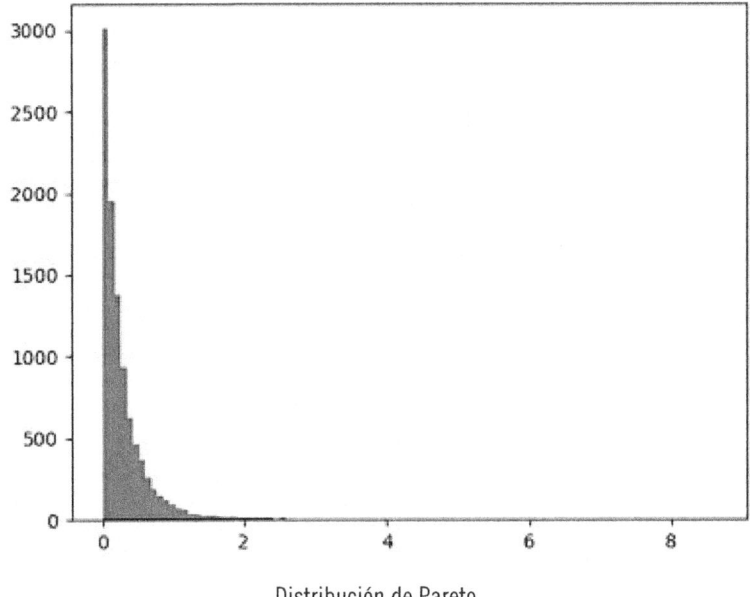

Distribución de Pareto

Poisson

La distribución de Poisson es una distribución de probabilidad discreta que expresa la probabilidad de que se produzca un número determinado de sucesos en un intervalo fijo de tiempo o espacio, suponiendo que los sucesos son independientes y que la tasa media de ocurrencia es constante.

Es una de las distribuciones más utilizadas en estadística con aplicaciones como describir el número de fallos en un lote de materiales o el número de llamadas por hora a un centro de servicios.

En el ejemplo generamos diez mil muestras según una distribución de Poisson. El histograma visualiza la distribución de las muestras.

```
1.  >>> rng = np.random.default_rng()
2.  >>> s = rng.poisson(10, 10000)
3.
4.  >>> plt.hist(s, 10, density=True)
5.  >>> plt.show()
```

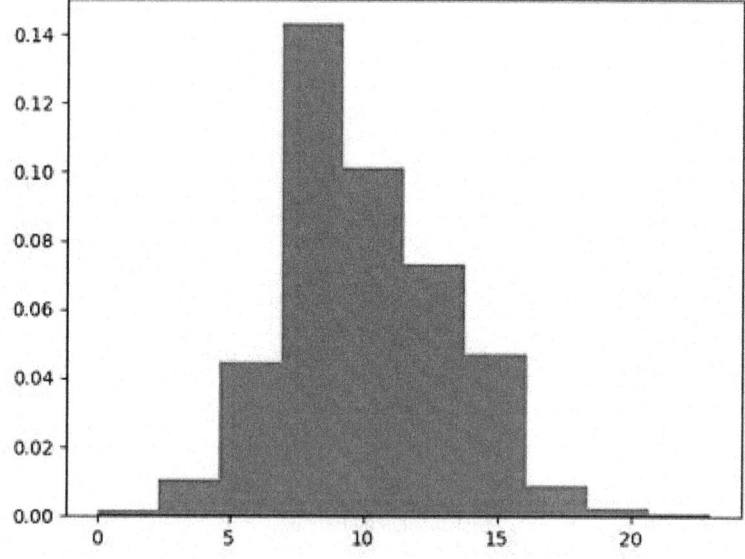

Distribución de Poisson

Uniforme

En una distribución uniforme todos los intervalos de igual longitud en la distribución en su rango son igualmente probables.

En el ejemplo generamos diez mil muestras en el intervalo [0, 20.0). El histograma visualiza la distribución de las muestras.

```
1.  >>> rng = np.random.default_rng()
2.  >>> m = rng.uniform(0, 20.0, 100000)
3.
4.  >>> plt.hist(m, 40)
5.  >>> plt.show()
```

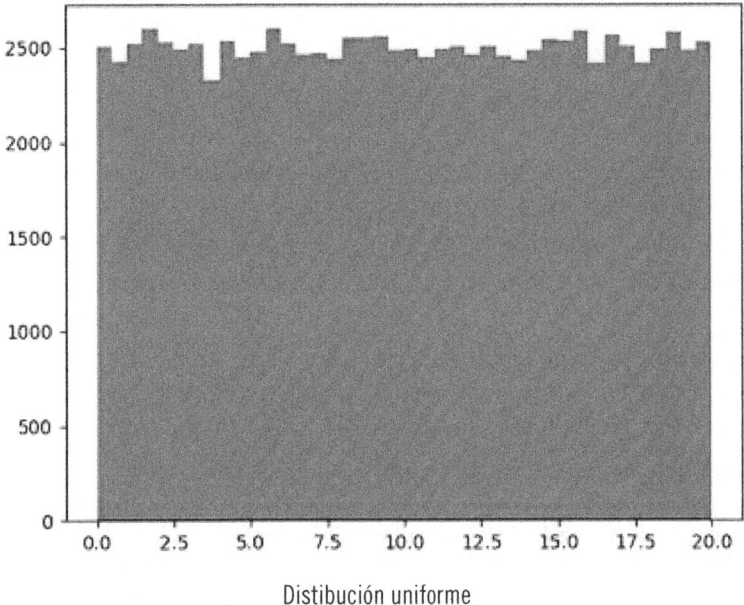

Distibución uniforme

6.1.17 Álgebra lineal

El álgebra lineal es una rama de las matemáticas que se ocupa del estudio de los espacios vectoriales y sus transformaciones lineales. Tiene numerosas aplicaciones en diversos campos como la física, la informática, la investigación operativa, la ingeniería, además de la simulación de fenómenos naturales.

Nos encontramos con aplicaciones del álgebra lineal en:

▼ **Procesamiento de señales**. Para la codificación y manipulación de señales de audio y vídeo y el análisis de dichas señales.

▼ **Informática**. Para la resolución de problemas que se presentan en el análisis de datos.

▼ **Programación lineal**. Para la optimización que determina el mejor resultado de una función lineal.

▼ **Algoritmos de predicción**. Que hacen uso de modelos lineales utilizando conceptos del álgebra lineal.

6.1.17.1 ELEMENTOS DEL ÁLGEBRA LINEAL

El estudio del Álgebra lineal implica trabajar con varios objetos matemáticos, como:

- ▶ **Escalares**. Elemento con magnitud pero sin dirección. Pueden ser un número real o complejo.

- ▶ **Vectores**. Segmentos de recta que representan tanto la magnitud como la dirección. Pueden representarse como matrices de números y utilizarse para describir magnitudes físicas como la velocidad, la fuerza o la posición.

- ▶ **Matrices**. Conjunto bidimensional de números que se utilizan para representar transformaciones lineales y los coeficientes de los sistemas de ecuaciones lineales.

- ▶ **Transformaciones lineales**. Funciones que transforman vectores de un espacio vectorial a otro preservando ciertas propiedades. Entre las transformaciones lineales se encuentran las rotaciones, reflexiones y cambios de escalas.

- ▶ **Sistemas de ecuaciones lineales**. Una ecuación lineal es una ecuación que solo involucra sumas y restas de una o más variables a la primera potencia. Cuando nuestro problema está representado por más de una ecuación lineal, hablamos de un sistema de ecuaciones lineales. El objetivo es encontrar un conjunto de valores para las variables que satisfagan todas las ecuaciones simultáneamente.

- ▶ **Operaciones matriciales**. Conjunto de operaciones que se utilizan para manipular matrices y resolver problemas relacionados con sistemas lineales y transformaciones.

- ▶ **Valores propios y vectores propios**. Dada una matriz cuadrada, un vector propio es un vector distinto de cero que, cuando se multiplica por la matriz, da como resultado una versión a escala del vector original. El valor propio correspondiente representa el factor de escala.

En general, un sistema de **m** ecuaciones lineales con **n** incógnitas es un conjunto de ecuaciones de la forma:

$$a_{11}x_1 + a_{12}x_2 + ... + a_{1n}x_n = b_1$$

$$a_{21}x_1 + a_{22}x_2 + ... + a_{2n}x_n = b_2$$

$$. . .$$

$$a_{m1}x_1 + a_{m2}x_2 + ... + a_{mn}x_n = b_m$$

Sistema de ecuaciones

Donde **a** son los coeficientes, en forma de números reales o complejos, y las soluciones **b** de las ecuaciones también son números reales o complejos. Una solución es un conjunto de valores que al sustituir con ellos las incógnitas **x** todas las ecuaciones del sistema se cumplen.

Así, el sistema de ecuaciones:

```
x + 2y + 3z = 2
6x + 5y + 4z = 4
7x - 8y + 9z = 6
```

Lo representaremos con la ecuación matricial:

$$\begin{bmatrix} 1, & 2, & 3 \\ 6, & 5, & 4 \\ 7, & -8, & 9 \end{bmatrix} * \begin{bmatrix} X \\ Y \\ Z \end{bmatrix} = \begin{bmatrix} 2 \\ 4 \\ 6 \end{bmatrix}$$

Ecuación matricial

Python nos facilita la resolución de sistemas de ecuaciones con la función *solve*(). En este caso lo haríamos de la forma:

```
1.  >>> m = np.array([[1, 2, 3],
2.  ...               [6, 5, 4],
3.  ...               [7, -8, 9]])
4.  >>> b = np.array([2, 4, 6])
5.  >>> x, y, z = np.linalg.solve(m, b)
6.  >>> print(f'{x=}, {y=}, {z=}')
7.      x=0.25000000000000006, y=0.07142857142857142, z=0.5357142857142857
```

El álgebra lineal trata de las soluciones y la estructura de las soluciones de las ecuaciones lineales.

Las funciones de álgebra lineal de *numpy* se basan en BLAS (*Basic Linear Algebra Subprograms* - Subprogramas Básicos de Álgebra Lineal) y LAPACK (*Linear Algebra Package* - Paquete de Álgebra Lineal) para proporcionar implementaciones eficientes de bajo nivel de algoritmos estándar de álgebra lineal.

LAPACK es una colección de operaciones de álgebra lineal de alto nivel cuyas rutinas están escritas de forma que la mayor parte del cálculo se realice mediante llamadas a BLAS que permiten a las rutinas LAPACK alcanzar un alto rendimiento con código portable.

BLAS dispone de un conjunto de rutinas de bajo nivel para realizar operaciones comunes de álgebra lineal como la suma de vectores, la multiplicación escalar, las combinaciones lineales y la multiplicación de matrices.

LPACK proporciona rutinas para resolver sistemas de ecuaciones lineales y mínimos cuadrados lineales, problemas de valores propios y descomposición de valores singulares.

También incluye rutinas para implementar las factorizaciones matriciales asociadas, como la descomposición LU, QR, Cholesky y Schur.

El submódulo *numpy.linalg* nos ofrece un conjunto de funciones para el algebra lineal. La biblioteca SciPy también contiene un submódulo linalg, que aunque se solapa con *numpy* tienen funcionalidad aumentada en *scipy.linalg*. SciPy también ofrece otras funciones que no se encuentran en *numpy.linalg*, como funciones relacionadas con la descomposición LU y la descomposición de Schur.

6.1.17.2 PRODUCTOS MATRICIALES Y VECTORIALES

Ya vimos que el operador producto (*) en *numpy* realiza una multiplicación elemento a elemento entre matrices. El producto matricial de dos matrices se realiza utilizando el operador arroba (@), que se introdujo en la versión 1.10, a partir de Python 3.5. Es el recomendado para realizar el producto matricial. La function *matmul()* implementa el operador @.

Las funciones para realizar productos matriciales y vectoriales en *numpy* son:

Función	Descripción
np.*dot*(a, b, out=None)	Producto matricial de dos matrices. **a** y **b** son las matrices a multiplicar. **out** es la matriz de salida alternativa en la que colocar el resultado. Debe tener la misma forma y longitud de búfer que la salida esperada, y el tipo de datos correcto.
linalg.*multi_dot*(arrays, *, out=None)	Calcula el producto matricial de dos o más matrices en una sola llamada a la función, seleccionando automáticamente el orden de evaluación más rápido. **arrays** es la secuencia de matrices. Si el primer argumento es 1-D se trata como un vector fila. Si el último argumento es 1-D se trata como un vector columna. Los otros argumentos deben ser 2-D. **out** es la matriz de salida alternativa en la que colocar el resultado. Debe tener la misma forma y longitud de búfer que la salida esperada, y el tipo de datos correcto.
np.*vdot*(a, b, /)	Devuelve el producto matricial de dos vectores. La función *vdot()* trata los números complejos de forma diferente a *dot()*. Si el primer argumento es complejo, se utiliza el conjugado complejo del primer argumento para calcular el producto. **a**, **b** son las matrices a multiplicar. Las matrices multidimensionales se aplanan a vectores unidimensionales previamente a la operación.
np.*inner*(a, b, /)	Producto interior de dos matrices. **a**, **b** son las matrices de entrada. Las últimas dimensiones de las matrices deben coincidir.

np.*outer*(a, b, out=None)	Calcula el producto exterior de dos matrices. **a** es el primer vector de entrada. La entrada se aplana si no es unidimensional. **b** es el segundo vector de entrada. La entrada se aplana si no es unidimensional. **out** es la matriz de salida alternativa donde se almacena el resultado.
np.*matmul*(x1, x2, /, out=None, *, casting='same_kind', order='K', dtype=None, subok=True[, signature, extobj, axes, axis])	Producto matricial de dos matrices. El operador @ puede utilizarse como abreviatura de *matmul*() con *ndarrays*. **x1**, **x2** son las matrices de entrada. No se permiten escalares. **out** es la matriz de salida alternativa donde se almacena el resultado. Si no se proporciona o es *None*, se devuelve una matriz recién asignada.
np.*tensordot*(a, b, axes=2)	Calcula el producto tensorial a lo largo de los ejes especificados. **a**, **b** son las matrices de entrada. **axes** son los ejes sobre los que actuar. Si es un entero se realiza la suma sobre los últimos N ejes de **a** y los primeros N ejes de **b** en orden. Los tamaños de los ejes correspondientes deben coincidir. Si es una lista de ejes a sumar, la primera secuencia se aplica a **a**, la segunda a **b**. Ambos elementos deben tener la misma longitud.
np.*einsum*(subscripts, *operands, out=None, dtype=None, order='K', casting='safe', optimize=False)	Evalúa la convención de suma de Einstein sobre los operandos. Utilizando la convención de suma de Einstein, muchas operaciones comunes de matrices multidimensionales, y operaciones algebraicas lineales de matrices pueden representarse de forma sencilla. En modo implícito, *einsum*() calcula estos valores. En modo explícito, *einsum*() proporciona más flexibilidad para calcular otras operaciones de matrices que podrían no considerarse operaciones de suma de Einstein clásicas, desactivando o forzando la suma sobre etiquetas de subíndice especificadas. **subscripts** son los subíndices para la suma como una lista de etiquetas de subíndices separadas por comas. Se realiza un cálculo implícito (suma clásica de Einstein) a menos que se incluya el indicador explícito '->', así como etiquetas de subíndices para la forma de salida. **operands** es la lista de matrices para la operación. Si se proporciona **out**, el cálculo se realiza en esta matriz. **optimize** {False, True, 'greedy', 'optimal'}. Controla si debe producirse una optimización intermedia. No se producirá ninguna optimización si es *False*. Si es *True* utilizará por defecto el algoritmo 'greedy'.

np.*einsum_path*(subscripts, *operands, optimize='greedy')	Evalúa el orden de contracción de menor coste para una expresión de suma de Einstein considerando la creación de matrices intermedias. Ver parámetros en *einsum*(). **optimize** controla el tipo de optimización {bool, list, tuple, 'greedy', 'optimal'} Si se proporciona una tupla, se asume que el segundo argumento es el tamaño intermedio máximo creado. Si solo se proporciona un único argumento, se utiliza el mayor tamaño de matriz de entrada o salida como tamaño intermedio máximo. Si se proporciona una lista se utiliza ésta como ruta de contracción. Si es *False* no se realiza ninguna optimización. Si es *True* se utiliza por defecto el algoritmo 'greedy'. La opción 'optimal' explora combinatoriamente todas las formas posibles de contraer los tensores de la lista y elige el camino menos costoso. Escala exponencialmente con el número de términos en la contracción. El algoritmo 'greedy' elige la mejor contracción de pares en cada paso. Equivale a 'optimal' para la mayoría de las contracciones. Es la opción por defecto.
linalg.*matrix_power*(a, n)	Eleva una matriz cuadrada a la potencia entera indicada. **a** es la matriz de entrada. **n** es el exponente. Puede ser cualquier entero, positivo, negativo o cero. Para números enteros positivos la potencia se calcula mediante multiplicaciones de matrices. Si **n** == 0, se devuelve la matriz identidad. Si **n** < 0, se calcula la inversa y se eleva a abs(n).
np.*kron*(a, b)	Calcula el producto Kronecker de dos matrices. **a**, **b** son las matrices de entrada.

Disponemos de distintas formas para multiplicar matrices.

```
1.   >>> m = np.array([(1, 2, 3), (4, 5, 6)])
2.   >>> n = np.array([(1, 2), (3, 4), (5, 6)])
3.   >>> m
4.       array([[1, 2, 3],
5.              [4, 5, 6]])
6.   >>> n
7.       array([[1, 2],
8.              [3, 4],
9.              [5, 6]])
10.
11.  >>> # multiplicar matrices con el operador @
12.  >>> p = m @ n
13.  >>> p
```

```
14.        array([[22, 28],
15.               [49, 64]])
16.   >>> # multiplicar con la función dot()
17.   >>> p = np.dot(m, n)
18.   >>> p
19.        array([[22, 28],
20.               [49, 64]])
21.   >>> # o también como método
22.   >>> p = m.dot(n)
23.   >>> p
24.        array([[22, 28],
25.               [49, 64]])
26.   >>> # multiplicar con la función matmul()
27.   >>> p = np.matmul(m, n)
28.   >>> p
29.        array([[22, 28],
30.               [49, 64]])
31.   >>> # multiplicando con la función linalg.multi_dot()
32.   >>> p = np.linalg.multi_dot([m, n])
33.   >>> p
34.        array([[22, 28],
35.               [49, 64]])
```

Así, por ejemplo, dadas cuatro matrices A, B, C y D podemos multiplicarlas de diferentes maneras.

```
np.linalg.multi_dot([A, B, C, D])
np.dot(np.dot(np.dot(A, B), C), D)
A.dot(B).dot(C).dot(D)
```

Multiplicaremos a continuación vectores. Las matrices multidimensionales se aplanan a vectores unidimensionales previamente a la operación

```
1.    >>> m = np.array([(1, 2, 3), (4, 5, 6)])
2.    >>> n = np.array([(9, 8, 7), (6, 5, 4)])
3.
4.    >>> p = np.vdot(m, n)
5.    >>> p
6.        119
7.    >>> p = np.vdot(n, m)
8.    >>> p
9.        119
10.
11.   >>> # en este caso el producto se calcula de la forma
12.   >>> # 1*9+2*8+3*7+4*6+5*5+6*4
```

Veamos ahora el producto interior con vectores.

```
1.  >>> m = np.array([1, 2, 3])
2.  >>> n = np.array([3, 2, 1])
3.
4.  >>> p = np.inner(m, n)
5.  >>> p
6.      10
7.  >>> # en este caso el producto interior se calcula de la forma
8.  >>> # 1*3+2*2+3*1
```

Y el producto interior con matrices

```
1.   >>> m = np.array([(1, 2), (3, 4)])
2.   >>> n = np.array([(3, 4), (1, 2)])
3.   >>> m
4.       array([[1, 2],
5.              [3, 4]])
6.   >>> n
7.       array([[3, 4],
8.              [1, 2]])
9.
10.  >>> p = np.inner(m, n)
11.  >>> p
12.      array([[11,  5],
13.             [25, 11]])
14.
15.  >>> # en este caso el producto interior se calcula de la forma
16.  >>> # 1*3+2*4, 1*1+2*2
17.  >>> # 3*3+4*4, 3*1+4*2
```

Calculamos ahora el producto exterior de dos vectores

```
1.  >>> m = np.array([1, 2, 3])
2.  >>> n = np.array([3, 2, 1])
3.
4.  >>> p = np.outer(m, n)
5.  >>> p
6.      array([[3, 2, 1],
7.             [6, 4, 2],
8.             [9, 6, 3]])
```

Y el producto exterior de dos matrices

```
1.  >>> m = np.array([(1, 2), (3, 4)])
2.  >>> n = np.array([(3, 4), (1, 2)])
3.  >>> m
4.      array([[1, 2],
5.             [3, 4]])
```

```
6.   >>> n
7.       array([[3, 4],
8.              [1, 2]])
9.
10.  >>> p = np.outer(m, n)
11.  >>> p
12.      array([[ 3,  4,  1,  2],
13.             [ 6,  8,  2,  4],
14.             [ 9, 12,  3,  6],
15.             [12, 16,  4,  8]])
```

Los ejes que participan en la suma-reducción se eliminan en la salida y todos los ejes restantes de las matrices de entrada se extienden como diferentes ejes en la salida, manteniendo el orden en el que se introducen las matrices de entrada.

La forma interna de trabajar de *tensordot*() es:

1. Antes de calcular el producto, se preparan las matrices moviendo los ejes indicados para sumarlos al final de la primera matriz y al inicio de la segunda. Empleamos la función *transpose*().

2. Una vez preparadas las matrices, se calcula el producto. Esto se hace reformando ambas matrices bidimensionales y usando la función *dot*() para calcular el producto.

3. Finalmente, se remodela el resultado para que tenga la forma apropiada, concatenando las formas de las matrices de entrada, excluyendo los ejes sumados.

Calcularemos el producto tensorial de los ejes segundo y tercero de la primera matriz por los ejes primero y tercero de la segunda.

```
1.   >>> a = np.arange(16).reshape(2, 2, 4)
2.   >>> b = np.arange(24).reshape(2, 3, 4)
3.   >>> a
4.       array([[[ 0,  1,  2,  3],
5.               [ 4,  5,  6,  7]],
6.
7.               [[ 8,  9, 10, 11],
8.               [12, 13, 14, 15]]])
9.   >>> b
10.      array([[[ 0,  1,  2,  3],
11.              [ 4,  5,  6,  7],
12.              [ 8,  9, 10, 11]],
13.
14.              [[12, 13, 14, 15],
15.              [16, 17, 18, 19],
16.              [20, 21, 22, 23]]])
17.
18.  >>> c = np.tensordot(a, b, axes=([1, 2], [0, 2]))
```

```
19.  >>> c
20.      array([[ 316,  428,  540],
21.             [ 796, 1164, 1532]])
```

Podemos ver gráficamente el resultado multiplicando una matriz numérica por una matriz de texto.

```
 1.  >>> a = np.arange(8).reshape(2, 2, 2)
 2.  >>> a
 3.      array([[[0, 1],
 4.              [2, 3]],
 5.
 6.             [[4, 5],
 7.              [6, 7]]])
 8.  >>> t = np.array(('a', 'b', 'c', 'd'), dtype=object).reshape(2, 2)
 9.  >>> t
10.      array([['a', 'b'],
11.             ['c', 'd']], dtype=object)
12.
13.  >>> # con el valor de ejes por defecto, axes=2
14.  >>> p = np.tensordot(a, t)
15.  >>> p
16.      array(['bccddd', 'aaaabbbbbcccccddddddd'], dtype=object)
17.
18.  >>> # con el valor de ejes axes=1
19.  >>> p = np.tensordot(a, t, axes=1)
20.  >>> p
21.      array([[['c', 'd'],
22.              ['aaccc', 'bbddd']],
23.
24.             [['aaaaccccc', 'bbbbddddd'],
25.              ['aaaaaaccccccc', 'bbbbbbddddddd']]], dtype=object)
26.
27.  >>> # especificando el segundo eje de a y el primero de t
28.  >>> c = np.tensordot(a, t, axes=([1], [0]))
29.  >>> c
30.      array([[['cc', 'dd'],
31.              ['accc', 'bddd']],
32.
33.             [['aaaaccccc', 'bbbbddddd'],
34.              ['aaaaaccccccc', 'bbbbbddddddd']]], dtype=object)
```

En álgebra lineal, sobre todo en física, el convenio de *suma de Einstein* o *notación de Einstein* es una convención de escritura que implica la suma sobre un conjunto de términos indexados para abreviar la escritura de sumatorios de una forma ordenada.

El convenio se usa especialmente con tensores donde es muy frecuente la operación de suma sobre índices repetidos. Fue introducido en la física por Albert Einstein en 1916.

Las reglas de la notación de Einstein son esencialmente tres:

1. Los índices repetidos se suman implícitamente.

2. Cada índice puede aparecer como máximo dos veces en cualquier término.

3. Cada término debe contener índices idénticos no repetidos.

La función *einsum*() fue escrita por Mark Wiebe, en un *hilo de la lista de correo de NumPy (https://mail.python.org/pipermail/numpy-discussion/2011- January/054586. html)*. En 2011, la función se incluyó como parte de NumPy 1.6.0.

A continuación presentamos una serie de operaciones que podemos expresar como cadenas de formato. Reordenando las letras podemos cambiar los argumentos y transposiciones de la salida.

1. Producto interior vectorial: 'i,i'

2. Vector producto elemento a elemento: 'i,i->i'

3. Producto exterior vectorial: 'i,j'

4. Transposición matricial: 'ij->ji' o también 'ji'

5. Matriz diagonal: 'ii->i'

6. Traza matricial: 'ii'

7. Suma 1-D: 'i->'

8. Suma 2D: 'ij->i'

9. Suma 3D: 'ijk->'

10. Producto interior de matrices 'ij,kj->ik'

11. Multiplicación Matriz-Vector: 'ij,j->i'

12. Multiplicación Vector Matriz: 'i,ij->j'

13. Multiplicación de matrices: 'ij,jk->ik'

Vamos a ver estas operaciones con ejemplos y las diversas formas que tenemos de realizar cada una de ellas, con la notación de Einstein o mediante funciones. (En los comentarios hacemos referencia a cada una de las entradas de la lista anterior).

```
1.  >>> a = np.arange(16).reshape(4, 4)
2.  >>> a
3.     array([[ 0,  1,  2,  3],
4.            [ 4,  5,  6,  7],
5.            [ 8,  9, 10, 11],
6.            [12, 13, 14, 15]])
7.  >>> b = np.arange(4)
```

```
 8.   >>> b
 9.       array([0, 1, 2, 3])
10.   >>> c = np.arange(8).reshape(4, 2)
11.   >>> c
12.       array([[0, 1],
13.              [2, 3],
14.              [4, 5],
15.              [6, 7]])
16.
17.   >>> # (1) Producto interior vectorial: 'i,i'
18.   >>> np.einsum('i,i', b, b)
19.       14
20.   >>> np.inner(b, b)
21.       14
22.
23.   >>> # (2) Vector producto elemento a elemento: 'i,i->i'
24.   >>> np.einsum('i,i->i', b, b)
25.       array([0, 1, 4, 9])
26.   >>> b * b
27.       array([0, 1, 4, 9])
28.
29.   >>> # (3) Producto exterior vectorial 'i,j'
30.   >>> np.einsum('i,j', b, b)
31.       array([[0, 0, 0, 0],
32.              [0, 1, 2, 3],
33.              [0, 2, 4, 6],
34.              [0, 3, 6, 9]])
35.   >>> np.outer(b, b)
36.       array([[0, 0, 0, 0],
37.              [0, 1, 2, 3],
38.              [0, 2, 4, 6],
39.              [0, 3, 6, 9]])
40.
41.   >>> # (4) Transposición matricial: 'ij->ji'
42.   >>> np.einsum('ij->ji', a)
43.       array([[ 0, 4,  8, 12],
44.              [ 1, 5,  9, 13],
45.              [ 2, 6, 10, 14],
46.              [ 3, 7, 11, 15]])
47.   >>> # Transposición matricial: 'ji'
48.   >>> np.einsum('ji', a)
49.       array([[ 0, 4,  8, 12],
50.              [ 1, 5,  9, 13],
51.              [ 2, 6, 10, 14],
52.              [ 3, 7, 11, 15]])
53.   >>> np.transpose(a)
54.       array([[ 0, 4,  8, 12],
55.              [ 1, 5,  9, 13],
56.              [ 2, 6, 10, 14],
```

```
57.              [ 3,  7, 11, 15]])
58.
59.    >>> # (5) Matriz diagonal: 'ii->i'
60.    >>> # exige el indicador explicito ->
61.    >>> np.einsum('ii->i', a)
62.        array([ 0,  5, 10, 15])
63.    >>> np.diag(a)
64.        array([ 0,  5, 10, 15])
65.
66.    >>> # (6) Traza matricial: 'ii'
67.    >>> np.einsum('ii', a)
68.        30
69.    >>> np.trace(a)
70.        30
71.
72.    >>> # (7) Suma 1-D: 'i->'
73.    >>> np.einsum('i->', b)
74.        6
75.    >>> np.sum(b)
76.        6
77.
78.    >>> # (8) Suma 2D: 'ij->i'
79.    >>> # operando sobre un eje necesita el indicador explicito ->
80.    >>> # eje 1
81.    >>> np.einsum('ij->i', a)
82.        array([ 6, 22, 38, 54])
83.    >>> np.sum(a, axis=1)
84.        array([ 6, 22, 38, 54])
85.    >>> # eje 0
86.    >>> np.einsum('ij->j', a)
87.        array([24, 28, 32, 36])
88.    >>> np.sum(a, axis=0)
89.        array([24, 28, 32, 36])
90.
91.    >>> # (10) Producto interior de matrices 'ij,kj->ik'
92.    >>> np.einsum('ij,kj->ik', a, a)
93.        array([[ 14,  38,  62,  86],
94.               [ 38, 126, 214, 302],
95.               [ 62, 214, 366, 518],
96.               [ 86, 302, 518, 734]])
97.    >>> np.inner(a, a)
98.        array([[ 14,  38,  62,  86],
99.               [ 38, 126, 214, 302],
100.              [ 62, 214, 366, 518],
101.              [ 86, 302, 518, 734]])
102.
103.   >>> # Multiplicación de matrices
104.   >>> # (11) matriz @ vector: 'ij,j->i'
105.   >>> np.einsum('ij,j->i', a, b)
```

```
106.         array([14, 38, 62, 86])
107.    >>> np.dot(a, b)
108.         array([14, 38, 62, 86])
109.    >>> # (12) vector @ matriz: 'i,ij->j'
110.    >>> np.einsum('i,ij->j', b, a)
111.         array([56, 62, 68, 74])
112.    >>> np.dot(b, a)
113.         array([56, 62, 68, 74])
114.    >>> # (13) matriz @ matriz: 'ij,jk->ik'
115.    >>> np.einsum('ij,jk->ik', a, c)
116.         array([[ 28,  34],
117.                [ 76,  98],
118.                [124, 162],
119.                [172, 226]])
120.    >>> np.dot(a, c)
121.         array([[ 28,  34],
122.                [ 76,  98],
123.                [124, 162],
124.                [172, 226]])
```

Elevaremos una matriz cuadrada a una potencia positiva y negativa.

```
1.    >>> a = np.arange(1, 18, 2).reshape(3, 3)
2.    >>> a
3.         array([[ 1,  3,  5],
4.                [ 7,  9, 11],
5.                [13, 15, 17]])
6.    >>> np.linalg.matrix_power(a, 2)
7.         array([[ 87, 105, 123],
8.                [213, 267, 321],
9.                [339, 429, 519]])
10.   >>> np.linalg.matrix_power(a, -2)
11.        array([[ 4.75368975e+29, -9.50737950e+29,  4.75368975e+29],
12.               [-9.50737950e+29,  1.90147590e+30, -9.50737950e+29],
13.               [ 4.75368975e+29, -9.50737950e+29,  4.75368975e+29]])
```

Una matriz singular no puede elevarse a una potencia negativa, ya que primero se calcula la inversa de la matriz y después se eleva al valor absoluto de la potencia indicada. Si lo intentamos vemos como se produce un error *Singular matrix*.

```
1.    >>> a = np.arange(1, 10).reshape(3, 3)
2.    >>> a
3.         array([[1, 2, 3],
4.                [4, 5, 6],
5.                [7, 8, 9]])
6.    >>> np.linalg.matrix_power(a, -2)
7.         Traceback (most recent call last):
8.            . . .
9.              np.linalg.matrix_power(a, -2)
```

```
10.        File "<__array_function__ internals>", line 180, in matrix_power
11.          a = inv(a)
12.        File "<__array_function__ internals>", line 180, in inv
13.          raise LinAlgError("Singular matrix")
14.        numpy.linalg.LinAlgError: singular matrix
15.
16.  >>> # el determinante de una matriz singular es 0
17.  >>> np.linalg.det(a)
18.      0.0
```

Calcularemos el producto Kronecker de diversas matrices. El producto genera una matriz compuesta por elementos de la segunda matriz escalados por la primera.

```
1.  >>> np.kron([1, 10, 100], [2, 3, 4])
2.      array([  2,   3,   4,  20,  30,  40, 200, 300, 400])
3.  >>> np.kron([1, 10, 100], [2, 3])
4.      array([  2,   3,  20,  30, 200, 300])
5.  >>> np.kron([1, 10], [2, 3, 4])
6.      array([ 2,  3,  4, 20, 30, 40])
```

6.1.17.3 DESCOMPOSICIONES

En álgebra lineal, la descomposición en valores singulares es una factorización de una matriz real o compleja. Generaliza la descomposición en valores propios de una matriz cuadrada normal con una base propia ortonormal a cualquier matriz **m x n**. Está relacionada con la descomposición polar.

Tiene aplicaciones en la compresión de imágenes digitales, la reducción de ruido en el análisis de datos o la solución de los problemas de sinonimia, homonimia y polisemia en los buscadores, entre muchas otras.

Función	Descripción
linalg.*cholesky*(a)	Descomposición Cholesky. **a** es la matriz de entrada hermitiana (simétrica si todos los elementos son reales) y definida positiva.
linalg.*qr*(a, mode='reduced')	Calcula la factorización qr de una matriz. **a** es un objeto tipo matriz con una dimensión de al menos 2. **mode** {'reduced', 'complete', 'r', 'raw'} Si K = min(M, N), entonces: • 'reduced' : devuelve Q, R con dimensiones (..., M, K), (..., K, N) (por defecto). • 'complete' : devuelve Q, R con dimensiones (..., M, M), (..., M, N). • 'r' : devuelve solo R con dimensiones (..., K, N). • 'raw' : devuelve h, tau con dimensiones (..., N, M), (..., K,).

linalg.*svd*(a, full_matrices=True, compute_uv=True, hermitian=False)	Descomposición de valor singular. Cuando **compute_uv** es *True*, el resultado es una tupla con nombre con los siguientes nombres de atributo: U { (..., M, M), (..., M, K) } Matrices unitarias. Las primeras a.ndim - 2 dimensiones tienen el mismo tamaño que las de la entrada **a**. El tamaño de las dos últimas dimensiones depende del valor de **full_matrices**. Sólo se devuelve cuando **compute_uv** es *True*. S (..., K) Vectores con los valores singulares, dentro de cada vector ordenados en orden descendente. Las primeras dimensiones a.ndim - 2 tienen el mismo tamaño que las de la entrada **a**. Vh { (..., N, N), (..., K, N) } Matrices unitarias. Las primeras a.ndim - 2 dimensiones tienen el mismo tamaño que las de la entrada **a**. El tamaño de las dos últimas dimensiones depende del valor de **full_matrices**. Sólo se devuelve cuando **compute_uv** es *True*. **a**(..., M, N) es una matriz real o compleja con a.ndim >= 2. Si **full_matrices** es *True*, u y vh tienen las formas (..., M, M) y (..., N, N), respectivamente. En caso contrario, las formas son (..., M, K) y (..., K, N), respectivamente, donde K = min(M, N). **compute_uv** indica si se calculan o no u y vh además de s. Por defecto es *True*. Si **hermitian** es *True*, se supone que **a** es hermitiano (simétrico si es de valor real), lo que permite un método más eficiente para encontrar valores singulares. Por defecto es *False*.

Realizaremos la factorización qr de una matriz **a**. Comprobamos que el resultado cumple **a = q@r**. Hacemos uso de la función *allclose*() para darnos un margen de tolerancia por redondeos.

```
1.  >>> a = np.array([[0, 1], [1, 0], [1, 2], [2, 1]])
2.  >>> a
3.      array([[0, 1],
4.             [1, 0],
5.             [1, 2],
6.             [2, 1]])
7.
8.  >>> q, r = np.linalg.qr(a)
9.  >>> np.allclose(a, np.dot(q, r))
10.     True
```

6.1.17.4 VALORES PROPIOS DE MATRICES

En álgebra lineal, las transformaciones lineales del espacio (rotación, reflexión, etc.) se producen sobre los vectores en su dirección, sentido y longitud.

Los vectores propios de las transformaciones lineales son vectores que, o no son afectados por la transformación o solo resultan multiplicados por un escalar y, por tanto, no varían su dirección, sí pueden variar su sentido si el escalar cambia de signo. El valor propio de un vector propio es el factor de escala por el que ha sido multiplicado.

En una rotación en tres dimensiones un vector propio es un vector situado en el eje sobre el cual se realiza la rotación. El valor propio correspondiente es 1 y el espacio propio es el eje de giro.

Dada una matriz cuadrada **A**, se dice que el escalar **c** es un valor propio de **A** si existe un vector **v**, no nulo, tal que **Av** = **cv**.

En *numpy* disponemos de las siguientes funciones para la obtención de los valores propios.

Función	Descripción
linalg.*eig*(a)	Calcula los valores propios y los vectores propios de una matriz cuadrada. **a** es la matriz o matrices para las que se calcularán los valores propios y los vectores propios. Devuelve una tupla con nombre con los atributos: **eigenvalues**, valores propios, cada uno repetido según su multiplicidad. Los valores propios no están necesariamente ordenados. La matriz resultante será de tipo complejo, a menos que la parte imaginaria sea cero, en cuyo caso se convertirá a un tipo real. Cuando **a** es real, los valores propios resultantes serán reales (0 parte imaginaria) o se presentarán en pares conjugados **eigenvectors**, vectores propios, normalizados, de forma que la columna eigenvectors[:,i] es el vector propio correspondiente al valor propio eigenvalues[i].
linalg.*eigh*(a, UPLO='L')	Devuelve los valores propios y los vectores propios de una matriz compleja hermitiana (simétrica conjugada) o de una matriz simétrica real. **a** es la matriz o matrices simétricas reales o hermitianas cuyos valores y vectores propios deben calcularse. **UPLO** {'L', 'U'}, especifica si el cálculo se realiza con la parte triangular inferior de la matriz ('L', por defecto) o con la parte triangular superior ('U'). Independientemente de este valor, en el cálculo solo se tendrán en cuenta las partes reales de la diagonal para preservar la noción de matriz hermitiana. Por lo tanto, la parte imaginaria de la diagonal siempre se considerará cero. Devuelve una tupla con nombre con los atributos: **eigenvalues**, valores propios en orden ascendente, cada uno repetido según su multiplicidad. **eigenvectors**, vectores propios normalizados, de forma que la columna eigenvectors[:,i] es el vector propio correspondiente al valor propio eigenvalues[i].

| linalg.*eigvals*(a) | Calcula los valores propios de una matriz general.
a es la matriz o matrices para las que se calcularán los valores propios.
Devuelve los valores propios, cada uno repetido según su multiplicidad.
No están necesariamente ordenados, ni son necesariamente reales para matrices reales. |
| linalg.*eigvalsh*(
a, UPLO='L') | Calcula los valores propios de una matriz compleja hermitiana o simétrica real.
a es la matriz o matrices de valor real o complejo cuyos valores propios se van a calcular.
UPLO {'L', 'U'}, especifica si el cálculo se realiza con la parte triangular inferior de la matriz ('L', por defecto) o con la parte triangular superior ('U'). Independientemente de este valor, en el cálculo solo se tendrán en cuenta las partes reales de la diagonal para preservar la noción de matriz hermitiana. Por lo tanto, la parte imaginaria de la diagonal siempre se considerará cero. |

Procedemos a obtener los valores propios y vectores propios de una matriz. En el resultado obtenido, la columna **eigenvectors[:,i]** es el vector propio correspondiente al valor propio **eigenvalues[i]**.

```
1.  >>> A = np.array([(3, -1), (1, 1)])
2.  >>> A
3.      array([[ 3, -1],
4.             [ 1,  1]])
5.
6.  >>> # obtener valores propios y vectores propios
7.  >>> eigenvalues, eigenvectors = np.linalg.eig(A)
8.  >>> eigenvalues
9.      array([2.00000002, 1.99999998])
10. >>> eigenvectors
11.     array([[0.70710679, 0.70710677],
12.            [0.70710677, 0.70710679]])
13.
14. >>> # vector propio
15. >>> v = eigenvectors[:,0]
16. >>> # y valor propio correspondiente
17. >>> c = eigenvalues[0]
18. >>> np.dot(A, v)
19.     array([1.41421359, 1.41421356])
20. >>> c * v
21.     array([1.41421359, 1.41421356])
22.
23. >>> # hay que tener cuidado con los redondeos
24. >>> np.dot(A, v) == (c * v)
25.     array([False, False])
26. >>> # si vemos cada uno de los valores
27. >>> # hay pequeñas diferencias en la precisión
```

```
28.  >>> np.dot(A, v)[0]
29.      1.4142135921754173
30.  >>> (c * v)[0]
31.      1.4142135921754175
32.  >>> np.dot(A, v)[1]
33.      1.414213562373095
34.  >>> (c * v)[1]
35.      1.4142135623730951
```

Calcularemos los valores propios y los vectores propios de una matriz compleja. El uso del parámetro **UPLO** con el valor 'L' es equivalente a *eig*().

```
1.   >>> A = np.array([[1, -2j], [3j, 4]])
2.   >>> A
3.       array([[ 1.+0.j, -0.-2.j],
4.              [ 0.+3.j,  4.+0.j]])
5.   >>> eigenvalues, eigenvectors = np.linalg.eigh(A)
6.   >>> eigenvalues
7.       array([-0.85410197,  5.85410197])
8.   >>> eigenvectors
9.       array([[-0.85065081+0.j        , -0.52573111+0.j        ],
10.             [ 0.        +0.52573111j,  0.        -0.85065081j]])
11.
12.  >>> # con UPLO='L' es equivalente a utilizar eig()
13.  >>> eigenvalues, eigenvectors = np.linalg.eigh(A, UPLO='L')
14.  >>> eigenvalues
15.      array([-0.85410197,  5.85410197])
16.  >>> eigenvectors
17.      array([[-0.85065081+0.j        , -0.52573111+0.j        ],
18.             [ 0.        +0.52573111j,  0.        -0.85065081j]])
19.
20.  >>> eigenvalues, eigenvectors = np.linalg.eigh(A, UPLO='U')
21.  >>> eigenvalues
22.      array([0., 5.])
23.  >>> eigenvectors
24.      array([[0.        +0.89442719j, 0.        -0.4472136j ],
25.             [0.4472136 +0.j        , 0.89442719+0.j        ]])
```

6.1.17.5 NORMAS Y OTROS NÚMEROS

Las normas son medidas utilizadas para cuantificar la magnitud o el tamaño de un vector o una matriz en un espacio multidimensional. Existen varias formas de calcular las normas, y cada una tiene sus propias propiedades y aplicaciones.

Las normas se utilizan, entre otras, en matemáticas, ciencias de la computación y disciplinas de ingeniería, como el procesamiento de señales.

Función	Descripción
linalg.*norm*(x, ord=None, axis=None, keepdims=False)	Norma matricial o vectorial. **x** es la matriz de entrada. Si **axis** es *None*, **x** debe ser 1-D o 2-D, a menos que **ord** sea *None*. Si tanto **axis** como **ord** son *None*, se devolverá la 2-norma de x.ravel(). **ord** {non-zero int, inf, -inf, 'fro', 'nuc'}, es la norma utilizada en el cálculo. Ver los posibles valores a continuación. **axis** {None, int, 2-tuple of ints}. Si **axis** es un entero, especifica el eje a lo largo del cual calcular las normas vectoriales. Si es una tupla, especifica los ejes que contienen matrices bidimensionales, y se calculan las normas matriciales de estas matrices. Si es *None*, se devuelve una norma vectorial (cuando x es 1-D) o una norma matricial (cuando x es 2-D). Si **keepdims** es *True*, los ejes que se normalizan se dejan en el resultado como dimensiones con tamaño uno. Con esta opción el resultado se difundirá correctamente contra la matriz original.
linalg.*cond*(x, p=None)	Calcula el número de condición de una matriz. **x** es la matriz de entrada. **p** {None, 1, -1, 2, -2, inf, -inf, 'fro'}, es la norma utilizada en el cálculo del número de condición. Ver los posibles valores a continuación.
linalg.*det*(a)	Calcula el determinante de una matriz. **a** es la matriz de entrada.
linalg.*matrix_rank*(A, tol=None, hermitian=False)	Devuelve el rango de la matriz utilizando el método SVD El rango de la matriz es el número de valores singulares de la matriz que son mayores que **tol**. **A** es el vector de entrada o conjunto de matrices. **tol** es el umbral por debajo del cual los valores SVD se consideran cero. Si **hermitian** es *True*, se asume que **A** es hermitiano (simétrico si es de valor real), permitiendo un método más eficiente para encontrar valores singulares.
linalg.*slogdet*(a)	Calcula el signo y el logaritmo natural del determinante de una matriz. Si una matriz tiene un determinante muy pequeño o muy grande, entonces una llamada a la función *det*() puede desbordarse. Esta rutina es más robusta contra tales problemas, porque calcula el logaritmo del determinante en lugar del determinante mismo. **a** es la matriz de entrada. Tiene que ser una matriz bidimensional cuadrada. Devuelve una matriz con los atributos: **signo**, un número que representa el signo del determinante. Para una matriz real, es 1, 0 o -1. Para una matriz compleja, es un número complejo con valor absoluto 1, o bien 0. **logabsdet**, el logaritmo natural del valor absoluto del determinante.

np.*trace*(a, offset=0, axis1=0, axis2=1, dtype=None, out=None)	Devuelve la suma a lo largo de las diagonales de la matriz. Si es bidimensional, se devuelve la suma a lo largo de su diagonal con el desplazamiento **offset** dado, es decir, la suma de los elementos a[i, i+offset] para todos los i. Si tiene más de dos dimensiones, se utilizan los ejes especificados por **axis1** y **axis2** para determinar las submatrices bidimensionales cuyas trazas se devuelven. La forma de la matriz resultante es la misma que la de la matriz de entrada sin los ejes **axis1** y **axis2**. **a** es la matriz de entrada, de la que se toman las diagonales. **offset** es el desplazamiento de la diagonal desde la diagonal principal. Puede ser tanto positivo como negativo. **axis1** y **axis2** son los ejes que se utilizarán como primer y segundo eje de las submatrices bidimensionales de las que se tomarán las diagonales. Por defecto son los dos primeros ejes de la matriz de entrada. **dtype** determina el tipo de datos de la matriz devuelta y del acumulador donde se suman los elementos. **out** es la matriz en la que se coloca la salida. Su tipo se conserva y debe tener la forma adecuada para contener el resultado.

Una norma en un espacio vectorial es un operador que permite definir una noción de **longitud** o **tamaño** de cualquier vector. Una norma matricial es una extensión de la noción natural de norma vectorial a las matrices. En un mismo espacio vectorial puede haber muchas maneras de definir una norma, y cada una le confiere una estructura distinta de espacio normado.

Con *linalg.norm*() se pueden calcular las siguientes normas, según el parámetro **ord**.

ord	norma para matrices	norma para vectores
None	Norma de Frobenius	2-norma
'fro'	Norma de Frobenius	-
'nuc'	Norma nuclear	-
inf	max(suma(abs(x), eje=1))	max(abs(x))
-inf	min(suma(abs(x), eje=1))	min(abs(x))
0	-	sum(x != 0)
1	max(suma(abs(x), eje=0))	como sigue
-1	min(suma(abs(x), eje=0))	como sigue
2	2-norm (mayor valor singular)	como sigue
-2	menor valor singular	como sigue
otros	-	suma(abs(x)**ord)**(1./ord)

Tanto inf como –inf se refiere al objeto infinito de *numpy*.

La norma de Frobenius es la norma de la raíz de la suma de los cuadrados. La norma nuclear es la suma de los valores singulares.

Los órdenes Frobenius y norma nuclear solo se definen para matrices y producen un error *ValueError* cuando la dimensión es distinta de 2.

Vamos a obtener los resultados de calcular distintas normas para una matriz y un vector.

```
1.
2.   >>> # vector
3.   >>> a = np.arange(-5, 6, 2)
4.   >>> a
5.       array([-5, -3, -1,  1,  3,  5])
6.   >>> # matriz
7.   >>> m = a.reshape(3, 2)
8.   >>> m
9.       array([[-5, -3],
10.             [-1,  1],
11.             [ 3,  5]])
12.
13.  >>> # norma de Frobenius
14.  >>> np.linalg.norm(m)
15.      8.366600265340756
16.  >>> np.linalg.norm(a)
17.      8.366600265340756
18.  >>> np.linalg.norm(m, 'fro')
19.      8.366600265340756
20.
21.  >>> # norma nuclear
22.  >>> np.linalg.norm(m, 'nuc')
23.      10.449489742783179
24.
25.  >>> # normas +infinito y -infinito
26.  >>> np.linalg.norm(m, np.inf)
27.      8.0
28.  >>> np.linalg.norm(a, np.inf)
29.      5.0
30.  >>> np.linalg.norm(m, -np.inf)
31.      2.0
32.  >>> np.linalg.norm(a, -np.inf)
33.      1.0
34.
35.  >>> # normas 1 y -1
36.  >>> np.linalg.norm(m, 1)
37.      9.0
```

```
38.  >>> np.linalg.norm(a, 1)
39.      18.0
40.  >>> np.linalg.norm(m, -1)
41.      9.0
42.  >>> np.linalg.norm(a, -1)
43.      0.32608695652173914
44.  >>> np.linalg.norm(m, 2)
45.      8.0
46.  >>> np.linalg.norm(a, 2)
47.      8.366600265340756
48.
49.  >>> # norma -2
50.  >>> np.linalg.norm(m, -2)
51.      2.4494897427831783
52.  >>> np.linalg.norm(a, -2)
53.      0.6590621627456201
```

El número de condición de una matriz es una medida numérica que indica lo sensible que es la solución de un sistema lineal a pequeños cambios en los datos de entrada o en los coeficientes del sistema. Se suele utilizar para evaluar la estabilidad y la precisión de la resolución de ecuaciones lineales o para hallar valores y vectores propios.

Se dice que una matriz está **bien condicionada** si su número de condición está cerca de 1 y se dice que está **mal condicionada** si es significativamente mayor que 1, lo que nos indicaría que pequeñas variaciones en los datos pueden producir grandes variaciones en los resultados. Un número de condición grande puede provocar una pérdida de precisión en los cálculos numéricos y dificultades para resolver ecuaciones lineales con exactitud.

Con *linalg.cond*() se pueden calcular los números de condición según el valor del parámetro **p**.

p	norma para matrices
None	Norma 2, calculada directamente mediante el SVD
'fro'	Norma de Frobenius
inf	max(suma(abs(x), eje=1))
-inf	min(suma(abs(x), eje=1))
1	max(suma(abs(x), eje=0))
-1	min(suma(abs(x), eje=0))
2	2-norm (mayor valor singular)
-2	menor valor singular

Tanto inf como –inf se refiere al objeto infinito de *numpy*.

Observamos a continuación el resultado de calcular distintos números de condición para una matriz.

```
1.  >>> m = np.array([[1, 2, 3],
2.  ...               [ 6, 5, 4],
3.  ...               [ 7, -8, 9]])
4.  >>> m
5.      array([[ 1,  2,  3],
6.             [ 6,  5,  4],
7.             [ 7, -8,  9]])
8.
9.  >>> np.linalg.cond(m)
10.     7.962918089504125
11. >>> np.linalg.cond(m, 'fro')
12.     9.586579326786772
13. >>> np.linalg.cond(m, np.inf)
14.     13.5
15. >>> np.linalg.cond(m, -np.inf)
16.     1.3928571428571426
17. >>> np.linalg.cond(m, 1)
18.     13.285714285714286
19. >>> np.linalg.cond(m, -1)
20.     1.75
21. >>> np.linalg.cond(m, 2)
22.     7.962918089504125
23.  >>> np.linalg.cond(m, -2)
24.     0.12558210303809278
```

Calculamos el determinante de una matriz.

```
1.  >>> a = np.array([[1, 2], [3, 4]])
2.  >>> a
3.      array([[1, 2],
4.             [3, 4]])
5.  >>> np.linalg.det(a)
6.      -2.0000000000000004
```

Ahora calcularemos el signo y el logaritmo natural del determinante de una matriz y de un conjunto de matrices.

```
1.  >>> a = np.array([[1, 2], [3, 4]])
2.  >>> a
3.      array([[1, 2],
4.             [3, 4]])
5.  >>> (sign, logabsdet) = np.linalg.slogdet(a)
6.  >>> (sign, logabsdet)
7.      (-1.0, 0.6931471805599455)
```

```
 8.
 9.   >>> # conjunto de matrices
10.   >>> a = np.array([ [[1, 2], [3, 4]], [[5, 6], [7, 8]] ])
11.   >>> a
12.       array([[[1, 2],
13.               [3, 4]],
14.
15.              [[5, 6],
16.               [7, 8]]])
17.   >>> (sign, logabsdet) = np.linalg.slogdet(a)
18.   >>> (sign, logabsdet)
19.       (array([-1., -1.]), array([0.69314718, 0.69314718]))
```

Calcularemos la suma a lo largo de la diagonal principal de una matriz y con un desplazamiento positivo de una unidad (por encima de la diagonal principal) y negativo de una unidad (por debajo de la diagonal principal).

```
 1.   >>> a = np.arange(9).reshape((3,3))
 2.   >>> a
 3.       array([[0, 1, 2],
 4.               [3, 4, 5],
 5.               [6, 7, 8]])
 6.
 7.   >>> # por la diagonal principal
 8.   >>> np.trace(a)
 9.       12
10.   >>> # inmediatamente por encima de la digonal principal
11.   >>> np.trace(a, offset=1)
12.       6
13.   >>> # inmediatamente por debajo
14.   >>> np.trace(a, offset=-1)
15.       10
```

6.1.17.6 RESOLUCIÓN DE ECUACIONES E INVERSIÓN DE MATRICES

Una ecuación es una expresión con variables indefinidas (incógnitas) que cumplen una condición indicada como una igualdad. Los posibles valores de las variables (soluciones) al ser sustituidos en la expresión hacen que esta sea cierta.

La expresión **a x = b**, se cumple si hay un valor de la incógnita **x** que soluciona la igualdad.

Las matrices inversas cumplen que el producto de la matriz original por su inversa es la matriz identidad.

En *numpy* disponemos de un conjunto de funciones para resolver ecuaciones y calcular matrices inversas.

Función	Descripción
linalg.*solve*(a, b)	Resuelve una ecuación lineal matricial, o un sistema de ecuaciones lineales escalares. **a** es la matriz de coeficientes. **b** son los valores de las variables dependientes. Devuelve la solución del sistema **a x = b**. La forma devuelta es idéntica a **b**.
linalg.*tensorsolve*(a, b, axes=None)	Resuelve la ecuación tensorial **a x = b** para **x**. **a** es el tensor de coeficientes. **b** es el tensor a la derecha, que puede tener cualquier forma. **axes** es la relación de ejes en **a** para reordenar a la derecha, antes de la inversión. Por defecto es *None*, y no se reordena.
linalg.*lstsq*(a, b, rcond='warn')	Devuelve la solución por mínimos cuadrados de una ecuación matricial lineal. Calcula el vector x que resuelve aproximadamente la ecuación **a @ x = b**. **a** es la matriz de coeficientes. **b** son los valores de ordenada o variable dependiente. Si **b** es bidimensional, la solución por mínimos cuadrados se calcula para cada una de las columnas de **b**. **rcond** es la relación de corte para valores singulares pequeños de **a**. A efectos de la determinación del rango, los valores singulares se tratan como cero si son menores que rcond-veces el mayor valor singular de **a**.
linalg.*inv*(a)	Calcula la inversa (multiplicativa) de una matriz. **a** es la matriz a invertir.
linalg.*pinv*(a, rcond=1e-15, hermitian=False)	Calcula el pseudoinverso (Moore-Penrose) de una matriz. **a** es la matriz o conjunto de matrices a pseudoinvertir. **rcond** es la relación de corte para valores singulares pequeños. Si **hermitian** es *True*, se asume que **a** es hermitiana (simétrica si es de valor real), lo que permite un método más eficiente para encontrar valores singulares.
linalg.*tensorinv*(a, ind=2)	Calcula la inversa de una matriz N-dimensional. **a** es la matriz a inverir. Su forma debe ser cuadrada. **ind** es el número de primeros índices que intervienen en la suma inversa. Debe ser un número entero positivo. Por defecto es 2.

Realizaremos la resolución de una ecuación lineal volviendo sobre el sistema de ecuaciones que vimos en la introducción a la sección sobre Algebra lineal. Hacemos uso de la función *linalg.solve*(). Para comprobar que el resultado de la función **ax = b** es correcto basta con realizar la operación de multiplicación del resultado obtenido **x** con **a** para obtener la matriz **b**.

```
1.  >>> a = np.array([[1, 2, 3],
2.  ...               [6, 5, 4],
3.  ...               [7, -8, 9]])
4.  >>> b = np.array([2, 4, 6])
```

```
 5.    >>> x = np.linalg.solve(a, b)
 6.    >>> x
 7.        array([0.25      , 0.07142857, 0.53571429])
 8.    >>> # comprobar el resultado
 9.    >>> a @ x
10.        array([2., 4., 6.])
11.    >>> a @ x == b
12.        array([ True, True, True])
```

Un **tensor** es una entidad algebraica que generaliza los conceptos de escalar, vector y matriz independiente de cualquier sistema de coordenadas elegido. Los tensores son matrices multidimensionales con dimensiones mayores o iguales a 2. El número de índices en la matriz es el **rango** u **orden** del tensor. Así, los escalares son tensores de rango 0 (sin índices), los vectores son tensores de rango 1 y las matrices son tensores de rango 2.

Una ecuación tensorial es de la forma **ax = b**.

En numpy disponemos de la función *linalg.tensorsolve*() para su resolución. Necesitamos un tensor de coeficiente cuadrado **a** y un tensor derecho **x**, que no necesariamente tiene que ser cuadrado.

```
1.    >>> a = np.array([[1, 2, 3],
2.    ...                [6, 5, 4],
3.    ...                [7, -8, 9]])
4.    >>> x = np.array([10, 20, 30])
5.    >>> b = np.linalg.tensorsolve(a, x)
6.    >>> b
7.        array([1.25      , 0.35714286, 2.67857143])
```

Calcularemos ahora la inversa de una matriz. Comprobamos que el producto de la matriz por su inversa es la matriz identidad. Hacemos uso de la función *allclose*() para darnos un margen ante números muy pequeños.

```
1.    >>> a = np.array([[1, 2, 3],
2.    ...                [6, 5, 4],
3.    ...                [7, -8, 9]])
4.    >>> ainv = np.linalg.inv(a)
5.    >>> np.allclose(np.dot(a, ainv), np.eye(3))
6.        True
```

Hacemos uso de la misma matriz que en el caso anterior para calcular la matriz pseudoinversa. Debe cumplirse que **a @ pseudoinv @ a == a**. También empleamos la función *allclose*() para la comparación.

```
1.    >>> pseudoinv = np.linalg.pinv(a)
2.    >>> np.allclose(a @ pseudoinv @ a, a)
3.        True
```

MATERIAL ADICIONAL

El material adicional de este libro puede descargarlo en nuestro portal web: *https://www.ra-ma.es*.

Debe dirigirse a la ficha correspondiente a esta obra, dentro de la ficha encontrará el enlace para poder realizar la descarga.

Cuando descomprima el fichero obtendrá los archivos que complementan al libro para que pueda continuar con su aprendizaje.

INFORMACIÓN ADICIONAL Y GARANTÍA

- ▸ RA-MA EDITORIAL garantiza que estos contenidos han sido sometidos a un riguroso control de calidad.

- ▸ Los archivos están libres de virus, para comprobarlo se han utilizado las últimas versiones de los antivirus líderes en el mercado.

- ▸ RA-MA EDITORIAL no se hace responsable de cualquier pérdida, daño o costes provocados por el uso incorrecto del contenido descargable.

- ▸ Este material es gratuito y se distribuye como contenido complementario al libro que ha adquirido, por lo que queda terminantemente prohibida su venta o distribución.

SÍGUENOS EN INSTAGRAM Y ACCEDE GRATIS A NUESTRA BIBLIOTECA DIGITAL DURANTE 30 DÍAS.

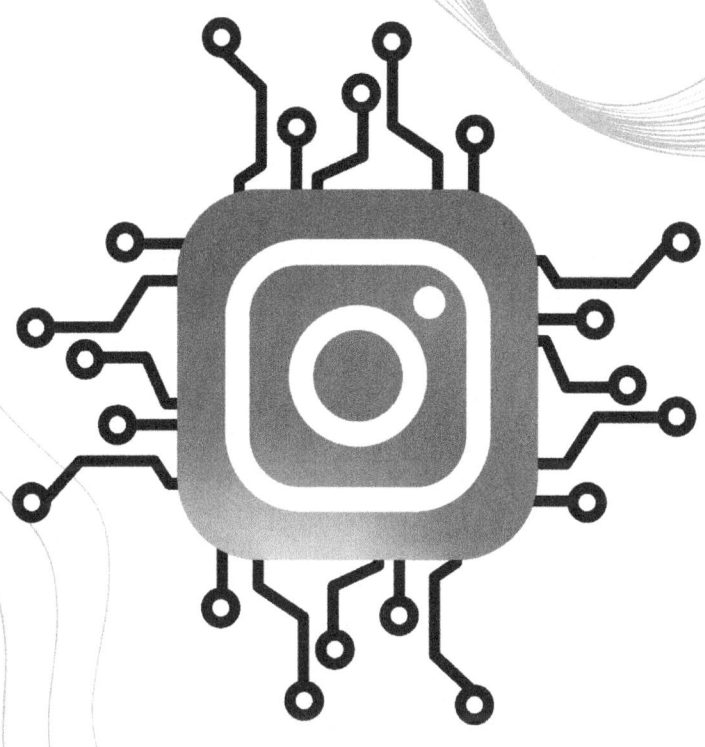

@grupoeditorialrama

¡ENVIANOS TU MAIL POR PRIVADO!

Grupo Editorial
ra-ma

40 ANIVERSARIO